헌법불합치결정의 현안

헌법불합치결정의 현안

남복현 지음

한국학술정보㈜

머리말

필자는 지난 2009년, 연구년이었던 한 해를 헌법재판소에서 방문연구교수로 보냈다. 당초 연구주제는 '헌법재판과 일반재판의 합리적인 관할분배의 획정방안'이었다. 하지만, 헌법불합치결정에 관해 집중적으로 검토할 필요성을 느꼈고 또 요청도 받았다. 게다가 대법원이 헌법불합치결정과 관련해서 2009. 1. 15. 획기적인(?) 판결을 선고하였음을 시간이 좀 지난 다음에서야 알았다. 물론 헌법재판소가 2008. 9. 25.에 선고한 학교용지부담금의 필요적 면제사유와 관련한 헌법불합치결정을 평석하면서 그 전에도 부분적으로나마 이를 둘러싼 문제점을 인식하긴 하였다.

하지만, 헌법재판소가 이제까지 선고한 헌법불합치결정의 사례 전반을 살펴보면서 근본적인 문제의 실체가 어디에 있는지를 추적할 필요성을 절감하게 되었다. 그래서 원래의 연구주제는 내팽개치고 이에 집중하였다. 그 결과 얻어진 쟁점은 대체로 세 가지였다. 그 중 첫 번째는 헌법불합치결정의 주문과 결정상 핵심쟁점과의 부조화였고, 두 번째는 입법시한을 도과한 불합치법률의 효력상실 여부였으며, 세 번째는 실체적 형벌법규에 대한 헌법불합치결정의 허용여부와 허용범위이었다. 이들 쟁점 중 두 가지는 2009년에 연구를 마무리 지었지만, 두 번째 쟁점인 불합치법률의 효력상실 문제는 2010년에서야 비로소 마무리 지을 수 있었다.

2010년 상반기 헌법재판소의 결정실태를 살펴보면, 헌법불합치결정의 선고사례는 상반기 말(6. 24.)에서야 비로소 1건이 있었다. 그 후 7. 29.에는 무려 4건에 대해 종래에 해왔던 바와 동일한 패턴으로 헌법불합치결정을 선고하였다. 이는 헌법재판관들이 한번 선택한 견해를 바꾸기는 매우 어려움을 확인하는 계기로 작용하였다. 게다가 종래와 달라진 아무런 사항도 없었으므로, 이제까지 개진했던 필자의 주장은 헌법재판소가 헌법불합치결정에 관해 그 견해를 변경하기까지는 그대로 유용한 것이 된 셈이다.

2011년 들어 세 분의 헌법재판관이 교체되었다. 나머지 여섯 분의 헌법재판관도 앞으로 1~2년 내에 교체될 예정이다. 그렇다면, 이런 기회에 헌법불합치결정의 현안에 관해 집중적으로 연구한 성과를 하나로 모아 간행한다면, 나름대로 실무에 매우 유용하게 활용될 수도 있을 것이다. 이것이 다른 어느 분야보다도 이 분야에 관해 이 저서를 내게 된 직접적인 동기이다.

이 저서는 총 10편의 논문으로 구성되어 있다. 그렇다고 종래 발표한 논문을 단순히 모아놓은 것은 아니고, 논문을 통합하거나 수정·가감하였다. 제2장에서 다룬 결정주문과 결정상 핵심쟁점의 부조화문제는 4편으로, 제3장 불합치결정과 한정위헌청구의 관계는 1편으로, 제4장 입법시한 도과한 불합치법률의 효력상실문제는 2편으로, 제5장 형벌법규에 대한 불합치결정문제는 2편으로, 그리고 제6장은 최근에 있었던 집시법 관련 대법원 전원합의체 판결에 대한 평석으로 각각 구성되었다.

이 저서에서는 헌법불합치결정의 현안을 다루었다. 그 기저에는 이러한 결정의 실체에 대한 이론적 규명이 있어야 하고, 또 개별 결정에 대한 평석의 형태로의 접근도 있어야 할 것이다. 게다가 이 결정유형에 대한 비교법적인 자료도 이 결정을 제대로 이해하는 데 유용할 것이다. 이상의 작업에 대해서는 여건이 되는 대로 단계적으로 진행하기로 한다.

또한 이 저서를 '헌법소송연구'라는 연구집적물의 제1권으로 자리매김하고자 한다. 이처럼 출간하고자 하는 이유가 있다. 그 하나는 이제까지 이루어진 연구실적을 집적하고 체계화하고자 함이다. 그 둘은 필자의 학문적 설득력이 미약해서 다른 학자들이나 실무자들에게 필자의 주장을 관철하지 못한 상태로 머물러 있다는 점이다. 보다 더 중요한 것은 이에 관한 사항들이 아직도 현안으로 남아 있다는 점이다. 그 셋은 관련 논문을 집적해놓음으로써 논의의 맥락과 아울러 펼쳐진 주장의 근거를 정확하게 파악할 수 있는 자료를 제공하고자 함이다. 그 넷은 필자가 연구작업을 진행하던 과정에서 외국자료를 완역하거나 발췌, 번역한 것이 나름대로 없지 않는데, 이를 사장(死藏)시키지 않고, 비교자료로 활용될 수 있도록 하고자 함이다.

이러한 집적물이 필자 한 사람의 연구성과로 머무르지 않고, 장기적으로는 이 분야에 관한 여러 연구자들의 연구성과가 체계적으로 제공되는 계기로 작용하길 바란다.

이 저서가 나오기까지 많은 분들의 도움이 있었다. 먼저, 연구비를 지원해준 호원대학교에 감사한다. 이 저서는 2011학년도 호원대학교 교내 학술연구조성비의 지원에 의해 작성된 것임을 밝혀둔다. 또한 2009년 한 해 동안 방문연구교수로서 이 주제에 관해 천착할 수 있는 계기를 마련해준 헌법재판소 관계자들께도 이 자리를 빌려 깊은 감사의 말씀을 드린다. 별로 수익성도 없는 연구서를 출간할 수 있도록 마음을 열어준 한국학술정보(주)와 본서의 출간을 위해 애써주신 출판 기획을 담당하신 권성용 님, 표지 디자인을 담당하신 이종현 님, 본문 편집을 담당하신 김소영 님에게 고마움을 표한다. 뭐니뭐니해도 집안이 평안해야 밖에 나서도 할 일을 할 수 있게 된다는 옛사람들의 말씀이 떠오른다. 그런 점에 비추어 보면 아내와 아이들에게 그저 고마울 뿐이다.

2011년 10월 25일
송림이 내다보이는 서황골에서
남복현

일러두기

1. 헌법재판절차 중 활성화된 본안심판절차는 법원의 제청에 의한 법률의 위헌여부심판(헌가)절차, 헌재법 제68조 제1항의 헌법소원심판(헌마)절차, 헌재법 제68조 제2항의 헌법소원심판(헌바)절차 및 권한쟁의심판(헌라)절차이다. 이 중 법률의 위헌여부가 다투어져 헌법불합치결정이 선고된 절차는 헌가, 헌마 및 헌바 절차이다. 이 글을 작성함에 있어 학술용어를 써야 함이 정상이긴 하지만, 실무상 용어가 간략하고 함축적이라는 점에서, 편의상 실무상 용어인 분류기호를 활용하여 작성된 부분이 있음을 밝힌다.

2. 이 저서의 뒷부분에 참고문헌을 소개하고 있음에 따라 각주에서 문헌을 인용함에 있어 아주 간략하게 출처를 명시하는 것으로 그친다는 점을 밝힌다.

적으로나 실무적으로나 아직 그 개념이 정립되지 아니한 경우에 대해서는 필자 나름대로 독자적으로 용어를 만들어 이용하기로 한다. 물론 그런 경우 본문이나 각주에서 그 의미를 설명하기로 한다. 그 대표적인 사례가 포함위헌, 적용위헌, 포함불합치, 한정적 불합치, 한정결정, 적용중지 불합치, 계속적용 불합치 등이다.

4. 이 저서의 주제가 된 헌법불합치결정은 물론이고, 헌법재판제도 자체가 우리나라 고유의 창작물이 아니다. 다시 말해서 독일 등 외국으로부터 수입한 것이다. 그러다 보니 외국의 학문적 성과나 제도운영의 성과를 도입함에 있어 학자들이나 실무자에 따라 동일한 사항을 다른 용어로 받아들이는 경우가 적지 않다. 이런 경우 헌법재판소 결정례에서 언급되었으면 그에 따르기로 한다.

CONTENTS

CONTENTS

제7장 결론 ··· 355

표 목록

헌법불합치결정 목록

2011. 8. 31. 현재

제1기 재판부: 1988. 9. - 1994. 9. (4건)

1. 헌재 1989. 9. 8. 88헌가6결정 - 국회의원선거법 제33조·제34조의 위헌심판제청,『헌판집』1, 199.
2. 헌재 1991. 3. 11. 91헌마21결정 - 지방의회의원선거법 제36조 제1항에 대한 헌법소원,『헌판집』3, 91.
3. 헌재 1993. 3. 11. 88헌마5결정 - 노동쟁의조정법에 관한 헌법소원,『헌판집』5-1, 59.
4. 헌재 1994. 7. 29. 92헌바49결정 - 토지초과이득세법 제10조 등 위헌소원,『헌판집』6-2, 64.

제2기 재판부: 1994. 9. - 2000. 9. (13건)

5. 헌재 1995. 9. 28. 92헌가11결정 - 특허법 제186조 제1항 위헌제청,『헌판집』7-2, 264.
6. 헌재 1995. 11. 30. 91헌바1결정 - 소득세법 제60조에 대한 헌법소원,『헌판집』7-2, 562.
7. 헌재 1997. 3. 27. 95헌가14결정 - 민법 제847조 제1항 위헌제청,『헌판집』9-1, 193.
8. 헌재 1997. 7. 16. 95헌가6결정 - 민법 제809조 제1항 위헌제청,『헌판집』9-2, 1.
9. 헌재 1997. 8. 21. 94헌바19결정 - 근로기준법 제30조의2 제2항 위헌소원,『헌판집』9-2, 243.
10. 헌재 1998. 8. 27. 96헌가22결정 - 민법 제1026조 제2호 위헌제청,『헌판

집』 10-2, 339.

11. 헌재 1998. 12. 24. 89헌마214결정 - 도시계획법 제21조의 위헌여부에 관
한 헌법소원, 『헌판집』 10-2, 927.

12. 헌재 1999. 5. 27. 98헌바70결정 - 한국방송공사법 제35조 등 위헌소원,
『헌판집』 11-1, 633.

13. 헌재 1999. 10. 21. 97헌바26결정 - 도시계획법 제6조 위헌소원, 『헌판집』
11-2, 383.

14. 헌재 1999. 12. 23. 99헌가2결정 - 지방세법 제111조 제2항 위헌제청,
『헌판집』 11-2, 686.

15. 헌재 2000. 1. 27. 96헌바95결정 - 법인세법 제59조의2 제1항 등 위헌소
원, 『헌판집』 12-1, 16.

16. 헌재 2000. 7. 20. 99헌가7결정 - 형사소송법 제482조 제1항 위헌제청,
『헌판집』 12-2, 17.

17. 헌재 2000. 8. 31. 97헌가12결정 - 국적법 제2조 제1항 제1호 위헌제청,
『헌판집』 12-2, 167.

제3기 재판부: 2000. 9. - 2006. 9. (25건)

18. 헌재 2001. 4. 26. 2000헌바59결정 - 지방세법 제233조의9 제1항 제2호
위헌소원, 『헌판집』 13-1, 941.

19. 헌재 2001. 5. 31. 99헌가18결정 - 부동산실권리자명의등기에관한법률 제
10조 제1항 위헌제청, 『헌판집』 13-1, 1017.

20. 헌재 2001. 6. 28. 99헌바54결정 - 구 상속세법 제9조 제1항 위헌소원,
『헌판집』 13-1, 1271.

21. 헌재 2001. 6. 28. 99헌마516결정 - 고엽제후유증환자지원등에관한법률
제8조 제1항 제1호 등 위헌확인, 『헌판집』 13-1, 1393.

22. 헌재 2001. 9. 27. 2000헌마152결정 - 세무사법중개정법률 중 제3조 제2
호를 삭제한다는 부분 등 위헌확인, 『헌판집』 13-2, 338.

23. 헌재 2001. 9. 27. 2000헌마208결정 - 변리사법 부칙 제4항 위헌확인,

『헌판집』 13-2, 363.

24. 헌재 2001. 10. 25. 2000헌마92결정 - 공직선거및선거부정방지법 제25조 제2항[별표1] 위헌확인, 『헌판집』 13-2, 502.

25. 헌재 2001. 11. 29. 99헌마494결정 - 재외동포의출입국과법적지위에관한 법률 제2조 제2호 위헌확인, 『헌판집』 13-2, 714.

26. 헌재 2002. 5. 30. 2000헌마81결정 - 지적법 제28조 제2항 위헌확인, 『헌판집』 14-1, 528.

27. 헌재 2002. 9. 19. 2000헌바84결정 - 약사법 제16조 제1항 등 위헌소원, 『헌판집』 14-2, 268.

28. 헌재 2002. 11. 28. 2001헌가28결정 - 국가정보원직원법 제17조 제2항 위헌제청, 『헌판집』 14-2, 584.

29. 헌재 2003. 1. 30. 2001헌바64결정 - 구 전통사찰보존법 제6조 제1항 제2호 등 위헌소원, 『헌판집』 15-1, 48.

30. 헌재 2003. 2. 27. 2000헌바26결정 - 구 사립학교법 제53조의2 제3항 위헌소원, 『헌판집』 15-1, 176.

31. 헌재 2003. 7. 24. 2000헌바28결정 - 구 소득세법 제101조 제2항 위헌소원, 『헌판집』 15-2상, 38.

32. 헌재 2003. 9. 25. 2003헌바16결정 - 지방세법 제121조 제1항 위헌소원, 『헌판집』 15-2상, 291.

33. 헌재 2003. 12.18 2002헌바14결정 - 교원지위향상을위한특별법 제9조 제1항 등 위헌소원, 『헌판집』 15-2하, 466.

34. 헌재 2004. 1. 29. 2002헌바40결정 - 민법 부칙 제3항 위헌소원, 『헌판집』 16-1, 29.

35. 헌재 2004. 3. 25. 2002헌바104결정 - 형사소송법 제214조의2 제1항 위헌소원, 『헌판집』 16-1, 386.

36. 헌재 2004. 5. 27. 2003헌가1결정 - 학교보건법 제6조 제1항 제2호 위헌제청, 『헌판집』 16-1, 670.

37. 헌재 2005. 2. 3. 2001헌가9결정 - 민법 제781조 제1항 본문 후단 부분 위헌제청, 『헌판집』 17-1, 1.

38. 헌재 2005. 4. 28. 2003헌바40결정 - 정부투자기관관리기본법 제20조 제2
    항 등 위헌소원, 『헌판집』 17-1, 508.

39. 헌재 2005. 6. 30. 2005헌가1결정 - 국가를당사자로하는계약에관한법률
    제27조 제1항 위헌제청, 『헌판집』 17-1, 796.

40. 헌재 2005. 12. 22. 2003헌가5결정 - 민법 제781조 제1항 위헌제청, 『헌
    판집』 17-2, 544.

41. 헌재 2006. 2. 23. 2004헌마675결정 - 국가유공자등예우및지원에관한법률
    제31조 제1항 등 위헌확인, 『헌판집』 18-1상, 269.

42. 헌재 2006. 5. 25. 2005헌가17결정 - 부동산실권리자명의등기에관한법률
    제5조 제2항 위헌제청, 『헌판집』 18-1하, 1.

제4기 재판부: 2006. 9. - 2011. 8. 현재 (32건)

43. 헌재 2007. 3. 29. 2005헌마985결정 - 공직선거법 제26조 제1항에 의한
    별표2 위헌확인, 『헌판집』 19-1, 287.

44. 헌재 2007. 3. 29. 2005헌바33결정 - 공무원연금법 제64조 제1항 제1호
    위헌소원, 『헌판집』 19-1, 211.

45. 헌재 2007. 5. 31. 2005헌마1139결정 - 공직자등의병역사항신고및공개에
    관한법률 제3조등 위헌확인, 『헌판집』 19-1, 711.

46. 헌재 2007. 6. 28. 2004헌마643결정 - 주민투표법 제5조 위헌확인, 『헌판
    집』 19-1, 843.

47. 헌재 2007. 6. 28. 2004헌마644결정 - 공직선거및선거부정방지법 제15조
    제2항 등 위헌확인, 『헌판집』 19-1, 859.

48. 헌재 2007. 6. 28. 2005헌마772결정 - 공직선거및선거부정방지법 제38조
    등 위헌확인, 『헌판집』 19-1, 899.

49. 헌재 2007. 8. 30. 2004헌가25결정 - 실화책임에관한법률 위헌제청, 『헌
    판집』 19-2, 203.

50. 헌재 2007. 12. 27. 2004헌마1021결정 - 의료법 제2조 등 위헌확인, 『헌
    판집』 19-2, 795.

51. 헌재 2008. 5. 29. 2006헌바5 결정 - 우체국예금·보험에관한법률 제45조 위헌소원,『헌판집』20-1하, 91.

52. 헌재 2008. 5. 29. 2007헌마1105 결정 - 국가공무원법 제36조 등 위헌확인,『헌판집』20-1하, 329.

53. 헌재 2008. 7. 31. 2004헌마1010 결정 - 의료법 제19조의2 제2항 위헌확인,『헌판집』20-2상, 236.

54. 헌재 2008. 7. 31. 2007헌가4 결정 - 영화진흥법 제21조 제3항 제5호 등 위헌제청,『헌판집』20-2상, 20.

55. 헌재 2008. 9. 25. 2007헌가9 결정 - 학교용지확보 등에 관한 특례법 제2조 제2호 등 위헌제청,『헌판집』20-2상, 424.

56. 헌재 2008. 11. 13. 2006헌바112 결정 - 구 종합부동산세법 제5조 등 위헌소원,『헌판집』20-2하, 1.

57. 헌재 2008. 11. 27. 2006헌마352 결정 - 방송법 제73조 제5항 등 위헌확인,『헌판집』20-2하, 367.

58. 헌재 2008. 11. 27. 2007헌마1024 결정 - 공직선거법 제56조 제1항 제1호 위헌확인,『헌판집』20-2하, 477.

59. 헌재 2009. 3. 26. 2007헌가22 결정 - 공직선거법 제261조 제5항 제1호 위헌제청,『헌판집』21-1상, 337.

60. 헌재 2009. 3. 26. 2006헌마67 결정 - 경상북도 시·군의회의원 선거구와 선거구별 의원 정수에 관한 조례 [별표] 위헌확인,『헌판집』21-1상, 512.

61. 헌재 2009. 4. 30. 2007헌가8 결정 - 국세징수법 제78조 제2항 후문 위헌제청,『헌판집』21-1하, 1.

62. 헌재 2009. 6. 25. 2008헌마413 결정 - 공직선거법 제200조 제2항 단서 위헌확인,『헌판집』21-1하, 928.

63. 헌재 2009. 7. 30. 2008헌가1 결정 - 군인연금법 제33조 제1항 제1호 위헌제청,『헌판집』21-2상, 18.

64. 헌재 2009. 9. 24. 2008헌가25 결정 - 집회 및 시위에 관한 법률 제10조 등 위헌제청,『헌판집』21-2상, 427.

65. 헌재 2009. 12. 29. 2008헌가13 결정 - 형사소송법 제482조 제1항 등 위

헌제청 등,『헌판집』21-2하, 710.

66. 헌재 2010. 6. 24. 2008헌바128결정 - 군인연금법 제23조 제1항 위헌소원,『헌판집』22-1하, 473.

67. 헌재 2010. 7. 29. 2008헌가28결정 - 병역법 제35조 제2항 등 위헌제청,『헌판집』22-2상, 74.

68. 헌재 2010. 7. 29. 2008헌가15결정 - 사립학교교직원 연금법 제42조 제1항 위헌제청,『헌판집』22-2상, 16.

69. 헌재 2010. 7. 29. 2009헌가8결정 - 민법 제818조 위헌제청,『헌판집』22-2상, 113.

70. 헌재 2010. 7. 29. 2008헌가4결정 - 형사보상법 제7조 위헌제청,『헌판집』22-2상, 1.

71. 헌재 2010. 9. 2. 2010헌마418결정 - 지방자치법 제111조 제1항 제3호 위헌확인,『헌판집』22-2상, 526.

72. 헌재 2010. 12. 28. 2009헌가30결정 - 통신비밀보호법 제6조 제7항 단서 위헌제청,『헌판집』22-2하, 545.

73. 헌재 2011. 6. 30. 2010헌가86결정 - 농업협동조합법 제174조 제4항 위헌제청,『공보』177호 884.

74. 헌재 2011. 6. 30. 2008헌바166결정 - 국토의 계획 및 이용에 관한 법률 제2조 제6호 등 위헌소원,『공보』117호, 991.

제1장

서론

제1절 헌법불합치결정을 둘러싼 현상

Ⅰ. 전반적인 상황

헌법불합치결정을 둘러싼 혼란과 갈등이 점입가경이다. 헌법불합치결정을 둘러싸고 그 의미에 대한 인식에 있어 합의된 공감대가 형성되지 않은 까닭이리라. 이에 대한 논란의 핵심에는 분명 헌법재판소의 이에 대한 자세와 부정확한 인식이 자리하고 있다. 여기서 한 걸음 더 나아가 대법원이 보여주는 태도도 이에 일조하고 있다. 또한 헌법불합치결정의 대상은 법률조항이거나 입법부작위[1]이고, 그 법적 효과 중 하나는 입법자에게의 신속한 개선입법의무의 부과이다. 그에 따라 이와 직접적으로 연관된 입법자인 국회도 제때에 개선입법을 하지 않음으로써 그 혼란을 더욱 부채질하는 형국이 되고 말았다. 입법자인 국회는 국민들을 상대로 정치적 이해득실을 치열하게 계산하는 정치세력이 자리하는 공간이다. 그로 인해 어느 정도까지는 용인되는 상황으로 볼 수 있긴 하다. 하지만, 어쨌건 위헌법률심판으로 표징되는 헌법재판이 활성화되면서 무엇보다 먼저 고려되어야 할 것이 가장 핵심적인 국가작용인 법률에 대해 단순위헌으로 결정할 경우 초래되는 법적 혼란이나 법적 공백의 해소문제이다. 이를 위해 채택한 변형결정으로서의 헌법불합치결정이 갈등의 한복판에 놓인 것이다.

이 같은 갈등의 요인을 개괄한다. 우선적으로 꼽아야 할 것이 헌법불합치결정을 포함한 변형결정을 선고할 필요성이 큼에도 불구하고 법적 근거가 명시되어 있질 않다는 점이다. 게다가 헌법재판소가 스스로 흠결보충적인 법형성을 한 것이긴 하지만, 일관된 흐름을 제공하지도 못하고 또 다투어진 사안의 해결에 적합한 방안을 적절하게 제시하지도 못하고 있다는 점이다. 이를 체계화하고 논리적 근거를 제공해야 할 학계마저도 다양한 논의의 홍수에 빠져 있다. 게다가 대법원

---

1) 진정입법부작위의 경우 위헌확인을 하지만, 부진정입법부작위의 경우 관련조항에 대해 헌법불합치로 결정하는 것이 우리 헌법재판소의 확립된 판례이다.

은 헌법재판소를 견제할 의도인지 헌법불합치결정의 의미를 왜곡하는 한편, 변형결정의 유형에 해당하는 한정결정을 부인하는 행태를 보여주고 있다. 그와 아울러 대법원의 확정판결에 대해 통제할 수 있는 제도적 장치가 없음[2]을 기화로 헌법재판소의 결정취지를 준수하지 아니하고 기관이기적인 욕구충족의 시각에서 사안에 접근하곤 한다. 경우에 따라서는 인기 영합적인 판결로 보여질 수 있는 행태를 노정하기도 한다.

이상은 아주 난삽하고 뒤엉클어진 헌법불합치결정을 둘러싼 현재 논의상황을 일별한 것이다. 이를 극복하는 방법은 헌법불합치결정의 이론을 위헌법률의 효력에 대한 인식을 기반으로 그 의미를 재정립하는 것이다. 다시 말해서 기본으로 돌아가야 한다. 그리고 어떠한 상황에서 헌법불합치가 결정주문으로 채택되어야 하는지가 해명되어야 한다.

헌법불합치결정을 둘러싼 논의의 시발점은 헌법재판소의 결정일 수밖에 없다. 왜냐하면, 단순위헌결정과는 달리 입법자에게 입법개선의무를 부과한 것도 헌법재판소에 의한 헌법불합치결정이었고, 법적용자인 법원이나 행정청에게 법적용절차를 중지하고 개선입법에 따라 처리하게 하거나 개선입법 시점까지 불합치법률의 잠정적인 계속적용을 명한 것도 헌법불합치결정이었기 때문이다. 게다가 법적용자로서의 법원은 구체적인 법적 분쟁사건을 처리함에 있어 구체적 타당성을 또 하나의 덕목으로 삼아 헌법재판소가 선고한 결정의 당부를 검토하고, 타당성 내지 합리성의 결여를 이유로 헌법재판소의 결정을 준수하지 않곤 하였다.

어떻든 현재 우리가 벌이고 있는 헌법불합치결정을 둘러싼 논란은 그 실체와는 아주 이격되어 있다. 그 요인을 본다. 예컨대, 대법원이 한정결정에 대한 기속력을 부인함을 이유로 한정결정이 적확한 사항을 대법원이 선호함을 빌미로 억지로 헌법불합치결정을 선고하는 경우라든가, 단순위헌결정에 적합한 사안을 단순위헌결정으로 인해 초래될 대량적 효과를 우회하고자 하는 경우를 들 수 있겠다. 보다 본질적인 것으로는 심판대상의 획정에 있어 한정위헌청구를 있는 그대로 받아들이거나 심판대상을 그와 같은 형태로 획정하고 그에 대해서만 결정을 선고해야 함에도 결정주문에 그 결정에서 다투어진 핵심쟁점을 적확하게 반영하

---

2) 비단 재판소원이 인정되지 않는다는 점뿐만이 아니다. 대법원이 인기 영합적으로 재판할 경우 그로 인해 편익을 보게 되는 국민은 헌법재판소로 오려 하지 않을 것이다.

지 못하는 경우가 보편적으로 나타난다는 점이다. 그뿐만이 아니다. 입법자에게 개선입법의무를 이행하게 하고자 헌법불합치결정의 주문을 제시하면서 개선입법의 시한을 구체적으로 명시하고, 그 시한이 도과하면 불합치법률의 효력이 상실한다는 주장을 폭넓게 펼치곤 한다는 점이다. 그로 인해 입법자가 개선입법의 시한을 준수하지 아니한 경우 법적용자인 법원이나 행정청은 불합치결정의 취지에 맞춰 준비했던 사항이 물거품이 되어 버리고 새로운 상황의 법적용으로 입장을 변경해야 하는 상황이 초래되곤 한다는 점이다.

　게다가 이미 오래 전부터 헌법불합치결정을 채택해서 운영하였고 또 우리나라에 이 결정유형에 대한 이념적 모델을 제공하였던 독일보다 우리나라가 이 결정유형을 훨씬 자주 활용하고 있다.3) 이는 현(제4기) 재판부에 들어서는 더욱 그러하다.4) 더욱이 우리나라에서는 실체적 형벌법규에 대해서조차도 헌법불합치결정을 선고하기에 이르렀다. 그러나 독일의 경우 형벌법규에 대한 헌법불합치결정을 선고할 실정법적 근거를 두고 있긴 하지만, 헌법재판소 설치이래 지금까지 단 한 건도 실체적 형벌법규에 대해 헌법불합치로 결정한 사례가 없다. 새로운 이론을 개발하고 적용하려면 그 타당성을 충분히 검증한 다음에서야 함이 바람직하다. 그런데 이와 같이 조심스럽게 전개되어야 할 헌법재판소의 결정형성이 헌법소송이론에 대한 인식이 취약한 상태에서 매우 거칠고 조악하게 이루어지고 말았다. 그에 따라 나타날 법적 혼란은 충분히 예상할 수 있게 되었다. 또 헌법재판소가 당연하게 누려야 할 권위는 대법원이 존중하고 싶으면 존중하고 그렇지 않으면 다른 의미로 선해되어야 하는 처지로 전락하고 말았다. 경우에 따라서는 그 결정 취지가 전면 무시되곤 한다.

　이러한 혼란의 극치가 2009. 9. 24. 야간옥외집회금지에 대한 헌법불합치결정5)에서 노정되었다. 이런 점은 이 글에서 다루고자 하는 헌법불합치결정에 대한 이해에서만이 아니고 헌법소송전반에 대한 몰이해에서도 그대로 나타나고 있다.

---

3) 변형결정을 포함해서 청구인용결정의 빈도수가 훨씬 높다.
4) 제4기 재판부는 아직 임기가 1년이나 남아 있는 2011. 8. 31. 현재 31건에 대해 헌법불합치로 결정하였다. 이는 지난 재판부에서 도합 42건(제3기 재판부의 경우 25건)과 대비되는 매우 많은 수치이다.
5) 헌재 2009. 9. 24, 2008헌가5.

Ⅱ. 야간옥외집회금지의 불합치결정으로 인한 상황

헌법재판소는 2009. 9. 24. 야간옥외집회금지를 규정한 집시법 관련규정을 헌법불합치로 결정하였다. 이 결정은 현재 헌법불합치결정을 둘러싼 쟁점을 모두 포괄하고 있는 형국이다.

먼저, 이 사건의 결정에서 헌법재판소는 합헌인 부분과 위헌인 부분이 혼재함을 이유로 헌법불합치의 결정주문을 선택하였다. 이는 결정주문과 핵심쟁점과의 부조화를 그대로 반영한 사례에 해당한다. 다음, 이 사건의 심판대상인 법률조항은 야간옥외집회금지를 위반한 자에 대한 형사처벌을 규정한 형벌법규로서의 집시법 제23조 제1항 제1호와 제10조 본문이었다. 이 사건은 실체적 형벌법규에 대한 헌법불합치결정의 가능여부를 정면으로 다룬 것이었다. 여기서 한걸음 더 나아가 이 사건 결정의 법정의견은 불합치법률의 잠정적인 계속적용이었다. 그로 인해 개선입법 시점 이후에는 불합치법률과 개선입법 사이에서의 법조경합을 초래하게 되는 상황이 전개되기에 이르렀다. 게다가 이 사건에서는 불합치결정을 하면서 결정주문에 개선입법의 시한을 명시함과 아울러 그때까지 불합치법률을 잠정적으로 계속 적용하고, 결정 이유에서는 그 시한 내에 개선입법이 이루어지지 않으면 그 다음 날 불합치법률의 효력이 상실됨을 밝혔다.

이 사건 결정이 선고되자 법적용자로서의 경찰과 검찰은 불합치법률을 잠정적으로 계속 적용할 것임을 천명하였지만, 법원, 특히 하급법원에서는 다양한 형태로 자신들의 입장을 개진하기에 이르렀다. 헌법재판소가 설정한 개선입법시한 내에 입법자인 국회가 개선입법을 하였더라면 논란의 많은 부분은 가라앉았을 것이다. 하지만, 국회의 포퓰리즘적인 행태로 인해 입법시한이 도과되었음은 물론이고, 2011. 8. 31. 현재까지 개선입법이 이루어지지 않았다. 그에 따라 그 입법시한이 도과된 시점인 2010. 7. 1.에 불합치법률의 효력이 상실된 것으로 파악해서 접근하기에 이르렀다.6)

대법원은 종래 형벌법규에 대한 헌법불합치결정의 취지를 왜곡한 것7)에서 한

---

6) 이는 후술하는 바와 같은 많은 부작용을 내포하고 있다.
7) 대법 2009. 1. 15. 선고 2004도7111판결.

걸음 더 나아가 이를 계기로 이 사건 결정에 대해서도 그 의미를 전혀 다르게 파악하기에 이르렀다.[8]

　이로써 헌법불합치결정을 둘러싸고 드러날 수 있는 쟁점은 거의 다 드러난 것이 아닌가 한다. 다시 말해서 헌법불합치결정이 혼돈의 한복판에 놓이게 되었다.

---

8) 대법 2011. 6. 23. 선고 2008도7562판결(전원합의체).

제2절 연구의 내용과 범위

Ⅰ. 연구의 내용

이 저서에서는 헌법불합치결정을 연구대상으로 삼아 2009년부터 2010년 사이에 작성된 논문들의 내용을 수정·가감해서 집적하고자 하였다.

먼저 제2장에서는 헌법불합치결정의 주문과 결정상 핵심쟁점과의 부조화에 관해 다루었다. 여기서는 불합치결정의 사례별 결정주문과 핵심쟁점의 부조화에 관해 분석[9]하였고, 또 각 재판부별로 불합치결정의 원인별 유형화에 따른 결정주문의 사례를 검토[10]하였다. 원래는 한편으로 작성했으나, 4편으로 나누어 발표된 것이다. 각 결정례별로 결정주문에 대한 재검토가 이루어졌기 때문이다.

제3장은 헌법불합치결정의 사례분석에서 나타난 한정적 청구와 한정적 판단의 필요성을 검토[11]하였다는 점에서 제2장과 밀접한 연관성을 지닌다. 그렇기에 제2장에서 다룬 내용과 중복되는 부분은 대폭적으로 삭제하였고, 여기서는 한정적 판단의 필요성을 검토함과 아울러 한정적 판단에 따른 결정주문의 채택 개연성을 논의하였으며, 한정적 청구취지를 심판대상에 수용하는 방안에 대해서도 살펴보았다.

제4장에서는 입법시한이 도과된 불합치법률의 효력상실에 관해 다루었다. 제1절에서는 불합치결정에 있어 헌법재판소의 기한설정의 실태에 관해 사회과학적인 시각에서 분석하였고,[12] 제2절에서는 입법시한의 도과와 그에 따른 불합치결

---

9) 졸고,「헌법불합치결정의 사례별 결정주문과 핵심쟁점의 부조화 분석」,『헌법논총』제20집, 헌법재판소, 2009. 12, pp.243-285.

10) 졸고,「헌법불합치결정의 원인별 유형화에 따른 결정주문의 사례검토」, 헌법재판소 제1기와 제2기 재판부를 중심으로, 호원대 논문집 제32집, 2010. 2, pp.75-95. 졸고,「헌법불합치결정의 원인별 유형화에 따른 결정주문의 사례검토」, 헌법재판소 제3기 재판부를 중심으로,『한양법학』제21권 제1집, 한양법학회, 2010. 2, pp.315-347. 졸고,「헌법재판소 제4기 재판부의 헌법불합치결정 주문 사례의 검토」,『공법학연구』제11권 제1호, 한국비교공법학회, 2010. 2, pp.27-53.

11) 졸고,「헌법불합치결정의 사례분석에서 나타난 한정적 청구와 한정적 판단의 필요성 검토」, 제101회 월례발표회 발표논문, 헌법실무연구회, 2010. 2. 19.

정의 효력상실이 부적절하다는 점에 관해 비판적인 시각에서 접근하였다.[13]

　　제5장에서는 실체적 형벌법규에 대한 헌법불합치결정에 관해 다루었다. 제1절에서는 야간옥외집회금지에 대한 불합치결정이 선고되기 이전인 2009. 9. 11. 헌법실무연구회에서 발표한 것을 수록하였다.[14] 제2절에 수록한 것은 위 논문이 발표된 직후 선고된 위 불합치결정과 그 결정을 둘러싼 그 당시의 논란에 관해 정면으로 다룬 것[15]이다. 여기서도 제1절의 내용과 중복되는 사항에 대해선 대폭적으로 삭제하였다. 그리고 그중에 부분적으로나마 다루어질 의미가 있는 사항은 제1절로 이동시켜 수록하였다.

　　제6장에서는 대법원이 2011. 6. 23.에 선고한 2008도7562판결을 평석하였다. 이 사건 판결은 헌법재판소가 2009. 9. 24.에 선고한 야간옥외집회금지에 대한 헌법불합치결정(2008헌가25)이 전개한 법리를 정면 부정하는 내용을 담고 있다. 헌법재판소의 이 사건 관련 결정은 전술한 바와 같이 이 글에서 다루고자 하는 핵심적인 쟁점을 모두 담고 있다. 게다가 대법원은 이 사건 판결을 전원합의체에서 심리하였는 바, 별개의견과 보충의견은 형벌법규에 대한 헌법불합치결정을 둘러싸고 치열하게 각자의 논리를 전개하고 있다. 물론 이들이 전개한 의견이 부분적으로는 필자의 견해에 부합하는 것도 있긴 하지만, 근본적으로는 입장을 전혀 달리하고 있다. 그런 점을 감안해서 이 사건 대법원 판결을 다루었다.

　　제7장은 결론으로서 이제까지 다룬 내용에 대해 요약하고 대안을 제시함으로써 이 글에서 제기한 문제점에 관해 근원적인 해결책을 모색하고자 하였다.

---

12) 졸고, 「헌법불합치결정에 있어 기한설정의 실태분석」, 『법과 정책연구』 제10집 제2호, 한국법정책학회, 2010. 8, pp.733-761.
13) 졸고, 「헌법불합치결정에서 제시된 입법시한의 도과와 그에 따른 불합치법률의 효력상실」, 『공법학연구』 제11권 제3호, 한국비교공법학회, 2010. 8, pp.31-61.
14) 졸고, 「헌법불합치결정을 둘러싼 법적 쟁점의 검토」, 실체적 형법법규를 중심으로, 『헌법실무연구』 제10권, 헌법실무연구회편, 2009, pp.463-510.
15) 졸고, 「야간옥외집회금지에 대한 헌법불합치결정의 실체와 그에 따른 법원·검찰의 조치」, 『연세 공공거버넌스와 법』 제1권 제1호, 연세대 법학연구원, 2010. 2, pp.1-51.

Ⅱ. 연구의 대상으로서의 헌법재판소 결정의 범위

이 저서에서 다룬 글들은 한꺼번에 작성된 것이 아니다. 가장 오랜 것이 2009. 9.에 작성된, 형벌법규의 불합치결정에 관한 법적 쟁점을 검토한 제5장 제1절이고, 가장 최근 것이 지난 2011. 6. 23.에 선고된 대법원 판결을 평석한 제6장이다.

그러다보니 연구대상이 된 헌법불합치결정의 범위를 구획하는 것이 다르게 되었다. 헌법재판소는 2011. 8. 31. 현재 총 74건의 헌법불합치결정을 선고하였다. 제1기 재판부는 1994. 9.까지 4건을, 제2기는 2000. 9.까지 13건을, 제3기는 2006. 9.까지 25건을 각각 선고하였고, 제4기인 현 재판부는 32건이었다.

그래서 제2장에서는 2009. 8. 31.을 기준으로 총 63건을 대상으로 분석·검토하였고, 제4장에서는 2009. 12. 31.을 기준으로 총 65건을 대상으로 하였다. 그리고 다른 장에서 다룬 사항은 연구의 기준시점이 그리 중요하지 않다.

이는 연구의 내용을 형성하는 과정에서 그 시점 이후에 선고된 결정들이 반영되지 않았음을 말한 것이고, 그렇지만 그 결정들은 관련된 부분에 각주로 처리되었다.

아울러 이 책에서 말하는 사건의 개수에 관해서다. 이 책에서는 헌법재판소가 헌법불합치로 결정한 사건의 수를 심판대상인 법률조항의 숫자나 접수되어 병합처리된 사건수를 기준으로 하진 않았다. 오히려 헌법재판소가 판시사항이나 결정요지를 제시해서 헌법재판소 판례집이나 헌법재판소 공보에 공시한 건수를 기준으로 산정하였다.

이 책은 헌법재판소에서 선고한 헌법불합치결정을 둘러싼 논란을 다루고 있다. 그래서 헌법재판소의 결정만이 아니고, 그 결정과 밀접하게 연관된 대법원 판결도 다루고자 하였다. 그것이 바로 대법 2011. 6. 23. 선고 2008도7562판결이다. 이 사건 판결은 헌법불합치결정이 법적용자에 미치는 법적 효과, 그중에서도 가장 핵심적인 국가기관인 대법원에 미치는 효과를 검토하는데 매우 유용한 의미를 지닌다.

제2장

헌법불합치결정의 주문과 결정상 핵심쟁점과의 부조화

제1절 글머리에

Ⅰ. 문제의 제기

우리 헌법재판소는 지난 2009. 8. 31. 현재 총 63건[16]의 헌법불합치결정을 선고한 바 있다. 헌법불합치결정은 통상적으로 단순 위헌으로 결정될 경우에 초래될 법적 혼란이나 법적 공백이라는 부작용을 해소하기 위해 위헌결정의 법적 효과를 제약하기 위한 변형된 결정형식으로 파악된다. 이 결정형식은 입법자에게 개선입법을 촉구함과 아울러 법적용자에게는 일정한 법적 효과를 지향한다.[17]

우리는 여기서 법적용자에 대한 법적 효과에 주목해야 한다. 필자는 이미 이에 관해 원칙과 예외라는 시각에서 접근하였다. 원칙으로는 불합치법률의 적용절차를 중지하고 개선입법에 따라 처리하도록 하는 것이 해당하고, 불합치법률의 잠정적인 계속적용을 예외로 보았다.[18]

우리 헌법재판소가 채택한 불합치결정의 사례를 분석해보면, 일견 도저히 납득하기 어려운 형태로 주문이 제시된 경우가 적지 않다. 분명 결정 이유에서는 핵심쟁점에 대해 위헌으로 논증을 완성시켰음에도 정작 결정주문을 표기함에 있어서는 제도 자체는 합헌이고, 이를 위헌으로 할 경우 법적 혼란이나 법적 공백상태의 초래 등을 이유로 헌법불합치로 결정하곤 한다. 그러면서 헌법재판소는 불

---

16) 그때부터 2011. 8. 31.까지 11건의 헌법불합치결정이 추가적으로 이루어졌다. 2009년에는 2건(헌재 2009. 9. 24, 2008헌가25; 헌재 2009. 12. 29, 2008헌가13), 2010년에는 7건(헌재 2010. 6. 24, 2008헌바128; 헌재 2010. 7. 29, 2008헌가28; 헌재 2010. 7. 29, 2008헌가15; 헌재 2010. 7. 29, 2009헌가8; 헌재 2010. 7. 29, 2008헌가4; 헌재 2010. 9. 2, 2010헌마418; 헌재 2010. 12. 28, 2009헌가30), 그리고 2011년에는 2건(헌재 2011. 6. 30, 2010헌가86; 헌재 2011. 6. 30, 2008헌바166)이 각각 이루어졌다. 그래서 총 74건이 되는 셈이다.

17) 헌법불합치결정에 대해서는 이미 다양한 형태로 국내에서 연구가 이루어졌다. 그래서 문헌에 대해 전반적으로 검토하고 소개하기 보다는 필요하고 관련된 항목으로 한정해서 소개하기로 한다. 또한 조속한 시일 내에 다른 기회를 만들어 이에 관해 집중적으로 검토하기로 하겠다.

18) 이에 관한 상세한 내용은 졸고, 박사학위논문, p.305. 이하, 졸고, 『헌법재판연구』 제7권, p.368. 아울러 헌재 2007. 5. 31, 2005헌마1139에서 이동흡·송두환 재판관의 반대의견, 『헌판집』 19-1, 711. 734-735.

합치법률의 잠정적인 계속적용이라는 법적 효과를 명하곤 한다. 결정주문을 보면, 분명 불합치법률을 계속 적용해야 한다. 그러나 결정취지를 살펴보면, 결정상 핵심쟁점은 위헌성을 명확하게 지적하고 있다. 이는 헌법재판소 결정주문과 심판과정상 핵심쟁점과의 구조적 부조화라 할 것이다.

헌법재판소가 채택한 불합치결정의 주문이 심판대상인 사안에 적합하지 않으면 안 된다. 하지만, 실제로는 그렇지 않다는 점에 주목하고자 한다. 그런 점에서 핵심쟁점과 결정주문의 부조화현상에 대해 분석하고, 그 원인과 해결방안을 모색할 필요성은 매우 크다고 본다.

그래서 이 글에서는 헌법재판소가 지난 2009. 8. 31.까지 선고한 모든 헌법불합치결정의 사례를 대상으로 그에 관해 전반적으로 분석한다. 먼저, 일반적인 분석으로서 통계분석, 분석대상 결정례의 유형화작업 그리고 대상별 결정례를 분석함에 적용할 일관된 평가요소를 제시한다. 이어서 각 재판부별로 유형화된 틀에 맞춰 결정주문의 적절성을 검토하고 결정상 핵심쟁점을 반영하는 형태로 새로운 대안의 주문을 제시한다. 그 다음에는 유형화된 틀에 맞춰 결정례별로 평가요소 순으로 서술하고 분석한다. 그에 이어 개별 결정례별로 분석된 결과를 모아 부조화의 원인을 분석하고 평가한다. 그리고 마지막으로는 부조화의 해소방안을 대안으로 제시하기로 한다. 이를 위해서는 헌법불합치결정에 관한 일반적인 이론적 사항에 대해 소개해야 하지만, 다른 기회에 상술하기로 한다.

Ⅱ. 필자의 선행연구

필자는 헌법불합치결정의 사례를 대상으로 다양한 형태로 연구를 수행한 바 있다. 물론 이 글에서 다루고자하는 결정주문과 결정상 주요쟁점이 서로 부조화하는 현상에 대해서는 관심을 기울이지 못하였지만, 주문선택의 적합성에 관해서는 여러 형태를 모색한 바 있다.[19]

---

19) 졸고,『헌법논총』제9집, p.855. 이하. 이에 대한 집중적인 관심을 기울인 것으로는 졸고,『공법학연구』제10권 제1호, pp.53-81.

먼저, 박사학위논문[20])에서는 구 국회의원선거법 제33조·제34조의 위헌심판사건,[21]) 지방의회의원선거법 제36조 제1항의 헌법소원심판사건,[22]) 노동쟁의조정법 제12조 제2항의 헌법소원심판사건,[23]) 등이 다루어졌고,『헌법재판연구』제7권[24])에서는 토지초과이득세법의 위헌소원사건[25])이 집중적으로 다루어졌다.

다음,『헌법논총』제9집[26])에서는 효력과 관련해서 특허법 제186조 제1항의 위헌심판제청사건,[27]) 소득세법 제60조에 대한 위헌소원사건,[28]) 민법 제847조 제1항의 위헌심판제청사건,[29]) 민법 제809조 제1항의 위헌심판제청사건,[30]) 그리고 근로기준법 제30조의2 제2항 위헌소원사건[31])이 다루어졌다.

그리고『공법논총』제5호[32])에서는 2008년에 이루어진 헌법불합치결정에 대한 분석이 집중적으로 이루어졌다.[33])

그 외에 개별 판례에 대한 평석으로는 국적법 제2조 제1항 제1호의 위헌심판제청사건,[34]) 학교보건법 제6조 제1항 제2호 위헌제청사건,[35]) 학교용지확보 등에

---

20) 졸고, 박사학위논문, 1994, pp.313-317.
21) 헌재 1989. 9. 8. 88헌가6,『헌판집』1. 199, 201.
22) 헌재 1991. 3. 11. 91헌마21,『헌판집』3. 91, 94.
23) 헌재 1993. 3. 11. 88헌마5,『헌판집』5-1. 59, 62.
24) 졸고,『헌법재판연구』제7권, p.352. 이하.
25) 헌재 1994. 7. 29. 92헌바49 등,『헌판집』6-2. 84, 86. 이와 관련한 평석으로는 졸고, 전북산업대 논문집 제17집, pp.195-228.
26) 졸고,『헌법논총』제9집, pp.1023-1031.
27) 헌재 1995. 9. 28, 92헌가11,『헌판집』7-2, 264.
28) 헌재 1995. 11. 30, 91헌바1,『헌판집』7-2, 562. 이와 관련한 평석으로는 졸고,『한양법학』제8집, pp.139-157.
29) 헌재 1997. 3. 27, 95헌가14,『헌판집』9-1, 193. 이에 관한 평석으로는 졸고, 전북산업대 논문집 제20집, pp.97-123.
30) 헌재 1997. 7. 16, 95헌가6,『헌판집』9-2, 1.
31) 헌재 1997. 8. 21, 94헌바19,『헌판집』9-2, 243.
32) 졸고,「2008년 헌법판례의 회고와 분석」,『공법논총』제5호, pp.66-77.
33) 우체국예금·보험에관한법률 제45조 위헌소원(헌재 2008. 5. 29, 2006헌바5,『헌판집』20-1하, 91.); 국가공무원법 제36조 등 위헌확인(헌재 2008. 5. 29, 2007헌마1105,『헌판집』20-1하, 329; 의료법 제19조의2 제2항 위헌확인(헌재 2008. 7. 31, 2004헌마1010,『헌판집』20-2상, 236-268); 영화진흥법 제21조 제3항 제5호 등의 위헌심판제청(헌재 2008. 7. 31, 2007헌가4,『헌판집』20-2상, 20-49); 학교용지확보 등에 관한 특례법 제2조 제2호 등의 위헌심판제청(헌재 2008. 9. 25, 2007헌가9,『헌판집』20-2상, 424-451); 구 종합부동산세법 제5조 등 위헌소원(헌재 2008. 11. 13, 2006헌바112,『헌판집』20-2하, 1-117); 방송법 제73조 제5항 등 위헌확인(헌재 2008. 11. 27, 2006헌마352,『헌판집』20-2하, 367-396); 공직선거법 제56조 제1항 제1호 위헌확인(헌재 2008. 11. 27, 2007헌마1024,『헌판집』20-2하, 477-499).
34) 헌재 2000. 8. 31, 97헌가12,『헌판집』12-2, 167. 이에 관한 평석으로는 졸고,『공법연구』제30집 제3호, pp.133-154.

관한 특례법 제2조 제2호 등의 위헌심판제청사건,[36) 및 구 종합부동산세법 제5
조 등 위헌소원사건[37) 등이 있다.

35) 헌재 2004. 5. 27. 2003헌가1, 『헌판집』 16-1, 670. 이와 관련한 평석으로는 졸고, 『한양법학』
    제20권 제2집, pp.329-355.
36) 헌재 2008. 9. 25, 2007헌가9, 『헌판집』 20-2상, 424-451. 이에 관한 평석으로는 졸고, 『공법
    학연구』 제10권 제1호, pp.53-81.
37) 헌재 2008. 11. 13, 2006헌바112, 『헌판집』 20-2하, 1-117. 이에 관한 간략한 검토로는 졸고,
    『공법학연구』 제10권 제1호, pp.53-81.

제2절 헌법불합치결정 사례의 일반적 분석

Ⅰ. 헌법불합치결정의 일반적인 통계분석

<표 1>에 제시된 바와 같이, 헌법재판소는 지난 2009. 8. 31. 현재 총 63건[38]의 헌법불합치결정을 선고하였다. 구체적으로 살펴보면, 제1기 재판부(88. 9.부터 94. 9.까지)가 4건, 제2기(94. 9.부터 00. 9.까지)가 13건, 제3기(00. 9.부터 06. 9.까지)가 25건, 그리고 제4기(06. 09.이래 09. 08.말까지)가 21건[39] 이었다.

그중에서도 법적용자에 대한 법적 효과로서 계속적용을 명하는 경우가 41건, 적용중지를 명하는 경우 19건 그리고 양자를 모두 지향하는 경우 3건 등이었다. 이는 앞서 언급한 양자의 원칙과 예외라는 관계[40]가 결정실제에서는 정반대로 뒤바뀐 셈이다. 이런 점은 특히 제3기와 제4기 재판부에서 더욱 드러난다. 잠정적인 계속적용을 법적 효과로 하는 불합치결정에 지나치게 의존하는 경향이 뚜렷하다(제3기의 경우 25건 중 18건, 제4기의 경우 21건 중 15건).

〈표 1〉 재판부별 불합치결정 유형분석

유형	계속적용	적용중지	양자 모두	계
제1기	3	1	0	4
제2기	5	7	1	13
제3기	18	7	0	25
제4기	15	4	2	21
계	41	19	3	63

---

38) 2011. 8. 31. 현재 총 74건이다.
39) 제4기 재판부는 2011. 8. 31.까지 32건이 되는 셈이다.
40) 헌재 2007. 5. 31, 2005헌마1139에서 이동흡·송두환 재판관의 반대의견, 『헌판집』 19-1, 711. 734-735. 또한 졸고, 박사학위논문, p.305. 이하.

〈표 2〉 법적 효과의 주문 제시 여부 분석

유형	계속적용	적용중지	양자 모두	계
주문 제시	41	14	2	57
이유에만 제시	0	5	1	6
계	41	19	3	63

다음, 법적용자에 대한 법적 효과를 주문에 제시하는 여부를 살펴본다. 거의 대부분 결정주문으로 제시한다(57건). 헌법불합치를 주문에서 확인하지만, 법적 효과에 대해서는 오로지 이유에서 언급함에 그치는 경우는 6건에 지나지 않는다. 그중에서도, 계속적용 불합치결정 선고 사례에서는 모두 다(41건) 주문에 제시하고 있다. 이와 같이 계속적용을 명하려면 반드시 결정주문에 명시해야만 하는 논거로는 그것이 예외적이며 위헌법률을 잠정적으로 계속 적용하는 것이기 때문이라고 한다.[41]

또한 주목할 바는 계속적용과 적용중지를 동시에 법적 효과로 제시하는 경우도 3건이 있다. 그중 2건은 심판대상별로 구획해서 제시한 반면,[42] 1건은 인적 범위를 기준으로 제시하였다.[43]

---

[41] 그에 반해, "헌법불합치결정에 따른 위헌법률의 적용금지와 절차의 중지라는 법적 효과는 헌법불합치결정에 내재된 본질적 요소라 할 것이므로, 불합치결정을 하는 경우에 심판대상인 법률조항의 적용을 중지시키는 별도의 주문을 적시할 필요도 없는 것이며, 설령 적용중지의 주문을 적시한다 할지라도 그것은 적용중지의 효과를 주의적으로 확인하는 것에 불과하다." 이에 관해서는 헌재 2007. 5. 31, 2005헌마1139에서 이동흡·송두환 재판관의 반대의견, 『헌판집』 19-1, 711. 734.

[42] 헌재 2008. 7. 31, 2004헌마1010, 『헌판집』 20-2상, 236-268. (의료법 제19조의2 제2항 위헌 확인. 이 사건에서 헌법재판소는 구 의료법 제19조의2 제2항과 의료법 제20조 제2항에 관해 각각 헌법불합치로 결정하였다. 그렇지만, 심판대상별로 지향하는 법적용자에 대한 법적 효과는 달리 정하였다. 즉, 구법에 대해서는 구법의 적용을 중지하고 개선입법에 따라 처리하도록 하는 한편, 신법에 대해서는 잠정적인 계속적용을 명하였다); 헌재 2008. 7. 31, 2007헌가4, 『헌판집』 20-2상, 20-49. 영화진흥법 제21조 제3항 제5호 등의 위헌심판제청. 이 사건에서 헌법재판소는 영화진흥법 제21조 제3항 제5호와 영화 및 비디오물 진흥에 관한 법률 제29조 제2항 제5호 및 영화진흥법 제21조 제7항 후문 중 '제3항 제5호' 부분의 위임 규정을 각각 헌법불합치로 결정하였다. 그와 아울러 이미 폐지된 영진법 조항에 대해서는 적용의 중지를, 현행법인 영비법 조항에 대해서는 잠정적인 계속적용을 명하였다. 그리고 헌재 2010. 7. 29. 2008헌가28 결정, 『헌판집』 22-2상, 74.

[43] 헌재 1998. 12. 24, 89헌마214, 『헌판집』 10-2, 927. 959-960(도시계획법 제21조의 위헌여부에 관한 헌법소원).

Ⅱ. 분석대상 자료의 유형화와 분석대상 결정례의 평가요소

1. 분석대상 자료의 유형화

헌법불합치로 결정한 사건에 관해 그 원인을 추적하면, 대체로 5가지 형태로 구분 지을 수 있다.

첫째는 불완전한 형태로 이루어진 법률조항에 대한 위헌여부의 다툼에서, 부진정 입법부작위에 대한 위헌확인을 헌법불합치로 결정한 경우이다. 다시 말해서 사건에서 핵심적으로 다투어진 사항이 기성의 입법에 반영되어야 하였음에도 그렇지 못해 다투어진 경우이다. 그로 인해 헌법상 보장된 기본권실현에 불완전한 입법상태가 초래된 것이다. 세부적인 내용으로는 ① 적법한 기본권침해에 대한 대상조치(代償措置)를 결여한 경우, ② 평등원칙으로 위헌논증을 한 경우, 그리고 ③ 그 밖의 심판기준(예컨대 과잉금지원칙, 법적 청문권 침해)으로 위헌논증을 한 경우이다. 그런데 후술하는 평등원칙위반과 중첩되는 경우가 적지 않게 나타난다. 하지만, 계쟁집단에 대한 입법적 반영의 실패로 인해 야기된 것이므로, 여기서 다룸이 적절하다 본다.

둘째는 평등원칙의 위반에 관한 경우이다. 세부적인 내용으로는 ① 같은 것을 다르게 규율한 경우와 ② 다른 것을 같게 규율한 경우로 크게 구분 지을 수 있다. 평등원칙은 원래 불합치결정과 아주 친근한 결정형식이다. 그중에도 급부제공의 경우가 그에 해당하고, 입법자로 하여금 적절한 대안을 모색하도록 한 것이다.

셋째는 합헌부분과 위헌부분의 경계를 획정하기에 곤란한 경우이다. 이에 관해 헌법재판소는 자유권에 해당하는 영역의 문제로 구획하고 해명하려 시도한다. 하지만, 이 경우는 후술하는 일반적인 경우와는 구분 지어야 한다. 여기에도 일정한 특색이 있으며, 둘로 유형화할 수 있다. ① 제도는 합헌이지만, 그 내용에 위헌성이 있는 경우이고, ② 원칙적으로 위헌이지만, 부분적으로는 합헌성이 있는 경우이다.

넷째로는 입법형식의 잘못에 관한 경우이다. 여기서는 포괄위임입법금지원칙,

명확성원칙 및 법률유보원칙 등과 관련해서 논의된다.

다섯째로는 이상에서 언급한 사항에 해당되지 않는 것으로서 일반적인 경우이다. 즉, ① 가족제도에 관한 경우, ② 재판청구권에 관한 경우, ③ 선거구획정에 관한 경우 그리고 ④ 기타 등이다.

그러나 이상과 같은 분류는 일의적인 것이 아니다. 하나의 사건에 다양한 쟁점이 제기된 경우, 위의 구분 유형에서 중첩될 수 있다. 가장 대표적인 것이 평등원칙위반과 부진정 입법부작위에서 나타난다. 합헌과 위헌부분의 경계가 불분명한 경우도 그렇다.

2. 분석대상 결정례의 평가요소

이상과 같이 유형화한 사건에 대해 결정개요, 결정주문, 심판대상, 위헌성, 불합치결정 내지 계속적용(또는 적용금지) 사유, 입법자에 대한 효과 내지 개선입법의 입법방향 등의 순서로 소개[44]한 다음, 결정례별로 분석하고 평가한다.

다음, 분석을 가함에 있어 사안에 적합한 주문제시의 필요성이 크다는 시각에서 접근한다. 첫째로는 심판대상이나 결정 이유 등과 연관해 봤을 때, 지향하고자 하는 법적 효과를 결정주문이 제대로 반영하였는지에 주목한다. 채택된 결정주문의 적합성 문제이다. 둘째로는 결정주문이 결정 이유에서 제시된 의미를 제대로 반영하기 위해서 심판대상을 조정할 필요성은 없는지에 대해서도 분석한다. 그리고 셋째로는 불합치결정을 둘러싼 제반요소, 즉 당해사건, 심판대상, 위헌성, 불합치사유, 계속적용이나 적용중지사유, 법적 효과 등에 비추어 보아 다른 형태의 주문 채택이 바람직한 것은 아니었는지에 대해서도 검토한다.

---

[44] 지면관계로 많은 부분 생략되지 않으면 안 되는 상황이다. 불합치결정 내지 계속적용(또는 적용금지) 사유, 입법자에 대한 효과 내지 개선입법의 입법방향 등이 그에 해당한다. 그래서 여기서는 결정주문과 법적 효과 및 분석 조정한 결과만이 소개됨에 지나지 않게 되었다.

제3절 불합치결정 사례별 결정주문의 타당성 검토

Ⅰ. 들어가며

우리 헌법재판소가 최근 들어 헌법불합치결정을 매우 선호하고 있지만, 그 결정의 주문만을 가지고는 그 결정의 취지가 무엇인지를 읽어내기에 아주 어렵고 혼돈스러운 상황에 빠져버리곤 한다. 이는 채택된 결정주문이 그 결정에 있어 제기된 법적 쟁점을 담아내는데 부적절하였기 때문에 초래된 현상이다.

이런 차원에서 헌법재판소가 설립 이래 선고한 헌법불합치결정을 모두 모아 그 결정의 핵심쟁점과 결정주문을 비교해서 그 적합 여부를 검토하고 대안을 모색함은 필수불가결한 과제이다.

그러면, 여기서는 각 재판부별로 각 재판부[45]가 선고한 헌법불합치결정[46]의 사례를 대상으로 검토한다. 이들 사건에 대해 위와 같이 유형화하여 결정주문, 심판대상, 위헌성, 불합치결정 내지 계속적용(또는 적용중지) 사유 등의 순서로 소개한 다음, 결정례별로 결정주문을 분석하고 평가한다.

---

45) 분석대상을 연도별이나 다른 시적 간격으로 하지 않고 재판부별로 획정하는 까닭은, 물론 9인 재판관의 임기개시시점이 어느 정도 편차가 있어 적절치 못한 점이 없지 않아 있을 수 있지만, 과반수 내지는 다수의 재판관들이 교체되는 시점을 기준으로 구획하게 되면, 구성원들이 지닌 사고의 일반적 흐름을 잡아낼 수 있다는 점에서다. 게다가 재판부별 업무개시시점이 9월인데, 대체로 그 다음 해부터 결정의 선고가 왕성해진다는 측면에서도 이와 같은 구분은 매우 유용한 의미를 지닌다고 하겠다.

46) 사실 이 연구의 구조적인 한계가 있음을 인정하지 않을 수 없다. 즉, 심판대상을 확장이나 축소를 통한 결정주문의 조정도 가능하고 또 불합치결정의 대상이 된 사안은 구조적으로 단순위헌이나 한정위헌(조건부 위헌)도 가능할 수 있다는 점이다. 게다가 소수의견으로 불합치주문이 제시된 경우에 대해서도 주목할 만한 의미가 있을 것이다. 그런 점에서 완성도가 높은 연구가 되기 위해서는 앞서 언급한 요소로 인해 불합치로 결정되지 아니한 사건들에 대해서도 연구대상에 포함시켜야만 함이 타당하다. 그러나 필자의 능력상 한계로 인해, 헌법재판소가 불합치주문을 낸 경우에 한정해서만, 연구대상으로 삼았음을 밝혀둔다.

Ⅱ. 제1기 재판부

제1기 재판부는 헌법재판소 설립 초기이어서 그런지 총 4건에 대해서만 헌법불합치로 결정하였다. 불합치로 결정하게 된 원인을 추적하면, 합헌부분과 위헌부분의 구획이 불명확한 경우가 3건이었고, 일반적인 경우가 1건이었다.

1. 합헌부분과 위헌부분의 구획이 불명확한 경우

가. 국회의원선거법 제33조 제34조의 위헌심판

1989. 9. 8. 국회의원선거법 제33조 제34조의 위헌심판사건[47]에서 결정주문은,
   "1. 국회의원선거법(1988년 3월 17일 법률 제4003호 전문개정) 제33조 및 제34조는 헌법에 합치되지 아니한다. 2. 위 법률 조항은 1991년 5월말을 시한으로 입법자가 개정할 때까지 그 효력을 지속한다."
로 표시되었다. 이 사건 심판대상은 국회의원 입후보자의 기탁금제도를 규정한 국회의원선거법 제33조와 기탁금의 국고귀속에 관한 같은 법 제34조의 위헌여부이었다.

이 사건 불합치결정의 취지를 살펴본다.

먼저, 기탁금 제도 자체와 기탁금의 국고귀속제도 자체는 합헌이지만, 과다한 고액의 기탁금액수와 기탁금이 국고에 귀속되지 않고 반환받기 위해서는 얻어야 할 지나치게 높게 설정된 득표율에 위헌성이 있다는 것이다. 즉, 위헌부분과 합헌부분이 혼재하고 있음에 따라 이를 구획하는 것은 입법자의 역할로 본다. 게다가 단순위헌으로 할 경우 합헌부분도 위헌으로 된다는 점을 고려한 취지로 이해된다. 그러나 위헌결정은 기본적으로 합헌부분의 일정한 내포를 전제로 한다. 그래서 합헌부분을 회복하고자 하면 국회가 개선입법을 할 필요성을 느끼게 되는 것이다. 그리고 합헌부분에 대한 위헌으로의 취급이 또 다른 중대한 위헌상태를

---

47) 헌재 1989. 9. 8, 88헌가6, 『헌판집』 1, 199.

초래한다면, 그런 경우에 대해서는 달리 해야겠지만, 그 정도에 이르지 않는 한, 단순위헌이 바람직하다.

다음, 많은 시일이 지난 지금의 시각에서 볼 때, 기탁금액을 지나치게 고액으로 한 것과 기탁금반환을 위한 득표율을 지나치게 높게 설정한 것이 헌법불합치라는 형태로의 주문제시도 가능하였을 것으로 본다. 또 계속적용의 필요성에 의문이 없지 않지만, 다름대로 존중할 여지는 있다고 본다.48) 이 사건 결정의 주문을,

> "1. 국회의원선거법 제33조는 기탁금액을 지나치게 고액으로 한 것으로, 제34조는 기탁금액반환을 위한 득표율을 지나치게 높게 설정한 것으로, 각각 헌법에 합치되지 아니한다.
>
> 2. 주문 제1항의 불합치부분은 1991년 5월말을 시한으로 입법자가 개정할 때까지 그 효력을 지속한다."

나. 노동쟁의조정법에 관한 헌법소원

1993. 3. 11. 노동쟁의조정법에 관한 헌법소원사건49)에서 결정주문은,

> "1. 노동쟁의조정법 제12조 제2항(1963. 4. 17. 법률 제1327호 제정, 1987. 11. 28. 법률 제3967호 개정) 중 '국가·지방자치단체에 종사하는 근로자'에 관한 부분은 헌법에 합치되지 아니한다. 2. 위 법률조항 부분은 1995년 12월말을 시한으로 입법자가 개정할 때까지 그 효력을 지속한다."

고 표시되었다. 이 사건 심판의 대상은 국가지방자치단체에 종사하는 근로자에게 쟁의행위를 금지시키고 있는 노동쟁의조정법 제12조 제2항50)의 위헌여부이다.

분석한다. 이 사건 결정에서는 모든 공무원에게 쟁의권을 근본적으로 부인하는 것은 헌법 제33조 제2항에 저촉되지만, 일부 공무원에게 단체행동권을 배제하는

---

48) 지방의회의원선거법 제36조 제1항에 대한 헌법소원사건(헌재 1991. 3. 11, 91헌마21, 『헌판집』 3, 91.)도 같은 취지라 보여 생략한다. 이 사건 불합치 관련 결정주문은, '2. 지방의회의원선거법(1990.12.31. 법률 제4311호) 제36조 제1항의 '시·도의회의원 후보자는 700만원의 기탁금' 부분은 헌법에 합치되지 아니한다. 3. 위 제2항의 법률조항부분을 위 법률시행 후 최초로 실시하는 시·도의회의원 선거일 공고일을 시한으로 입법자가 개정할 때까지 그 효력을 지속한다'고 표시되었다.

49) 헌재 1993. 3. 11, 88헌마5, 『헌판집』 5-1, 59.

50) 노동쟁의조정법 제12조(쟁의행위의 제한) ② 국가지방자치단체 및 방위산업에 관한 특별조치법에 의하여 지정된 방위산업체에 종사하는 근로자는 쟁의행위를 할 수 없다.

것은 합헌적인 면에 해당하는 것으로 본다. 그렇기 때문에 합헌상태로 재정비할 대상으로 파악한다. 현행헌법으로 개정되면서 그에 맞춰 합헌적으로 정비되어야 할 법률조항이 그대로 방치된 결과 불합치결정의 대상이 되었다고 하겠다.

이 사건 결정의 원인을 제공한 심판절차는 헌마절차이므로, 당해사건의 관념이 등장하진 않는다. 만약 다른 절차에 따른 것이었다면, 한정적인 불합치결정[51]과 아울러 법적용절차를 중지하고 개선입법에 따른 처리를 요구함도 가능하였을 것이다. 물론 이 사건 결정에서 계속적용이 불합리하였다는 것은 아니다.

아무튼 헌법재판소는 합헌부분과 위헌부분의 경계를 획정하기 어렵다는 취지에서 불합치로 결정하였다 하겠다. 그러므로 결정주문이나 법적 효과를 그대로 유지함도 가능하다고 본다.

2. 일반적인 경우

가. 토지초과이득세법 제10조 등 위헌소원

헌법재판소는 1994. 7. 29. 토지초과이득세법 제10조 등 위헌소원사건[52]에서 일부 조항이 위헌, 다른 일부 조항은 헌법불합치임에 따라 이들 조항이 규율하는 바가 토지초과이득세의 기본요소이므로 토초세법 전부에 대해 헌법불합치로 결정함과 아울러 적용중지를 명하였다.

이 글에서 논의하는 입장에서 볼 때, 특별한 쟁점을 도출하기는 어렵다 본다. 다만, 적용중지보다는 계속적용이 바람직하였을 것으로 본다.[53]

3. 정리

이상에서는 헌법재판소 제1기 재판부에서 선고한 헌법불합치결정 사례(4건)을

---

51) 이에 관해서는 졸고, 『공법학연구』 제10권 제1호, pp.71-74.
52) 헌재 1994. 7. 29, 92헌바49, 『헌판집』 6-2, 64. 이 사건 결정주문은, '토지초과이득세법(제정 1989.12.30. 법률 제4177호, 개정 1993.6.11. 법률 제4561호, 1993.6.11. 법률 제4563호)은 헌법에 합치되지 아니한다'로 표기되었다.
53) 이에 관한 상세한 내용은 졸고, 『전북산업대 논문집』 제17집, pp.195-228.

결정원인별로 유형화함과 아울러 채택된 결정주문의 적절성에 대해 검토하였다.

이 기간 동안 불합치주문이 채택된 것은 총 4건으로 계속적용의 법적 효과를 지향하는 불합치와 적용중지 불합치가 각각 3건과 1건이었다.

정리하면, 이 시기는 헌법재판소가 출범한 지 얼마 되지 아니한 상황이었기 때문에, 연구결과도 집적되지 아니하였고 또 경험도 충분하지 않았기 때문에, 적절성 여부를 판단하기에는 조심스러움이 없지 않다고 하겠다.

Ⅲ. 제2기 재판부

제2기 재판부는 그 임기중(1994. 9.부터 2000. 9.까지) 총 13건에 대해 헌법불합치로 결정하였다. 부진정 입법부작위와 관련해서는 3건, 평등원칙위반에 관해서는 1건, 그리고 합헌부분과 위헌부분의 경계획정이 곤란한 경우 1건, 입법형식의 잘못에 관해서가 4건, 그리고 일반적인 경우가 4건이었다. 그러면, 불합치결정의 원인별로 구분해서 살펴본다.

1. 부진정 입법부작위에 해당하는 경우

가. 도시계획법 제21조의 위헌여부에 관한 헌법소원

1998. 12. 24. 도시계획법 제21조의 위헌여부에 관한 헌법소원사건[54]에서 결정주문은,

"도시계획법(1971. 1. 19. 법률 제2291호로 제정되어 1972. 12. 30. 법률 제2435호로 개정된 것) 제21조는 헌법에 합치되지 아니한다."

고 표기되었다. 이 사건 심판의 대상은 도시계획법 제21조의 위헌여부이었다.

이 사건 심판대상인 법률의 위헌성과 관련해서 살펴본다. 개발제한구역의 지정

---

54) 헌재 1998. 12. 24, 89헌마214, 『헌판집』 10-2, 927.

은 사회적 제약으로서 원칙적으로 합헌이다. 하지만, 토지의 지목과 토지현황에 의한 이용방법에 따른 토지의 사용도 할 수 없거나 실질적으로 사용·수익을 전혀 할 수 없는 예외적인 경우가 문제된 것이었다.

이 사건 결정의 대상은 일종의 부진정 입법부작위에 해당한다. 보상방법에 대해 입법자의 폭넓은 입법형성의 자유를 인정함과 관련해서 논란의 여지가 있을 수는 있겠지만, 어쨌든 토지소유자의 가혹한 부담에 대해서는 대상조치가 있어야 한다는 점이다. 이 사건 결정주문에서는 불합치만을 제시하고, 법적 효과에 관해서는 명시하지 않았다. 그리고 결정주문에 한정적인 표현을 반영하기에는 부적절하다고 본다. 왜냐하면, 이 사건 결정은 개발제한구역지정에 관한 전반적인 사항을 사실상 다룬 것이기 때문이다.

그런 점에서 결정주문이나 법적 효과를 그대로 유지해도 문제되지 않는다.

나. 도시계획법 제6조 위헌소원

1999. 10. 21. 도시계획법 제6조 위헌소원사건[55]에서 결정주문은,

> "1. 도시계획법 제4조(1971. 1. 19. 법률 제2291호로 전문개정되어 1991. 12. 14. 법률 제4427호로 최종개정된 것)는 헌법에 합치되지 아니한다. 2. 위 법률조항은 2001. 12. 31을 시한으로 입법자가 개정할 때까지 계속 적용된다."

로 표기되었다. 이 사건 심판의 대상은 도시계획법 제4조가 헌법에 위반되는지의 여부이다. 즉, 도시계획시설결정으로 말미암아 발생하는 토지재산권의 제한에 대하여 법이 아무런 보상규정을 두고 있지 않다는 것이다.

이 사건 심판대상은 이른바 수용적 침해에 해당한다. 즉 도시계획시설결정을 할 때에는 사회적 제약에 지나지 않았지만, 시설결정의 장기적인 시행지연으로 말미암아 사후적으로 토지소유자에게 가혹한 부담이 발생하였음에도 이에 대한 아무런 보상도 마련되지 않은 상태이었기 때문이다. 이는 부진정 입법부작위에 해당한다. 여기서 입법자가 어떠한 형태로 보상입법을 마련할 것인가는 입법자에게 폭넓은 입법형성의 자유로 맡겨져 있다. 어쨌든 토지소유자의 가혹한 부담에 대한 대상조치이면 족하다.

---

55) 헌재 1999. 10. 21, 97헌바26, 『헌판집』 11-2, 383.

이 사건 결정에서 법적용자에 대한 법적 효과는 불합치법률의 잠정적인 계속 적용이었다. 그런데 부진정 입법부작위는 입법이 불완전하게 이루어짐으로써 재산권침해상태가 지속됨을 의미한다. 양자를 연결해 그 의미를 찾아보면, 향후 보상입법이 이루어지게 되면, 그에 따라 보상입법에 따른 편익에의 참여기회가 제공됨을 뜻한다. 하지만, 당해 헌법소원과 관련된 소송사건은 위헌여부의 다툼에서 배제되고 말게 되는 한계를 지니게 된다.

그리고 이 사건 결정에서 심판대상인 법률조항을 청구인은 도시계획법 제6조로 제시하였지만, 헌법재판소는 직권으로 같은 법 제4조로 조정하였다. 그러나 실제로는 제4조와 연관되긴 하지만 시설결정의 지체에 대한 대책문제인 것이다. 엄격히 말하면, 진정 입법부작위와 거의 유사한 것으로 보아야 한다. 이런 시각에서 본다면, 이 사건 결정은 한정적 불합치주문을 제시하면서, 불합치 부분에 대해서는 적용중지를 명하는 것이 바람직하다. 즉,

> "1. 도시계획법 제4조는 도시계획시행과정에서 도시계획시설결정의 장기적인 시행지연으로 말미암아 토지소유자에게 발생하는 사회적 제약의 범위를 넘는 가혹한 부담에 대하여 보상규정을 두지 아니한 한도에서, 헌법에 합치되지 아니한다.
> 2. 주문 제1항의 불합치부분은 입법자가 개정할 때까지 그 적용이 중지된다."

다. 형사소송법 제482조 제1항의 위헌심판제청

2000. 7. 20. 형사소송법 제482조 제1항의 위헌심판제청사건[56]에서 결정주문은,

> "1. 형사소송법 제482조 제1항(1954. 9. 23. 법률 제341호로 제정된 것)은 헌법에 합치되지 아니한다. 2. 위 법률조항은 입법자가 개정할 때까지 계속 적용된다."

고 표기되었다. 이 사건 심판대상인 조항은 형사소송법 제482조 제1항[57]이다. 이 조항은 상소제기기간 등을 법정산입 대상에 포함하지 않고 있는데, 그것이 신체의 자유를 침해하고 평등원칙에 위반되는지가 다투어진 것이다.

분석한다.

---

56) 헌재 2000. 7. 20, 99헌가7, 『헌판집』 12-2, 17.
57) 형사소송법 제482조(상소제기 후 판결전 구금일수의 산입) ① 상소제기후의 판결선고전 구금일수는 다음 경우에는 전부를 본형에 산입한다. 1. 검사가 상소를 제기한 때. 2. 피고인 또는 피고인 아닌 자가 상소를 제기한 경우에 원심판결이 파기된 때.

형사소송법 제482조 제1항은 상소제기기간을 미결구금일수 산입에 있어 법정통산의 대상에서 제외하고 있는 바, 이는 평등원칙에 위반된다는 것이다. 이는 규율대상을 누락시킨 것이라기보다는 적극적으로 배제한 취지가 강하다. 하지만, 규율되지 않음으로 인해 차별을 받고 있으며, 보완입법이 이루어지면 위헌성은 해소될 수 있다. 그런 점에서 일종의 부진정 입법부작위로 파악해도 무방하다.

이 사건 결정에서 계쟁집단은 상소제기기간을 미결구금일수 산입에 있어 법정통산의 대상에서 제외된 자이고, 비교대상집단은 일상적으로 법정통산이 되는 자가 될 것이다. 상소제기기간은 피고인의 책임으로 돌릴 수 없는 기간임에도, 그 기간을 법정통산의 대상에서 제외하는 것은 합리성을 결여한 것이고 또 경우에 따라서는 재판청구권의 침해가 될 수도 있다고 하겠다.

이 사건 결정에서도 심판대상을 축소하거나 결정주문에 한정적인 표현을 사용하지 않음으로써 불명확함을 초래하였다고 본다. 게다가 불합치법률의 잠정적인 계속적용을 명할 수밖에 없게 된 것이다. 계쟁집단만을 심판대상으로 삼았더라면, 기존의 합헌부분에 대한 배려는 불필요하였을 것이다. 다시 말해서 계속적용의 필요성이 없다고 할 것이다. 이와 같이 획정한 심판대상에 대해 헌법불합치로 결정하게 되면, 이 사건 결정 이유가 의도한 바를 정확하게 반영할 수 있었을 것이다. 그럼으로써 불합치로 한정된 부분에 대해 적용중지를 명할 수도 있었을 것이다.[58] 즉 이 사건 심판대상을 '미결구금일수 산입에 있어 법정통산의 대상에서 상소제기기간을 제외하는 것의 위헌여부'로 하는 것이다. 그리고 결정주문은,

"1. 형사소송법 제482조 제1항에서 미결구금일수 산입에 있어 법정통산의 대상에서 상소제기기간을 제외하는 것은 헌법에 합치되지 아니한다.

2. 주문 제1항의 불합치부분은 입법자가 개정할 때까지 그 적용이 중지된다."

2. 평등원칙의 위반에 관한 것인 경우

가. 국적법 제2조 제1항 제1호의 위헌심판제청

2000. 8. 31. 국적법 제2조 제1항 제1호의 위헌심판제청사건[59]에서 불합치 관

---

58) 그 편익은 최대 7일의 형 집행기간을 단축 받을 수 있다는 점에서 찾을 수 있다.

련 결정주문은,

> "2. 국적법(1997. 12. 13. 법률 제5431호로 전문개정된 것) 부칙 제7조 제1항 중 '……
> 10년 동안에' 부분은 헌법에 합치하지 아니한다. 이 법률조항은 입법자가 개정할
> 때까지 계속 적용된다."

고 표시되었다. 이 사건 불합치 관련 심판대상은 구법 상 부가 외국인이기 때
문에 대한민국 국적을 취득할 수 없었던 한국인 모의 자녀 중에서 신법 시행 전
10년 동안에 태어난 자에게만 대한민국 국적을 취득하도록 하는 경과규정인 국
적법 부칙 제7조 제1항의 위헌여부이었다.[60]

생각건대, 결정주문으로는,

> "1. 국적법 부칙 제7조 제1항은 구법 상 부가 외국인이기 때문에 대한민국 국적을
> 취득할 수 없었던 한국인 모의 자녀 중에서 이 법 시행 전 10년 이전에 태어난 자
> 에게 적용되지 않는 한, 헌법에 합치되지 아니한다.
> 2. 주문 제1항의 불합치 부분은 입법자가 개정할 때까지 그 적용이 중지된다."

3. 합헌부분과 위헌부분의 구획이 불명확한 경우

가. 근로기준법 제30조의2 제2항 위헌소원

1997. 8. 21 근로기준법 제30조의2 제2항 등의 위헌소원사건[61]에서 결정주문은,

> "1. 구 근로기준법(1953. 5. 10. 법률 제286호로 제정되고 1989. 3. 29. 법률 제4099호
> 로 개정되어 1997. 3. 13. 법률 제5305호로 폐지된 것) 제30조의2 제2항 및 근로기준
> 법(1997. 3. 13. 법률 제5309호로 제정된 것) 제30조의 2 제2항 중 각 '퇴직금'부분은
> 헌법에 합치되지 아니한다. 2. 위 법률조항 중 각 '퇴직금'부분은 입법자가 1997.
> 12. 31.까지 개정하지 아니하면 1998. 1. 1. 그 효력을 상실한다. 법원 기타 국가기관
> 및 지방자치단체는 입법자가 개정할 때까지 위 법률조항 중 각 '퇴직금'부분의 적
> 용을 중지하여야 한다."

---

59) 헌재 2000. 8. 31, 97헌가12, 『헌판집』 12-2, 167.
60) 이와 관련한 상세한 내용은 졸고, 『공법연구』 제30집 제3호, pp.133-154.
61) 헌재 1997. 8. 21, 94헌바19, 『헌판집』 9-2, 243.

고 표시되었다. 이 사건 심판대상은 구 근로기준법 제30조의2 제2항 및 근로기준법 제37조 제2항 중 각 '퇴직금'부분이 헌법에 위반되는지의 여부이다. 심판기준은 과잉금지원칙과 기본권의 본질적 내용침해금지이었다.

그런데 이 사건 결정에서 조승형 재판관은 반대의견을 제시한다. 즉,

"이 사건 법률조항 중 '퇴직금' 부분의 입법취지나 전국사업장근로자의 평균근속연수 및 최종 3월의 임금과 퇴직금 전액의 비교결과에 따르면 '퇴직금' 중 '최종 3월의 퇴직금' 즉 1989. 3. 29. 법 시행일부터 퇴직할 때까지의 근로기간중 최종근로기간 3년에 해당하는 퇴직금부분은 긍정적이고 합헌적인 부분으로서 이 부분만은 마땅히 합헌임이 천명되어야 할 것이다."

고 한다.

분석한다.

먼저, 이 사건 결정에서 불합치를 제시한 의도는 합헌부분과 위헌부분의 구획이 어렵다는 취지로 읽혀진다. 그리고 이 사건 결정에서는 적용중지와 개선입법에 따른 처리를 명하고 있는바, 이에 따라 당해 헌법소원과 관련된 소송사건도 개선입법에 따른 편익에 참여할 기회가 제공된다.

다음, 반대의견과 같이 판단함이, 즉 한정합헌으로 결정하였음이 바람직하다고 본다. 그러나 그렇게 하지 못한 요인은 대법원의 종래 해석취지에 따랐기 때문이다. 하지만, 대법원이 행한 법률해석이 부적절하다면, 결정을 통해 수정함도 가능하다고 할 것이다. 그렇지 않고 불합치결정을 하고 적용중지를 요구하다보니, 간략하게 매듭지어질 것이 지나치게 우회하는 결과를 초래하게 되었다.[62]

4. 입법형식의 잘못에 관한 것인 경우

가. 소득세법 제60조에 대한 위헌소원

1995. 11. 30. 소득세법 제60조 등의 위헌소원사건[63]에서 불합치 관련 결정주문은,

---

62) 불합치법률의 개선입법시한 도과 시 효력상실의 문제에 관해서는 졸고, 『공법학연구』 제11권 제3호, pp.31-57. 이 책 제5장 제2절.
63) 헌재 1995. 11. 30, 91헌바1, 『헌판집』 7-2, 562.

"2. 구 소득세법 제60조(1978. 12. 5. 법률 제3098호로 개정된 후 1994. 12. 22. 법률 제4803호로 개정되기 전의 것)는 헌법에 합치하지 아니한다."

로 표시되었다. 이 사건 불합치 관련 심판대상은 이 사건 위임조항인 소득세법 제60조 제1항의 위헌여부이었다.[64] 여기서 심판기준은 조세법률주의와 포괄위임금지의 원칙이었다.

분석한다. 이 사건에서 불합치결정을 하게 된 계기는 포괄위임금지원칙의 위반으로 이는 입법형식의 잘못에 지나지 않는다. 게다가 이 사건에 적용될 법률은 이미 개정되어 시행되던 상태이었다. 그런데, '이 사건 위임조항을 적용하여 행한 양도소득세 부과처분 중 확정되지 아니한 모든 사건과 앞으로 행할 양도소득세 부과처분 모두에 대하여 위 개정법률을 적용할 것을 내용으로' 함에 따라 문제가 초래되었다.[65]

첫째, 이 사건 결정에서는 이미 개정된 법률의 소급적용을 명하였다. 이에 대해 대법원에서는 불합치법률의 잠정적인 계속적용의 의미로 파악해서 사건을 처리하였다. 그런데, 되짚어보면, 위헌성이 입법형식의 잘못에 지나지 않는 경우에 대해서는 불합치법률의 적용을 중지하고 개선입법에 따라 처리하도록 하거나 불합치법률의 잠정적인 계속적용을 명하거나 또는 잠정합헌으로 결정하는 것이 구체적인 사건의 처리에는 아무런 차이도 나지 않을 거란 점이다. 다시 말해서, 포괄위임금지의 원칙에 어긋난 사항을 개선입법에 반영함으로써 그로써 합헌이 되는 셈인데, 입법내용의 잘못에 해당하지 않는 한, 그 의미를 독자적으로 갖기는 어렵다.

둘째, 이 사건 결정은 개정법률의 소급적용이므로 불합치법률의 잠정적인 계속적용에 해당하지 아니함은 분명하다. 다만, 이 사건 결정과 관련해서는 전술한 바와 같이 논의의 실익이 없을 뿐이다.

아무튼 보다 일반적인 시각에서 볼 때, 조세법에 관해 불합치법률의 적용절차를 중지하고 개선입법에 의한 처리를 의욕하는 헌법불합치결정을 선고하는 것이 바람직한 것인가는 의문이다. 차라리 잠정합헌결정이 적절하였을 것이다.

---

64) 이 사건 위임조항(1978.12.5. 법률 제3098호로 개정된 후 1994.12.22. 법률 제4803호로 개정되기 전의 것) 제60조(기준시가의 결정) ① 제23조 제4항과 제45조 제1항 제1호에 규정하는 기준시가의 결정은 대통령령이 정하는 바에 의한다.

65) 이에 관한 상세한 내용은 졸고, 『한양법학』 제8집, pp.139-157.

나. 한국방송공사법 제35조 등 위헌소원

1999. 5. 27. 한국방송공사법 제35조 등 위헌소원사건[66]에서 불합치 관련 결정주문은,

> "2. 한국방송공사법(1990. 8. 1. 법률 제4264호로 개정된 것) 제36조 제1항은 헌법에 합치되지 아니한다. 3. 위 제2항의 법률조항은 1999. 12. 31.을 시한으로 입법자가 개정할 때까지 그 효력을 지속한다."

고 표시되었다. 이 사건의 심판대상은 한국방송공사법 제36조 제1항[67]의 위헌여부이다. 즉, 텔레비전방송수신료의 금액에 대하여 국회가 스스로 결정하거나 결정에 관여함이 없이 한국방송공사로 하여금 결정하도록 한 것이 법률유보원칙에 위반되는지 여부이다. 그래서 위헌논증은 수신료금액결정에 있어 의회유보원칙의 위반이 되었다.

분석하면, 법률유보원칙의 위반 역시 입법형식의 잘못에 해당된다. 다시 말해서 개선입법을 하면서 국회가 수신료의 금액결정에 관여하는 절차를 두면 해결될 사안이다. 그런 점에서 포괄위임금지원칙의 경우와 마찬가지로 불합치결정을 하면서 불합치법률의 잠정적인 계속적용을 요구함이 타당하다고 하겠다.

그런데 이 사건 결정의 계기를 제공한 절차가 헌바절차임에 따라 당해 헌법소원과 관련된 소송사건의 처리문제가 등장하지만, 불합치법률의 잠정적인 계속적용을 명했으므로, 구제대상에는 포함되지 않는다고 할 것이다.

다. 지방세법 제111조 제2항의 위헌심판제청

1999. 12. 23. 지방세법 제111조 제2항의 위헌심판제청사건[68]에서 불합치 관련 결정주문은,

> "2. 지방세법(1995. 12. 6. 법률 제4995호로 개정된 것) 제111조 제2항 제2호는 헌법

---

66) 헌재 1999. 5. 27, 98헌바70, 『헌판집』 11-1, 633.
67) 제36조(수신료의 결정) ① 수신료의 금액은 이사회가 심의·결정하고, 공사가 공보처장관의 승인을 얻어 이를 부과·징수한다.
68) 헌재 1999. 12. 23, 99헌가2, 『헌판집』 11-2, 686.

에 합치되지 아니한다. 3. 위 제2항의 법률조항은 입법자가 2000. 12. 31.까지 개정하지 아니하면 2001. 1. 1. 그 효력을 상실한다. 법원 기타 국가기관 및 지방자치단체는 입법자가 개정할 때까지 위 법률조항의 적용을 중지하여야 한다."

고 표시되었다. 이 사건 불합치 관련 심판대상은 지방세법 제111조 제2항 제2호가 헌법에 위반되는지 여부이다. 즉, 시가표준액의 내용 자체에 관한 기준이나 한계는 물론이고, 내용결정을 위한 절차까지도 규정함이 없이 시가표준액의 내용 및 그 결정절차를 전적으로 대통령령에 위임한 것이 다투어진 것이다. 심판기준은 조세법률주의와 포괄위임금지원칙이었다.

분석하면, 이 사건 심판대상 역시 입법형식의 잘못으로 인해 불합치로 결정된 것이다. 이 사건 결정의 원인을 제공한 심판절차는 헌가절차이고, 불합치법률의 적용절차를 중지하고 개선입법에 따라 처리하도록 하였음에 따라 당해사건도 그에 의해야 할 것이다.

하지만, 현실적으로 당해사건에서 권리구제를 받을 것으로 기대하기는 어렵다고 본다. 왜냐하면, 입법내용의 잘못에 기인한 것이라면, 개선입법의 혜택에 참여할 기회가 보장되겠지만, 입법형식의 잘못은 이를 바로잡으면 그것으로 끝이기 때문이다. 개선입법이 헌법재판소의 결정취지에 따라 이루어지게 되면, 합헌성을 회복하게 된다. 그런 점에서 이런 사안의 경우 불합치법률의 잠정적인 계속적용이 합리적이라고 본다.[69]

라. 법인세법 제59조의2 제1항 등 위헌소원

2000. 1. 27. 법인세법 제59조의2 제1항 등 위헌소원사건[70]에서 불합치 관련 결정주문은,

"1. 구 법인세법(1978. 12. 5. 법률 제3099호로 개정되어 1990. 12. 31. 법률 제4282

---

69) 이 사건 결정 이유를 보면, '심판대상 위임조항은 입법자가 2000. 12. 31.까지 개정하지 아니하면 2001. 1. 1. 그 효력을 상실'함을 명시하고 있는 바, 이는 적절치 않다고 본다. 물론 입법자로 하여금 신속한 개선입법을 강조하기 위한 표현으론 긍정적일지 모르지만, 그 이상이거나 또다른 취지라면, 처음부터 단순위헌으로 결정함이 옳았다고 본다.

70) 헌재 2000. 1. 27, 96헌바95, 『헌판집』 12-1, 16.

호로 개정되기 전의 것) 제59조의2 제1항과 구 법인세법(1990. 12. 31. 법률 제4282호로 개정되어 1998. 12. 28. 법률 제5581호로 전문개정되기 전의 것) 제59조의2 제1항은 모두 헌법에 합치되지 아니한다. 법원 기타 국가기관 및 지방자치단체는 위 법률조항들의 적용을 중지하여야 한다.”

로 표시되었다. 이 사건 불합치 관련 심판대상은 이 사건 구법조항인 구 법인세법 제59조의2 제1항과 이 사건 신법조항인 구 법인세법 제59조의2 제1항의 위헌여부이다. 즉 특별부가세의 과세대상의 범위를 구체적이고 명확하게 규정하지 아니한 채 과세대상이 되는 ‘토지등’의 범위를 시행령에 포괄적으로 위임한 것의 위헌여부이다. 심판기준은 조세법률주의와 포괄위임금지원칙이었다.

분석한다. 이 사건 결정 역시 입법형식의 잘못으로 인해 불합치로 결정된 것이다. 그러나 이런 취지가 관련 국가기관에 의해 충실하게 받아들여지지 않음을 이유로 단순위헌으로 결정해야 함이 반대의견으로 제시되기까지 하였다.[71] 하지만, 그렇게 결정할 경우 야기될 부담도 고려되어야 할 것이다.

그리고 이 사건 결정에서는 위헌성이 제거된 개선입법을 적용할 사건의 유형을 제시하였다. 즉 불합치결정의 효력이 소급적으로 미치게 되는 모든 사건과 앞으로 불합치법률을 적용하여 행할 부과처분 등이다. 그러나 이 사건 결정에서 적용중지를 명했지만, 개선입법이 입법형식의 잘못을 바로잡는 것에 지나지 않기 때문에, 그 실익은 크지 않다고 하겠다. 그런 점에서 잠정적인 계속적용이 적절하였다고 할 것이다.

5. 일반적인 경우

가. 가족제도에 관한 경우

헌법재판소는 1997. 7. 16. 민법 제809조 제1항 위헌제청사건[72]에서 동성동본

---

71) 김용준·김문희 재판관은 수차례 위헌결정이 가능함에도 헌법불합치결정을 하면서 개선입법을 촉구하는 법리를 밝혀왔음에도 불구하고, ‘세법의 제정에 관여하고 있는 국가기관에서 조세법규가 헌법에 위반되는지의 여부를 전반적으로 검토하여 헌법에 위반되는 것으로 판단될 소지가 있는 조세법규를 헌법에 합치되게 개정하려는 노력을 기울이지 아니하고 있’으므로, 헌법재판소의 책무를 보다 실효성 있게 완수하기 위해서는 단순위헌으로 결정하여야 함을 제시한다.

금혼을 규정한 민법 제809조 제1항을 헌법불합치로 결정함과 아울러 적용중지를 명하였다.

분석하면, 이 사건 결정은 불합치보다는 단순위헌결정이 적절하였을 것으로 본다.[73] 불합치의견이 지적한 사항이 대안으로서 이미 현행법상 근친혼금지나 혼인무효 또는 취소규정 등의 형태로 마련된 상태이었기 때문이다. 그 외에 본고에서 다루고자 하는 쟁점이 특별히 눈에 띄지는 않는다.

그 밖의 가족제도에 관해 헌법재판소가 ① 친생부인의 소의 제척기간을 규정한 민법 제847조 제1항의 위헌심판제청[74], ② 상속인이 상속개시 있음을 안 날로부터 3월내에 한정승인이나 포기를 하지 아니한 때에는 단순승인을 한 것으로 보는 민법 제1026조 제2호의 위헌심판제청[75]사건에서 행한 헌법불합치결정은 본고의 주제와 관련해서는 특별한 논의대상이 되지 않는다.

나. 특허법 제186조 제1항의 위헌심판제청

헌법재판소는 1995. 9. 28. 특허법 제186조 제1항 등 위헌제청사건[76]에서 특

---

72) 헌재 1997. 7. 16, 95헌가6, 『헌판집』 9-2, 1. 이 사건 결정주문은, '1. 민법 제809조 제1항(1958. 2. 22. 법률 제471호로 제정된 것)은 헌법에 합치되지 아니한다. 2. 위 법률조항은 입법자가 1998. 12. 31.까지 개정하지 아니하면 1999. 1. 1. 그 효력을 상실한다. 법원 기타 국가기관 및 지방자치단체는 입법자가 개정할 때까지 위 법률조항의 적용을 중지하여야 한다'고 표시되었다.

73) 그런데, 이 사건 법률조항이 헌법에 위반된다는 점에 있어서는 재판관 7명의 의견이 일치되었으나, 재판관 5명은 단순위헌결정을 선고함이 상당하다는 의견이고 재판관 2명은 헌법불합치결정을 선고함이 상당하다는 의견으로서, 재판관 5명의 의견이 다수의견이기는 하나 헌법재판소법 제23조 제2항 제1호에 규정된 '법률의 위헌결정'을 함에 필요한 심판정족수에 이르지 못하였으므로 헌법불합치의 결정을 선고한 것이다.

74) 헌재 1997. 3. 27, 95헌가14, 『헌판집』 9-1, 193. 이 사건 결정주문은, '민법(1958. 2. 22. 법률 제471호로 제정되고 1990. 1. 13. 법률 제4199호로 최종개정된 것) 제847조 제1항 중 '그 출생을 안 날로부터 1년내' 부분은 헌법에 합치되지 아니한다'고 표시되었다.

75) 헌재 1998. 8. 27, 96헌가22, 『헌판집』 10-2, 339. 이 사건 결정주문은, '1. 민법 제1026조 제2호(1958. 2. 22. 법률 제471호)는 헌법에 합치되지 아니한다. 2. 위 법률조항은 입법자가 1999. 12. 31.까지 개정하지 아니하면 2000. 1. 1.부터 그 효력을 상실한다. 법원 기타 국가기관 및 지방자치단체는 입법자가 개정할 때까지 위 법률조항의 적용을 중지하여야 한다'고 표시되었다.

76) 헌재 1995. 9. 28, 92헌가11, 『헌판집』 7-2, 264. 이 사건 결정주문은, '특허법(1995. 1. 5. 법률 제4892호로 개정되기 전의 것) 제186조 제1항 및 의장법(1995. 1. 5. 법률 제4894호로 개정되기 전의 것) 제75조 중 특허법 제186조 제1항을 준용하는 부분은 헌법에 합치되지 아니한다. 다만, 위 두 법률조항은 특허법중개정법률(1995. 1. 5. 개정. 법률 제4892호) 및 의장법중개정법률(1995. 1. 5. 개정. 법률 제4894호)이 시행되는 1998. 3. 1.의 전일까지 이 사건 위헌여부심판제청의 각 당해사건을 포함한 모든 특허 및 의장 쟁송사건에 대하여 그대로 적용된다'고 표시되었다.

허법 제186조 제1항 및 의장법 제75조 중 특허법 제186조 제1항을 준용하는 부
분을 헌법불합치로 결정함과 아울러 위 두 법률조항은 특허법중개정법률 및 의
장법중개정법률이 시행되는 1988. 3. 1.의 전일까지 이 사건 위헌여부심판제청
의 각 당해사건을 포함한 모든 특허 및 의장 쟁송사건에 대하여 계속적용을 명
하였다.

분석한다. 몇 가지 사항의 검토가 가능하다.

첫째, 심판절차가 헌가절차이었음에 따라 당해사건의 처리문제에 관해 많은 관
심이 기울여졌다는 점이다.

둘째, 이 사건 결정이 선고되기 전에 이미 심판대상이 된 법률조항에 관해 개
선입법이 이루어졌다는 점이다. 이로 인해 입법자에게 개선입법의 촉구를 명할
필요성은 없었다. 즉 헌법재판소가 헌법불합치결정을 선고함에 있어 반드시 입법
자에게의 개선입법촉구를 전제로 하는 것은 아님을 의미한다. 즉 개선입법이 있
었다면, 그것의 소급적용이나 향후 적용의 촉구도 가능하다고 하겠다.

셋째, 결정 시점에 이미 합헌법률이 만들어졌음에 따라 불합치결정 시점부터
개정법률의 시행시점까지에 대해서는 추상적으로, 불합치법률의 제정 시점부터
결정 시점까지는 구체적인 사건의 처리절차를 명시하였다.

넷째, 이 사건 결정에서는 불합치법률의 잠정적인 계속적용을 명하였다는 점
이다. 전술한 바와 같이 이러한 법적 효과는 아주 예외적이어야 하지 않으면
안 된다.

아무튼, 이 사건 결정은 이 글에서 논의하는 측면에서는 크게 문제되지 않는다.

6. 정리

이상에서는 헌법재판소 제2기 재판부에서 선고한 헌법불합치결정 사례(13건)를
결정원인별로 유형화함과 아울러 채택된 결정주문의 적절성에 대해 검토하였다.

이 기간 동안 불합치주문이 채택된 총 13건 중 계속적용의 법적 효과를 지향
하는 불합치와 적용중지 불합치가 각각 5건과 7건이었다. 나머지 1건은 주문에
법적 효과를 표시하지는 않았으나, 결정 이유를 살펴보면, 양자를 모두 지향하는
것으로 보인다.

그 1건은 바로 개발제한구역에 대한 헌법불합치결정이었다. 이 사건은 헌법재판소의 장기미제사건이었다. 심판대상인 법률조항이 규율하는 영역 자체가 복잡하였고, 대상조치의 결여에 관해 어떻게 처리할 것인지에 대해 입장을 정리하기가 쉽지 않아 그리된 것으로 보인다. 어쨌건 ·개발제한구역에서의 재산권제약을 사회적 구속으로도 볼 수 있지만, 일정한 경우에 대해서는 공용제한으로 본 것이었다. 이 사건 결정에서는 이 문제를 수용유사침해와 수용적 침해에 대한 부진정 입법부작위로 보았고 이에 대해 위헌확인을 제시한 것이었다.

부진정 입법부작위의 경우 심판대상을 축소해서 한정적 불합치나 포함불합치의 형태로 주문제시도 가능하였다고 보인다. 이는 평등원칙위반의 경우와 합헌부분과 위헌부분의 구분이 명확하지 않은 경우도 마찬가지이었다. 당연히 그 법적 효과는 불합치법률의 적용중지이거나 규율이 불필요한 경우에 해당하였다고 본다. 하지만, 입법형식의 잘못에 관한 경우에 대해서는 계속적용 불합치가 적절하다.

정리하면, 제2기 재판부가 선고한 13건 중 8건에 대해 채택된 주문이 적절한 것으로 평가되었다는 점은 후술하는 제3기나 제4기 재판부와는 사뭇 다른 모습이다. 게다가 한정적인 형태의 불합치주문 제시가능성이 매우 낮았음에도 그런 평가를 받았다는 점은 주목할 만하다.

Ⅳ. 제3기 재판부

제3기 재판부는 그 임기 중(2000. 9.부터 2006. 9.까지) 총 25건에 대해 헌법불합치로 결정하였다. 부진정 입법부작위와 관련해서는 11건, 평등원칙위반에 관해서는 4건, 그리고 합헌부분과 위헌부분의 경계획정이 곤란한 경우 3건, 입법형식의 잘못에 관해서가 3건, 그리고 일반적인 경우가 4건이었다. 그러면, 불합치결정의 원인별로 구분해서 살펴본다.

1. 부진정 입법부작위에 해당하는 경우

가. 고엽제후유의증환자지원등에관한법률 제8조 제1항 제1호 등 위헌확인

2001. 6. 28. 고엽제법 제8조 제1항 제1호 등 위헌확인사건77)에서 결정주문은, "2. 고엽제후유의증환자지원등에관한법률(1997. 12. 24. 법률 제5479호로 전문 개정되고, 1999. 12. 28. 법률 제6042호에 의해 개정되기 전의 것) 제8조 제1항 제2호는 헌법에 합치하지 아니한다. 위 규정부분은 입법자가 개정할 때까지 계속 적용된다."고 표시되었다. 이 사건의 심판대상을 살펴본다. 고엽제법 제8조 제1항은 월남전에 참전하고 전역된 자로서 고엽제후유증으로 인하여 사망한 자들이 ① 고엽제법 시행 전에 사망한 경우 ② 고엽제법 시행 후 생전에 등록신청을 하였지만 고엽제법 적용대상자인지의 여부가 결정되기 전에 사망한 경우 ③ 고엽제법 시행 후 생전에 등록신청을 하지 아니한 채 사망한 경우로 구분될 수 있다. 그런데 이 사건 법률조항은 전자의 두 가지 경우만을 각각 제1호와 제2호로 규정하여 그 유족에게 유족등록신청의 기회를 부여하고 있다. 하지만, ③ 고엽제법 시행 후 생전에 등록신청을 하지 아니한 채 사망한 경우를 규율대상에서 제외하였다. 그래서 이 부분이 다툼의 대상이 된 것이었다. 그리고 심판기준은 평등원칙이었다.

이 사건 결정은 부진정 입법부작위를 심판대상으로 삼은 가장 대표적인 예에 속한다. 월남전에 참전한 자가 생전에 고엽제후유증환자로 등록신청을 하지 아니하고 사망한 경우 그 유족에게 유족등록신청자격을 부인하는 것이 그에 해당한다.

이 사건의 계쟁집단은 생전에 등록신청을 하지 않고 사망한 자의 유족인데, 이 사건 결정취지에 따르면, 이들 집단을 개선입법에서 수혜대상에 포함시켜야 한다.

이 사건 결정도 결정 이유를 세밀히 살펴보지 않는 한, 결정주문의 내용이 명확히 드러나지 않는다. 게다가 이 사건 결정에서도 비교대상집단에 대한 등록신청의 기회를 보호하기 위해 계속적용을 명하고 있는 바, 심판대상을 달리 구획하거나 결정주문을 한정적으로 제시하면 그런 의도는 충분하게 반영될 수 있었을

---

77) 헌재 2001. 6. 28, 99헌마516, 『헌판집』 13-1, 1393.

것이다. 즉, 포함위헌을 이끌어 낼 수 있게 심판대상을 획정하고, 그에 대해 불합치로 결정하면 가능하게 된다.

정리하면, 먼저, 심판대상을 '고엽제법 시행 후 생전에 등록신청을 하지 아니한 채 사망한 경우의 유족들에게 유족등록신청을 배제하는 것의 위헌여부'로 한다. 다음, 결정주문은,

> "고엽제법 제8조 제1항 제2호가 고엽제법 시행 후 생전에 등록신청을 하지 아니한 채 사망한 경우의 유족들에게 유족등록신청을 배제하는 것은, 헌법에 합치되지 아니한다."

고 한다. 그리고 입법자나 법적용자에 대한 법적 효과는 규율하지 않는다.[78)]

나. 세무사법중개정법률 중 제3조 제2호를 삭제한다는 부분 등 위헌확인

2001. 9. 27 세무사법중개정법률 중 제3조 제2호를 삭제한다는 부분 등 위헌확인사건[79)]에서 불합치 관련 결정주문은,

> "2. 위 세무사법(1999. 12. 31. 법률 제6080호로 개정된 것) 부칙 제3항은 헌법에 합치되지 아니한다. 다만 이 부칙조항은 입법자가 개정할 때까지 계속 적용한다."

로 표시되었다. 심판대상은 기존 국세관련 경력공무원 중 일부에게만 구법 규정을 적용하여 세무사자격이 부여되도록 규정한 것, 즉 통산근무기간의 요건을 충족시키지 못한 집단에 대해 세무사자격의 부여대상에서 배제하는 것이 헌법에 위반되는 여부이었다. 심판기준은 신뢰보호의 원칙과 평등의 원칙이었다.

분석하면, 이 사건 결정 역시 부진정 입법부작위를 심판대상으로 삼은 예에 속한다. 여기서 계쟁집단은 국세관련 경력공무원 중 통산근무기간의 요건을 충족시키지 못한 집단으로, 비교대상집단은 근무기간의 요건을 충족시킨 집단으로 하였다. 사실상의 차이는 근무기간에 있어 양적의 차이일 뿐이고, 차별내용은 세무사

---

78) 그 까닭은 입법자에 대해서는 그에 관해 결정주문에서 구구하게 명시적으로 언급하지 않는다 하더라도 결정주문 그 자체로 이미 개선입법의무가 부과되는 것으로 보기 때문이고, 법적용자 에 대해서는 개선입법이 이루어지면, 그에 따라 사후적으로 조치하면 되기 때문이다. 특히 헌 마절차에서 다투어졌을 경우 그렇다. 물론 헌가절차나 헌바절차인 경우 달리 처리되어야 할 것이다.

79) 헌재 2001. 9. 27, 2000헌마152, 『헌판집』 13-2, 338.

자격의 부여여부이었다. 관련해서 몇 가지를 검토한다.

첫째, 이 사건 결정에서는 불합치법률의 잠정적인 계속적용을 명한다는 점이다. 그 취지는 근무요건을 충족시켜 세무사자격을 부여받을 수 있는 국세관련 경력공무원의 신뢰이익을 보호한다는 것이다. 그러나 이 사건에서 다룬 것은 통산근무기간의 요건을 충족시키지 못하였다는 점으로 인해 세무사자격의 부여대상에서 배제된다는 것이다. 그렇다면, 이를 주문으로 제시함이 적절하였을 것이다.

둘째, 이 사건 결정의 경우 심판대상을 축소해서 포함불합치의 결정[80]이나 주문에 해석기준을 제시하는 한정불합치의 결정으로의 대체가 가능하다고 보여진다. 이러한 형태를 취함으로써 계쟁집단을 입법에 반영하지 않은 것에 관해 입법적으로 개선하게 하지만, 세무사법 부칙 제3항이 규율하는 바 그 자체에 대해서는 아무런 영향도 받지 않게 하는 것이다. 이렇게 함으로써 입법자가 개선입법을 하면, 법적용자들은 계쟁집단에 대해 세무사자격을 부여할 수 있게 될 것이다.

아무튼, '세무사법 부칙 제3항이 통산근무기간의 요건을 충족시키지 못한 국세관련 경력공무원들을 세무사자격부여의 대상에서 배제한 것의 위헌여부'로 심판대상을 구획한다. 결정주문에서는,

> "2. 위 세무사법 부칙 제3항이 통산근무기간의 요건을 충족시키지 못한 국세관련 경력공무원들을 세무사자격부여의 대상에서 배제하는 것은 헌법에 합치되지 아니한다."

로 표시하는 것이다. 그리고 입법자나 법적용자에 대한 법적 효과는 규율하지 않는다.[81]

다. 재외동포의출입국과법적지위에관한법률 제2조 제2호 위헌확인

2001. 11. 29. 재외동포법 제2조 제2호 위헌확인사건[82]에서 결정주문은,

> "1. 재외동포의출입국과법적지위에관한법률(1999. 9. 2. 법률 제6015호로 제정된 것) 제2조 제2호, 재외동포의출입국과법적지위에관한법률시행령(1999. 11. 27. 대통

---

80) 이에 관한 상세한 내용은 졸고, 『공법학연구』 제10권 제1호, pp.74-76.
81) 변리사법(2000. 1. 28. 법률 제6225호로 개정된 것) 부칙 제4항 위헌확인사건(헌재 2001. 9. 27, 2000헌마208, 『헌판집』 13-2, 363.)도 같은 취지이기에 생략한다.
82) 헌재 2001. 11. 29, 99헌마494, 『헌판집』 13-2, 714.

령령 제16602호로 제정된 것) 제3조는 헌법에 합치하지 아니한다. 2. 이들 조항은 2003. 12. 31.을 시한으로 입법자가 개정할 때까지 계속 적용된다.”

고 표시되었다. 이 사건 심판대상은 정부수립이전이주동포를 재외동포법의 적용대상에서 제외한 것이 평등원칙에 위반되는 여부이었다.

분석하면, 이 사건 결정에서는 재외동포법이 외국국적동포들에게 혜택을 부여하는 입법을 하였음에도 정부수립이전이주동포들에게는 혜택을 부여하지 아니한 부진정 입법부작위를 평등원칙에 근거하여 다투고 있다. 계쟁집단은 정부수립이전이주동포이고, 비교대상집단은 정부수립이후이주동포이다. 사실상의 차이는 국외에 이주한 시기이다. 차별은 재외동포법의 적용대상에서 제외하는 것이다. 그러면, 쟁점적인 사항에 대해 검토한다.

이 사건 결정 역시 결정 이유에서는 정부수립이전이주동포를 재외동포법의 적용대상에서 제외함으로써 그렇게 한 것은 자의적인 차별이고, 이는 곧 헌법 제11조의 평등원칙에 위배됨을 지적한다. 하지만, 결정주문에는 그런 내용이 드러나지 않고, 오로지 계속적용만이 제시된다. 이 사건 결정의 취지는 정부수립이후이주동포에게는 재외동포법이 그대로 적용되어야 하지만, 정부수립이전이주동포에 대해서는 개선입법을 통해 적용대상에 포함시켜야 함을 제시한 것으로 보인다.

이 사건 결정에서는 외국국적동포는 정부수립이전이주동포와 정부수립이후이주동포로 명확히 구분됨을 전제로 할 때, 심판대상을 축소할 수 있었다. 그리고 정부수립이전이주동포에 대해서만 불합치로 결정하는 것이다. 이는 포함불합치결정에 해당할 것이다. 즉, 심판대상은 ‘정부수립이전이주동포를 재외동포법의 적용대상에 포함시키지 아니한 것의 위헌여부’로 한다. 그리고 결정주문은,

“재외동포법 제2조 제2호, 재외동포법시행령 제3조는 정부수립이전이주동포를 재외동포법의 적용대상에 포함시키지 않았으므로 헌법에 합치하지 아니한다.”

고 한다. 그리고 입법자나 법적용자에 대한 법적 효과는 규율하지 않는다.

라. 지적법 제28조 제2항 위헌확인

2002. 5. 30. 지적법 제28조 제2항 위헌확인사건[83]에서 결정주문은,

---

83) 헌재 2002. 5. 30, 2000헌마81, 『헌판집』 14-1, 528.

"1. 지적법(2001. 1. 26. 법률 제6389호로 전문개정된 것) 제41조 제1항은 헌법에 합치하지 아니한다. 2. 이 조항은 2003. 12. 31.을 시한으로 입법자가 개정할 때까지 계속 적용된다."

고 표시되었다. 심판대상은 지적법 제41조 제1항[84])의 위헌 여부이었다. 이 사건에서는 지적기술자의 자격을 취득한 자가 비영리법인을 설립하지 않는 한 초벌측량의 대행용역활동을 자신의 독립적인 직업으로 선택할 수 없도록 규율한 것을 위헌성의 핵심내용으로 보았다.

분석하면, 이 사건 법률조항은 지적측량 업무를 지적측량을 주된 업무로 하여 설립된 '비영리법인'에게만 대행시킬 수 있도록 규정하고 있다. 그러다 보니, 지적기술자의 자격을 취득한 자가 비영리법인을 설립하지 않으면 초벌측량의 대행을 할 수 없게 된 것이다. 직업결정의 자유를 침해한 것이다. 이 사건에서는 이와 같이 규정한 것이 위헌임을 다투었다. 일종의 부진정 입법부작위로 볼 수 있다.

이 사건 결정에서는 전담대행체제의 위헌성에 주목할 뿐이고 비영리법인의 대행허용을 다툰 것은 아님을 지적한다. 그러면서 불합치결정을 하면서 잠정적인 계속적용[85])을 명한 이유는 전담대행체제를 부정하고 대체입법을 통해 새로운 형태로 규율할 것을 기대한 것이다. 분명 단순위헌결정을 선고할 경우 입법을 통한 정비가 이루어질 때까지 혼란의 여지가 없지 않다.

그런데 이 사건 결정 역시 종래와 동일한 형태의 비영리법인에게의 대행허용을 위해 계속적용을 명하고 있다. 그러나 지적기술자의 자격을 취득한 자가 비영리법인을 설립하지 않으면 초벌측량의 대행을 할 수 없음을 다툰 의미가 주문에는 명료하게 드러나지 않는다는 한계를 지닌다. 이런 점을 감안할 때, 한정적인 불합치주문을 제시함이 좋을 것이다. 즉,

"지적법 제41조 제1항은 '지적기술자의 자격을 취득한 자가 비영리법인을 설립하

---

84) 지적법 제41조(지적측량업무의 대행) ① 행정자치부장관은 대통령령이 정하는 바에 의하여 지적측량 업무의 일부를 지적측량을 주된 업무로 하여 설립된 비영리법인에게 대행시킬 수 있다.
85) 잠정합헌과 이 사건에서의 잠정적인 계속적용과 어떠한 편차를 지닐 것인지에 대해서도 검토되어야 한다. 법적용자에 대해서는 심판대상인 법률조항이 그대로 계속 적용된다는 점에서 동일한 법적 효과가 나타날 것이지만, 입법자에 대해서 전자는 사실상의 개연성만을 제공할 뿐인 반면, 후자는 불합치법률의 입법개선의무를 부과한다는 점에 차이가 있다고 하겠다. 그리고 법적용자는 개선입법 시행시점 이후에는 반드시 개선입법에 따라 적용해야 할 의무가 발생하지만, 잠정합헌은 아직 그러한 결과가 도출된 것이 아니므로 그런 부담을 지는 것은 아니다.

지 않으면 초벌측량의 대행을 할 수 없도록 하는 한', 헌법에 합치하지 아니한다."
는 것이다. 그리고 입법자나 법적용자에 대한 법적 효과는 규율하지 않는다.

마. 약사법 제16조 제1항 등 위헌소원

2002. 9. 19. 약사법 제16조 제1항 등 위헌소원사건[86]에서 결정주문은,
　　"약사법(2000. 1. 12. 법률 제6153호로 개정된 것) 제16조 제1항은 헌법에 합치하지
　　아니한다. 이 법률조항은 입법자가 개정할 때까지 계속 적용된다."
고 표시되었다. 심판대상은 자연인 약사만이 약국을 개설할 수 있도록 함으로써
약사들로 구성된 법인의 약국설립 및 운용을 금지시키는 것의 위헌여부이었다. 그
런데 약사가 아닌 일반인 및 일반법인에게 약국개설을 허용하지 않는 것 역시 다
툼의 대상이 되었으나 이는 입법형성의 재량권에 해당하는 것으로 보았다.

　분석하면, 이 사건 결정에서도 불합치결정을 하면서 계속적용을 명하고 있다.
여기서는 대상집단을 세 가지로 구분할 수 있다. 그 하나는 약국을 개설할 수 있
는 자연인인 약사 또는 한약사, 그 둘은 약국을 개설하고자 하는 약사가 아닌 일
반인이나 일반법인, 그리고 그 셋은 약국을 개설하고자 하는 약사인 자연인들로
구성된 법인 등이다. 이들 중 앞의 두 집단을 고려해서 계속적용을 명한 것으로
보인다.

　하지만, 약국개설권이 있는 약사들만으로 구성된 법인에게도 약국개설을 금지
하는 것은 과잉금지원칙에 위반되며 직업선택의 자유와 결사의 자유를 침해하는
것이라고 한다. 이 사건 결정이 이루어진 심판절차는 헌바절차이다. 그럼으로써
이 헌법소원과 관련된 소송사건에서는 불합치법률이 계속 적용될 수밖에 없는
형편이다.

　이 사건의 심판대상도 실제로는 부진정 입법부작위와 유사한 형태를 취하고
있다. 즉 약사들만으로 구성된 법인에게도 약국개설을 금지하는 것의 위헌여부를
다툼이 이 사건 결정에서의 핵심적인 쟁점이다. 그래서 이 사건 결정주문으로는,
　　"1. 약사법 제16조 제1항은 약사들만으로 구성된 법인에게도 약국개설을 금지하는
　　한, 헌법에 합치되지 아니한다. 2. 주문 제1항의 불합치 부분은 입법자가 개정할 때

---

86) 헌재 2002. 9. 19, 2000헌바84, 『헌판집』 14-2, 268.

까지 그 적용이 중지된다."

고 하여야 한다.[87]

바. 구 사립학교법 제53조의2 제3항 위헌소원

2003. 2. 27. 구 사립학교법 제53조의2 제3항 위헌소원사건[88]에서 결정주문은,
"구 사립학교법(1990. 4. 7. 법률 제4226호로 개정되고, 1997. 1. 13. 법률 제5274호
로 개정되기 전의 것) 제53조의2 제3항은 헌법에 합치하지 아니한다."
고 표시되었다. 심판대상은 외형상으로는 대학교원의 기간임용제의 위헌여부이
었지만, 실제로는 재임용이 거부된 교원에게 객관적인 기준의 재임용거부사유,
재임용에서 탈락하게 된 교원이 자신의 입장을 진술할 수 있는 기회, 그리고 재
임용거부를 사전에 통지받을 규정이 없으며, 나아가 재임용이 거부되었을 경우
사후에 그에 대해 다툴 수 있는 제도적 장치를 마련하지 아니한 것의 위헌여부
이었다. 심판기준은 교원법정주의이었다.

분석한다.

이 사건 결정에서 위헌논란에 놓인 것은 기간임용제 그 자체가 아니고, 재임용
거부사유 및 그 사전 절차, 그리고 부당한 재임용거부에 대하여 다툴 수 있는 사
후의 구제절차에 관하여 아무런 규정도 하지 않음으로써 재임용을 거부당한 교
원이 구제받을 수 있는 길을 완전히 차단한 데 있다. 즉 부진정 입법부작위에 해
당한다. 헌법재판소는 입법부작위를 위헌확인하는 차원에서 헌법불합치로 결정한
것이다.

이 사건 결정 역시 심판대상을 구 사립학교법 제53조의2 제3항 전문에서 '재
임용거부의 사전절차와 사후구제절차를 규율하지 아니한 부분'의 위헌 여부로 함
이 바람직하였을 것이다. 그와 아울러 이에 대해 한정적 불합치로 결정주문을 제
시하고, 당해 헌법소원과 관련된 소송사건을 위해서는 불합치부분의 적용중지를

---

87) 당해 헌법소원과 관련된 소송사건이 있으므로, 그래야만 당해사건에서 개선입법에 따라 처리할
수 있게 될 것이다. 이렇게 하지 않으면 당해 헌법소원과 관련된 소송사건은 경고처분의 취소
를 구하는 소송을 구하는 서울행정법원 2000구15834호 사건인데, 이를 관할하는 법원은 곤혹
스러운 상태에 놓이게 된다고 하겠다.
88) 헌재 2003. 2. 27, 2000헌바26, 『헌판집』 15-1, 176.

명한다. 즉,

"1. 구 사립학교법 제53조의2 제3항 전문은 기간임용제에 의하여 임용되었다가 그 임용기간이 만료되는 대학교원이 재임용거부되는 경우에 그 사전절차 및 그에 대해 다툴 수 있는 구제절차규정을 두지 아니한 한도에서 헌법에 합치하지 아니한다. 2. 주문 제1항의 불합치부분에 대해서는 입법자가 개정할 때까지 그 적용이 중지된다."

사. 구 소득세법 제101조 제2항 위헌소원

2003. 7. 24. 구 소득세법 제101조 제2항 위헌소원사건[89)]에서 결정주문은,

"소득세법(1995. 12. 29. 법률 제5031호로 개정되어 1996. 12. 30. 법률 제5191호로 개정되기 이전의 것) 제101조 제2항은 헌법에 합치되지 아니한다. 법원 기타 국가기관 및 지방자치단체는 위 법률조항의 적용을 중지하여야 한다."

고 표시되었다. 이 사건 심판대상은 소득세법 제101조 제2항의 위헌 여부이었다. 구체화시키면 두 가지이다. 그 하나는 양도소득에 대한 소득세를 부당하게 감소시키기 위하여 대통령령에서 정하는 특수관계자에게 자산을 증여한 후 그 자산을 증여받은 자가 그 증여일부터 2년 내에 다시 이를 타인에게 양도한 경우에는 증여자가 그 자산을 직접 양도한 것으로 보아 증여자에게 양도소득세 납부의무를 발생하게 하는 것이다. 다른 하나는 증여의제의 효과를 수증자에게도 미치도록 함으로써 수증자의 증여세액 등을 환급하도록 하는 등의 규율이 전혀 없는 상태에 관한 것이다. 여기서 헌법재판소는 전자에 관해서는 합헌으로, 후자에 관해서는 이중과세의 효과발생을 방치한다는 점에서 위헌성을 인정하였다.

불합치로 결정하면서 적용중지를 하는 것에 대해 김영일 재판관은 반대의견을 제시한다. 즉,

"이 사건 법률조항은 다수의견이 적절히 논증한 바와 같이 그 자체로는 헌법에 위반되지 아니한다. …… 문제는 이 사건 법률조항을 원인으로 하여(또는 이 사건 법률조항에 연유하여) 이중과세의 위헌적인 결과가 발생하였는데, 그 위헌성을 해소할 규정 즉, 관련 수증자의 증여세 및 양도소득세에 대한 환급 내지 공제 등의 규정

<hr>

89) 헌재 2003. 7. 24, 2000헌바28, 『헌판집』 15-2상, 38.

이 흠결된 데 있다. 입법자가 이 점을 부주의로 간과하여 실질적 조세법률주의에 반하는 위헌상태를 야기한 것이라고 볼 수 있다. 따라서, 그 입법부작위가 위헌임을 지적함으로써 문제를 해결하여야 한다."

고 한다.[90)]

분석하면, 이 사건 결정에서는 양도의제시 증여자에게의 양도소득세 부과는 합헌인 반면, 수증자에 대한 증여세액등 환급조치에 관해서는 부진정 입법부작위에 해당하는 것으로 보아 다수의견은 헌법불합치로 결정하게 된 것이다. 이에 대해 김영일 재판관은 후자에 대해서는 진정 입법부작위로 보아 별도로 위헌확인이 이루어져야 함을 주장한 것이다. 관련해서 지적한다.

첫째, 양도의 제시증여자에게 양도소득세를 부과할 수 있도록 함으로써 '부인된 증여행위에 기초한 과세'와 '의제된 양도행위에 기초한 과세'를 서로 양립하게 함으로써 이중과세가 된다는 점이다. 수증자에 대한 증여세와 양도소득세에 대해 수증자에게 환급 등의 조치가 필요함에도 이를 입법자가 반영하지 못하였다는 점에 문제가 있음을 다수의견이나 반대의견 모두 인정하고 있다. 다만, 외형적으로 어떻게 표출할 것인지의 방식이 다투어진 것이다.

둘째, 부진정 입법부작위와 관련된 다른 결정에서 나타나듯이, 이 사건 결정에서도 입법부작위 부분이 주문에 드러나지 않는다는 점이다. 그로 인해 사태에 대한 명확한 인식을 저해하는 한계를 드러내게 된다.

셋째, 이 사건 결정에서는 심판대상인 법률조항 자체의 적용중지를 명하고 있는 바, 그렇게 할 경우 개선입법 시점까지 양도의 제시증여자에게의 양도소득세 부과가 불가능하게 되는 문제를 초래하게 된다고 하겠다.

이상과 같은 문제점을 해결하기 위해서는 수증자에 대한 증여세액등 환급조치에 관한 부진정 입법부작위 부분을 적극적으로 결정주문에 제시하는 방안을 모색함이 바람직할 것으로 본다. 즉,

---

90) 따라서, 이 사건 해결을 위한 주문은 다음에 제시하는 바와 같이 주문 제1항에서 구 소득세법 제101조 제2항에 대하여 합헌선언을 한 다음, 주문 제2항에서 관련 수증자의 증여세 및 양도소득세에 대한 환급규정을 두지 아니한 입법부작위의 위헌을 확인하는 것이 적절하고, 또한 타당하다고 할 것이다. 그러므로 그 주문은 마땅히 아래와 같이 하여야 한다(1. 구 소득세법 제101조 제2항은 헌법에 위반되지 아니한다. 2. 위 구 소득세법 제101조 제2항에 의하여 증여자에게 양도소득세를 부과하는 경우에 그와 관련하여 수증자가 납부한 증여세 및 양도소득세를 수증자에게 환급하도록 하는 규정을 두지 아니한 것은 헌법에 위반됨을 확인한다).

"1. 구 소득세법 제101조 제2항에 의하여 증여자에게 양도소득세를 부과하는 경우
에 그와 관련하여 수증자가 납부한 증여세 및 양도소득세를 수증자에게 환급하도
록 하는 규정을 두지 아니한 한도에서 헌법에 합치되지 아니한다.
2. 주문 제1항의 불합치부분에 대해서는 입법자가 개정할 때까지 그 적용이 중지
된다."

아. 교원지위향상을위한특별법 제9조 제1항 등 위헌소원

2003. 12. 18. 교원지위향상을위한특별법 제9조 제1항 등 위헌소원사건[91]에서
결정주문은,

"1. 구 사립학교법(1997. 1. 13. 법률 제5274호로 개정되어 1999. 8. 31. 법률 제6004
호로 개정되기 전의 것) 제53조의2 제3항 전문은 헌법에 합치하지 아니한다. 2. 교
원지위향상을위한특별법(1991. 5. 31. 법률 제4376호로 제정된 것) 제9조 제1항 전
문은 헌법에 합치하지 아니한다. 이 법률조항은 입법자가 개정할 때까지 계속 적용
된다."

고 표시되었다. 이 사건 결정에서 위헌사유로는 구 사립학교법 제53조의2 제3
항 전문에 관해서는,

"객관적인 기준의 재임용 거부사유와 재임용에서 탈락하게 되는 교원이 자신의 입
장을 진술할 수 있는 기회 그리고 재임용거부를 사전에 통지하는 규정 등이 없으
며, 나아가 재임용이 거부되었을 경우 사후에 그에 대해 다툴 수 있는 제도적 장치
를 전혀 마련하지 않고 있다."

는 점과, 교원지위법 제9조 제1항 전문에 관해서는,

"임기만료 교원에 대한 재임용거부는 이 사건 교원지위법조항 소정의 '징계처분
기타 그 의사에 반하는 불리한 처분'에 버금가는 효과를 가진다고 보아야 하므로
이에 대하여는 마땅히 교육인적자원부 교원징계재심위원회의 재심사유, 나아가 법
원에 의한 사법심사의 대상이 되어야 한다. 그럼에도 불구하고 이 사건 교원지위법
조항은 이에 대하여 아무런 규정을 하고 있지 아니하다."

는 점을 각각 제시한다. 즉, 이 사건 심판대상 조항 중 사립학교법조항의 위헌

---

91) 헌재 2003. 12. 18, 2002헌바14, 『헌판집』 15-2하, 466.

성은 기간임용제 그 자체에 있는 것이 아니라 재임용을 거부당한 교원이 구제를
받을 수 있는 길을 완전히 차단한 데 있고, 교원지위법조항도 그 자체가 위헌인
것이 아니라 재심청구 대상에 임용기간의 만료로 재임용이 거부되는 대학교원이
그에 대해 다툴 수 있도록 포함되어야 함에도 그러하지 못한 점에 있다.

그런데 김영일 재판관은 주문 제1항에 대해 별개의견을 제시한다. 즉,

이 사건 사립학교법조항에, "위헌성이 있다고 지적한 부분 중 재임용거부사유 및
그 재임용거부의 사전절차불비의 점(실체부분)과 부당한 재임용거부행위에 대하여
다툴 수 있는 사후구제절차부분(절차부분)을 구분하여 판단하여야 한다고 보는 것
이다. 위의 실체부분의 경우에는 이 사건 사립학교법조항인 구 사립학교법 제53조
의2 제3항에 포섭 내지 포함될 수 있는 것으로 동 조항에서 그 재임용거부사유 및
그 재임용거부의 사전절차를 규정하지 아니한 점에 위헌성이 있고, 아울러 다수의
견이 제시한 바와 같은 헌법불합치결정사유가 존재하므로 헌법불합치결정을 하는
것이 타당하다고 판단되나, 위의 절차부분의 경우에는 대학교원의 임면이라는 실
체적인 사항과 엄연히 다른 별개독립의 것으로 그 임면에 대한 불복을 위한 사후구
제절차로서 본질상 이 사건 사립학교법조항에는 포섭될 수 없고 그와 독립적으로
규정되어야 할 사항을 규정하지 않음으로써 그 위헌성을 야기한 것이므로 이에 관
하여는 그 입법부작위의 위헌확인을 선언하여야 한다고 보는 것이다."

"따라서 이 사건 결정 주문 제1항은 다음에 제시하는 바와 같이 이 사건 사립학교
법조항에 대하여 헌법불합치선언을 하고, 주문 제2항은 기간을 정하여 임용된 대
학교원이 임용기간이 만료되어 재임용이 거부된 경우에 그 불복을 위한 사후구제
절차에 관하여 규정을 두지 아니한 입법부작위가 위헌임을 확인함이 마땅하다고
할 것이다."

고 한다.[92]

분석한다.

먼저, 이 사건 사립학교법조항에 대해서는 헌법재판소가 2003. 2. 27. 구 사립
학교법 제53조의2 제3항 위헌소원(2000헌바26)사건에서 헌법불합치로 결정함과

---

92) 그렇기 때문에 주문 제1항을 아래와 같이 주문 제1항 및 제2항으로 분리하여 선고하여야 한다
고 한다. 즉, '1. 구 사립학교법 제53조의2 제3항은 헌법에 합치하지 아니한다. 2. 기간을 정하
여 임용된 대학교원이 임용기간이 만료되어 재임용이 거부된 경우에 그 불복을 위한 사후구제
절차에 관한 규정을 두지 아니한 것은 헌법에 위반됨을 확인한다'는 것이다.

아울러 적용중지를 명한 바에 대해 이미 분석하였으므로 반복하지 않는다. 다만, 김영일 재판관의 주문제시에 관한 별개의견은 관련되는 한도에서만 검토대상으로 삼는다.

다음, 교원지위법조항에 관해서 검토한다.

첫째, 교원지위법 역시 재심청구제 그 자체가 위헌인 것이 아니라 임용기간의 만료로 재임용이 거부되는 대학교원이 그에 대해 다툴 수 있도록 재심청구의 대상에 포함시켜야 함에도 포함시키지 아니한 점에 있다. 즉, 부진정 입법부작위에 해당한다. 그로 인해 이 사건 심판대상은 교원법정주의에 위반해서 재임용이 거부되는 대학교원의 '합리적인 기준과 정당한 평가에 의한 심사를 받을 권리'를 침해한 것이다.

둘째, 이 사건 결정은 교원지위법조항에 관한 인적 규율대상을 재임용이 거부된 교원과 징계처분 기타 그 의사에 반하는 불리한 처분을 받은 교원으로 구분한다. 그래서, 후자에게는 그러한 처분에 대한 불복의 근거로 이 사건 교원지위법조항이 합헌적으로 적용되어 온 것이므로 그러한 범위 내에서 잠정적으로 그 조항의 효력이 존속하고 또 결정주문에서 계속적용을 명한 것으로 이해된다. 이런 점은 결론 부분에서 '이 사건 사립학교법조항과 교원지위법조항은 모두 헌법에 합치하지 아니하고, 그중 교원지위법조항에 대하여는 입법자의 개선입법이 이루어질 때까지 잠정적으로 적용하도록 함이 상당'하다는 것으로 나타난다.

그렇지만, 전자, 즉 이 사건에서 다툰 청구인과 같이 재임용이 거부된 교원에 대해서는 아무런 명시적인 언급이 없다. 하지만, 결정 이유에서 후자에 대한 불복의 근거가 되는 범위 내에서 잠정적으로 존속한다는 점을 명시한 취지는 전자에 관해서는 법적용절차의 중지와 개선입법에 따른 처리를 전제로 한 것으로 이해된다. 그에 따라 불합치법률의 제정 시점부터 불합치결정 시점 내지 개선입법 시행시점까지의 시적 공간 동안 개선입법의 소급적용이 문제될 수 있다.

셋째, 결정주문의 의미와 효력범위를 결정 이유에서 제약함이 가능한 것인가 하는 점이다. 다시 말하면, 결정 이유가 뒷받침할 수 있는 범위를 벗어나게 결정주문이 표시되었다는 문제점을 지적해야 한다. 이런 점은 주문의 구체적인 표시방식에 대한 자신감의 결여 내지 이를 받아들여야 할 국가기관의 자세, 특히 대법원의 태도에 대한 불신 내지 불안감에 비롯된 것으로 보인다.

넷째, 이 사건 결정에서 심판대상이 된 법률조항이 모두 부진정 입법부작위에 해당됨에도 그 부분을 심판대상에 드러내지 않음으로써 결정주문만을 보고는 그 결정취지를 전혀 파악할 수 없는 상황이 초래된 것이다. 이 사건 결정에서는 심판대상을 구 사립학교법 제53조의2 제3항 전문과 교원지위법 제9조 제1항 전문의 위헌 여부로 하였다. 그에 따라 결정주문에서도 위 심판대상인 법률조항을 각각 헌법불합치로 제시함과 아울러 잠정적인 계속적용을 명하였다. 하지만, 앞서 지적한 바와 같이 결정 이유에서는 잠정적인 계속적용의 범위를 한정하였다.

이런 사례에서는 차라리 심판대상을 구 사립학교법 제53조의2 제3항 전문에서 '재임용거부의 사전절차와 사후구제절차를 규율하지 아니한 부분'의 위헌 여부와 교원지위법 제9조 제1항 전문의 '징계처분 기타 그 의사에 반하는 불리한 처분에 임용기간이 만료되어 재임용거부를 포함시키지 아니하여 재임용이 거부된 대학교원에게 불복의 근거를 만들어주지 아니한 부분'의 위헌 여부로 함과 아울러 그 부분에 대해서 위헌확인의 의미를 담은 헌법불합치로 결정하고 결정 이유에서는 절차의 중지를 명하는 것이다. 그렇게 하였을 경우 교원재임용제나 재심청구제에 대해서는 아무런 영향도 미치지 않으면서 헌법재판소가 원래 의도하였던 효과를 얻어낼 수 있었을 것이다.

이 사건 결정도 부진정 입법부작위 부분을 심판대상으로 삼아 결정주문을 제시하거나 부진정 입법부작위 부분을 결정주문에 명시하는 방안으로의 모색이 가능할 것이다. 그리고 이 사건은 헌바사건이므로 당해 헌법소원과 관련된 소송사건의 처리방향을 제시한다. 즉,

> "1. 구 사립학교법 제53조의2 제3항 전문은 기간임용제에 의하여 임용되었다가 그 임용기간이 만료되는 대학교원이 재임용거부되는 경우에 그 사전절차 및 그에 대해 다툴 수 있는 구제절차규정을 두지 아니한 한도에서 헌법에 합치하지 아니한다.
>
> 2. 교원지위향상을위한특별법 제9조 제1항 전문은 기간을 정하여 임용된 대학교원이 임용기간이 만료되어 재임용이 거부된 경우에 재심청구에 관한 규정을 두지 아니한 한도에서 헌법에 합치하지 아니한다.
>
> 3. 주문 제1항과 제2항의 불합치부분은 입법자가 개정할 때까지 그 적용이 중지된다."

자. 민법 부칙 제3항 위헌소원

2004. 1. 29. 민법 부칙 제3항 위헌제청 등의 사건[93]에서 불합치 관련 결정주문은,

> "2. 민법(2002. 1. 14. 법률 제6591호로 개정된 것) 부칙 제3항 본문 중 '1998년 5월 27일부터 이 법 시행 전까지 상속개시가 있음을 안 자 중' 부분은 헌법에 합치되지 아니한다."

고 표시되었다.[94] 이 사건에서는 민법 부칙 제3항 본문 중 '1998년 5월 27일부터 이 법 시행 전까지 상속개시가 있음을 안 자 중' 부분의 위헌여부를 심판대상으로 삼았으나, 정확히 파악하면, 1998. 5. 27. 전에 상속개시 있음을 알고 위 일자 이후 상속채무초과사실을 안 상속인에 대해 민법 부칙 제3항[95]이 규율하지 아니한 것이 헌법에 위반되는 여부이다. 이는 평등원칙에 위반됨과 아울러 사적 자치권과 재산권을 침해한 것이라고 한다.

이에 대해 김영일 재판관은 주문 제2항에 대해 반대의견을 제시한다. 즉,

> "다수의견처럼 이 사건 법률조항의 위헌성이 1998. 5. 27. 전에 상속개시있음을 알았으나 위 일자이후에 상속채무초과사실을 안 상속인을 특별한정승인의 허용범위에 포함하지 않은 점에 있다는 이유로 그 적용영역에서 헌법합치적인 이 사건 법률조

---

93) 헌재 2004. 1. 29, 2002헌가22, 『헌판집』 16-1, 29.

94) 이와 관련하여 헌법재판소는 1998. 8. 27. 민법 제1026조 제2호 위헌제청(헌재 1998. 8. 27, 96헌가22, 『헌판집』 10-2, 339.)등의 사건에서 상속인이 상속개시 있음을 안 날로부터 3월내에 한정승인이나 포기를 하지 아니한 때에는 단순승인을 한 것으로 보는 민법 제1026조 제2호가 재산권과 사적자치권을 침해함을 이유로 그에 대해 헌법불합치로 결정함과 아울러 적용중지를 명하였다. 이 결정에 입각해서 입법자는 위 조항을 개선입법하게 되었다(2002. 1. 14. 법률 제6591호 개정). 그런데, 민법 부칙 제3항은 1998. 5. 27. 전에 상속개시 있음을 알고 위 일자 이후 상속채무초과사실을 안 상속인에 대해서는 아무런 규율도 두지 않았다. 그래서 이를 둘러싸고 다투어지게 된 것이다.

95) 헌법재판소는 1998. 8. 27. 상속개시 있음을 안 날로부터 3월의 기간이 경과하면 상속을 단순승인한 것으로 본다고 규정한 구 민법 제1026조 제2호에 대하여 헌법불합치결정을 선고한 바 있다. 헌재 1998. 8. 27, 96헌가22, 『헌판집』 10-2, 339. 이에 입법자는 2002. 1. 14. 구민법을 개정하여 상속인이 중대한 과실 없이 상속개시 있음을 안 날로부터 3월내에 상속채무초과사실을 알지 못하여 단순승인 또는 단순승인 의제된 경우에는 그 사실을 안 날로부터 3월내에 한정승인신고를 할 수 있도록 하는 조항을 신설하고, 이렇게 신설한 조항의 효력은 개정민법 시행일부터 발생하고 소급적용되지 않음을 명확히 밝혔다. 그러면서, 위 결정시부터 개정민법 시행 사이의 한정승인에 관한 법적 규율의 공백에 대해서는 이 사건 심판대상이 된 부칙 제3항을 두게 된 것이다.

항 자체가 위헌이라고 보는 것은 그 실질에 맞지 않으며, 오히려 위 상속인에 대하
여 종전 불합치결정에 따른 개선입법인 개정민법 제1019조 제3항의 소급적용의 경
과규정을 두지 아니한 입법부작위가 위헌이라고 보는 것이 그 실질에 맞는 것이다.”
고 한다.96)

분석하면, 이 사건 결정은 소급적으로 특별한정승인을 허용하는 것 자체는 원
칙적으로 합헌임을 인정한다. 하지만, 특별한정승인의 소급적용의 범위에 1998.
5. 27. 전에 상속개시있음을 알았으나 위 일자이후에 상속채무초과사실을 안 상
속인을 포함시키지 아니한 것은 자의적인 차별이거나 법적 규율의 공백에 해당
한다는 점이다. 이는 부진정 입법부작위에 해당한다.

이 사건 결정에서는 ‘1998년 5월 27일부터 이 법 시행 전까지 상속개시가 있
음을 안 자 중’ 부분의 적용을 중지시키고 있지만, 이 부분 자체는 합헌이고,
‘1998. 5. 27. 전에 상속개시 있음을 알고 위 일자이후 상속채무초과사실을 안
상속인’에 대한 규율공백이 위헌인 것이다. 그렇다면, 결정의 실체에 부합하기
위해서는 부진정 입법부작위 부분에 대해서만 위헌확인을 하거나 불합치결정을
하고, 그 부분으로 한정해서 적용중지를 명함이 타당할 것이다. 즉,

“2. 민법 부칙 제3항 본문은 ‘1998. 5. 27. 전에 상속개시 있음을 알고 위 일자이후
상속채무초과사실을 안 상속인’을 규율하지 않은 한도에서, 헌법에 합치되지 아니
한다.

3. 주문 제2항의 불합치부분은 입법자가 규율할 때까지 그 적용이 중지된다.”

차. 형사소송법 제214조의2 제1항 위헌소원

2004. 3. 25. 형사소송법 제214조의2 제1항 위헌소원사건97)에서 결정주문은,

“1. 형사소송법(1995. 12. 29. 법률 제5054호로 개정된 것) 제214조의2 제1항은 헌법

---

96) 그러면서 반대의견은 ‘그 적용영역에서 합헌인 이 사건 법률조항에 대한 판단과 앞서 본 바와
   같은 이유로 위헌성이 인정되는 ‘1998. 5. 27. 전에 상속개시 있음을 안 상속인’에 대하여 개정
   민법 제1019조 제3항의 소급적용의 경과규정을 두지 아니한 입법부작위에 대한 판단을 구분하
   여 주문에 표시하여야 할 것’이라고 한다. 하지만, 생각건대, ‘1998. 5. 27. 전에 상속개시 있음
   을 안 상속인’ 중 ‘1998. 5. 27. 전에 상속채무초과사실을 안 상속인’까지 포함시켜서는 안 된
   다고 본다.
97) 헌재 2004. 3. 25, 2002헌바104, 『헌판집』 16-1, 386.

에 합치되지 아니한다. 2. 위 규정은 입법자가 개정할 때까지 계속 적용된다."

고 표시되었다. 이 사건 심판의 대상은 형사소송법 제214조의2 제1항[98])이 헌법에 위반되는지 여부이다. 다시 말해서 구속된 피의자가 적부심사청구권을 행사한 다음 검사가 전격기소를 한 경우, 법원으로부터 구속의 헌법적 정당성에 대하여 실질적 심사를 받고자 하는 청구인의 절차적 기회를 제한하는 결과를 가져오는 것의 위헌여부이다.

분석하면, 이 사건 결정에서 핵심은 '입법자가 '헌법 제12조 제3항에 따라서 수사단계에서 발부된 영장에 근거하여 이루어진 구속'이라는 적용영역에 관하여 헌법위임에 따른 입법형성을 제대로 하지 아니함으로써 법적 공백이 발생하였다는 점'이다. 그로 인해 검사의 전격기소라는 일방적 행위로 인하여 피구속자의 절차적 기회가 박탈된다는 것이다. 관련해서 검토한다.

이 사안은 부진정 입법부작위에 해당한다. 헌법위임에 따른 입법형성이 제대로 이루어져 법적 공백상태의 발생을 방지하였더라면, 문제되지 않았을 것이다. 즉, 구속적부심사청구권의 청구인적격에 피고인을 포함시키지 않음으로써 나타나는 문제점을 해소시켜야 함을 의미한다.

그렇지만, "'헌법 제12조 제3항에 따라서 수사단계에서 발부된 영장에 근거하여 이루어진 구속'이라는 적용영역에서 전격기소로 인해 피의자의 구속적부심사청구권이 침해되는 한도에서, 헌법에 위반된다'는 한정위헌 내지 조건부위헌결정도 가능하다고 본다.[99]) 물론 이렇게 할 경우 헌법재판소가 입법자를 대신해서 입법형성권을 행사하였다는 비판이 가해질 것이다. 그런 점이 부담된다면, 한정적 불합치로 하여도 가능할 것이다. 그리고, 이 사안에서는 적용중지나 계속적용을 명할 실익이 없다. 여기서 다룬 절차는 중간재판에 해당하고 또 아주 단기간에 종료될 것이기 때문이다. 오히려 이 사안에서는 헌법재판소가 경과적인 규율을 직접 제시할 필요가 크다고 하겠다. 정리하면,

"1. 형사소송법 제214조의2 제1항은 '헌법 제12조 제3항에 따라서 수사단계에서 발

---

[98]) 형사소송법 제214조의2(체포와 구속의 적부심사) ① 체포영장 또는 구속영장에 의하여 체포 또는 구속된 피의자 또는 그 변호인, 법정대리인, 배우자, 직계친족, 형제자매, 호주, 가족이나 동거인 또는 고용주는 관할법원에 체포 또는 구속의 적부심사를 청구할 수 있다.

[99]) '피의자가 구속적부심사청구권을 행사한 후 검사의 전격기소가 이루어진다 할지라도 법원이 실질적 심사를 계속할 수 있도록 허용하지 않는 한'의 형태도 가능하다고 본다.

부된 영장에 근거하여 이루어진 구속'이라는 적용영역에서 전격기소로 인해 피의
자의 구속적부심사청구권이 침해되는 한도에서, 헌법에 합치되지 아니한다.
2. 주문 제1항의 불합치부분에 대해서는 입법자가 개정할 때까지 위 조항의 심사청
구권자에 피고인이 포함된 것으로 본다.”

2. 평등원칙의 위반에 관한 것인 경우

가. 지방세법 제233조의9 제1항 제2호 위헌소원

2001. 4. 26 지방세법 제233조의9 제1항 제2호 위헌소원사건[100]에서 불합치
관련 결정주문은,

“지방세법(1988. 12. 26. 법률 제4028호로 개정된 것) 제233조의9 제1항 제2호는 헌
법에 합치하지 아니한다. 이 법률조항은 입법자가 개정할 때까지 계속 적용한다.”

로 표시되었다. 심판대상은 제조담배의 재반입 시 담배소비세의 환급사유를
‘제조장 또는 보세구역에서 반출된 제조담배가 포장 또는 품질의 불량등의 사유
로 제조장 또는 수입판매업자의 제조담배의 보관 장소로 반입된 경우’로 한정하
고 있는 지방세법 제233조의9 제1항 제2호가 조세평등주의에 위배되는지 여부
이었다.

이 사건에서는 비교대상집단을 포장 또는 품질의 불량등의 사유로 환급받은
자로, 계쟁집단은 재반입되었으나 환급받지 못한 자로 설정하였다. 양자 사이에
는 사실상의 차이가 없음에도 환급과 환급배제라는 차별적인 처우를 하고 이는
자의적인 차별이라는 점에 위헌성을 인정한다.

분석한다. 이 사건은 조세평등주의의 위반여부를 다투었지만, 이 역시 평등원
칙의 문제일 따름이다. 계쟁집단과 비교대상집단으로 구분할 때, 계쟁집단을 환
급대상에 포함시키지 아니한 것의 위헌여부를 다툰 것이다. 그렇지만, 비교대상
집단을 환급대상에 포함시킨 것 자체에 대해서는 문제 삼지 않는다. 결국 같은
것을 다르게 취급한 것에 있다.

---

100) 헌재 2001. 4. 26, 2000헌바59, 『헌판집』 13-1, 941.

앞서 언급한 바와 같이 계쟁집단을 환급대상에 포함시키지 아니한 것의 위헌
여부를 심판대상으로 삼거나 환급대상에 포함시키지 않는 한이라는 조건을 부가
하는 형태의 주문도 가능하였을 것이다.

담배소비세는 담배의 판매를 통해 얻은 수익, 그 수익이 소비자에게 전가된다
할지라도, 이에 대해 부과하는 조세라고 본다면, 판매행위가 이루어지지 않았고
따라서 수익도 없는 상황에서, 즉 제조담배를 재반입시킴은 그런 상황을 충분히
반영한 것임에도 환급대상에 포함시키지 아니한 것이다. 그런 경우는 헌법재판소
가 적극적으로 나서서 차별적 처우를 하는 것에 대해 불합치가 아닌 위헌으로
결정함이 타당하였을 것으로 본다.

정리하면, 이 사건 결정에서는 한정적 불합치가 아닌 한정위헌주문이 적절하였
을 것으로 본다. 이런 경우에 대해 입법자의 입법형성권을 말할 수는 없다. 담배
소비세는 조제담배의 판매가 전제되어야만 부과되는 조세임에도, 수익은 물론 판
매행위가 이루어지지 않았음에도 부과함은 재산권을 침해하는 것이기 때문이다.
아무튼,

> "지방세법 제233조의9 제1항 제2호는 제조담배의 재반입시 담배소비세의 환급사유
> 를 '포장 또는 품질의 불량등의 사유'로 한정하는 한, 헌법에 위반된다."

나. 구 전통사찰보존법 제6조 제1항 제2호 등 위헌소원

2003. 1. 30. 구 전통사찰보존법 제6조 제1항 제2호 등 위헌소원사건[101]에서
결정주문은,

> "구 전통사찰보존법(1997. 4. 10. 법률 제5320호로 개정되기 전의 것) 제6조 제5항
> 중 같은 조 제1항 제2호 소정의 '동산 또는 대통령령이 정하는 부동산의 양도'에
> 관련된 부분은 헌법에 합치하지 아니한다. 위 규정부분은 입법자가 개정할 때까지
> 계속 적용된다."

로 표기되었다. 심판대상은 전통사찰의 경내지 등에 대한 모든 유형의 소유권
변동이 전통사찰을 훼손할 수 있음에도 불구하고, 다른 소유권변동원인과 달리
'공용수용'으로 인한 소유권변동에 대해서는 아무런 규제를 하지 아니한 것의 위

---

101) 헌재 2003. 1. 30, 2001헌바64, 『헌판집』 15-1, 48.

헌여부이었다. 그리고 심판기준은 평등원칙이다.

분석한다. 이 사건 결정은 민족문화유산의 보존이라는 헌법적 보호법익을 위해 전통사찰의 경내지등의 모든 유형의 소유권변동에 대해 규제를 하는 것에 견주어 제3자적 국가기관이 공용수용에 의한 소유권변동에 대해서는 규제하지 않는 것은 헌법 제9조의 규정을 무력화시키는 것이라는 점에서 위헌성을 찾는다.

계쟁집단은 제3자적 국가기관의 공용수용으로 소유권변동을 당하는 자이고, 비교대상집단은 전통사찰의 경내지등에 대한 모든 유형의 소유권변동을 당하는 자이다. 양자에 있어 차별내용은 관할행정청의 허가필요 여부이다. 평등의 원칙은 같은 것은 같게 다른 것은 다르게 취급하도록 한다. 그런데 국가기관의 공용수용에 의한 소유권변동이나 다른 모든 소유권 변동이 민족문화유산의 보존이라는 헌법적 보호법익을 침해함은 동등하다. 주체와 형식이 차별기준이어서는 안 되고 관할국가기관이 전통사찰의 훼손이 불가피한 것인지 여부와 이러한 보존 및 훼손에 대한 판단·결정이 정당하게 이루어지는 여부가 중심적인 판단기준이어야 한다는 것이다. 결국 여기서 위헌성은 같은 것을 다르게 취급한다는 점이다.

이상과 같은 시각에서 비추어 보면, 입법자는 이 사건 결정의 쟁점에 해당하는 제3자적 국가기관의 공용수용에 의한 소유권변동과 관련해서 전통사찰을 실효성 있게 보존할 수 있는 방안을 입법에 반영해야 한다.

그런데, 이 사건 결정 역시 헌바절차로 문제된 것이었다. 결정주문과 이유를 제시함에 있어 심판대상을 한정짓지 않고 제시함으로써 결정의 의도가 드러나지 않는 한계를 지닌다. 그런 점에서 이 사건 결정 역시 한정적 불합치결정이 적절할 것이다. 아울러 당해 헌법소원과 관련된 소송사건을 위해서는 불합치법률의 적용을 중지시켜야 할 것이다. 즉,

> "구 전통사찰보존법 제6조 제5항 중 같은 조 제1항 제2호 소정의 '동산 또는 대통령령이 정하는 부동산의 양도'에 관련된 부분은 제3자적 국가기관이 공용수용에 의해 전통사찰의 소유권을 변동시키려 하는 것에 대해 규제하지 않는 한, 헌법에 합치되지 아니한다. 헌법불합치 부분에 대해서는 입법자가 개정할 때까지 그 적용을 중지한다."

다. 국가유공자등예우및지원에관한법률 제31조 제1항 등 위헌확인

2006. 2. 23. 국가유공자등예우및지원에관한법률 제31조 제1항 등 위헌확인사
건102)에서 결정주문은,

> "국가유공자등예우및지원에관한법률(2004. 1. 20. 법률 제7104호로 개정된 것) 제31
> 조 제1항·제2항, 독립유공자예우에관한법률(2004. 1. 20. 법률 제7104호로 개정된
> 것) 제16조 제3항 중 국가유공자등예우및지원에관한법률 제31조 제1항·제2항 준용
> 부분, 5·18민주유공자예우에관한법률(2004. 1. 20. 법률 제7105호로 개정된 것) 제22
> 조 제1항·제2항은 헌법에 합치되지 아니한다. 위 법률조항들은 2007. 6. 30.을 시한
> 으로 입법자가 개정할 때까지 계속 적용된다."

고 표시되었다. 이 사건 심판대상은 결정주문에 제시된 조항들의 위헌여부이
다. 즉 명시적인 헌법적 근거 없이 국가유공자의 가족들에게 만점의 10%라는 높
은 가산점을 부여한 것이 헌법에 위반되는 여부이었다. 심판기준은 공무담임권과
평등권이다.

또 이 사건 결정에서 위헌여부 판단의 요소로 작동된 것은, 첫째로는 가산점부
여 대상자의 광범성과 가산점의 10%의 심각한 영향력과 차별효과이었고, 둘째로
는 국가유공자 본인과 가족들에 대한 취업보호제도의 근거로서 헌법 제32조 제6
항의 '국가유공자·상이군경 및 전몰군경의 유가족'은 문리해석상 '국가유공자',
'상이군경' 그리고 '전몰군경의 유가족'으로 보아야 하며, 셋째로는 국가유공자의
가족에 대한 가산점부여는 공직취임권을 규율함에 있어 중대한 예외를 구성한다
는 점이다.

분석한다. 이 사건은 과다한 급부제공으로 인해 일반응시자의 공무담임권이
본질적으로 침해되어 다투어진 사건으로 전통적인 헌법불합치결정의 대상에 속
한다.

이 사건에서 계쟁집단은 일반 공직시험 응시자이고, 비교대상집단은 국가유공
자의 가족으로서 공직시험 응시자이다. 차별의 내용은 국가공직시험에 있어 만점
의 10%라는 가산점 부여이다. 양 집단의 사실상 차이를 어떻게 획정할 것인가가
논의의 핵심이다. 결국 같은 것을 다르게 취급한다는 것이다.

---

102) 헌재 2006. 2. 23, 2004헌마675, 『헌판집』 18-1상, 269.

헌법재판소는 개선입법의 방향으로 공무원시험에서 국가유공자의 가족에게 부여되는 가산점의 수치를, 그 차별효과가 일반 응시자의 공무담임권 행사를 지나치게 제약하지 않는 범위 내로 낮추고, 동시에 가산점 수혜 대상자의 범위를 재조정 하는 등의 방법으로 그 위헌성을 치유해야 함을 제시한다. 결국 가산점의 하향조정과 가산점수혜대상자의 범위 재조정이 핵심이라 하겠다.

이 사건은 헌마사건이었기 때문에, 당해사건 등에 대해 고려할 필요는 없었다. 그저 신속하게 개선입법이 이루어짐으로써 청구인을 비롯한 일반응시자들이 그에 따른 편익에 참여할 수 있게 될 것이다.

아무튼 이 사건은 결정주문이나 법적 효과를 그대로 유지함도 가능하다고 본다.

라. 부동산실권리자명의등기에관한법률 제5조 제2항의 위헌심판제청

2006. 5. 25. 부동산실명법 제5조 제2항의 위헌심판제청사건[103])에서 결정주문은,
"1. 부동산실권리자명의등기에관한법률(2002. 3. 30. 법률 제6683호로 일부 개정된 것)제5조 제2항 본문은 헌법에 합치되지 아니한다. 2. 위 법률조항은 입법자가 2007. 5. 31.까지 개정하지 아니하면 2007. 6. 1.부터 그 효력을 상실한다. 법원 기타 국가기관 및 지방자치단체는 입법자가 개정할 때까지 위 법률조항의 적용을 중지하여야 한다."
고 표시되었다. 이 사건 심판대상은 부동산실명법 제5조 제2항 본문의 위헌여부이다. 즉, 과징금을 부과하는 날 현재의 부동산가액을 기준으로 과징금을 산정하도록 규정한 이 사건 법률조항이 부동산실명법위반자의 기본권을 침해하는지 여부이다. 심판기준은 과잉금지원칙과 평등권이다.

주문 표시방법에 관해 조대현 재판관은 일부위헌 내지 한정위헌으로 해야 한다는 취지로 반대의견을 제시한다.[104])

---

103) 헌재 2006. 5. 25, 2005헌가17, 『헌판집』 18-1하, 1.
104) "이 사건 법률조항이 헌법에 합치되지 아니하는 이유는 명의신탁관계가 종료된 후에 과징금을 부과하는 경우에도 의무위반상태가 종료된 후인 과징금 부과 당시의 시가를 기준으로 과징금을 산정하도록 하고 있기 때문이다. 이 사건 법률조항의 내용은 헌법에 합치되는 부분과 헌법에 합치되지 아니하는 부분을 아울러 가지고 있고 헌법에 합치되지 아니하는 부분을 특정할 수 있으므로, 헌법에 합치되는 부분은 효력을 유지시키고 헌법에 합치되지 아니하는 부분만 실

분석한다.

여기서 위헌논란의 핵심적인 쟁점은 명의신탁관계가 종료된 후에 과징금을 부과하는 경우에도 의무위반상태가 종료된 후인 과징금부과 당시의 시가를 기준으로 과징금을 산정하도록 한 것이다. 여기서 계쟁집단은 과거에 법위반행위를 종료시킨 부동산실명법위반자이고, 비교대상집단은 과징금부과시점까지 법위반행위를 계속하고 있는 부동산실명법위반자이다. 양자간 사실상의 차이는 부동산실명법위반행위의 존속여부이다. 그리고 이러한 차이가 있음에도 과징금부과시점에 존재하는 부동산가액을 기준으로 과징금을 부과하는 것이다. 이는 다른 것을 다르게 취급하지 아니하고 다른 것을 같게 취급한 것으로 합리적인 이유를 결여한 것이다.

이 사건 결정에서 헌법불합치로 주문을 제시한 것은 이 사건 반대의견이 적절히 지적한 바와 같이 부적절하다. 게다가 적용중지를 명한 것 역시 합헌인 부분까지도 포함되어 있다는 점에서 마찬가지이다.

이 사건 심판대상은 분명 합헌부분과 위헌부분으로 구분할 수 있다. 전자에는 과징금부과 당시 법위반자의 명의신탁관계가 존재하는 경우가 속하고, 후자에는 과징금 부과 당시 명의신탁관계가 종료되었음에도 과징금부과시점의 부동산가액을 과징금산정기준으로 삼는 경우가 속한다. 이와 같이 합헌부분과 위헌부분이 명료하게 구분된다면, 한정위헌이나 포함위헌으로 결정함이 바람직하였을 것이다.

그리고 다수의견은 '한정위헌결정을 하게 되면, 이 사건 법률조항이 과징금 부과 당시에 명의신탁관계가 종료된 것인지 여부와 상관없이 '과징금을 부과하는 날 현재'의 부동산가액을 과징금 산정기준으로 한다고 규정하고 있어서, 한정위헌결정의 문언상 및 법목적상 한계를 넘어'선다는 지적을 하는바, 이는 적절치

<hr>

효시켜야 한다. 따라서 '이 사건 법률조항 중 명의신탁관계가 종료된 후에 과징금을 부과하는 경우에도 과징금 부과 당시의 시가를 기준으로 과징금을 산정하도록 하고 있는 부분은 헌법에 위반된다'고 일부위헌을 선언하여야 한다. 이렇게 하면 주문 제2항과 같은 조치는 필요 없게 된다. 다수의견과 같이 이 사건 법률조항 전부가 헌법에 합치되지 아니한다고 선언할 경우에도, 이 사건 법률조항이 개정될 때까지 헌법에 합치되는 부분까지 적용을 중지시키고, 이 사건 법률조항이 2007. 5. 31.까지 개정되지 아니할 경우에 헌법에 합치되는 부분까지 효력을 상실시키는 것은 정당한 법률의 효력을 정지시키거나 실효시키는 것으로서 헌법상 권력분립의 원리에 반한다. 따라서 주문 제2항은 '이 사건 법률조항 중 명의신탁관계가 종료된 후에 과징금을 부과하는 경우에도 과징금 부과 당시의 시가를 기준으로 과징금을 산정하도록 하고 있는 부분은 효력을 상실한다'고 고쳐야 한다."

못하다. '명의신탁관계가 종료된 경우에도 과징금 부과시점의 부동산가액을 기준으로 과징금을 산정하도록 하는 한 위헌'이라고 하는 것은 충분히 그 결정의 취지를 밝힐 수 있는 주문표시에 해당한다고 하겠다.

정리하면, 이 사건 결정주문은 한정위헌이 적절하였다고 본다.

3. 합헌부분과 위헌부분의 구획이 불명확한 경우

가. 부동산실권리자명의등기에관한법률 제10조 제1항의 위헌심판제청

2001. 5. 31. 부동산실명법 제10조 제1항의 위헌심판제청사건[105]에서 불합치 관련 결정주문은,

> "3. 부동산실권리자명의등기에관한법률(1995. 3. 30. 법률 제4944호) 제5조 제1항,
> 제10조 제1항 본문, 제12조 제2항 중 제5조 제1항 적용부분, 제14조 제2항은 모두
> 헌법에 합치되지 아니한다. 위 각 법률조항은 입법자가 2002. 6. 30.까지 개정하지
> 아니하면 2002. 7. 1. 그 효력을 상실한다. 법원 기타 국가기관 및 지방자치단체는
> 입법자가 개정할 때까지 위 각 법률조항의 적용을 중지하여야 한다."

고 표시되었다. 이 사건의 심판대상은 명의신탁자, 장기미등기자, 그리고 기존 양도담보권자 중 서면제출의무위반자에 대해 각각 부동산가액의 100분의 30%에 해당하는 고율의 과징금을 부과하도록 규정한 것의 위헌여부이었다. 심판기준은 과잉금지원칙과 평등원칙이었다. 이 사건 결정에서 위헌적인 핵심내용은 부동산가액의 30%라는 고율의 과징금을 부과한다는 점과 과징금의 액수가 일률적이라는 점이었다.

분석하면, 이 사건 결정에서 불합치주문을 채택한 요인은 원칙적으로 위헌결정을 해야 하지만, 그리 할 경우 법적 공백상태가 발생할 수 있고, 이를 합헌적으로 조정하는 임무는 입법자의 입법재량에 해당한다는 점이다.

이 사건 결정에서는 명의신탁자나 장기미등기자 또는 기존 양도담보권자의 경우에 부과되는 과징금제도 자체에 대해서는 문제 삼지 않는다. 단지 과징금이 고

---

105) 헌재 2001. 5. 31, 99헌가18, 『헌판집』 13-1, 1017.

율이고 일률적임을 지적한다. 그리고 심판대상으로는 위 법률조항 자체로 하였다.

그렇지만, 이상을 바탕으로 한다고 할 때, 심판대상을 위 법률조항 중 부동산 가액의 100분의 30에 해당하는 과징금을 부과하는 것의 위헌여부로 한정할 수 있었다. 그리고 이에 대해서만 불합치로 결정하고 적용중지를 명할 수 있었다. 그렇게 할 경우 결정취지를 주문에도 표기함으로써 법규적 효력이 미치는 영역을 뚜렷하게 드러내는 효과를 지닐 수 있었다고 본다. 즉,

> "3. 부동산실권리자명의등기에관한법률 제5조 제1항, 제10조 제1항 본문, 제12조 제2항 중 제5조 제1항 적용부분, 제14조 제2항은 부동산 가액의 100분의 30에 해당하는 과징금을 부과하는 하는 한, 각각 모두 헌법에 합치되지 아니한다. 위 각 불합치부분에 대해서는 법원 기타 국가기관 및 지방자치단체는 입법자가 개정할 때까지 그 적용을 중지하여야 한다."

나. 지방세법 제121조 제1항 위헌소원

2003. 9. 25. 지방세법 제121조 제1항 위헌소원사건[106]에서 결정주문은,

> "지방세법(1994. 12. 22. 법률 제4794호로 개정된 것) 제121조 제1항은 헌법에 합치되지 아니한다. 이 법률조항은 국회가 이를 개정할 때까지 그 적용을 중지한다."

고 표시되었다. 이 사건 심판대상은 법정기한 내에 취득세 신고는 하였으나 납부하지 않는 자에 대하여 신고와 납부의무를 모두 이행하지 않는 자와 동일한 율로 가산세를 부과하고, 또한 가산세 산정 시에 취득세가 미납된 기간을 전혀 고려하지 않은 지방세법 제121조 제1항의 위헌여부이다. 심판기준은 헌법상 비례의 원칙과 평등의 원칙이었다.

분석한다. 이 사건 결정에서는 비례의 원칙과 평등의 원칙, 두 가지 심판기준으로 위헌성의 논증이 이루어졌지만, 그 세부적인 위헌요소는 다양하게 제시되었다. 그런 점에서 단순위헌으로 결정해서 이를 포용하기는 어려운 점이 있다고 할 것이다. 그리고 그 세부적인 내용은 입법자의 입법형성영역으로 맡겨놓음이 타당하다. 여기서 한정적 표현의 한계가 드러난다. 또한, 적용중지도 당해 헌법소원과 관련된 소송사건을 개선입법에 따라 처리하도록 한 것이므로 적절하다고 본다.

---

106) 헌재 2003. 9. 25, 2003헌바16, 『헌판집』 15-2상, 291.

그러므로 결정주문이나 법적 효과를 그대로 유지함도 가능하다고 본다.

다. 학교보건법 제6조 제1항 제2호 등 위헌제청

2004. 5. 27. 학교보건법 제6조 제1항 제2호 등 위헌제청사건[107]에서 불합치 관련 결정주문은,

> "2. 학교보건법 제6조 제1항 본문 제2호 중 '극장' 부분 가운데 초·중등교육법 제2조에 규정한 각 학교에 관한 부분은 헌법에 합치하지 아니한다. 법원 기타 국가기관 및 지방자치단체는 입법자가 개정할 때까지 이 부분 법률조항의 적용을 중지하여야 한다."

고 하였다. 이 사건 심판대상은 학교보건법 제6조 제1항 본문 제2호 중 '극장' 부분의 위헌여부이다. 학교정화구역내의 극장 시설 및 영업을 금지하고 있는 이 사건 법률조항이 정화구역 내에서 극장업자의 표현의 자유 내지 예술의 자유와 학생들의 행복추구권을 침해한 것인지 여부가 다투어졌다. 아울러 이 사건 법률조항을 대학의 정화구역과 유치원 및 초·중·고등학교의 정화구역으로 구분해서 전자에 대해서는 일반적 금지가, 후자에는 절대적 금지가 각각 적용되는 바, 그로 인해 직업의 자유가 침해되는 여부가 또한 다투어졌다.

분석한다.[108] 이 사건 법률조항은 극장운영자의 직업의 자유, 표현의 자유, 예술의 자유 등의 기본권, 그리고 대학생 및 아동·청소년의 행복추구권을 침해하

---

107) 헌재 2004. 5. 27, 2003헌가1, 『헌판집』 16-1, 670.
108) 이 사건 불합치결정은 심각한 논란의 대상으로 불거지고 말았다. 간략하게 소개한다. 이 사건 불합치결정에 따라 국회는 학교보건법 관련조항을 개정하였다(법률 제7396호, 2005. 3.24, 일부개정). 제청법원인 광주지방법원은 개선입법에 근거하여 정지된 당해사건의 재판을 계속해서 제청신청인인 소송당사자에 대해 무죄판결을 하였다(광주지법 2004. 10. 6. 선고 2004노1401 판결). 이에 검사는 대법원에 상고하였다. 그러나 대법원은 2009. 1. 15. 검사의 상고를 기각하면서 원심판결의 이유 설시에 다소 미흡한 점이 있으나, 검사의 주장을 모두 배척하고 무죄를 선고한 제1심판결을 그대로 유지한 원심의 결론은 정당하다고 판결하였다(대법 2009. 1. 15. 선고 2004도7111판결). 대법원 판결의 핵심은 실체적 형벌법규에 대해 그 법적 효과가 불합치 법률의 적용중지와 개선입법에 따른 처리를 내용으로 하는 헌법불합치결정이 선고되었다 할지라도, 불합치법률의 적용이 배제됨과 아울러 개선입법도 행위 시의 법률이 아니어서 개선입법을 적용하면 헌법 제12조 제1항과 제13조 제1항에 위배되므로 적용해서는 안 되고, 따라서 처벌법규가 없으므로 무죄라는 것이었다. 결국 대법원은 위헌결정과 헌법불합치결정의 차이를 사실상 부인하는 셈이 되었다. 이에 관한 상세한 내용은 졸고, 『한양법학』 제20권 제2집, pp.329-355.

는 법률로서 위헌적인 법률조항이다. 그렇지만, 합헌과 위헌부분의 경계가 불분명하므로 단순위헌으로 대처하기 어렵기 때문에 불합치결정을 한다는 것이다. 적용중지를 명하는 사유는 이 사건 법률조항이 학교보건법 제19조와 결합하여 형사처벌조항을 이루고 있으므로 잠정적으로 적용하게 할 경우 위헌성을 담고 있는 이 사건 법률조항에 기하여 형사처벌절차가 진행될 가능성을 부인하기 어렵다는 점을 든다. 결국 원칙적으로 위헌이지만, 합헌부분과의 구획이 어렵다는 점에 주안점이 있다고 하겠다.

4. 입법형식의 잘못에 관한 것인 경우

가. 구 상속세법 제9조 제1항 위헌소원

2001. 6. 28. 구 상속세법 제9조 제1항 위헌소원사건[109]에서는 상속재산의 가액평가에 관한 구 상속세법 제9조 제1항 중 '상속재산의 가액 ……는 상속개시 당시의 현황에 의한다'는 부분이 헌법상 조세법률주의 및 재산권보장의 원칙에 반함을 이유로 헌법불합치로 결정함과 아울러 입법자가 개정할 때까지 위 법률조항의 계속적용이 명해졌다.

분석하면, 이 사건 결정은 포괄위임금지원칙의 위반을 지적한 것으로 입법형식의 잘못에 기초하고 있다. 불합치결정을 하면서 계속적용을 명함으로써 개선입법과정에서 잘못된 입법형식을 바로잡게 되면, 단순합헌결정과 동등한 효과를 사실상 지니게 된다. 또 이는 조세법률주의의 규범적 효력을 일정 부분 약화시키는 결과를 초래한다. 이는 포괄위임입법에 관한 종래의 관행에 대한 정책적 타협으로 보아야 한다.

다음, 입법형식의 잘못에 대해 일률적으로 단순위헌으로 결정하게 되면, 예상치 못한 중대한 공적 이익의 침해문제도 등장할 수 있게 된다. 그런 점에서 이 사건 결정에서 계속적용 불합치주문을 제시한 바에 공감한다. 하지만, 그 논거를

---

109) 헌재 2001. 6. 28, 99헌바54, 『헌판집』 13-1, 1271. 이 사건 결정주문은, '구 상속세법(1993. 12. 31. 법률 제4662호로 개정되기 전의 것) 제9조 제1항 중 '상속재산의 가액 ……는 상속개시 당시의 현황에 의한다'는 부분은 헌법에 합치하지 아니한다. 이 법률조항은 입법자가 개정할 때까지 계속 적용된다'고 표시하였다.

제시함에 있어 기존 납세자와의 형평의 문제를 거론함은 적절치 않다. 반면, 국가재정에 상당한 영향과 관련해서 조세수입의 감소를 가져온다든가 국민에게 전가가 부당함을 지적하기도 한다. 하지만, 예컨대 이 사건에서 다투어진 세법조항이 국가재정의 비율에서 미미함을 이유로 위헌으로 할 경우, 그 자체로선 나름대로 의미를 지닐 것이다. 하지만, 국가재정에서 차지하는 비중이 높은 조세법조항이 위헌대상이 되었을 경우 어려운 문제를 야기하게 된다. 왜냐하면 이런 경우 선행사례와의 형평의 문제를 지적할 것이기 때문이다. 그런 지적은 합리적이고 타당함을 부인할 수 없다. 그리고 납세자인 국민에게의 전가문제는 국가재정 전반적인 시각에서 접근해야 함을 지적해야 한다. 그 납세자들에게 이미 거둬들인 세금을 반환하게 되면, 그 비용은 또 다른 국민에게 징수하지 않으면 안 된다는 사실에 주목해야 한다. 결국에 이르러는 조세 관련 법률을 제대로 제정하도록 대의기관을 구성하고 또 감시해야 한다는 결론에 다다르게 된다고 하겠다.

아무튼, 입법 형식의 잘못에 대해서는 불합치결정과 잠정적인 계속적용이 용인되어야 한다고 본다.

나. 정부투자기관관리기본법 제20조 제2항 등 위헌소원

헌법재판소는 2005. 4. 28. 정부투자기관관리기본법 제20조 제2항 등 위헌소원사건[110]에서 입찰참가자격의 제한기간을 특정하지 않은 채 단지 '일정기간'으로 규정한 정부투자기관관리기본법 제20조 제2항과 제3항이 명확성의 원칙과 포괄위임금지원칙에 위반됨을 이유로 이 조항들을 헌법불합치로 결정함과 아울러 계속적용을 명하였다.

분석하면, 이 사건 결정의 심판기준은 명확성의 원칙과 포괄위임금지의 원칙이었다. 이들은 입법내용의 잘못이 아닌 입법형식의 잘못을 지적한 것이다. 다시 말해서 이 사건 법률조항에 '입찰참가자격제한기간의 상한을 명확하게 규정하고

---

110) 헌재 2005. 4. 28, 2003헌바40, 『헌판집』17-1, 508. 이 사건 결정주문은, '1. 정부투자기관관리기본법 제20조 제2항 및 같은 조 제3항의 '제2항의 규정에 의한 입찰참가자격의 제한 등에 관하여 필요한 사항은 재정경제부령으로 정한다'고 한 규정 중 '입찰참가자격의 제한기간을 재정경제부령으로 정하도록 한 부분'은 헌법에 합치되지 아니한다. 2. 위 법률조항은 2006. 4. 30.을 시한으로 입법자가 개정할 때까지 계속 적용된다'고 표시되었다.

제한기간에 대하여 하위법령에 구체적으로 범위를 정하여 위임하는 입법을 만들'
면 위헌상태가 해소된다고 할 것이다.

아울러 이 사건 결정에서는 불합치법률의 잠정적인 계속적용을 명하였는데, 그
타당성도 인정된다 할 것이다.[111]

5. 일반적인 경우

가. 가족제도에 관한 경우

가족제도에 관해 헌법재판소가 호주제를 규정한 민법 제781조 제1항 본문 후
단 부분의 위헌심판제청사건[112]과 부성주의(父姓主義)를 규정한 민법 제781조
제1항의 위헌심판제청[113]사건에서 행한 헌법불합치결정은 이 節에서의 주제와
관련해서는 특별한 대상이 되지 아니한다.

다만, 부성주의의 불합치결정과 관련해서 법정의견 7인 중 5인의 재판관은 이
사건 법률조항 자체는 합헌이나 예외적인 경우에 대한 규율이 부족하여 헌법불
합치 결정을 하여야 한다는 것이었고, 2인의 재판관은 부성주의를 규정한 이 사
건 법률조항 자체가 헌법에 위반되지만 단순 위헌을 선언할 경우 발생할 법적
공백을 방지하기 위해 헌법불합치의 주문을 택한다는 것이었다.[114]

---

111) 국가를당사자로하는계약에관한법률 제27조 제1항의 위헌심판제청사건(헌재 2005. 6. 30,
2005헌가1, 『헌판집』 17-1, 796)도 같은 취지라 보여져 생략한다. 이 사건 결정주문은, '1. 국
가를당사자로하는계약에관한법률 제27조 제1항 중 '입찰참가자격의 제한기간을 대통령령이 정
하는 일정기간으로 규정하고 있는 부분'은 헌법에 합치되지 아니한다. 2. 위 법률조항은 2006.
4. 30.을 시한으로 입법자가 개정할 때까지 계속 적용된다'고 표시되었다.
112) 헌재 2005. 2. 3, 2001헌가9, 『헌판집』 17-1, 1. 이 사건 결정주문은, '1. 민법 제778조, 제
781조 제1항 본문 후단, 제826조 제3항 본문은 헌법에 합치되지 아니한다. 2. 위 법률조항들은
입법자가 호적법을 개정할 때까지 계속 적용된다'고 표시되었다.
113) 헌재 2005. 12. 22, 2003헌가5, 『헌판집』 17-2, 544. 이 사건 결정주문은, '1. 민법 제781조
제1항 본문(2005. 3. 31. 법률 제7427호로 개정되기 전의 것) 중 '자는 부의 성과 본을 따르고'
부분은 헌법에 합치되지 아니한다. 2. 위 법률조항은 2007. 12. 31.까지 계속 적용된다'고 표시
되었다.
114) 여기서 재판관 5인의 의견은 부성주의의 원칙은 합헌이고, 부성 사용의 강제가 위헌으로 보
는데 반해, 재판관 2인의 의견은 부성주의의 원칙 자체가 위헌으로 본다. 다행히 재판관 5인이
불합치사유 중 완화된 입장을 개진하기 때문에 문제되지 않았으나, 정반대로 의견의 定數가 배
분되었다면, 다시 말해서 5인이 부성주의가 위헌이고, 2인이 부성주의는 합헌, 부성 사용강제는
위헌이라 하였다면, 후자가 법정의견으로 되었어야 할 것이다.

나. 재판청구권에 관한 경우

헌법재판소는 2002. 11. 28. 국가정보원직원법 제17조 제2항의 위헌심판제청 사건[115]에서 국가정보원직원법 제17조 제2항 중 '직원(퇴직한 자를 포함한다)이 사건당사자로서 직무상의 비밀에 속한 사항을 진술하고자 할 때에는 미리 원장의 허가를 받아야 한다'는 부분은 과잉금지원칙에 위반하여 재판청구권을 침해하였음을 이유로 헌법불합치로 결정함과 아울러 계속 적용을 명하였다. 헌법재판소는 국가정보원장이 그 직원 등의 소송상 진술의 허가여부를 결정함에 있어 공익상의 필요성 여부 등에 관한 아무런 제한요건을 정하지 아니함으로 인하여 국가정보원장의 재량으로 동 허가 여부에 대한 판단을 할 수 있도록 한 것에 관해 과잉금지원칙에 위반하여 재판청구권을 침해한 것으로 보았다.

분석하면, 그 자체로 존중할 수 있다고 본다.

다. 선거구획정에 관한 경우

헌법재판소는 공직선거및선거부정방지법 제25조 제2항[별표1] 위헌확인사건[116]에서도 불합치결정을 하였다.

보편적인 형태로 보인다. 또한 심판대상과 결정주문의 관계에 관해서도 특별한 쟁점이 드러나지 않는다.

6. 정리

이상에서는 헌법재판소 제3기 재판부(2000. 9.부터 2006. 9.까지)에서 선고한 헌

---

115) 헌재 2002. 11. 28, 2001헌가28,『헌판집』14-2, 584. 이 사건의 결정주문은, '1. 국가정보원 직원법 제17조 제2항(1999. 1. 21. 법률 제5682호로 개정된 것) 중 '직원(퇴직한 자를 포함한 다)이 사건당사자로서 직무상의 비밀에 속한 사항을 진술하고자 할 때에는 미리 원장의 허가를 받아야 한다'는 부분은 헌법에 합치되지 아니한다. 2. 위 법률조항 부분은 2003. 12. 31.을 시한으로 입법자가 개정할 때까지 계속 적용된다'로 표시되었다.

116) 헌재 2001. 10. 25, 2000헌마92,『헌판집』13-2, 502. 이 사건 결정주문은, '1. 공직선거및선거부정방지법 제25조 제2항에 의한 [별표1]「국회의원지역 선거구구역표」(2000. 2. 16. 법률 제6265호로 개정된 것)는 헌법에 합치되지 아니한다. 2. 위 선거구구역표는 2003. 12. 31.을 시한으로 입법자가 개정할 때까지 계속 적용된다'로 표시되었다.

법불합치결정 사례를 결정원인별로 유형화함과 아울러 채택된 결정주문의 적절성에 대해 검토하였다. 아울러, 부적절하다고 판단되는 경우 대안을 제시하였다.

이 기간 동안 불합치주문이 채택된 것은 총 25건으로 계속적용의 법적 효과를 지향하는 불합치결정이 18건이었는데 비해, 적용중지 불합치는 7건에 지나지 않았다. 이는 전자를 무척 선호함을 보여준 것이다. 이는 원칙과 예외라는 관계의 시각에서 볼 때 논리가 전도된 것이다.[117]

이런 현상이 나타난 요인은 부진정 입법부작위에 관한 경우와 평등원칙위반의 경우의 사례에 대한 대처에서 찾을 수 있다. 이들 사례에서 심판대상을 조항 자체로 하길 아니하고, 부진정 입법부작위부분이나 계쟁집단으로 한정하였더라면, 불합치결정을 하더라도 계속적용을 명할 필요성은 대폭 줄어들었을 것이었다. 게다가 이와 같이 심판대상을 조정해서 한정적 불합치나 포함불합치로 결정[118]하였더라면, 결정주문과 법적 쟁점 사이에 조화를 구현해낼 수 있었고, 법적 명확성도 확보하였을 것이다. 그리고 법적용자에 대한 법적 효과를 규율하지 않아도 가능할 수 있었을 것이다.[119]

하지만, 위헌과 합헌의 구획이 불명확한 경우에 대해서는 다양한 시각에서 접근할 여지가 있다고 본다. 그리고 입법형식의 잘못으로 인한 경우에 대해서는 계속적용의 불합치결정이 나름대로 적합성을 지니고 있다고 하겠다.

결국 제3기 재판부에서 헌법불합치결정을 다수 선고하면서 문제점이 집중적으로 드러난 영역은 부진정 입법부작위에 관한 경우와 평등원칙위반의 경우이었다. 이들에 관해 헌법재판소가 심판대상을 축소해서 접근하거나 한정적인 주문형식을 그대로 유지하였거나 또는 한정위헌청구를 액면 그대로 수용하였더라면, 부조화현상의 발생은 최소화되었을 것이다.

---

117) 이 원인에 대한 분석은 졸고, 『헌법논총』 제20집, pp.251-252.
118) 이에 관해서는 졸고, 『공법학연구』 제10권 제1호, pp.68-76.
119) 물론 이는 어떠한 심판절차에서 다투어지게 된 것인지에 따라 달리 나타나게 될 것이다.

Ⅴ. 제4기 재판부

제4기 재판부는 2006. 9.이래 2009. 8.까지 총 21건[120)에 대해 헌법불합치로 결정하였다. 부진정 입법부작위와 관련해서는 4건, 평등원칙위반에 관해서는 6건, 합헌부분과 위헌부분의 경계획정이 곤란한 경우 3건, 입법형식의 잘못에 관해서가 1건, 그리고 일반적인 경우가 5건이었다. 그러면, 불합치결정의 원인별로 구분해서 살펴본다.

1. 부진정 입법부작위에 해당하는 경우

가. 공직선거및선거부정방지법 제15조 제2항 등 위헌확인

2007. 6. 28. 공직선거및선거부정방지법 제15조 제2항 등 위헌확인사건[121)에서 결정주문은,

"1. 공직선거법(2005. 8. 4. 법률 제7681호로 개정된 것) 제15조 제2항 제1호 중 '당해 지방자치단체의 관할 구역 안에 주민등록이 되어 있는 자'에 관한 부분, 제16조 제3항 중 '당해 지방자치단체의 관할 구역 안에 주민등록이 되어 있는 주민'에 관한 부분, 제37조 제1항 중 '그 관할 구역 안에 주민등록이 되어 있는 선거권자'에

---

120) 2011. 8. 31. 기준으로 산정하면, 총 32건이다. 즉 지난 2년 동안 11건을 헌법불합치로 결정하였다. 그중 부진정 입법부작위와 관련해서 4건(헌재 2009. 12. 29, 2008헌가13, 『헌판집』 21-2하, 710[형사소송법 제482조 제1항 등 위헌제청 등]; 헌재 2010. 6. 24, 2008헌바128, 『헌판집』 22-1하, 473[군인연금법 제23조 제1항 위헌소원]; 헌재 2010. 7. 29, 2008헌가28, 『헌판집』 22-2상, 74[병역법 제35조 제2항 등 위헌제청]; 헌재 2010. 7. 29, 2009헌가8, 『헌판집』 22-2상, 113[민법 제818조 위헌제청]), 합헌부분과 위헌부분의 구분이 불명확한 경우가 4건(헌재 2009. 9. 24, 2008헌가25, 『헌판집』 21-2상, 427[집회 및 시위에 관한 법률 제10조 등 위헌제청]; 헌재 2010. 7. 29, 2008헌가15, 『헌판집』 22-2상, 16[사립학교교직원 연금법 제42조 제1항 위헌제청]; 헌재 2010. 9. 2, 2010헌마418, 『헌판집』 22-2상, 526[지방자치법 제111조 제1항 제3호 위헌확인]; 입법형식의 잘못인 경우가 1건(헌재 2011. 6. 30, 2008헌바166[국토계획 및 이용에 관한 법률 제2조 제6호 등 위헌소원]), 헌재 2011. 6. 30, 2010헌가86, 공보 177호, 884[농업협동조합법 제174조 제4항 위헌제청]), 그리고 일반적인 경우가 2건(헌재 2010. 7. 29, 2008헌가4, 『헌판집』 22-2상, 1[형사보상법 제7조 위헌제청]; 헌재 2010. 12. 28, 2009헌가30, 『헌판집』 22-2하, 545[통신비밀보호법 제6조 제7항 단서 위헌제청])이었다.
121) 헌재 2007. 6. 28, 2004헌마644, 『헌판집』 19-1, 859.

관한 부분, 제38조 제1항 중 '선거인명부에 오를 자격이 있는 국내거주자'에 관한 부분과 국민투표법(1994. 12. 22. 법률 제4796호로 개정된 것) 제14조 제1항 중 '그 관할 구역 안에 주민등록이 된 투표권자'에 관한 부분은 각 헌법에 합치되지 아니한다. 2. 위 각 법률조항 부분은 2008. 12. 31.을 시한으로 입법자가 개정할 때까지 계속 적용된다."

고 표시되었다.

그리고 조대현 재판관은 별개의견에서 심판대상에 관해,

"청구인들이 심판을 요구하는 것은 이 사건 법률조항들이 재외국민들도 선거권을 행사할 수 있도록 규정하지 아니한 점이 헌법에 위반되는지 여부이므로, 그 부분을 심판대상으로 삼아야 하고, 주문에서도 그 부분의 위헌 여부를 표시하여야 한다."

고 하면서 '이 사건 법률조항들이 주민등록이 되어 있는 국민에게 선거권을 행사할 수 있게 한 점은 심판대상도 아니고 위헌성도 없으므로, 그 부분을 주문 표시의 대상으로 삼아서는 아니 된다'는 점을 거듭 강조한다. 그리고 주문표시에 관해서는,

"이 사건 법률조항들이 주민등록자를 규정하고 있는 부분은 정당하고 헌법에 합치 되며, 일정한 재외국민을 포함시키지 아니한 부진정 입법부작위가 헌법에 위반될 뿐이다.

이처럼 이 사건 법률조항들이 일정한 내용을 포함하여 규정하지 않았기 때문에 헌 법에 위반되는 경우에는 그러한 부진정 입법부작위가 헌법에 위반되거나 헌법에 합치되지 아니한다고 선언하여야 하고, 이 사건 법률조항들 전체에 대하여 위헌이 나 헌법불합치를 선언해서는 안 된다. 이 사건 법률조항들이 규정하고 있는 합헌적 인 내용까지 헌법에 합치되지 아니한다고 선언할 수도 없고 그 적용을 중지시킬 수 도 없기 때문이다.

부진정 입법부작위가 헌법에 위반되거나 헌법에 합치되지 아니한다고 선언하는 경 우에는 추가입법을 촉구할 뿐이고 이미 존재하는 법률조항 내용의 위헌성을 선언 하는 것이 아니므로, 기존 법률조항의 적용이 중지되지 아니하고 그 잠정적용에 관 하여 결정할 필요도 없다. 합헌적인 부분의 잠정적용 여부에 관하여 결정할 수도 없고 잠정적용기간이 지나더라도 합헌적인 내용을 실효시킬 수 없다."

고 한다.

이 사건 결정은 실체법적 쟁점도 다수 담고 있긴 하지만, 이는 필자가 여기서 다루어야 할 대상이 아니다. 심판대상에 위헌성이 존재하고 또 결정주문과 이유에서 헌법불합치와 불합치법률의 잠정적인 계속적용을 명하고 있다는 점이 관심의 대상일 따름이다.122)

첫째, 이 사건 결정은 참정권과 관련해서 평등권침해문제를 다루고 있다. 공통적으로 선거관련법령에서 명시적으로 참정권이 부여된 비교대상집단123)과 참정권이 부여되지 아니한 계쟁집단124)으로 구분한다. 그러면서 참정권행사에 관해 규정하면서 주민등록자만 규정하고 국내거소신고나 재외공관에 재외국민등록을 한 재외국민을 포함시켜 규정하지 아니한 것에서 위헌성을 찾는다. 이들 사이에는 사실상의 차이가 없음에도 불구하고 각각의 심판대상별로 고유한 참정권을 박탈하고 있음을 지적한다.

둘째, 공통적으로 부진정 입법부작위에 관해 다툰다는 점이다. 즉 비교대상집단에게 참정권을 부여한 것을 다투는 것이 아니고 계쟁집단을 배제하였다는 점을 문제 삼는 것이다. 이 점은 다수의견도 인정한다. 이 사건 법률조항들은 대한민국 국민임에도 불구하고 주민등록이 되어 있지 않다는 이유로 대통령 및 국회의원 선거권과 국민투표권을 행사할 수 없도록 하고, 국민인 주민임에도 불구하고 역시 주민등록이 되어 있지 않다는 이유로 지방선거 선거권과 피선거권을 부인함으로써, 주민등록을 할 수 없는 재외국민의 기본권을 침해한 것으로 본다.

셋째, 심판대상을 헌법불합치로 하면서 계속적용을 명하였다는 점이다. 이는 계쟁집단에 대해 참정권을 부여하지 아니한 점에 관해 불합치로 결정한 것으로 이해되는 반면, 비교대상집단에게의 참정권 부여에 대해서는 계속적용을 명한 것이다.

---

122) 이 사건 결정은 주민투표법 제5조 위헌확인사건(헌재 2007. 6. 28, 2004헌마643, 『헌판집』 19-1, 843)이나 공직선거및선거부정방지법 제38조 등 위헌확인사건(헌재 2007. 6. 28, 2005헌마772, 『헌판집』 19-1, 899)의 결정과 동일한 쟁점을 지니고 있다. 이들 사건에 대해서는 별도로 다루지 않고, 여기서 검토한 것으로 대체하기로 한다. 2004헌마643사건 불합치 관련 결정주문은, '1. 주민투표법(2004. 1. 29 법률 제7124호로 제정된 것) 제5조 제1항 중 '그 지방자치단체의 관할 구역에 주민등록이 되어 있는 자'에 관한 부분은 헌법에 합치되지 아니한다. 위 법률조항 부분은 2008. 12. 31.을 시한으로 입법자가 개정할 때까지 계속 적용된다'로 표시되었다. 그리고 2005헌마772사건 결정주문은, '공직선거법(2005. 8. 4. 법률 제7681호로 개정된 것) 제38조 제3항 및 제158조 제4항은 헌법에 합치되지 아니한다. 위 법률조항들은 입법자가 개정할 때까지 계속 적용된다'로 표시되었다.

123) 여기서는 주민등록이 된 국민, 주민등록이 된 외국인 등이 될 것이다.

124) 여기서는 재외국민, 국외거주자, 국내거주 재외국민 등이 될 것이다.

넷째, 주문제시에 대한 별개의견이 적절하게 지적한 바와 같이, 부진정 입법부작위 부분이 심판대상이므로, 이를 어떠한 형태로든 주문에 반영해야 함에도 외형적으로는 전혀 그런 모습을 보여주지 못한다는 점이다.

다섯째, 한정위헌으로 결정할 개연성에 관해서다. 한정위헌으로 결정하게 되면, 재외국민의 경우 거주요건과 정도 등에 대해 불명확성을 초래하게 됨에 따라 참정권을 부여해야 한다는 선언적 의미를 지닐 수밖에 없게 될 것이다. 참정권부여가 헌법적 요청이긴 하지만, 선거기술적 측면이나 선거공정성측면에서 입법자에 의한 입법형성의 필요성이 크다고 하겠다. 그런 점에서 헌법불합치로 결정한 것은 수긍할 만하다.

여섯째, 이 사건 결정의 경우 부진정 입법부작위부분을 적극적으로 결정주문에 반영함이 타당하였다는 점이다. 그렇게 하는 의미는 추가입법을 촉구함에 지나지 않고 또 이미 존재하는 법률조항 내용의 위헌성을 선언하는 것이 아니므로, 기존 법률조항의 적용이 중지되지 아니하고 그 잠정적용에 관하여 결정할 필요도 없다고 할 것이다.

정리하면, 부진정 입법부작위의 위헌여부가 다투어져 청구인용을 할 경우에는 위헌확인이라는 차원에서 헌법불합치주문을 제시하지만, 부진정 입법부작위에 관한 사항을 주문에 한정적 표현을 사용해서 표기함이 바람직할 것이다.125) 그리고 입법자나 법적용자에 대한 법적 효과는 규율하지 않는다.126)

나. 학교용지확보등에관한특례법 제2조 제2호 등의 위헌심판제청

2008. 9. 25. 학교용지확보등에관한특례법 제2조 제2호 등의 위헌심판제청사건127)에서 불합치 관련 결정주문은,

"2. 구 '학교용지 확보 등에 관한 특례법'(2005. 3. 24. 법률 제7397호로 개정되고

---

125) 예컨대, 주민등록을 할 수 없는 국내거주 재외국민에 대하여 지방선거선거권을 인정하지 않는 공직선거법 제15조 제2항 제1호의 위헌여부를 심판대상으로 하고, 결정주문은, '공직선거법 제15조 제2항 제1호가 국내거주 재외국민에게 지방선거선거권을 인정하지 않는 것은 헌법에 합치되지 아니한다'고 표기하는 것이다. 다른 조항들도 마찬가지이다. 그래서 생략한다.
126) 이는 헌마절차이기 때문에 가능한 것이다. 헌가절차나 헌바절차이었다면, 다르게 접근해야 할 것이다.
127) 헌재 2008. 9. 25, 2007헌가9, 『헌판집』 20-2상, pp.424-451.

2007. 12. 14. 법률 제8679호로 개정되기 전의 것) 제5조 제4항은 헌법에 합치되지
아니한다. 위 법률조항은 2009. 6. 30.을 시한으로 입법자가 개정할 때까지 계속 적
용된다.”

로 표기되었다. 그리고 이 사건 불합치 관련 심판대상은 위 특례법 제5조 제4
항이다. 즉, 기존 학교건물을 증축하여 기부채납한 경우를 부담금의 필요적 면제
사유로 정하지 아니한 것의 위헌여부이었다.

이 사건 결정에서는 포함불합치의 주문이, 즉 포함결정과 헌법불합치결정이 결
합된 형태의 주문을 제공할 여지가 크다고 본다.[128] 그러면, 이 사건 결정을 활
용해서 포함불합치에 해당하는 모형을 제시한다. 이를 위해서는 먼저 심판대상을
제한적으로 구획해야 한다. 즉 ‘특례법 제5조 제4항의 필요적 면제사유에 ‘기존
학교를 증축하여 기부채납한 경우’를 포함시키지 아니한 것이 헌법에 위반되는
여부’를 심판대상으로 한다. 그리고 결정주문은,

“2. 구 ‘학교용지 확보 등에 관한 특례법’ 제5조 제4항의 필요적 면제사유에 ‘기존
학교를 증축하여 기부채납한 경우’를 포함시키지 아니한 것은 헌법에 합치되지 아
니한다. 위 불합치부분은 2009. 6. 30.을 시한으로 입법자가 개정할 때까지 그 적용
을 중지한다.”

2. 평등원칙의 위반에 관한 것인 경우

가. 공무원연금법 제64조 제1항 제1호 위헌소원

2007. 3. 29. 공무원연금법 제64조 제1항 제1호 위헌소원사건[129]에서 결정주
문은,

“1. 공무원연금법(1995. 12. 29. 법률 제5117호로 개정된 이후의 것) 제64조 제1항
제1호는 헌법에 합치되지 아니한다. 2. 위 법률 조항은 2008년 12월 31일을 시한으
로 입법자가 개정할 때까지 그 효력을 지속한다.”

로 표시되었다. 이 사건 심판대상은 공무원연금법 제64조 제1항 제1호의 위헌

---

128) 이에 관한 상세한 내용은 졸고, 『공법학연구』 제10권 제1호, p.53. 이하.
129) 헌재 2007. 3. 29, 2005헌바33, 『헌판집』 19-1, 211.

여부이다.

이러한 주문제시에 대해 일부 단순위헌, 일부 불합치의 의견은,

"이 사건 법률조항의 '재직 중의 사유' 중 '공무원의 신분이나 직무와 관련 없는 사유' 부분은 헌법 제11조 제1항에 위반되고 그 부분을 구분하여 특정할 수 있으므로 그 부분에 대하여는 위헌을 선언하여야 한다. 그러나 '공무원의 신분이나 직무와 관련 있는 사유' 부분은 비례의 원칙에 맞지 아니하여 헌법 제11조 제1항 및 제37조 제2항에 위반되는 부분과 헌법에 합치되는 부분이 뒤섞여 있고 양자를 구분할 수 없으므로 그 전체에 대하여 헌법불합치를 선언하고 2008. 12. 31.까지 개선 입법을 촉구하여야 한다."

고 한다.

이 사건 결정은 분석할 여지가 크다.

첫째, 이 사건에서 계쟁집단은 두 가지 형태이다. 그 하나는 공무원의 신분이나 직무와 관련 없이 범죄를 범한 자이고, 다른 하나는 공무원의 신분이나 직무와 관련된 범죄의 과실범이다. 비교대상집단은 양자 모두 동등하게 공무원의 신분이나 직무와 관련된 범죄의 고의범이다. 전자인 계쟁집단은 비교대상집단과 비교할 때, 공무원범죄 예방과 공무원의 성실근무유도와는 전혀 무관하다는 점에서 사실상의 차이를 인정할 수 있다. 후자를 비교할 때, 공무원에게 부여된 강한 주의의무 내지 결과발생의 가중된 비난가능성이 없다는 점에서 사실상의 차이가 있다고 하겠다. 그런데, 이러한 차이가 있음에도 차별 없이 동등하게 퇴직급여 및 퇴직수당의 일부감액을 부과한다는 점이다. 이는 다른 것을 같게 취급하는 불합리를 발생하게 한다.

둘째, 이 사건 결정의 법정의견은 합헌부분과 위헌부분 구분 없이 잠정적인 계속적용을 명했다. 그럼에도 불구하고, 서울행정법원은 양자의 구획이 가능하다면, 합헌부분에 대해서만 계속적용을 명한 취지로 이해하고, 위헌부분에 대해서는 개선입법 시점의 도과로 효력이 상실된 것으로 파악하였다.[130] 그러나 원래의 결정 취지에 비추어 보면, 좀 성급했던 것으로 비추어진다.

셋째, 이 사건 결정의 법정의견은 불합치결정을 활용해서 위헌결정을 회피하였

---

130) 서울행정법원 2009. 8. 20. 선고 2008구합9379판결, 법률신문 제3777호, 2009. 9. 14. pp.13-14.

다는 비판을 면할 길 없다. 분명 재직중의 사유로 인한 범죄를 직무범죄와 비직무범죄로 구분할 수 있다. 여기서 후자로 인한 경우에 대해서도 퇴직급여 등을 제한하는 한, 위헌이라는 한정위헌주문도 가능하였을 것이다.

넷째, 이 사건 결정에서는 합헌부분의 효력을 존속시켜 주기 위해 불합치법률의 잠정적인 계속적용을 명한 것으로 보인다. 그로 인해 위헌부분에 기반을 둔 당해 헌법소원과 관련한 소송사건의 처리가 불분명해지는 상황이 초래되었다.[131] 결정주문에 따르면, 이런 경우는 계속적용을 요구하였으므로 구제대상에 포함될 수 없다. 하지만, 결정 이유를 보고 선해하면 개선입법에 따라 처리하도록 한 취지로 이해된다. 이는 결정주문의 의미를 결정 이유가 제한하는 것이 된다. 이는 처음부터 심판대상을 축소하거나 결정주문을 사태에 적합하게 세부적으로 표기하였어야 함을 의미한다.

다섯째, 이 사건 결정에서 쟁점은 재직 중의 사유에 공무원의 신분이나 직무상 의무와 관련이 없는 범죄까지 포함하는 것으로 보는 경우와 공무원의 신분이나 직무상 의무와 관련된 범죄라 할지라도 과실범의 경우에 대해서도 고의범과 동등하게 처리하는 경우의 위헌여부이다. 이렇게 구분할 때, 전자는 위헌이고, 후자는 불합치의 대상이 될 것으로 보인다. 이런 점에서 보면, 일부의 단순위헌과 나머지 일부의 불합치를 제시한 의견이 타당한 것으로 보인다.[132]

아무튼 정리하면,

"1. 공무원연금법 제64조 제1항 제1호의 '재직 중의 사유'에 공무원의 신분이나 직

---

131) 개선입법 시점이 도과됨으로써 불합치결정된 법률은 도과 시점인 2009. 1. 1.에 효력이 상실된 것으로 보아, 그때 위헌결정이 이루어진 것으로 서울행정법원이나 헌법재판소는 파악한다. 그럼으로써 이른바 일반사건에 해당할 사건을 불합치결정 시점과 개선입법의무를 이행해야 할 시점사이에 이루어졌음을 이유로 결정 당시 법원에 계속중인 사건으로 전환시키고 있다. 이는 매우 부적절한 처사라 본다. 이에 관해서는 졸고, 『공법학연구』 제11권 제3호, p.49. 이하.

132) 군인연금법 제33조 제1항 제1호 위헌제청사건(헌재 2009. 7. 30, 2008헌가1)도 같은 취지라 여겨져 달리 분석의 대상으로 삼지는 않기로 한다. 이 사건 결정주문은, '1. 군인연금법(1995. 12. 29. 법률 제5063호로 개정된 것) 제33조 제1항 제1호는 헌법에 합치되지 아니한다. 2. 위 조항은 2009년 12월 31일을 시한으로 입법자가 개정할 때까지 그 효력을 지속한다.'로 표시되었다. 사립학교교직원 연금법 제42조 제1항 위헌제청사건(헌재 2010. 7. 29, 2008헌가15, 『헌판집』 22-2상, 16)도 같은 취지이다. 이 사건에서의 결정주문은, '구 '사립학교교직원 연금법' 제42조 제1항 전문(2006. 3. 24. 법률 제7889호로 개정되고 2009. 12. 31. 법률 제9908호로 개정되기 전의 것) 중 구 공무원연금법 제64조 제1항 제1호(1995. 12. 29. 법률 제5117호로 개정되고 2009. 12. 31. 법률 제9905호로 개정되기 전의 것) 준용 부분은 헌법에 합치되지 아니한다'로 표시되었다.

무와 관련없는 사유를 포함시킨 것은 헌법에 위반된다.

2. 위 호의 '재직 중의 사유' 중 공무원의 신분이나 직무와 관련된 사유에 과실인 경우를 포함시킨 것은 헌법에 합치되지 아니한다. 여기서 불합치부분은 입법자가 개정할 때까지 그 적용을 중지한다."

나. 의료법 제2조 등 위헌확인

2007. 12. 27. 의료법 제2조 등 위헌확인사건[133]에서 결정주문은,

"의료법(2007. 4. 11. 법률 제8366호로 전부 개정된 것) 제33조 제2항 단서의 '의료인은 하나의 의료기관만을 개설할 수 있으며' 부분은 헌법에 합치되지 아니한다. 위 법률조항 부분은 2008. 12. 31.을 시한으로 입법자가 개정할 때까지 계속 적용된다."

로 표시되었다. 심판대상은 의료법 제33조 제2항 단서의 '의료인은 하나의 의료기관만을 개설할 수 있으며' 부분이 복수면허 의료인들의 직업의 자유, 평등권을 침해하는지 여부이었다.

그런데 이 사건 결정에서는 한정위헌의견이 제시되었는 바, 그에 따르면,

"결국 이 사건 법률조항이 합헌적으로 해석될 수 있는 이상 이 사건 법률조항 자체에 위헌성이 있다고 할 수는 없다. 단지 이 사건 법률조항에 대한 보건복지부의 해석 내용이 헌법에 위반될 뿐이다. 따라서 이 사건 법률조항이 헌법에 위반되거나 합치되지 아니한다고 선언할 수는 없고, 이 사건 법률 조항 중 '하나의 의료기관'을 '한 종류의 의료기관'으로 해석하는 것이 헌법에 위반된다고 선언하여야 한다."

고 한다.

이 사건 결정에서 계쟁집단은 복수의 의료면허소지자이고, 비교대상집단은 단수의 의료면허소지자이다. 사실상의 차이는 의료인으로서의 면허분야의 편차인데 반해, 차별은 사실상 차이를 인정하지 않고 동일하게 하나의 의료기관만 개설하도록 한 것이다. 이는 다른 것을 같게 취급하는 것으로 불합리하다.

다음, 이 사건에서는 헌법불합치주문을 낼 것이 아니었고, 반대의견과 같이 한정위헌주문이 적절하였다. 입법자가 충분한 사회적 합의를 거쳐 형성해야 할 사항임을 주장하지만, 이는 한정위헌주문으로 최소한의 합헌성을 확보한 다음, 입

---

133) 헌재 2007. 12. 27, 2004헌마1021, 『헌판집』 19-2, 795.

법자의 입법형성권에 맡겨도 될 사안이었다고 하겠다. 헌마사건이었기 때문에 개선입법이 이루어진 다음에서야 비로소 청구인들, 즉 복수면허 의료인들의 법익을 충족시켜 줄 것이다. 하지만, 한정위헌주문을 제시하였을 경우, 그 즉시 가능하였을 것이다.

다. 우체국예금·보험에관한법률 제45조 위헌소원

2008. 5. 29. 우체국예금·보험에관한법률 제45조 위헌소원사건[134]에서 결정주문은,

> "1. 우체국예금·보험에 관한 법률(1999. 12. 28. 법률 제6062호로 개정된 것) 제45조 중 '압류'부분은 헌법에 합치되지 아니한다. 2. 위 법률조항은 입법자가 2009. 12. 31.까지 개정하지 아니하면 2010. 1. 1.부터 그 효력을 상실한다. 법원 기타 국가기관 및 지방자치단체는 입법자가 개정할 때까지 위 법률조항의 적용을 중지하여야 한다."

로 표시되었다. 심판대상은 위 법률 제45조 중 '압류' 부분의 위헌여부이었다. 이 사건에서는 평등의 원칙을 심판기준으로 동원하였다.

이 사건에서는 계쟁집단은 우체국보험 가입자의 채권자로, 비교대상집단은 일반인보험 가입자의 채권자로 하였다. 우체국보험이 사적인 임의보험으로서의 성격을 지닌다는 점에서 양자는 사실상의 차이가 없음에도 압류금지를 통해 차별취급을 하고 있음을 지적한다. 결국, 이 사건에서는 본질적으로 같은 것을 다르게 취급함으로써 다투어진 것이다.

그러나 부분적으로 압류금지를 통해 우체국보험의 수급권을 보호할 필요성이 있음이 지적된다. 이런 점에 비추어 보면, 한정위헌주문보다는 수급권보호에 대해 입법형성권을 부여한다는 시각에서, 이 사건 결정이 채택한 적용중지 불합치 주문이 적절하다고 본다.[135]

---

134) 헌재 2008. 5. 29. 2006헌바5, 『헌판집』 20-1하, 91-114.
135) 물론 여기서 '인신사고가 발생하지 아니한 경우'를 결부시켜 한정불합치주문도 고려될 수 있다. 그러나 그렇게 하기 위해서는 해석기준에 대한 보다 체계적인 소명이 요구된다고 하겠다.

라. 방송법 제73조 제5항 등 위헌확인

2008. 11. 27. 방송법 제73조 제5항 등 위헌확인사건[136]에서 결정주문은,
"1. 방송법(2000. 1. 12. 법률 제6139호로 폐지·제정되고, 2007. 1. 26. 법률 제8301
호로 일부 개정되기 전의 것) 제73조 제5항 및 방송법시행령(2000. 3. 13. 대통령령
제16751호로 폐지·제정되고, 2007. 8. 7. 대통령령 제20219호로 개정되기 전의 것)
제59조 제3항은 헌법에 합치되지 아니한다. 2. 방송법(2007. 1. 26. 법률 제8301호로
개정된 것) 제73조 제5항 및 '방송법 시행령'(2007. 8. 7. 대통령령 제20219호로 개
정된 것) 제59조 제5항은 헌법에 합치되지 아니한다. 3. 위 제2항 규정들은 2009.
12. 31.을 시한으로 개정될 때까지 계속 적용된다."
로 표시되었다. 심판대상은 결정주문에 표시된 조항들의 위헌여부이었고, 그
취지는 한국방송광고공사와 이로부터 출자를 받은 회사가 아니면 지상파방송사
업자에 대해 방송광고 판매대행을 할 수 없도록 규정한 것의 위헌여부이었다. 그
리고 이 사건의 심판기준은 과잉금지원칙의 위반에 따른 영업수행의 자유와 평
등권의 침해여부이었다.

이 사건에서의 쟁점은 지상파 방송사업자에 대한 방송광고 판매대행을 한국방
송광고공사와 이로부터 출자를 받은 회사로 한정함으로써 한국방송광고공사의
독점체제를 유지하고 다른 여타의 방송광고판매대행업자의 영업행사의 자유와
평등권을 침해한 것인지 여부이다. 여기서 계쟁집단은 일반적인 방송광고판매대
행업자이고, 비교대상집단은 한국방송광고공사와 이로부터 출자를 받은 회사이
다. 양자의 사실상 차이는 공적 부문에 의한 출자가 있었는지의 여부이고, 차별
내용은 방송광고 판매대행의 가능여부이었다. 그리고 차별목적은 방송의 공정성
과 공익성, 그리고 다양성 확보이었다. 결국 이 사건 규정은 과잉금지원칙을 위
반하여 청구인의 직업수행의 자유를 침해하였으며, 차별목적과 수단 사이에 합
리성을 결여해서 청구인의 평등권을 침해한 것이다. 즉, 차별기준의 합리성이 결
여된 것이다.

궁극에 있어 이 사건 법정의견에 따른 위헌성 해소방법은 한국방송광고공사의
독점 내지 제한경쟁체제를 해소하는 것이다. 즉 심판대상 조항에 대해 개선입법

---

136) 헌재 2008. 11. 27, 2006헌마352, 『헌판집』 20-2하, 367-396.

을 하면서 지상파방송사업자의 방송광고 제한을 완화함으로써 가능하게 된다. 그런 점에서 심판대상을 달리 획정할 필요는 없다고 본다.

생각건대, 지상파 방송광고 판매대행의 규제를 완화한다고 해서 법치국가적 법적 안정성이 심각하게 저해되는 것은 아니다. 그렇다면, 이 사건 결정에서는 오히려 단순위헌주문을 채택함이 바람직하였다.

마. 국세징수법 제78조 제2항 후문 위헌제청

2009. 4. 30. 국세징수법 제78조 제2항 후문 위헌제청사건[137]에서 결정주문은,
"1. 국세징수법(2002. 12. 26. 법률 제6805호로 개정된 것) 제78조 제2항 후문은 헌법에 합치되지 아니한다. 2. 위 법률조항은 입법자가 2009. 12. 31.까지 개정하지 아니하면 2010. 1. 1.부터 그 효력을 상실한다. 법원 기타 국가기관 및 지방자치단체는 입법자가 개정할 때까지 위 법률조항의 적용을 중지하여야 한다."
로 표기되었다. 이 사건 심판의 대상은 국세징수법 제78조 제2항 후문의 위헌여부이다. 즉, 국세징수법상 공매절차에서 매각결정을 받은 매수인이 대금납부의무를 불이행한 경우 그가 제공한 계약보증금을 국고에 귀속시키는 것의 위헌여부이다. 이 사건의 심판기준은 평등원칙이었다.

이 사건의 계쟁집단은 국세징수절차상 체납자 및 담보권자이고, 비교대상집단은 민사집행절차상 집행채무자 및 담보권자이다. 국세징수법상 계약보증금은 민사집행법상 매수신청보증금과 본질적으로 동일한 성격을 지닌다. 즉, 양자 모두 위약금 약정으로서 성격을 지닌다. 그런 점에 비추어 양자에게는 사실상 차이를 인정할 수 없다. 그러나 전자는 매각결정 취소 시 계약보증금을 국고에 귀속시키는 반면에, 후자는 매수신청보증금을 배당재원에 포함시킨다는 점이다. 이는 같은 것을 다르게 취급함으로써 자의적인 차별에 해당한다고 하겠다. 그리고 결국 계약보증금의 최종적인 국고귀속이 위헌이지, 위약금약정의 성격에 따라 대금납부의무 불이행시 이를 매수인에게 반환하지 아니하는 법정조건을 정하는 점이 위헌이라는 것은 아니다. 이에 따라 심판대상조항은 평등의 원칙에 위반된다는 것이다.

---

137) 헌재 2009. 4. 30, 2007헌가8, 『헌판집』 21-1하, 1.

결정주문과 관련해서 다수의견은 단순위헌결정을 하게 되면 계약보증금의 내용이 사라지게 됨으로써 매수인에게 귀속되며, 국고귀속을 위헌으로 하면 계약보증금의 처리에 관해 규율공백이 발생하게 된다는 것이다. 이에 대해 반대의견은 이 사건 법률조항 중 몰수된 계약보증금을 국세징수법 제80조 제1항 제3호의 매각대금에 포함시키지 않고 국고에 귀속시키도록 규정한 부분은 정당한 사유 없이 매각재산 소유자의 재산권을 침해하는 것으로서 헌법에 위반된다고 선언해야 하지만, 그러나 계약보증금을 매수인에게 반환하지 않도록 하는 부분은 위헌성이 없으므로 이에 대해서는 위헌을 선언할 수 없다고 한다.

생각건대, 이 사건 결정에서 다수의견이나 반대의견 모두 계약보증금이 매수인에게 반환되어서도 안 되고 또 국고에 귀속되어서도 안 됨을 전제로 한다. 이 사건 결정에서는 심판대상을 국세징수법 제78조 제2항 후문으로 하였다. 하지만, 이를 구현하기 위해서는 심판대상을 '계약보증금은 국고에 귀속한다'는 부분으로 축소하고, 그에 대해 불합치결정을 함이 타당하였다고 본다. 그럼으로써 일부위헌의견이 제시한 몰수부분의 논란이 제거될 것이었다. 그리고 그와 아울러 적용중지를 명하는 것이다. 즉,

"1. 국세징수법 제78조 제2항 후문의 '계약보증금은 국고에 귀속한다'는 부분은 헌법에 합치되지 아니한다.

2. 위 불합치부분에 대하여 법원 기타 국가기관 및 지방자치단체는 입법자가 개정할 때까지 그 적용을 중지하여야 한다."

3. 합헌부분과 위헌부분의 구획이 불명확한 경우

가. 공직자등의 병역사항신고및공개에 관한법률 제3조 등 위헌확인

2007. 5. 31. 공직자등의병역사항신고및공개에관한법률 제3조 등 위헌확인 사건[138]에서 불합치 관련 결정주문은,

"1. '공직자등의 병역사항 신고 및 공개에 관한 법률''(2004. 12. 31. 법률 제7268호

---

138) 헌재 2007. 5. 31, 2005헌마1139, 『헌판집』 19-1, 711.

로 개정된 것) 제8조 제1항 본문 가운데 '4급 이상의 공무원 본인의 질병명에 관한 부분'은 헌법에 합치하지 아니한다. 이 법률조항 부분은 입법자가 2007. 12. 31.을 시한으로 개정할 때까지 계속 적용된다."

로 표시되었다. 이 사건 위헌성은 4급 이상 공무원 본인의 질병명 공개를 강제함으로써 과잉금지의 원칙에 위반해서 사생활의 비밀과 자유를 침해하였다는 점이다.

이러한 불합치결정을 하면서 지향하는 법적 효과에 대해 다수의견은 불합치법률의 계속적용을 제시한 데 반해, 소수의견은 적용중지를 제시하였다.

분석하면, 몇 가지 지적이 가능하다. 이 사건 결정에서는 모두 4개의 의견이 제시되었다. 단순위헌, 한정위헌, 적용중지 불합치 그리고 계속적용 불합치 등이다.

첫째, 심판대상에 위헌부분과 합헌부분이 혼재되어 그 구분이 획일적으로 이루어지기 어렵다는 점이다. 그런 점에서 단순위헌으로 하기에는 한계가 있다고 하겠다. 그리고 한정위헌으로 하기에는 선행적인 입법을 통해 갖추거나 전제되어야 할 여러 가지 조건을 붙이지 않는 한, 역시 그 채택이 어렵다고 본다.

둘째, 불합치결정의 타당성을 검토한다. 병역사항의 신고를 통해 부정한 병역면탈의 방지와 병역의무의 자진이행에의 기여를 달성함은 물론이고 고위공직자가 가져야할 덕목으로 요구된 것이라는 점이 중시되어야 하는 반면, 공개가 강제되는 질병명은 내밀한 사적 정보로서 철저한 보호대상이 되지 않으면 안 된다. 이러한 양자의 절충이 입법자에 의한 해결모색이라고 하겠다.

셋째, 불합치결정의 법적 효과로서 잠정적인 계속적용을 요구함이 바람직한 것인지의 문제이다. 이에 의하면, 개선입법이 이루어질 때까지 4급 이상 공무원들의 질병명 공개가 강제된다는 점이다. 이는 결정 이유에서 제시한 자유권침해에 대한 위헌확인에 배치되는 모습이다. 그렇다면, 자유권의 과잉침해를 해소한다는 측면에서 개선입법 시점까지 불합치법률의 적용중지가 바람직하였을 것이다.

이 사건 결정에서는 비록 자유권침해가 다투어졌지만, 명확한 해석기준을 제시하기 어렵다는 점에서 심판대상을 그대로 유지한 상태에서 불합치주문을 냄과 아울러 적용중지를 명함이 좋았을 것이다.[139]

---

139) 공직선거법 제56조 제1항 제1호 위헌확인사건(헌재 2008. 11. 27, 2007헌마1024, 『헌판집』 20-2하, 477-499)도 기탁금문제를 다루고 있다. 논리체계상 이에 해당하는 것으로 보여진다.

나. 구 종합부동산세법 제5조 등 위헌소원

2008. 11. 13. 구 종합부동산세법 제5조 등 위헌소원사건[140])에서 불합치 관련 결정주문은,

> "2. 구 종합부동산세법(2005. 1. 5. 법률 제7328호로 제정되고, 2005. 12. 31. 법률 제7836호로 개정되기 전의 것) 제7조 제1항, 제8조, 제9조 전단, 종합부동산세법(2005. 12. 31. 법률 제7836호로 개정된 것) 제7조 제1항 전문 중 괄호 부분을 제외한 부분, 제8조 제1항, 제9조 제1항·제2항은 헌법에 합치되지 아니한다. 위 각 법률조항은 2009. 12. 31.을 시한으로 입법자가 개정할 때까지 계속 적용된다."

로 표시되었다. 불합치 관련 심판대상은 결정주문에 제시된 바 그대로 아무런 조정 없이 그대로 채택되었다. 그런데, 이 사건 결정에는 '주문 제2항의 위헌성 표시 범위'에 관한 의견이 제시되었다.[141]

그러면, 이 사건 결정이 지닌 문제점을 분석한다.

첫째, 위 반대의견이 적절히 지적한 바와 같이 주택분 종합부동산세 부과규정 전체에 대해 합헌성이나 위헌성에 대한 구별 없이 일괄해서 헌법불합치로 결정하고 있다는 점이다. 그럼으로써 합헌인 부분조차도 불합치결정의 대상이 되었다.

둘째, 이 사건 결정에 따르면, 불합치법률을 개선입법 시점까지 잠정적으로 계속 적용하도록 함으로써 주거목적의 1주택 중 장기보유하거나 다른 재산·소득

기탁금문제는 이미 국회의원선거법 제33조 제34조의 위헌심판사건(헌재 1989. 9. 8, 88헌가6, 『헌판집』 1, 199)이나 지방의회의원선거법 제36조 제1항에 대한 헌법소원사건(헌재 1991. 3. 11, 91헌마21, 『헌판집』 3, 91)에서도 다루어졌다. 그래서 여기서는 생략한다. 졸고, 호원대 논문집 제32집, pp.83-84. 이 장 제3절 Ⅱ. 1.

140) 헌재 2008. 11. 13, 2006헌바112, 『헌판집』 20-2하, 1-117.

141) '다수의견은 종합부동산세를 부과하는 제도는 세대합산제도를 제외하고 전반적으로 헌법에 합치되지만 주거목적의 1주택 중 장기보유자나 다른 재산·소득이 없는 경우에도 일률적으로 적용하는 것은 헌법에 합치되지 아니한다고 하면서, 주문 제2항에서는 종합부동산세의 주택분 납세의무자 조항 전부가 헌법에 합치되지 아니한다고 표시하고 있다.

　이러한 주문 표시는 이유에서 밝힌 위헌성의 범위를 넘어선 것일 뿐만 아니라 이유에서 헌법에 합치된다고 밝힌 부분까지 포함하여 헌법에 합치되지 아니한다고 선언하는 것이다. 그 결과 적용시한으로 정한 2009. 12. 31.이 지나면 주택분 납세의무자 조항 전부가 효력을 상실하게 된다.

　따라서 주문 제2항은 종합부동산세의 주택분 납세의무자에 관한 조항을 주거목적의 1주택 중 장기보유하거나 다른 재산·소득이 없는 경우에도 일률적으로 적용하는 것은 헌법에 합치되지 아니한다고 표시하여 위헌성이 있는 부분을 특정하여야 한다.'

이 없는 경우에도 개선입법 시점까지는 불합치법률을 일률적으로 적용받지 않으면 안 되게 되었다는 점이다. 다시 말해서 개선입법 시점까지는 종합부동산세의 주택분을 납부해야만 한다는 것이다. 이는 불합치결정에의 편익에 참여할 수 없음을 의미한다.

생각건대, 이 사건 결정에서 위 문제점이 드러나게 된 요인은 합헌부분까지도 심판대상에 포함시킨 것이다. 주택분 종합부동산세 부과규정을 주거목적의 1주택인 경우에도 적용하는 것의 위헌여부로 심판대상을 한정하였어야 합당하다. 그렇게 하면서 불합치법률의 잠정적인 계속 적용을 명하기보다는 한정적인 헌법불합치주문을 제시함142)과 아울러 한정된 부분에 대해서만 불합치법률의 적용을 중지시키고 개선입법에 따라 처리하도록 하는 것이다.143) 이렇게 함으로써 2주택 이상인 경우에 대해서는 종합부동산세가 부과될 것이다. 그리고 주거목적의 1주택 중 장기보유이거나 다른 재산 소득이 없는 경우에 관해 개선입법144)으로 부과대상에서 제외하게 되면, 그에 의거해서 권리구제의 기회를 향유하게 될 것이

---

142) 결국 핵심은 두 가지이다. 그 하나는 종합부동산세의 주택분 납세의무자에 관한 조항의 적용 대상으로서 주거목적의 1주택에 해당되지 아니한 경우에 대해서는 어떻게 처리하며 또 어떠한 실체법적·절차법적 효력을 인정할 것인가 하는 점이다. 다른 하나는 주거목적의 1주택 중에 불합치의 범위를 구획하는 기준을, 즉 장기보유하거나 다른 재산·소득이 없는 경우를 주문에 제시할 것인가 하는 점이다. 전자에 관련해서 불명료하다면, 주거목적의 1주택에 해당되지 아니한 경우에 대해서는 별도로 합헌주문을 제시하면 될 것이다. 필자의 의견은 구태여 그리 획정하지 않는다 하더라도, 일단 심판대상에 포함된 이상 주문에 대한 반대해석이 가능하고, 따라서 한정결정에 있어 합헌해석부분에 의거한 논의체계로 환입시킬 수 있다고 본다. 후자와 관련해서는 불합치의 범위를 구획하는 기준을 주문에 제시하는 여부가 핵심이다. 이는 법적용절차의 중지와 개선입법에 따른 처리를 전제로 한다. 입법자와 관련해서는 결정 이유에만 이든 주문까지이든 구획기준을 제시된 바에 대해 입법과정에서 결정취지를 존중함이 바람직할 것이다. 법적용자는 불합치법률의 제정 시점부터 개선입법의 시행시점까지의 사이에 법률관계를 형성한 사건을 입법자가 개선입법한 바에 따라 처리하면 될 것이다. 그런데 여기서 불합치범위의 구획기준을 볼 때, 합헌에 해당함이 분명하고, 즉 개선입법된 결과에서 반영될 개연성이 아주 미약한 경우에 해당하고 신속한 처리의 필요성이 있을 때, 이와 관련해서 법적용자의 활동이 문제될 수 있다. 법적용자와 관련해서는 주문은 물론 결정 이유의 중요한 부분의 기속력을 인정하는 입장에서는 논란의 여지가 없지만, 주문의 기속력만을 인정하려 하는 입장에서는 달리 파악하려 할 것이다.

143) 상세한 내용은 졸고, 『공법학연구』 제10권 제1호, p.73.

144) 향후 개선입법이 이루어질 때, 헌법재판소의 헌법불합치결정의 취지를 반영한다는 점에서, 주거 목적으로 주택 한 채만을 보유하고 있는 자로서, 그중에서도 특히 일정한 기간 이상 이를 보유하거나 또는 그 보유기간이 이에 미치지 않는다 하더라도 과세 대상 주택 이외에 별다른 재산이나 수입이 없어 조세지불 능력이 낮거나 사실상 거의 없는 자 등에 대해 납세의무자의 예외를 두거나 과세표준 또는 세율을 조정하여 납세의무를 감면하는 등의 형태로 나타나게 될 개연성이 높다.

다.145) 즉,

> "2. 구 종합부동산세법 제7조 제1항, 제8조, 제9조 전단, 종합부동산세법 제7조 제1
> 항 전문 중 괄호 부분을 제외한 부분, 제8조 제1항, 제9조 제1항·제2항은 주거목적
> 의 1주택에도 일률적으로 적용하는 한, 헌법에 합치되지 아니한다. 위 각 불합치부
> 분은 2009. 12. 31.을 시한으로 입법자가 개정할 때까지 그 적용이 중지된다."

다. 공직선거법 제261조 제5항 제1호 위헌제청

2009. 3. 26. 공직선거법 제261조 제5항 제1호 위헌제청사건146)에서 결정주문은,

> "1. 구 공직선거법(2004. 3. 12. 법률 제7189호로 개정되고, 2008. 2. 29. 법률 제8879
> 호로 개정되기 전의 것) 제261조 제5항 제1호 및 공직선거법(2008. 2. 29. 법률 제
> 8879호로 개정된 것) 제261조 제5항 제1호는 헌법에 합치되지 아니한다. 2. 법원 기
> 타 국가기관과 지방자치단체는 입법자가 위 법률조항을 개정할 때까지 그 적용을
> 중지하여야 한다."

고 표시되었다. 이 사건의 심판대상은 구 공직선거법 제261조 제5항 제1호 및 공직선거법 제261조 제5항 제1호의 위헌여부이다. 그 내용은 의무위반자에 대하여 부과할 과태료의 액수를 감액의 여지없이 일률적으로 '제공받은 금액 또는 음식물·물품 가액의 50배에 상당한 금액'으로 하는 것의 위헌여부이다. 심판기준은 과잉금지원칙이었다.

분석하면, 이 사건 결정에 있어 위헌성은 과태료의 제재 그 자체가 아니라 과태료의 기준 및 액수의 획일성과 과중성에서 비롯된 것이다. 또 의무위반의 동기 및 태양, 기부행위가 이루어진 경위와 방식, 기부행위자와 위반자와의 관계, 사후의 정황 등에서 위법성의 정도에 따라 큰 차이가 있음에도 의무위반행위에 대해 부과되는 과태료의 기준 및 액수가 획일적이라는 점이다.147)

이런 상황에서 헌법재판소가 합헌부분과 위헌부분의 경계를 나름대로 구획하

---

145) 주거목적의 1주택 중 장기보유도 아니고 또 다른 재산 소득이 있는 경우에 대해서는 그런 혜택에의 참여가 배제될 것이다.
146) 헌재 2009. 3. 26, 2007헌가22. 『헌판집』 21-1상, 512.
147) 이와 동일한 취지의 최근 결정으로는 농업협동조합법 제174조 제4항 위헌제청(헌재 2011. 6. 30. 2010헌가86, 공보 177호, 884)사건.

기는 매우 어려운 일이다. 그렇다고 단순위헌으로 할 경우 입법동기에 배치되는 문제를 초래한다. 이상과 같은 점을 감안해서 불합치결정을 하게 된 것이다. 하지만, 이 사건에서도 한정적인 불합치주문 제시도 가능하다고 본다. 즉,

> "1. 구 공직선거법 제261조 제5항 제1호 및 공직선거법 제261조 제5항 제1호는 과태료 부과기준이 획일적이며 그 액수가 과중하므로, 각각 헌법에 합치되지 아니한다.
> 2. 주문 제1항의 불합치부분에 관해 법원 기타 국가기관과 지방자치단체는 입법자가 위 법률조항을 개정할 때까지 그 적용을 중지하여야 한다."

라. 공직선거법 제200조 제2항 단서 위헌확인

2009. 6. 25. 공직선거법 제200조 제2항 단서 위헌확인사건[148])에서 결정주문은,

> "1. 공직선거법(2005. 8. 4. 법률 제7681호로 개정된 것) 제200조 제2항 단서 중 '임기만료일 전 180일 이내에 비례대표국회의원에 궐원이 생긴 때' 부분은 헌법에 합치되지 아니한다. 2. 위 법률조항은 2010. 12. 31.을 시한으로 입법자가 개정할 때까지 계속 적용된다."

고 표시되었다. 이 사건 심판대상은 공직선거법 제200조 제2항 단서 중 '임기만료일 전 180일 이내에 비례대표국회의원에 궐원이 생긴 때' 부분이 청구인들의 기본권을 침해하여 위헌인지의 여부이다.

분석하면, 불합치의견은 심판대상에 위헌부분과 합헌부분이 혼재하므로, 다시 말해서 180일 이내로 이를 구획하는 것은 입법자가 할 일이라는 입장이다.

그렇지만, 단순위헌의견에도 주목할 만하다. 단순위헌으로 결정했다고 해서 입법자가 180일 이내로 축소하는 것을 금지하는 것은 아니다. 그렇다고 한다면, 불합치결정을 하면서 계속적용을 명할 것이 아니라, 단순위헌으로 해서 보완입법을 하도록 함이 바람직하였을 것으로 본다.

---

148) 헌재 2009. 6. 25, 2008헌마413, 『헌판집』 21-1하, 928.

4. 입법형식의 잘못에 관한 것인 경우

가. 영화진흥법 제21조 제3항 제5호 등의 위헌심판제청

2008. 7. 31. 영화진흥법 제21조 제3항 제5호 등의 위헌심판제청사건[149]에서
결정주문은,

> "1. 영화진흥법(2002. 1. 26. 법률 제6632호로 개정되고, 2006. 4. 28. 법률 제7943호
> 로 폐지된 것, 이하 '영진법'이라 한다) 제21조 제3항 제5호 및 제21조 제7항 후문
> 중 '제3항 제5호' 부분은 헌법에 합치되지 아니한다. 법원 기타 국가기관 및 지방자
> 치단체는 위 법률조항의 적용을 중지하여야 한다. 2. '영화 및 비디오물 진흥에 관
> 한 법률'(2006. 4. 28. 법률 제7943호로 개정된 것, 이하 '영비법'이라 한다) 제29조
> 제2항 제5호는 헌법에 합치되지 아니한다. 위 법률조항은 2009. 12. 31.을 시한으로
> 입법자가 개정할 때까지 계속 적용한다."

고 표시되었다. 심판대상은 영진법 제21조 제3항 제5호 및 제21조 제7항 후문
중 '제3항 제5호' 부분과 영비법 제29조 제2항 제5호이 헌법에 위반되는지 여부
이었다. 그리고 여기서 동원된 심판기준은 명확성원칙과 포괄위임금지원칙이었다.

이 사건 결정에 관해 간략하게 검토한다.

첫째, 이 사건 영진법 규정의 경우 이미 폐지되었지만, 당해사건에 대해서는
이 영진법의 적용을 배제하고 제한상영가 등급에 관해 정하고 있는 영비법이 개
정될 때를 기다려 개정된 신법을 적용하도록 하고 있다는 점이다. 다시 말해서
폐지된 법률을 새롭게 개정하도록 하는 것이 아니고 개정될 영비법을 당해사건
에 적용하도록 한 것이다.

둘째, 이 사건 결정에서는 영비법을 개선입법 시점까지 잠정적으로 계속 적용
하도록 하고 있다. 그 사이에 영비법을 적용해서 당해사건에서 다툼의 대상이 된
것과 동종의 제한상영가등급 판정처분을 발해야 할 경우가 문제된다. 분명 잠정
적인 계속적용을 명하였다는 점에서 영상물등급위원회는 그런 판정처분을 할 수
밖에 없을 것이다. 이때 그 처분의 상대방은 거듭 다투게 될 것이다. 그럴 경우

---

149) 헌재 2008. 7. 31, 2007헌가4, 『헌판집』 20-2상, 20-49.

법원은 어떻게 처리해야 할지가 문제된다.

셋째, 이 사건 결정에서 불합치를 확인하게 된 요인은 명확성원칙의 위반과 포괄위임입법금지원칙의 위반이다. 이 두 가지 원칙은 모두 입법형식의 잘못이지 입법내용의 잘못이 아니다. 그래서 만약 제한상영가 영화가 어떤 내용의 영화인지를 예측할 수 있도록 그 영화 자체가 어떤 내용의 영화인지에 대한 정보를 법률 규정이 제공하고 또 상위법령에서 구체적인 기준을 제시해서 위임한다면, 당해사건에서 문제된 판정처분이 그대로 유지될 수 있을 것이다. 이는 불합치결정이 개선입법에 따른 권리구제의 기회를 제공할 뿐이지, 위헌결정처럼 반드시 권리구제를 해주어야 하는 것은 아니라는 점에서 나타난다.

따라서 이 사건 결정과 관련해서 개선입법이 결정취지에 맞게 이루어진다면, 잠정적인 계속적용의 의미는 개선입법 시점 이후에도 그대로 관철될 것이다. 그렇지만, 불합치법률의 제정 시점부터 불합치결정 시점까지의 시적 공간 동안 영진법의 적용을 중지하고 개정될 신법인 영비법에 근거해서 당해사건을 처리하도록 함은 아무런 의미도 지닐 수 없게 될 것이다. 즉, 권리구제의 기회를 갖지 못하게 될 것이다.

이상과 같은 취지라면, 불합치주문을 냄이 적절하다. 하지만, 법적용자에 대한 효과는 양자 모두 계속적용을 명함이 타당하다고 하겠다.

5. 일반적인 경우

가. 선거구획정에 관한 경우

헌법재판소는 ① 공직선거법 제26조 제1항에 의한 별표2 위헌확인사건[150)과 ② 경상북도 시·군의회의원 선거구와 선거구별 의원 정수에 관한 조례 [별표]

---

150) 헌재 2007. 3. 29, 2005헌마985, 『헌판집』 19-1, 287. 이 사건 결정주문은, '1. 공직선거법 제22조 제1항 및 제26조 제1항에 의한 [별표 2]「시·도의회의원지역선거구구역표」(2005. 8. 4. 법률 제7681호로 개정된 것) 중 경기도의회의원 선거구들 부분(2006. 3. 2. 법률 제7850호로 개정된 것 포함)과 전라북도의회의원 선거구들 부분은 헌법에 합치되지 아니한다. 2. 위 제22 조 제1항 및 위 선거구구역표 부분은 2008. 12. 31.을 시한으로 입법자가 개정할 때까지 계속 적용된다'로 표시되었다.

위헌확인사건151) 등에서 불합치결정을 하였다.

보편적인 형태로 보인다. 또한 심판대상과 결정주문의 관계에 관해서도 특별한 쟁점이 드러나지 않는다.

나. 의료법 제19조의2 제2항 위헌확인

2008. 7. 31. 의료법 제19조의2 제2항 위헌확인사건152)에서 결정주문은,
    "1. 구 의료법(1987. 11. 28. 법률 제3948호로 개정되고, 2007. 4. 11. 법률 제8366호로 전부 개정되기 전의 것) 제19조의2 제2항은 헌법에 합치되지 아니한다. 법원 기타 국가기관 및 지방자치단체는 위 법률조항의 적용을 중지하여야 한다. 2. 의료법 (2007. 4. 11. 법률 제8366호로 전부 개정된 것 제20조 제2항은 헌법에 합치되지 아니한다. 위 규정은 2009. 12. 31.을 시한으로 입법자가 개정할 때까지 계속 적용된다."
로 표시되었다. 그리고 심판대상은 구 의료법 제19조의2 제2항과 의료법 제20조 제2항의 위헌여부이었다.

이상은 몇 가지 쟁점적인 사항을 담고 있다.

첫째, 이 사건 심판대상에 대해서는 불합치결정보다는 단순위헌결정이 적절하였을 것이다. 태아의 성별정보가 부모에게 전달된다고 해서 태아에게 가해질 불이익은 결국 낙태라고 할 수 있는데, 이에 관해서는 형법상 낙태죄에 의한 규율이 가능하다. 그렇기 때문에 구태여 불합치결정을 하면서 또 적용중지와 계속적용을 명할 필요성은 없다고 본다.

둘째, 구 의료법 조항에 대해서는 적용중지와 개선입법에 따른 처리를, 현행법 조항에 대해서는 잠정적인 계속적용을 명하고 있다. 여기서 적용중지를 명하는 목적은 이 사건 심판대상인 조항이 제재법규의 구성요건으로 기능하므로 당해사

---

151) 헌재 2009. 3. 26, 2006헌마67, 『헌판집』 21-1상, 512. 이 사건 불합치 관련 결정주문은, '1. '경상북도 시·군의회의원 선거구와 선거구별 의원정수에 관한 조례'(2006. 1. 12. 조례 제2902호로 전부 개정된 것) 제2조의 [별표] 중 상주시의회의원 지역선거구들 부분, 영천시의회의원 지역선거구들 부분, 김천시의회의원 지역선거구들 부분은 헌법에 합치되지 아니한다. 2. 위 [별표] 중 상주시의회의원 지역선거구들 부분, 영천시의회의원 지역선거구들 부분, 김천시의회의원 지역선거구들 부분은 2009. 12. 31.을 시한으로 입법자가 개정할 때까지 계속 적용된다'로 표시되었다.

152) 헌재 2008. 7. 31, 2004헌마1010·2005헌바90(병합), 『헌판집』 20-2상, 236-268.

건과 관련된 소송사건(2005헌바50)은 개선입법의 결과에 따라 달리 조치하라는 배려로 보인다. 그런 취지에 일면 타당성을 인정한다. 그런데, 대법원은 불합치결정도 위헌결정의 일종이기 때문에 당해사건에 대해서는 무죄판결을 한 것으로 이해해야 함을 주장하는 형국이다.[153] 대법원의 논리대로 하면, 개선입법에 의하도록 하는 것이 무의미할 수도 있다는 점에 주목해야 한다. 단지 개선입법의 편익에 참여할 기회를 제공할 뿐이다.

셋째, 이 사건 결정취지에 의하면, 불합치결정 시점부터 개선입법 시점까지는 현행법 조항을 잠정적으로 계속 적용하도록 하고 있다. 이는 태아의 성별정보가 제공될 경우 그에 대해서는 제재법규로 기능하도록 요구함을 의미한다. 그런데 실제로 그렇게 제재법규로 기능할 수 있을 것인지는 자못 의문이다. 특히 불합치법률의 제정 시점부터 불합치결정 시점까지는 불합치법률의 적용을 중지시키면서도, 결정 시점부터 개선입법 시점까지는 잠정적인 계속적용을 명함으로써 불합치법률의 수범자들을 차별적으로 처우한다는 지적을 피할 길이 없다.[154]

더욱이 태아의 성별정보 제공금지 규정은 제재처분의 구성요건만이 아니라 실체적 형벌법규의 구성요건으로도 작용한다. 계속 적용될 시적 공간 동안 성별정보 제공행위가 발생하였을 경우 불합치법률을 적용해서 제재처분을 발하거나 형사처벌을 해야 할 것이다. 그런데, 개선입법에서 성별정보제공 금지기간을 대폭 단축하였을 경우 개선입법에 규정된 구성요건에 따라 재처리를 요구하게 될 것이다. 그럴 경우 이런 행태는 잠정적인 계속적용의 의미와 서로 상충되는 결과가 초래된다. 불합치법률의 잠정적인 계속적용이란 의미는 개선입법의 소급적용으로 재정비를 용인하는 것이 아니고 그 자체로 종결되어야 함을 요구하는 것으로 이해해야 하기 때문이다.[155]

아무튼, 이는 실체적 형벌법규의 구성요건에 대해 계속적용 불합치결정을 하였을 경우 야기되는 부작용에 관해 지적한 것이다. 생각건대, 이 사건 결정에서는

---

153) 대법 2009. 1. 15. 선고 2004도7111판결. 이에 대한 평석으로는 졸고, 『한양법학』 제20권 제2집, pp.329-355.

154) 물론 적용중지의 불합치법률은 구법이고, 계속적용을 요구한 불합치법률은 현행법이기 때문에, 문제되지 않음을 주장할지 모른다. 하지만, 불합치결정 시점 이전에 이미 현행법이 발효되었기 때문에 이와 같은 비판은 그대로 유효하다.

155) 이에 관해 상세한 내용은 졸고, 『연세 공공거버넌스와 법』 제1권 제1호, p.32. 이하.

성별고지행위가 낙태로 직결됨이 논증되어야만 타당성이 인정될 것인데, 그렇지 않다면, 오히려 단순위헌주문이 적절하였을 것이다.

다. 실화책임에관한법률의 위헌심판제청

헌법재판소는 2007. 8. 30. 일반 불법행위와는 달리 경과실에 의한 실화의 경우에는 민법 제750조의 적용을 배제하고 있는 '실화책임에 관한 법률'이 헌법에 합치되지 않는다고 선고하면서, 위 법률의 적용중지를 명하였다.[156]

보편적인 형태로 보여진다. 또한 심판대상과 결정주문의 관계에 관해서도 특별한 쟁점이 드러나지 않는다.

라. 국가공무원법 제36조 등 위헌확인

헌법재판소는 2008. 5. 29. 시험응시연령을 대통령령 등 하위규범에 위임한 국가공무원법 제36조 중 '연령' 부분은 부적법하여 각하로, 공무원임용시험령 제16조 [별표 4] 중 5급 공채시험의 응시연령 상한을 '32세까지'로 정한 부분이 응시자의 공무담임권을 침해한다는 점을 들어 헌법불합치로 결정하였다.[157]

이 사건은 헌재법 제68조 제1항의 심판절차를 통해 다투어진 것임에 따라 법적용자와 관련해서는 개선입법 시점까지 이 사건 시행령 조항을 그대로 적용하면 되므로 크게 문제되지 않는다. 관련해서 단순위헌의견은 법정의견인 불합치의견과 마찬가지로 이 사건 시행령조항의 위헌성을 인정함과 아울러 '5급 공무원 공채시험의 응시연령 상한을 제한하지 않으면 직업공무원의 양성이나 직업공무원제도의 구현에 지장을 준다고 보기 어렵다'는 점을 들어 단순위헌을 제시한다. 그러나 채용시험의 응시연령 상한은 공무원정년제도의 틀과 연관 짓지 않으

---

156) 헌재 2007. 8. 30, 2004헌가25, 『헌판집』 19-2, 203. 이 사건 결정주문은, '실화책임법은 헌법에 합치되지 아니한다. 법원 기타 국가기관과 지방자치단체는 입법자가 위 법률을 개정할 때까지 그 적용을 중지하여야 한다'로 표시되었다.

157) 헌재 2008. 5. 29, 2007헌마1105, 『헌판집』 20-1하, 329-339. 그리고 결정주문은, '1. 국가공무원법 제36조 중 '연령' 부분에 대한 심판청구를 각하한다. 2. 공무원임용시험령 제16조 [별표 4] 중 5급 공개경쟁채용시험의 응시연령 상한 '32세까지' 부분은 헌법에 합치되지 아니한다. 위 조항 부분은 2008. 12. 31.을 시한으로 입법자가 개정할 때까지 계속 적용된다'고 표시되었다.

면 안 된다고 본다. 그런 점에서 이 사건에서 계속적용 불합치결정은 적정하다고
본다.

6. 정리

이상에서는 헌법재판소 현재의 재판부인 제4기(2006. 9.이래 2009. 8.말까지)가
선고한 헌법불합치결정 사례를 결정원인별로 유형화함과 아울러 채택된 결정주
문의 적절성에 대해 검토하였다. 부적절하다고 판단되는 경우 대안을 제시하였다.

이 기간 동안 불합치주문이 채택된 것은 총 21건으로 계속적용의 법적 효과를
지향하는 불합치결정이 15건이었는데 비해, 적용중지 불합치는 4건에 지나지 않
았다. 그리고 양자를 모두 채택한 경우는 2건이었다.

계속적용 불합치는 제4기 재판부에서도 아주 선호되고 있다. 하지만, 이는 원
칙과 예외라는 관계의 시각에서 볼 때 논리가 전도된 것이다.[158]

그리고 동일한 사건에서 구법에 대해서는 적용중지를, 그에 반해 신법에 대해
서는 계속적용 불합치로 결정하는 경우가 2건[159]이었는데, 이는 불합치결정 시
점까지의 시적 공간과 결정 시점 이후 개선입법 시점까지의 시적 공간에 대해
서로 다른 법적 효과를 의도해서 지향점을 제시한 것으로 보인다. 하지만, 이 역
시 구조적인 문제점을 내포하고 있음이 지적되어야 한다.[160]

세부적으로 살펴보면, 부진정 입법부작위의 경우 4건 모두와, 평등원칙위반의
경우 6건 중 4건이 계속적용이라는 법적 효과를 지향하고 있는 바, 이는 모두
입법적으로 규율된 부분 그 자체 내지 비교대상집단의 유지·존속을 목적으로
하기 때문에 나타나게 된 현상이다. 결국 여기서도 심판대상을 정확하게 드러내
고, 이에 대해 위헌여부를 판단하며, 그 내용을 적절하게 결정주문에 제시해야
함에도, 그렇게 하지 못하였다는 한계를 보여준 것이라고 하겠다.[161] 이런 점은

---

158) 이 원인에 대한 분석은 졸고, 『헌법논총』 제20집, pp.251-252.
159) 최근 이와 같은 취지의 결정으로는 헌재 2010. 7. 29. 2008헌가28, 『헌판집』 22-2상, 74(병
　　역법 제35조 제2항 등 위헌제청).
160) 이에 관해서는 졸고, 『공법학연구』 제10권 제1호, pp.68-76.
161) 이와 같은 취지의 의견으로는 민법 제818조 위헌제청(헌재 2010. 7. 29, 2009헌가8, 『헌판집』
　　22-2상, 113)사건에서 김종대 재판관의 별개의견. 즉, '이 사건 법률조항의 위헌에 대한 주문은
　　헌법불합치결정으로 할 것이 아니고, 그 심판대상을 특정하고, 구체적인 권리구제가 가능한 '이

합헌과 위헌부분의 구분이 불분명한 경우에도 마찬가지이었다. 그러나 일반적인 경우에 대해 계속적용 불합치는 존중할 만하다 하겠다.

결국 제4기 재판부에서 헌법불합치결정을 다수 선고하면서 문제점이 집중적으로 드러난 영역은 부진정 입법부작위에 관한 경우, 평등원칙위반의 경우 및 합헌부분과 위헌부분의 구분이 불분명한 경우이었다. 이들에 관해 헌법재판소가 심판대상을 축소해서 접근하거나 한정적인 주문형식을 그대로 유지하였거나 또는 한정위헌청구를 액면 그대로 수용하였더라면, 부조화현상의 발생은 최소화되었을 것이다.

사건 법률조항 중 직계존속과 방계혈족을 중혼취소청구권자로 규정하면서 직계비속을 규정하지 아니한 것은 헌법에 위반된다'는 한정위헌결정의 형식을 취해야 한다'고 하면서 구체적인 이유를 몇 가지로 제시한다. 관련되는 사항을 간략하게 요약한다. 첫째로는 '위헌법률심판과 관련된 심판의 대상은 원칙적으로 청구인(또는 제청법원)의 신청취지 및 관련재판의 전제된 부분에 한정되어야 한다. …… 따라서 이 사건에서의 심판의 대상은 이 사건 법률조항 전체가 아니라 이 사건 법률조항 중 직계존속과 방계혈족을 중혼취소청구권자로 규정하면서 직계비속을 규정하지 아니한 부분으로 한정하여야 한다'는 것이다. 둘째로는 ''이 사건 법률조항 중 직계존속과 방계혈족을 중혼취소청구권자로 규정하면서 직계비속을 규정하지 아니한 것' 자체를 위헌이라고 하면, 이는 즉 직계비속이 누락된 부분이 위헌이 된다는 것인 만큼, 위헌결정의 기속력으로 인하여 당해 사건에서의 법원은 향후 새로운 입법이 개정되기까지는 직계비속도 중혼취소청구권자에 포함되는 것으로 하여 재판을 할 수 있을 것'이라고 한다. 이러한 입장에서 '이 사건에서와 같이 입법의 재량이 넓은 영역(혼인당사자와 검사 등으로 한정하여 중혼취소청구권자를 규정할 수도 있고, 현행 법률조항과 같이 더 넓게 중혼취소청구권자를 정할 수도 있을 것이다)에서 입법자는 그 입법적 결단으로 중혼의 취소청구권자의 범위를 정할 수 있다. 그러나 입법자가 이 사건 법률조항과 같이 4촌 이내의 방계혈족까지 중혼의 취소청구권자에 포함시키는, 다소 폭넓은 범위의 중혼취소청구권자를 정하였다면, 평등의 원칙상 직계비속 역시 중혼의 취소청구권자에 포함시켰어야 할 것이다. 이러한 경우는 입법자가 스스로 선택한 중혼의 취소청구권자의 범위에서 일부를 누락한 것으로 볼 수 있으며, 그와 같이 누락된 점을 지적하고, 보완하는 한정위헌결정은 아예 새로운 중혼취소청구권자를 정하는 것과는 전혀 다른 것으로서 입법권의 기능을 침해하거나 권력분립의 원칙에 반하는 것은 아니라고 할 것'이라고 한다.

제4절 불합치결정의 원인별 유형화에 따른 분석과 평가

앞에서는 각 재판부별로 결정원인에 기초해서 결정주문과 결정상 핵심쟁점의 부조화상태를 분석하고, 각 사례별로 분석결과에 의거해서 결정주문이나 결정의 법적 효과를 조정하여 보았다. 여기서는 이에 관해 결정의 원인별로 유형화해서 일반화시켜 평가하기로 한다.

Ⅰ. 부진정 입법부작위에 해당하는 경우

앞서 제시한 기준에 입각해서 분류한 결과 <표 3> 부진정 입법부작위 관련 결정례 결정주문 조정표를 구성해낼 수 있었다.

원래 입법부작위란 입법자에게 입법의무가 부과되어 있음에도 입법의무를 불이행하였거나 불완전하게 이행함으로써 등장하는 사안이다. 다시 말해서 헌법재판소가 심판대상으로 삼아야 할 것은 규율되었어야 함에도 규율되지 아니한 부분이다. 이를 엄격하게 관철하는 것이 진정 입법부작위이고, 부진정 입법부작위의 경우 불완전하나마 입법이 존재하므로 그 입법을 대상으로 해서 다투게 된다. 그러나 여기서 핵심은 입법적으로 규율된 부분이 아니고 입법상 규율되어야 함에도 규율되지 아니한 부분이다.

먼저, ① 적법한 기본권침해에 대해 대상조치를 결여한 경우가 3건이다. 이는 이른바 수용유사침해나 수용적침해이론에 해당하는 것으로 보면, 어긋남이 없다.

② 평등원칙으로 위헌논증을 한 경우가 11건이다. 이는 모두 불합리한 차별기준을 설정함으로써 입법부작위 부분이 궁극에는 입법적인 반영대상에서 제외되게 된 것이다. 그리고 후술하는 평등원칙위반문제와 비교할 때, 여기서 논의되는 형식은 '같은 것을 달리' 취급함에 있어 자의성이 관여된 경우라 하겠다.

그리고 ③ 그 밖의 심판기준으로 위헌논증을 한 경우가 4건 등이다. 이 경우 역시 규율공백인 것으로 그에 대한 논증을 과잉금지원칙이나 법적 청문권, 직업의 자유 등에서 이끌어 내고 있다.

부진정 입법부작위에 있어 주문채택의 논리형식은 제도 자체는 합헌이고, 입법규율 상 흠결이 있어 그 부분이 위헌이라는 점이다. 그런데, 주문채택의 배경을 설명하는 내용을 살펴보면, 심판대상으로 삼은 제도 자체를 위헌으로 하면 안 되므로, 피치 못하게 불합치로 결정하면서 잠정적인 계속적용을 명할 수밖에 없다

〈표 3〉 부진정입법부작위 관련 결정례 결정주문 조정표

순번	세부 요인	분석 대상 내용			분석 결과 조정		비고
		사건번호	사건명	법적 효과	주문조정	법적효과 조정	
1	대상 조치	1998. 12. 24 89헌마214	도시계획법 제21조의 위헌여부 헌법소원	적용 중지 계속 적용	단순 불합치	적용중지 계속적용	변경 없음
2	대상 조치	1999. 10. 21 97헌바26	도시계획법 제6조 위헌소원	계속 적용	한정적 불합치	적용중지	
3	평등 원칙	2000. 7. 20 99헌가7	형사소송법 제482조 제1항의 위헌심판제청	계속 적용	포함 불합치	적용중지	
4	평등 원칙	2001. 6. 28 99헌마516	고엽제후유의증환자지원등에관한법률 제8조 제1항 제1호 위헌확인	계속 적용	포함 불합치	규율 불필요	
5	평등 원칙	2001. 9. 27 2000헌마152	세무사법중개정법률 중 제3조 제2호를 삭제한다는 부분 위헌확인	계속 적용	포함 불합치	규율 불필요	
6	평등 원칙	2001. 9. 27 2000헌마208	변리사법 부칙 제4항 위헌확인	계속 적용	포함 불합치	규율 불필요	
7	평등 원칙	2001. 11. 29 99헌마494	재외동포의출입국과법적지위에관한법률 제2조 제2호 위헌확인	계속 적용	포함 불합치	규율 불필요	
8	다른 심판 기준	2002. 5. 30 2000헌마81	지적법 제28조 제2항 위헌확인	계속 적용	한정적 불합치	규율 불필요	
9	평등 원칙	2002. 9. 19 2000헌바84	약사법 제16조 제1항 등 위헌소원	계속 적용	한정적 불합치	적용중지	
10	다른 심판 기준	2003. 2. 27 2000헌바26	구 사립학교법 제53조의2 제3항 위헌소원	적용 중지	한정적 불합치	적용중지	

11	대상 조치	2003. 7. 24 2000헌바28	구 소득세법 제101조 제2항 위헌소원	적용 중지	한정적 불합치	적용중지	
12	다른 심판 기준	2003. 12. 18 2002헌바14	교원지위향상을위한특별법 제9조 제1항 등 위헌소원	계속 적용	한정적 불합치	적용중지	
13	평등 원칙	2004. 1. 29 2002헌가22	민법 부칙 제3항 위헌소원	적용 중지	한정적 불합치	적용중지	
14	다른 심판 기준	2004. 3. 25 2002헌바104	형사소송법 제214조의2 제1항 위헌소원	계속적용	한정적 불합치	경과규율	
15	평등 원칙	2007. 6. 28 2004헌마643	주민투표법 제5조 위헌확인	계속적용	한정적 불합치	규율 불필요	
16	평등 원칙	2007. 6. 28 2004헌마644	공직선거및선거부정방지법 제15조 제2항 등 위헌확인	계속적용	한정적 불합치	규율 불필요	
17	평등 원칙	2007. 6. 28 2005헌마772	공직선거및선거부정방지법 제38조 등 위헌확인	계속적용	한정적 불합치	규율 불필요	
18	평등 원칙	2008. 9. 25 2007헌가9	학교용지확보 등에 관한 특례법 제2조 제2호 등의 위헌심판제청	계속적용	포함 불합치	적용중지	

는 것이다. 그런데 이미 분석한 바에서 나타나듯이 부진정 입법부작위를 심판의 대상에 끌어들임에 있어 특정 조항과 연관지어 획정하는 형태를 취하고 있다. 그렇게 하다 보니 논리구조가 꼬이는 상황이 초래된 것이다.

이를 해소하기 위해서는 먼저 심판대상으로 쟁점적인 사항을 드러내야 하고, 이어서 그에 대해 포함불합치로 결정하거나 해석기준으로 반영해서 한정적 불합치로 결정할 필요성162)이 개별 결정례를 분석하는 과정에 뚜렷하게 드러나고 있다.

부진정 입법부작위 그 자체를 심판대상으로 삼거나 결정주문의 내용에 반영하게 되면, 법적 효과의 측면에서 볼 때, 계속적용의 불합치결정은 거의 불필요하게 된다. 왜냐하면, 헌법재판소가 계속적용을 명한 이유는 심판대상인 조항이 추구하는 제도 자체를 보호하고자 한 것이었기 때문이다.

<표 3>에서 보는 바와 같이 부진정 입법부작위라는 계쟁물의 속성상 아무런 조치를 규율하지 않아도 문제되지 않는 상황이 드러나곤 한다. 왜냐하면, 불합치결정의 취지 자체가 입법자에게 신속한 개선입법의무를 부과하고, 그렇게 개선된

---

162) 포함불합치나 한정적 불합치에 관한 상세한 내용은 졸고, 『공법학연구』 제10권 제1호, pp.53-81.

입법내용을 법적용자로 하여금 즉시 적용하도록 하는 것이기 때문이다(사건번호가 헌마로 구분된 사건에 대한 법적 효과 조정내용). 하지만, 헌가절차나 헌바절차에서 불합치결정을 하게 될 경우에는, 불합치부분에 대해 개선입법 시점까지 적용중지를 명하거나 헌법재판소가 적극적으로 경과적인 조치를 할 필요성이 등장하기도 한다.

아무튼, 부진정 입법부작위를 적극적으로 심판대상으로 삼고 이를 결정주문에 반영시킬 수 있는 한, 계속적용의 법적 효과는 전혀 불필요하다.

Ⅱ. 평등원칙의 위반에 관한 것인 경우

원래 평등의 원칙은 제한의 평등은 물론이고 급부제공의 평등도 문제된다. 여기서는 비교대상집단과 계쟁집단이, 그리고 양자 간의 사실상 차이와 차별이 각각 명료하게 드러나지 않으면 안 된다.

평등원칙위반에 관한 사례를 보면, 부분적으로는 불합리한 차별기준의 설정으로 인해 위헌성이 드러나는 경우도 있다. 하지만, 그 다음 단계의 논의가 거의 대부분이다. 이는 두 가지로 구획된다(<표 4>). 그 하나는 계쟁집단과 비교대상집단 간에 아무런 사실상의 차이가 없음에도 불구하고 편익을 배제하거나 더 많은 법익의 제약을 가져오는 경우이다. 다른 하나는 계쟁집단과 비교대상집단 간에 사실상의 차이가 뚜렷하여 서로 달리 취급되어야 함에도 동일하게 취급하는 경우를 들 수 있다. 즉 정당하게 받아야 할 법익의 향유대상에서 배제하거나 보다 덜 제약을 받아야 함에도 동등하게 제약이 가해지는 경우이다.

<표 4>에서는 평등원칙위반에 대한 해소를 입법자의 몫으로 돌리고 있다. 그렇기 때문에 여기서의 분석대상에 포함될 수 있었다. 하지만 논리적으로는 세 가지가 가능하다. 그 하나는 헌법재판소가 기존에 제공된 편익을 단순위헌으로 결정해서 소거해버리는 방법이다. 그 둘은 이른바 조건부 위헌 내지 한정위헌의 형태를 취하면서 헌법재판소가 나서서 법적인 틈새를 메꾸어 버리는 방법이다. 그 셋은 입법자로 하여금 국가재정을 배려하거나 다양한 입법대안을 모색하면서 개

선입법을 하도록 맡기는 방안이다. 여기서 논의되는 평등원칙은 모두 세 번째 방안을 입법자로 하여금 수행하도록 헌법재판소가 요구한 것이다.

<표 4> 평등원칙위반 관련 결정례 결정주문 조정표

| 순번 | 세부 요인 | 분석 대상 내용 | | | 분석 결과 조정 | | 비고 |
		사건번호	사건명	법적 효과	주문조정	법적 효과 조정	
1	같은 것 다르게	2000. 8. 31. 97헌가12	국적법 제2조 제1항 제1호의 위헌심판제청	계속 적용	포함 불합치	적용 중지	
2	같은 것 다르게	2001. 4. 26. 2000헌바59	지방세법 제233조의9 제1항 제2호 위헌소원	계속 적용	한정위헌	-	
3	같은 것 다르게	2003. 1. 30. 2001헌바64	구 전통사찰보존법 제6조 제1항 제2호 등 위헌소원	계속 적용	한정적 불합치	적용 중지	
4	같은 것 다르게	2006. 2. 23. 2004헌마675	국가유공자등예우및지원에관한법률 제31조 제1항 등 위헌확인	계속 적용	단순 불합치	계속 적용	변경 없음
5	다른 것 같게	2006. 5. 25. 2005헌가17	부동산실권리자명의등기에관한법률 제5조 제2항의 위헌심판제청	적용 중지	한정위헌	-	
6	다른 것 같게	2007. 3. 29. 2005헌바33	공무원연금법 제64조 제1항 제1호 위헌소원	계속 적용	포함위헌 포함불합치	적용 중지(불합치)	
7	다른 것 같게	2007. 12. 27. 2004헌마1021	의료법 제2조 등 위헌확인	계속 적용	한정위헌	-	
8	같은 것 다르게	2008. 5. 29. 2006헌바5	우체국예금·보험에관한법률 제45조 위헌소원	적용 중지	단순 불합치	적용 중지	변경 없음
9	같은 것 다르게	2008. 11. 27 2006헌마352	방송법 제73조 제5항 등 위헌확인	계속 적용	단순위헌	-	
10	같은 것 다르게	2009. 4. 30. 2007헌가8	국세징수법 제78조 제2항 후문 위헌제청	적용 중지	단순 불합치	적용 중지	심판 대상 축소
11	다른 것 같게	2009. 7. 30. 2008헌가1	군인연금법 제33조 제1항 제1호 위헌제청	계속 적용	포함위헌 포함불합치	적용 중지(불합치)	

그리고 법적 효과를 선택함에 있어 적용중지는 불합치법률의 제정 시점부터 개선입법 시점 사이의 시적 공간에 형성된 법률관계에 관해 개선입법에 따른 편익에의 참여기회를 제공하는 것이다. 그 반면에, 계속적용은 이를 배제하는 것이다. 이는 헌가절차나 헌바절차에서 계속적용이 명해졌음은 당해사건 등에 대해 개선입법에 따른 수혜대상에 배제시킴을 의미한다 하겠다.

Ⅲ. 합헌부분과 위헌부분의 구획이 불명확한 경우

헌법재판소는 심판대상인 법률조항의 위헌여부를 결정함에 있어 단순위헌으로 결정할 경우 합헌인 부분도 위헌으로 된다는 점에 대해 많은 부담감을 갖는 것으로 보인다. 그런 점을 감안해서 <표 5>에서 보는 바와 같이 합헌부분과 위헌부분의 구획이 불명확함을 이유로 헌법불합치로 결정함을 알 수 있다. 이에 대해서는 <표 5>와 같이 두 가지 형태로 접근이 가능하다.

그 하나는 제도는 합헌이지만, 그 내용에 위헌성이 있는 경우이다. 즉, 여기서의 주문선택에 대한 논리형식은 주문 자체는 합헌이지만, 그 내용의 구성에 있어 합헌과 위헌인 부분의 구획이 불명확하기 때문에 이를 구획할 책임이나 권한이 입법자에게 주어져야 한다는 것이다. 이런 점을 감안해서 제도 자체의 존속유지를 위해 헌법불합치와 계속적용이 필수불가결하다는 것이다.

다른 하나는 심판대상인 조항이 원칙적으로는 위헌이지만, 부분적으로는 합헌성이 있는 경우이다. 이런 경우 단순위헌으로 할 경우 법적 공백으로 인한 법적 혼란이 초래됨을 이유로 불합치로 결정한다는 것이다.

여기서 제시된 한정적 불합치에 대해서는 전술한 부진정 입법부작위나 평등원칙위반의 경우와는 다른 태도로 접근해야 한다. 특히 제도 자체는 합헌이고 내용에 위헌부분과 합헌부분이 혼재되어 있는 경우 헌법재판소는 스스로 구분선을 긋지 아니하고 입법자에게 그 역할의 수행을 떠넘긴 것이다. 그러면서 잠정적인 계속적용의 필요성을 강조한다.

<표 5> 합헌과 위헌부분의 구획 불명확한 관련 결정례 결정주문 조정표

순번	세부 요인	분석 대상 내용			분석 결과 조정		비고
		사건번호	사건명	법적 효과	주문 조정	법적 효과 조정	
1	제도합헌 내용위헌	1989. 9. 8. 88헌가6	국회의원선거법 제33조 제34조의 위헌심판	계속 적용	한정적 불합치	계속 적용	기탁금
2	제도합헌 내용위헌	1991. 3. 11. 91헌마21	지방의회의원선거법 제36조 제1항에 대한 헌법소원	계속 적용	한정적 불합치	계속 적용	기탁금
3	원칙위헌 일부합헌	1993. 3. 11. 88헌마5	노동쟁의조정법에 관한 헌법소원	계속 적용	단순 불합치	계속 적용	변경 없음
4	제도합헌 내용위헌	1997. 8. 21 94헌바19	근로기준법 제30조의2 제2항 위헌소원	적용 중지	한정 합헌	-	
5	제도합헌 내용위헌	2001. 5. 31. 99헌가18	부동산실권리자명의등기에 관한법률 제10조 제1항의 위헌심판제청	적용 중지	한정적 불합치	적용 중지	
6	제도합헌 내용위헌	2003. 9. 25. 2003헌바16	지방세법 제121조 제1항 위헌소원	적용 중지	단순 불합치	적용 중지	변경 없음
7	원칙위헌 일부합헌	2004. 5. 27. 2003헌가1	학교보건법 제6조 제1항 제2호 등 위헌제청	적용 중지	단순 불합치	적용 중지	변경 없음
8	제도합헌 내용위헌	2007. 5. 31 2005헌마1139	공직자등의병역사항신고및 공개에관한법률 제3조 등 위헌확인	계속 적용	단순 불합치	적용 중지	
9	제도합헌 내용위헌	2008. 11. 13. 2006헌바112	구 종합부동산세법 제5조 등 위헌소원	계속 적용	한정적 불합치	적용 중지	
10	제도합헌 내용위헌	2008. 11. 27. 2007헌마1024	공직선거법 제56조 제1항 제1호 위헌확인	계속 적용	한정적 불합치	계속 적용	기탁금
11	제도합헌 내용위헌	2009. 3. 26. 2007헌가22	공직선거법 제261조 제5항 제1호 위헌제청	적용 중지	한정적 불합치	적용 중지	
12	제도합헌 내용위헌	2009. 6. 25. 2008헌마413	공직선거법 제200조 제2항 단서 위헌확인	계속 적용	단순 위헌	-	

이런 점은 헌가절차나 헌바절차와 같이 불합치법률의 제정 시점부터 결정 시점까지의 시적 공간에 결정이 반응을 보여줘야 하는 경우에는 즉각적으로 심판 결과에 갈등을 초래하게 된다. 이는 종합부동산세의 주택분 납세의무자에 대한 사례에서 대표적으로 제기되었다.163)

원래 위헌결정은 기본적으로 합헌부분의 일정한 내포를 전제로 한다. 그래서 합헌부분을 회복시켜 주고자 하면 국회가 개선입법의 필요성을 느끼게 되는 것이다. 물론 합헌부분에 대한 위헌으로의 취급이 또다른 중대한 위헌상태를 초래한다면, 그런 경우에 대해서는 달리 해야겠지만, 그 정도에 이르지 않는 한, 헌법불합치로 결정하는 것보다는 단순위헌이 바람직하다고 하겠다.

Ⅳ. 입법형식의 잘못에 관한 것인 경우

입법형식의 잘못도 중요한 불합치결정의 대상이 된다. 이에 해당되는 심사기준으로는 명확성의 원칙, 포괄위임금지원칙 및 법률유보원칙을 들 수 있다.

이러한 심사기준에 위반된 경우, 즉 위헌성이 입법형식의 잘못에 지나지 않는 경우에 대해서는 ① 불합치법률의 적용을 중지하고 개선입법에 따라 처리하도록 하거나 ② 불합치법률의 잠정적인 계속 적용을 명하거나 또는 ③ 잠정합헌으로 결정하는 것이 구체적인 사건의 처리에는 아무런 차이도 없다는 점이다. 예컨대, 포괄위임금지의 원칙에 어긋난 사항을 개선입법에 반영함으로써 그로써 합헌이 되는 셈이기 때문이다. 그럼에도 불구하고 그런 경우 적용중지를 명한다 하더라도, 입법내용의 잘못에 해당하지 않는 한, 그 의미를 독자적으로 갖기는 어렵다. 그래서 입법형식의 잘못인 경우 헌가절차나 헌바절차라 할지라도, 단순위헌으로 결정하지 않는 한, 적용중지나 계속적용은 사실상 아무런 차이도 없게 된다.

---

163) 헌재 2008. 11. 13, 2006헌바112, 『헌판집』 20-2하, 1-117.

<표 6> 입법형식의 잘못 관련 결정례 결정주문 조정표

| 순번 | 세부 요인 | 분석 대상 내용 | | | 분석 결과 조정 | | 비고 |
		사건번호	사건명	법적 효과	주문 조정	법적효과 조정	
1	포괄 위임	1995. 11. 30. 91헌바1	소득세법 제60조에 대한 위헌소원	적용 중지	잠정 합헌	-	
2	법률 유보	1999. 5. 27. 98헌바70	한국방송공사법 제35조 등 위헌소원	계속 적용	단순 불합치	계속적용	변경 없음
3	포괄 위임	1999. 12. 23. 99헌가2	지방세법 제111조 제2항의 위헌심판제청	적용 중지	단순 불합치	계속적용	
4	포괄 위임	2000. 1. 27. 96헌바95	법인세법 제59조의2 제1항 등 위헌소원	적용 중지	단순 불합치	계속적용	
5	포괄 위임	2001. 6. 28. 99헌바54	구 상속세법 제9조 제1항 위헌소원	계속 적용	단순 불합치	계속적용	변경 없음
6	포괄 위임	2005. 4. 28. 2003헌바40	정부투자기관관리기본법 제20조 제2항 등 위헌소원	계속 적용	단순 불합치	계속적용	변경 없음
7	포괄 위임	2005. 6. 30. 2005헌가1	국가를당사자로하는계약에관한법률 제27조 제1항의 위헌심판제청	계속 적용	단순 불합치	계속적용	변경 없음
8	포괄 위임	2008. 7. 31. 2007헌가4	영화진흥법 제21조 제3항 제5호 등의 위헌심판제청	적용 중지 계속 적용	단순 불합치	계속적용	

그리고 입법형식의 잘못으로 인해 불합치로 결정되었음에도 그 취지가 관련 국가기관에 의해 충실하게 받아들여지지 않음을 이유로 단순위헌으로 결정해야 함이 반대의견으로 제시되기도 하였다.164) 하지만, 그렇게 결정할 경우 야기될

---

164) 김용준·김문희 재판관은 수차례 위헌결정이 가능함에도 헌법불합치결정을 하면서 개선입법을 촉구하는 법리를 밝혀왔음에도 불구하고, '세법의 제정에 관여하고 있는 국가기관에서 조세법규가 헌법에 위반되는지의 여부를 전반적으로 검토하여 헌법에 위반되는 것으로 판단될 소지가 있는 조세법규를 헌법에 합치되게 개정하려는 노력을 기울이지 아니하고 있'으므로, 헌법재판소의 책무를 보다 실효성 있게 완수하기 위해서는 단순위헌으로 결정하여야 함을 제시한다. 헌재 2000. 1. 27, 96헌바95, 『헌판집』 12-1, 16, 40-41.

부담도 고려되어야 할 것이다.

그리고 입법형식의 잘못과 관련해서 심판대상의 획정이나 한정적 표현을 결정주문에 반영할 여지는 거의 없는 것으로 보인다.

Ⅴ. 일반적인 경우

이 항목에서 분류된 것은 앞서 논의한 바와 같이 유형화함에 있어 어느 형태로든 특징지을 수 없는 것들이다. 특히 심판대상이나 결정 이유와 결정주문의 관계 또는 결정상 핵심쟁점과 결정주문의 부조화라는 측면에서 특징적인 모습을 찾아내긴 어렵다. 물론, 사안에 적합한 결정주문이나 법적 효과를 채택한 것인가에 대해서는 논의의 여지가 있다.

여기서의 논의체계에서 보여주듯이, 가족법상 제도는 이미 명료하게 틀이 잡혀진 상태이기 때문에 단순위헌으로 할 경우 초래될 법적 공백상태로 인한 혼란을 해소한다는 측면에서 이와 같은 결정형식이 채택되었고, 계속적용의 법적 효과도 그런 차원에서 이해된다. 재판청구권의 과잉제한이나 선거구획정의 불균형도 마찬가지라고 하겠다.

〈표 7〉 일반적인 경우 관련 결정례 결정주문 조정표

순번	세부요인	분석 대상 내용			분석 결과 조정			비고
		사건번호	사건명	법적 효과	주문 조정	법적 효과 조정		
1	기타	1994. 7. 29. 92헌바49	토지초과이득세법 제10조 등 위헌소원	적용 중지	단순 불합치	계속 적용	
2	재판 청구권	1995. 9. 28. 92헌가11	특허법 제186조 제1항의 위헌심판제청	계속 적용	단순 불합치	계속 적용	변경 없음
3	가족제도	1997. 3. 27. 95헌가14	민법 제847조 제1항의 위헌심판제청, 친생부인	적용 중지	단순 불합치	적용 중지	변경 없음
4	가족제도	1997. 7. 16. 95헌가6	민법 제809조 제1항의 위헌심판제청, 동성동본	적용 중지	단순위헌	-	
5	가족제도	1998. 8. 27. 96헌가22	민법 제1026조 제2호의 위헌심판제청, 한정승인	적용 중지	단순 불합치	적용 중지	변경 없음
6	선거구 획정	2001. 10. 25. 2000헌마92	공직선거및선거부정방지법 제25조 제2항[별표1] 위헌확인	계속 적용	단순 불합치	계속 적용	변경없음
7	재판 청구권	2002. 11. 28. 2001헌가28	국가정보원직원법 제17조 제2항의 위헌심판제청	계속 적용	단순 불합치	계속 적용	변경없음
8	가족제도	2005. 2. 3. 2001헌가9	민법 제781조 제1항 본문 후단 부분의 위헌심판제청, 호주제	계속 적용	단순 불합치	계속 적용	변경 없음
9	가족제도	2005. 12. 22. 2003헌가5	민법 제781조 제1항의 위헌심판제청, 부성주의	계속 적용	단순 불합치	계속 적용	변경 없음
10	선거구 획정	2007. 3. 29. 2005헌마985	공직선거법 제26조 제1항에 의한 별표2 위헌확인	계속 적용	단순 불합치	계속 적용	변경 없음
11	기타	2007. 8. 30. 2004헌가25	실화책임에관한법률의 위헌심판제청	적용중지	단순 불합치	적용 중지	변경 없음
12	기타	2008. 5. 29. 2007헌마1105	국가공무원법 제36조 등위헌확인, 5급공채연령	계속 적용	단순 불합치	계속 적용	변경 없음
13	기타	2008. 7. 31. 2004헌마1010	의료법 제19조의2 제2항 위헌확인	적용중지 계속적용	단순 위헌	-	
14	선거구 획정	2009. 3. 26. 2006헌마67	경북 시·군의회의원선거구 선거구별 의원정수 조례[별표]위헌확인	계속 적용	단순 불합치	계속 적용	변경 없음

제5절 불합치결정상 주요쟁점과 결정주문의 부조화 현상과 대안

Ⅰ. 부조화 현황분석

전술한 <표 3> 내지 <표 7>은 우리 헌법재판소가 헌법불합치로 결정하게 된 원인을 나름대로 분류해서 유형화한 것이다. 즉, 결정상 주요쟁점의 성격이 그와 같이 유형화됨을 말하고, 그에 상응하게 헌법재판소는 불합치로 결정하면서 의도한 법적 효과를 결정주문으로 제시해야 하는데, 거기서 나타나는 부조화를 결정주문과 법적 효과의 조정이라는 형태로 노출시킨 것이다.

<표 8>은 재판부별 불합치원인의 유형을 분석한 것이다. 몇 가지로 유의미한 내용을 도출할 수 있다. 먼저, 불합치원인별로 본다.

〈표 8〉 재판부별 불합치원인의 유형 분석

	제1기	제2기	제3기	제4기	합계
1. 부진정 입법부작위		3	11	4	18
2. 평등원칙 위반		1	4	6	11
3. 합헌과 위헌 구획 불분명	3	1	3	5	12
4. 입법형식의 잘못		4	3	1	8
5. 일반적인 경우	1	4	4	5	14
계	4	13	25	21	63

첫째, 부진정 입법부작위에 대해서는 헌법불합치결정이 매우 선호된다는 점이다. 실제로 일종의 위헌확인적 성격을 지니기 때문에 그런 속성을 지님은 피할 수 없다고 하겠다. 그리고 평등원칙위반의 경우도 고유한 속성상 마찬가지이다.

둘째, 합헌부분과 위헌부분의 구획이 불분명함을 이유로 불합치로 하는 경우 실제로는 사법적 자제로 비추어질 요소가 적지 않다고 하겠다.

셋째, 입법형식의 잘못에 관해서 본다. 오래된 잘못된 입법관행을 바로잡는다는 측면에서는 단순위헌이 타당하겠지만, 사안의 규율은 이미 어떠한 형태로든 하위법령에 의해 이루어지고 있음을 의미한다. 그렇기 때문에 단순위헌으로 결정함에는 정의 관념에 배치되는 한계를 초래하게 된다.[165) 게다가 조세법의 경우 입법자의 잘못으로 인해 그로 인한 피해가, 즉 추가적인 조세부담이 일반국민에게 전가되는 결과를 가져오게 된다. 그런 점에서 조세법을 둘러싼 입법형식의 잘못문제는 계속적용 불합치결정이 적절하다고 본다.

다음, 재판부별로 살펴본다.

첫째, 제3기와 제4기 재판부가 헌법불합치결정을 아주 선호하는 형편이다. 특히 제4기 재판부는 임기 6년 중 3년이 경과함에 지나지 않음에도 총 63건 중 21건[166](33.55%)을 차지한다는 점은 헌법불합치결정의 남용이라는 비판을 면하기 어렵다.

둘째, 사실 불합치결정을 선호한다는 점 자체에 대한 비판보다는 이 글에서 주제로 삼은 결정상 주요쟁점과 결정주문이 서로 부조화하는 현상에 대한 인식이 매우 취약하다는 점에 유의해야 한다.

---

165) 헌법재판소와 대법원간에 첨예한 갈등을 불러일으키고 있는 한정위헌결정도 포괄적 위임입법 금지의 원칙을 위반한 구 소득세법 제23조 제4항 단서, 제45조 제1항 제1호의 단서에 대해 선고된 것이었다. 양도소득세의 산정에 있어 공시가액이 아닌 실지거래가액으로 하여야 한다는 점을 입법에 반영할 당시의 경제적 상황은 공시지가가 실지거래가액보다 훨씬 높았었다. 그러나 부동산투기 등으로 인해 부동산가격이 급등해서 실지거래가액이 훨씬 높아졌다는 경제적 사정이 변경되었고, 부동산투기를 억제하고자 양도차익을 산정함에 있어 공시지가가 아닌 실지거래가액으로 산정해야 할 필요성이 등장하였다. 그런데, 이를 입법에 반영함에 있어 국회입법으로 하지 않고 행정입법으로 하였기 때문에 문제된 것이었다. 헌재 1995. 11. 30, 94헌바40등(병합)결정,『헌판집』 7-2, 616와 대법 1996. 4. 9. 선고 95누11405판결, 법공1996상, 1442.
166) 2011. 8. 31. 현재 총 32건이다. 이 글이 기초한 자료의 마감시점인 2009. 8. 31.까지 21건이었으며, 지난 2년간 11건에 대해 헌법불합치로 결정한 셈이다. 제4기 재판부의 임기만료시점을 2012. 9.로 볼 때, 아직도 1년의 임기가 남았는데, 이 정도이니, 제4기는 헌법불합치 재판부라 칭해도 지나침이 없을 정도이다.

Ⅱ. 현황에 대한 평가

먼저, <표 9>는 헌법재판소가 채택한 헌법불합치결정에 관해 그 원인별로 결정주문과 법적 효과를 유형화한 것을 필자가 <표 3> 내지 <표 7>에서 나름대로 분석하여 조정한 현황표이다.

첫째, 결정주문과 법적 효과 양자 모두 헌법재판소가 채택한 그대로 유지된 경우는 63건 중 21건인 33.33%에 지나지 않는다. 특히 부진정 입법부작위나 평등원칙위반의 경우에는 헌법재판소가 채택한 주문형식이나 법적 효과에 많은 문제점이 내포되어 있음을 의미한다. 즉, 전자는 18건 중 1건이, 후자는 11건 중 2건만이 결정주문에 있어 조정되지 않고 종전 상태를 유지하고 있다. 그리고 물론 여기서 합헌부분과 위헌부분의 구분이 불분명한 경우도 마찬가지로 많긴 하지만 (12건 중 3건만이 종래 상태를 유지한다), 제도 자체를 불합치의 대상으로 삼지 아니하고 제도의 내용을 불합치로 삼아야 한다는 주장을 전개함으로써 이런 결과가 나타난 것이다. 아무튼 세 번째 유형에 관해 양보한다 할지라도, 전반적으로 커다란 문제가 있음을 의미하는 것이라 하겠다.

둘째, 우리 헌법재판소는 헌법불합치주문을 채택함에 있어 일상적인 형태를 취하였지, 한정적 불합치나 포함불합치를 채택한 사례가 전혀 없었다.[167] 이러한 유형의 채택을 전제로 할 경우 종래의 틀을 그대로 유지하는 경우가 63건 중 27건(42.85%)이고, 변경되어야 할 경우가 36건(57.14%)이며, 그중에서 포함불합치나 한정적 불합치가 27(42.85%)이었다. 이는 심판대상을 구체적인 사안에 맞춰 조정해야 하고 이를 결정주문에 반영해야 할 필요성이 매우 크다는 점을 의미하는 것이다.

셋째, 부진정 입법부작위에서는 총 18건 중 단 1건을 제외하고는 모두 심판대상을 부진정 입법부작위부분으로 특정해서 포함불합치로 결정하거나 결정주문에 해석기준을 제시하는 한정적 불합치로 결정할 필요가 있음을 보여주고 있다.

---

167) 다만, 소수의견으로 그 필요성이 적극적으로 주장되고 있다. 헌재 2008. 11. 13, 2006헌바112에서 조대현 재판관의 반대의견, 『헌판집』 20-2하, 1, 85.

<표 9> 불합치원인별 결정주문·법적 효과 조정 내용 분석

	분석 조정내용	부진정 입법부작위	평등원칙 위반	합헌위헌 불분명	입법형식 잘못	일반적인 경우	합계
결정 주문 조정	단순불합치	1	3	4	7	12	27
	한정불합치	11	1	6			18
	포함불합치	6	3				9
	위헌(단순·한정)		4	1		2	7
	합헌(한정·잠정)			1	1		2
	소계	18	11	12	8	14	63
법적 효과 조정	적용중지	8	6	6		3	23
	계속적용		1	4	7	9	21
	양자 모두	1					1
	경과규율	1					1
	규율 불필요	8					8
	위헌/합헌		4	2	1	2	9
	소계	18	11	12	8	14	63
주문·효과 종전 유지		1	2	3	4	11	21
변경된 경우		17	9	9	4	3	42

넷째, 평등원칙위반의 경우 단순위헌이나 한정위헌으로 주문의 조정이 가능한 사건이 총 11건 중 4건으로 나타났다. 이는 평등원칙위반의 경우 헌법재판소가 채택 가능한 다른 형태의 결정형식에 해당되기 때문인 것으로 풀이된다.

다섯째, 하지만, 입법형식의 잘못이나 일반적인 경우에는 단순 불합치가 그대로 절대적으로 유용함을 보여주고 있다(8건 중 7건과, 14건 중 12건).

여섯째, 법적 효과의 조정에 관해 살펴본다. <표 1>을 보면, 계속적용이 63건 중 41건으로 65.08%, 적용중지가 19건으로 30.16%, 그리고 양자 모두가 3건으로 4.76%이었다. 그런데 필자가 조정한 바에 따르면(<표 9>), 적용중지가 23건 (36.50%)으로 4건 정도 오히려 늘어났지만, 계속적용은 21건(33.33%)으로 20건이 대폭 감소되었다. 그 대신 불합치결정임에도 법적 효과의 규율이 불필요한 경우가 8건(12.70%)으로, 이는 부진정 입법부작위임에 따라 나타난 독특한 현상이라 풀이된다. 그리고 합헌이나 위헌결정의 경우에는 법적용자에 대한 효과를 별도로 정할 필요가 없는데, 그 건수는 9건(14.29%)이었다. 그리고 여기서 주목해야 할 점은 헌법재판소가 불합치결정 시점부터 개선입법 시점까지의 시적 공간을 규율하기 위해 경과적인 조치를 할 필요성도 제기된다는 것이다(1건).

〈표 10〉 불합치원인별 법적 효과 종전상태 유지 여부 분석

	분석 조정내용	부진정 입법부작위	평등원칙 위반	합헌위헌 불분명	입법형식 잘못	일반적인 경우	합계
종래 계속 적용	계속적용		1	4	4	8	17
	적용중지	5	4	2			11
	경과규율	1					1
	규율 불필요	8					8
	위헌/합헌		3	1			4
	소계	14	8	7	4	8	41
종래 적용 중지	적용중지	3	2	4		3	12
	계속적용				2	1	3
	위헌/합헌		1	1	1	1	4
	소계	3	3	5	3	5	19
종래 양자 모두	그대로 유지	1					1
	계속적용				1		1
	위헌/합헌					1	1
	소계	1			1	1	3
합계		18	11	12	8	14	63

일곱째, 적용중지는 23건 중 부진정 입법부작위(8건), 평등원칙 위반(6건) 및 합헌과 위헌부분의 구분이 불명확한 경우(6건)에서 선호되는 반면, 계속적용은 21건 중 일반적인 경우(9건)와 입법형식의 잘못인 경우(7건)에서 선호되고 있다.

다음, <표 10>은 헌법재판소가 채택한 헌법불합치결정의 법적 효과를 불합치결정의 원인별로 유형화한 것(<표 9>)에 대해 종전의 법적 효과를 그대로 유지함이 바람직한지의 여부를 가지고 추가적으로 분석을 가한 것이다.

첫째, 종래 계속적용은 41건이었는데, 그대로 계속적용이 적합하다는 경우가 17건(41.46%)인데 반해, 변경해야 하는 경우가 24건(58.54%)이었으며, 특히 적용중지로의 변경이 11건(26.82%)이었다. 이는 헌법재판소가 종래 불합치결정의 예외에 해당하는 계속적용에 의존하는 경향이 높음을 의미하는 것이다.

둘째, 특히 부진정 입법부작위에서는 종래 14건이 계속적용이었는데, 필자의 분류에 따르면 한 건도 그대로 유지됨이 없이 규율 불필요가 8건, 적용중지가 5건이었다는 점이 주목할 만하다.

셋째, 종래 적용중지인 경우는 19건이었는데, 그대로 유지함이 적합한 경우가

12건(63.16%)이었고, 계속적용으로의 변경이 3건(15.79%)이었다. 이는 적용중지가 계속적용의 경우보다 적정함을 보여주는 것이다.

넷째, 적용중지 불합치결정과 계속적용 불합치결정 중 어느 쪽이 바람직한지를 본다. 계속적용의 경우 그대로 유지함이 바람직하다고 보는 경우가 41.46%(41건 중 17건)이었는데 반해, 적용중지의 경우 63.16%(19건 중 12건)이었다. 게다가 계속적용을 적용중지로 바꾸어야 한다는 경우가 26.82%(41건 중 11건)인데 반해, 적용중지를 계속적용으로 해야 경우가 15.79%(19건 중 3건)에 지나지 않았다. 이는 전반적으로 적용중지의 경우가 계속적용의 경우와 비교할 때 상대적으로 그 자체 고유한 모습을 유지함을 의미하는 것이다.

아울러 계속적용 불합치결정의 논리형식을 분석한다. 이런 결정형식과 관련해서 헌법재판소는 많은 경우 이러한 일정한 패턴을 보여주고 있다. 그 패턴은 크게 세 가지 요소이다.

그 하나는 단순위헌으로 결정하면 법적 공백이나 혼란을 초래할 우려가 있으므로 불합치법률의 잠정적인 계속적용을 명할 수밖에 없다는 것이다. 즉, 합헌인 제도 자체는 존속시켜야 한다는 것이다.

그 둘은 이렇게 잠정적용을 명하는 것이 다른 방안보다 덜 위헌적인 상황을 초래한다는 것이다. 합헌인 제도 자체를 위헌으로 효력을 상실시킴은 원래부터 위헌성이 없는 제도를 없애는 것이기 때문에 당연히 덜 위헌적인 상황이 초래될 것이다. 위헌성은 부진정 입법부작위의 경우 그 부분에 있거나 평등원칙위반의 경우 상호간의 규범관계에 있거나 또는 합헌과 위헌부분의 구획 불명확의 경우 그 내용의 어느 부분에 있는 것이다. 이런 요소들에서 위헌성을 도출해야 하는데, 당연히 합헌으로 보아야 할 제도 자체를 문제 삼는 논리체계에서는 그 한계가 고스란히 드러나게 된다.

그 셋은 그래서 입법자가 개선입법을 할 때까지 불합치법률을 존속시켜야 한다는 것이다. 그러다보니 정작 결정상 주요쟁점에 대한 인식이나 평가가 간과되거나 이해함에 있어 혼돈을 초래하게 된다.

아무튼, 오히려 심판대상을 축소하거나 다른 변형결정의 유형을 결합시켰을 경우 그 법적 효과가, 특히 법적용자와 관련해서 아주 다르게 나타날 여지가 적지 않음을 본다.

Ⅲ. 부조화의 원인분석

1. 부조화의 원인에 대한 인식상태

헌법재판소 결정에 있어 결정주문과 결정상 핵심쟁점과의 사이에 부조화현상이 나타난다는 점에 관해 다수의견이 인식하였다면, 헌재법 제23조 제2항 제2호에 따라 종래의 해석·적용에 대한 의견이 변경되었을 것이다. 그러나 일부 소수의견에서만 제시되고 있음을 본다. 제3기와 제4기 재판부에서 꾸준히 그 문제점이 지적되어 왔다.

먼저, 제3기 재판부에서는 김영일 재판관이 이와 관련된 부분을 크게 두 가지 형태로 지적하였다.

그 하나는 위헌인 경우를 불합치로 하는 경우는 있을 수 있으나, 정반대로 불합치를 위헌으로 해서는 안 된다는 것이다. 그러면서 헌법불합치의 사유를 본질상 불가피한 경우와 필요에 의한 경우로 대별한다.[168] 전자는 통상 어떤 법률조항이 그 내용상 일부가 헌법에 위반되는 경우이기는 하나, 그 위반되는 부분을 명확히 구분해내기가 마땅치 아니한 경우이며, 후자는 위헌법률의 효력상 잠정조치를 취하는 것이 좋겠다는 경우에 위헌인 법률조항을 헌법불합치로 짐짓 하는 경우라고 한다. 이런 시각에서 볼 때 지방세법 제121조 제1항 위헌소원사건에서 '법정기한 내에 취득세 신고는 하였으나 납부하지 않는 자에 대하여 신고와 납부의무를 모두 이행하지 않는 자와 동일한 율로 가산세를 부과하고, 또한 가산세 산정 시에 취득세가 미납된 기간을 전혀 고려하지 않은' 것의 위헌여부가 다투어졌지만, 전자에 해당해서 불합치로 결정함이 마땅한 것으로 본다. 그래서 위 사건은 위헌이 아닌 불합치로 결정해야 한다는 것이다.

어쨌든 이런 자세는 불합치원인을 유형화하려는 초기 단계로 이해된다.

다른 하나는 다수의견이 부진정 입법부작위로 파악하는 것에 대해 진정 입법

---

168) 헌재 2003. 9. 25, 2003헌바16에서 김영일 재판관의 보충의견, 『헌판집』 15-2상, 291, 303-304.

부작위로 보아야 하고 이에 대해 별도로 위헌확인의 주문을 내야 함을 주장한다. 이를 통해 제도 자체가 합헌이라는 논리에 매몰되어 입법부작위부분이 결정주문에 드러나지 않는 한계를 극복하려 시도하는 모습을 본다.

예컨대, 구 소득세법 제101조 제2항 위헌소원사건[169]에서 증여자에 대한 양도소득세부과를 규정한 구 소득세법 제101조 제2항에 대해서는 합헌이, 환급규정을 두지 아니한 점에 대해서는 입법부작위의 위헌확인이 각각 타당하다는 것이다.[170] 그리고 교원지위법과 구 사립학교법이 함께 심판대상이 된 사건[171]에서는 구 사립학교법상 재임용이 거부된 대학교원이 재임용거부와 관련된 사전·사후 절차가 없는 것과 관련해서 실체부분과 절차부분으로 구분한다. 실체부분은 사립학교법 제53조의2에 규율되어야 함에도 규율되지 아니한 부진정 입법부작위에 해당하지만, 절차부분에 해당하는 사후구제절차에 관해서는 진정 입법부작위로 파악해야 함을 설시하였다.[172][173]

아무튼 이런 태도가 이 글에서 논의하는 바에 그대로 적합한 것은 아니지만, 부진정 입법부작위를 심판대상으로 삼았을 때 나타나는 구조적인 문제를 나름대로 인식하고 대처하려는 자세라 평가할 수 있겠다.

---

169) 헌재 2003. 7. 24, 2000헌바28, 『헌판집』 15-2상, 38, 53-57.

170) 따라서, 이 사건 해결을 위한 주문은 다음에 제시하는 바와 같이 주문 제1항에서 구 소득세법 제101조 제2항에 대하여 합헌선언을 한 다음, 주문 제2항에서 관련 수증자의 증여세 및 양도소득세에 대한 환급규정을 두지 아니한 입법부작위의 위헌을 확인하는 것이 적절하고, 또한 타당하다고 할 것이다. 그러므로 그 주문은 마땅히 아래와 같이 하여야 한다.「1. 구 소득세법(1995. 12. 29. 법률 제5031호로 개정되고 1996. 12. 30. 법률 제5191호로 개정되기 전의 것) 제101조 제2항은 헌법에 위반되지 아니한다. 2. 위 구 소득세법 제101조 제2항에 의하여 증여자에게 양도소득세를 부과하는 경우에 그와 관련하여 수증자가 납부한 증여세 및 양도소득세를 수증자에게 환급하도록 하는 규정을 두지 아니한 것은 헌법에 위반됨을 확인한다.」『헌판집』 15-2상, 38, 56-57.

171) 헌재 2003. 12. 18, 2002헌바14, 『헌판집』 15-2하, 466.

172) 따라서 이 사건 결정 주문 제1항은 다음에 제시하는 바와 같이 이 사건 사립학교법조항에 대하여 헌법불합치선언을 하고, 주문 제2항은 기간을 정하여 임용된 대학교원이 임용기간이 만료되어 재임용이 거부된 경우에 그 불복을 위한 사후구제절차에 관하여 규정을 두지 아니한 입법부작위가 위헌임을 확인함이 마땅하다고 할 것이다. …… 1. 구 사립학교법(1997. 1. 13. 법률 제5274호로 개정되어 1999. 8. 31. 법률 제6004호로 개정되기 전의 것) 제53조의2 제3항은 헌법에 합치하지 아니한다. 2. 기간을 정하여 임용된 대학교원이 임용기간이 만료되어 재임용이 거부된 경우에 그 불복을 위한 사후구제절차에 관한 규정을 두지 아니한 것은 헌법에 위반됨을 확인한다.『헌판집』 15-2하, 466, 481.

173) 그 외에도 민법 부칙 제3항 위헌소원사건(헌재 2004. 1. 29, 2002헌가22)에서 김영일 재판관의 반대의견, 『헌판집』 16-1, 29, 66-68.

다음, 제4기 재판부에서 조대현 재판관은 아주 치열하게 주문제시방식에 대해 문제를 제기한다. 그 내용을 세 가지 형태로 나누어 검토한다.

그 하나는 부진정 입법부작위에 관해서이다. 첫째, 부진정 입법부작위 부분에 대해서만 심판대상으로 삼아야 하지, 관련된 법률조항을 대상으로 삼아서는 안 됨을 지적한다.[174] 둘째, 심판대상이 된 부진정 입법부작위 부분에 대해서만 한정위헌[175]이나 불합치[176]로 결정해야 한다는 것이다. 셋째, 부진정 입법부작위와 관련해서 제도를 규율한 법률조항 자체에 대해서는 불합치결정의 대상에 포함되어서는 안 되고, 또 그 조항의 적용을 중지시켜서도 안 된다.[177] 넷째, 부진정 입법부작위에 대해 헌법불합치로 결정하면, 그 취지는 입법자에게 입법부작위부분에 대해 추가입법의 촉구이므로, 잠정적인 계속적용의 필요성도 없다고 한다.

이런 태도는 부진정 입법부작위가 지닌 실체를 아주 정확하게 파악하고 이에 관한 법정의견의 문제점을 명료하게 이해하는 것으로 보인다.

그 둘은 평등원칙위반에 관한 경우이다. 여기서는 합헌부분과 위헌구분이 가능하다면, 양자를 분리시켜 위헌부분에 대해서만 한정위헌으로 결정하거나, 각 부분이 지닌 위헌성의 정도에 맞춰 다른 형태의 주문을 제시해야 함을 지적한다. 예컨대 명의신탁관계가 종료된 상태에서 과징금을 부과하는 경우 종료 후인 과징금부과 당시의 시가를 기준으로 과징금을 산정하도록 한 부동산실명법 제5조 제2항의 위헌심판제청사건[178]에서 법정의견은 심판대상인 제2항 본문 전체를 불

---

174) 심판대상에 관해서는 '청구인들이 심판을 요구하는 것은 이 사건 법률조항들이 재외국민들도 선거권을 행사할 수 있도록 규정하지 아니한 점이 헌법에 위반되는지 여부이므로, 그 부분을 심판대상으로 삼아야 하고, 주문에서도 그 부분의 위헌 여부를 표시하여야 한다'고 하면서 '이 사건 법률조항들이 주민등록이 되어 있는 국민에게 선거권을 행사할 수 있게 한 점은 심판대상도 아니고 위헌성도 없으므로, 그 부분을 주문 표시의 대상으로 삼아서는 아니 된다'고 한다. 헌재 2007. 6. 28, 2004헌마644, 『헌판집』 19-1, 859, 888.

175) 헌재 2007. 6. 28, 2004헌마643, 『헌판집』 19-1, 843, 857; 헌재 2007. 6. 28, 2004헌마644, 『헌판집』 19-1, 859, 888-892.

176) 공직선거및선거부정방지법 제38조 등 위헌확인사건(헌재 2007. 6. 28, 2005헌마772, 『헌판집』 19-1, 899, 911-912.)에서는 진정 입법부작위로 보려는 취지가 강하게 드러나지만, 명확하지는 않은 것으로 보인다.

177) 부진정 입법부작위가 헌법에 위반되거나 헌법에 합치되지 아니한다고 선언하는 경우에는 추가입법을 촉구할 뿐이고 이미 존재하는 법률조항 내용의 위헌성을 선언하는 것이 아니므로, 기존 법률조항의 적용이 중지되지 아니하고 그 잠정적용에 관하여 결정할 필요도 없다. 합헌적인 부분의 잠정적용 여부에 관하여 결정할 수도 없고 잠정적용기간이 지나더라도 합헌적인 내용을 실효시킬 수 없다. 『헌판집』 19-1, 859, 892-893.

178) 헌재 2006. 5. 25, 2005헌가17, 『헌판집』 18-1하, 1.

합치로 결정하였지만, 그는 합헌부분과 위헌부분으로 구분이 가능하므로 위헌부분에 대해서만 한정위헌의 주문을 제시해야 함[179]을 피력하였다.[180] 또 공무원연금법 제64조 제1항 제1호 위헌소원사건[181]에서 법정의견은 조항 전체에 대해 불합치로 결정하였지만, 그는 비직무범죄와 직무범죄로 구분해서 전자에 대해서는 위헌으로, 후자에 대해서는 직무범죄 중 과실인 경우에 대해서는 불합치로 결정해야 한다는 의견[182]을 제시하였다.

이와 같이 합헌부분과 위헌부분으로 구분해서 위헌부분에 대해서만 효력상실을 시키거나 불합치로 결정해야 함을 주장한다. 합헌부분까지 불합치로 결정할 경우 초래될 부작용에서 그렇게 해야 할 논거를 찾는다. 그 하나는 적용중지 불합치결정일 경우 합헌부분까지 적용이 중지되는 결과를 초래하게 된다는 점이고, 다른 하나는 결정주문에 명시적으로 개선입법의 시한이 설정된 경우 그 시한이 도과되면 불합치법률의 효력이 상실되는데, 그렇게 될 경우 그때에는 합헌인 부분마저도 효력을 상실하게 된다는 점이다.[183]

그 셋은 한정결정과 불합치결정의 결합에 대한 모색이다. 이에 대한 당위성을 적극적으로 제시하지는 않지만, 그런 취지를 인식한 것으로 보인다. 즉, '종합부동산세의 주택분 납세의무자에 관한 조항을 주거목적의 1주택 중 장기보유하거나 다른 재산·소득이 없는 경우에도 일률적으로 적용하는 것은 헌법에 합치되지 아니한다고 표시하여 위헌성이 있는 부분을 특정하여야 한다'는 것이다.[184]

---

179) 이 사건 법률조항의 내용은 헌법에 합치되는 부분과 헌법에 합치되지 아니하는 부분을 아울러 가지고 있고 헌법에 합치되지 아니하는 부분을 특정할 수 있으므로, 헌법에 합치되는 부분은 효력을 유지시키고 헌법에 합치되지 아니하는 부분만 실효시켜야 한다. 따라서 '이 사건 법률조항 중 명의신탁관계가 종료된 후에 과징금을 부과하는 경우에도 과징금 부과 당시의 시가를 기준으로 과징금을 산정하도록 하고 있는 부분은 헌법에 위반된다'고 일부위헌을 선언하여야 한다. 『헌판집』 18-1하, 1, 21-22.

180) 그 외에도 국세징수법 제78조 제2항 후문 위헌제청사건(헌재 2009. 4. 30. 2007헌가8, 공보 제151호, 816)에서 법정의견은 심판대상 조항 전체에 대해 불합치로 결정하고 적용중지를 명하였지만, 그는 몰수부분과 국유화부분으로 구분해서, 몰수부분은 합헌으로 하고, 국유화부분에 대해서만 위헌으로 결정해야 한다(공보 제151호, 816, 823)고 한다.

181) 헌재 2007. 3. 29, 2005헌바33, 『헌판집』 19-1, 211.

182) 『헌판집』 19-1, 211, 225-227.

183) 그런데, 필자는 명시적인 입법시한설정 자체에 대해서도 부정적이거니와, 시한설정이 도과되었음에도 개선입법이 이루어지지 않으면 그 시점에 불합치법률의 효력이 상실된다는 점에 대해서도 마찬가지다. 이에 관한 상세한 내용은 졸고, 『공법학연구』 제11권 제3호, pp.31-61.

184) 헌재 2008. 11. 13, 2006헌바112, 『헌판집』 20-2하, 1, 85.(다수의견은 종합부동산세를 부과하는 제도는 세대합산제도를 제외하고 전반적으로 헌법에 합치되지만 주거목적의 1주택 중 장

2. 부조화의 발생 원인

그러면, 왜 헌법재판소 결정상 주요쟁점과 결정주문 사이에 부조화현상이 발생하게 되었는지를 살펴보아야 한다.

첫째로는 무엇보다도 단순위헌결정이나 한정결정(한정합헌결정이나 한정위헌결정)을 회피함으로 인해 초래된 것이라는 점이다. 즉, 단순위헌으로 결정함이 규율하는 사안에 대해 가장 적합함에도 불구하고 이를 회피하려 하다 보니 불합치결정을 그 대안으로 찾게 된 것이다. 하지만, 단순위헌이나 한정위헌에 적합한 사안을 다른 형태로 주문을 제시하게 되면, 그로 인해 필연적으로 부조화현상이 나타나게 된다. 이런 점은 대법원이 한정위헌결정이나 한정합헌결정에 부정적인 자세를 취하는 것에 대해, 이들 결정유형을 한 때 헌법재판소가 주문 선택의 대안에서 배제한 경우를 들 수 있다.[185] 이런 점은 평등원칙위반에 대한 결정주문의 조정사례에서 뚜렷하게 드러난다(<표 4>).

둘째로는 심판대상을 획정함에 있어 구체화하고 세분화하는 데 실패하였다는 점이다. 대표적인 예가 부진정 입법부작위의 경우이다. 관련된 법률조항의 위헌 여부로 심판대상으로 삼고서는 부진정 입법부작위에 대해 위헌논증을 한 다음, 결정주문을 제시할 때엔 다시 그 법률조항으로 되돌아가는 모습을 보여준다는 한계를 드러낸다. 이런 점은 평등원칙위반의 경우나 합헌과 위헌부분의 구획이 불명확한 경우에도 마찬가지이다. 좀 더 세부적으로 접근하면 심판대상의 가분성이 파악됨에도 그런 노력을 소홀히 하고 법률조항 전체에 대해 포괄적인 형태로 불합치로 결정하는 관행이 지적되어야 한다.

셋째로는 평등원칙 위반에 관한 경우이다. 평등원칙위반을 이유로 위헌성이 확

기보유자나 다른 재산·소득이 없는 경우에도 일률적으로 적용하는 것은 헌법에 합치되지 아니한다고 하면서, 주문 제2항에서는 종합부동산세의 주택분 납세의무자 조항 전부가 헌법에 합치되지 아니한다고 표시하고 있다. 이러한 주문 표시는 이유에서 밝힌 위헌성의 범위를 넘어선 것일 뿐만 아니라 이유에서 헌법에 합치된다고 밝힌 부분까지 포함하여 헌법에 합치되지 아니한다고 선언하는 것이다. 그 결과 적용시한으로 정한 2009. 12. 31.이 지나면 주택분 납세의무자 조항 전부가 효력을 상실하게 된다.)

185) 정확히 표현하면, 한정합헌결정은 2002년 한 건이 있었고, 그 이래 지금까지 주문으로 채택하지 아니하고 있으며, 한정위헌결정은 2004년 이래 채택되지 아니하였다가 2008년에 들어서서야 비로소 다시 주문으로 채택되기에 이르렀다. 헌재 2008. 5. 29, 2006헌마1096, 『헌판집』 20-1하, 270; 헌재 2008. 10. 30, 2003헌바10; 헌재 2008. 10. 30, 2006헌바1.

인되었음에도, 비교대상집단 내지 원래 의도된 내용의 합헌성을 존중하거나 유지시켜 주고자 그러한 위헌성확인을 주문의 표시내용에서는 배제한다는 점이다. 즉 불합치함을 확인하고 불합치법률의 잠정적인 계속적용을 명함은 기존의 상태를 언급할 따름이지, 심판대상이 되어 위헌성확인이 이루어진 부분에 대한 조치는 아닌 것이다.

넷째로는 한정적인 형태와 불합치형태의 결합을 지속적으로 간과한다는 점이다. 양자를 결합해서 주문으로 제시하게 되면, 불합치부분을 명료하게 획정하는 효과를 지니게 된다. 그럼에도 불구하고 합헌부분과 위헌부분으로 구분해야 논증이 수월하고 주문제시도 용이함에도 그리하지 못함에서 나타난 병리현상으로도 보인다.

다섯째는 위헌이란 개념이 지닌 포괄성이다. 법률이 헌법에 위반됨의 모형은 다종다양할 수밖에 없다. 그런 상황임에 따라 위헌이란 한 단어에 지나지 않지만 위헌에 따른 법적 효과를 모두 용이하게 획정할 수는 없다는 점이다. 그러므로 위헌이란 표현이 적용될 영역을 가능한 한 세분화시키고 또 구체화시켜서 사안에 적합한 대안을 획정할 수 있도록 해야 한다. 그러나 실제로는 그렇게 하지 못했음이 지적되어야 한다.

여섯째, 헌법재판소가 불합치결정의 예외적인 효과인 계속적용을 지나치게 자주 활용한 것은 아닌지도 살펴봐야 한다. 이 같은 과잉활용은 계속적용의 불합치결정이 지닌 속성에서 그 요인을 찾을 수 있다. 이 결정유형은 청구인용에 해당하기 때문에, 넓은 의미의 위헌결정으로 분류되지만, 불합치법률을 개선입법이 있을 때까지 계속 적용하도록 하였음에 따라 개선입법만 이루어지면, 그 결정으로 초래될 부담을 전혀 지지 않는다는 점이다. 바로 이런 점을 의도한 것은 아닌가에도 주목해야 한다.

일곱째, 위헌법률심판의 구조적인 한계에 관한 것이다. 심판청구나 제청이 된 경우 헌법재판소는 직권으로 심판대상을 축소시키기도 하고 확장시키기도 한다. 그러나 사안 자체가 매우 복잡하거나 여러 사건을 한꺼번에 병합 처리해야 하는 경우가 있다. 이때 법률 전체가 심판대상이 되거나 결정대상이 된 경우 또는 개선입법을 통한 불합치원인의 해소가 다층적·다각적으로 이루어져야 하는 경우에는 심판대상의 한정 자체가 구조적으로 불가능하고 또 사안에 적합한 주문제시가 불가능할 수도 있게 된다. 그런 경우 차라리 포괄적인 형태가 적합한 것으로 보아야 한다. 이런 경우에는 구체적인 사안에 비춰 부분적인 불합리성을 피하기가 어렵다 할 것이다.

여덟째, 평등원칙위반의 경우 심판과정에서 위헌성의 소재를 정확하게 파악할 수 있게 된다. 그렇게 파악된 위헌성은 심판대상의 획정과정에 거듭 반영되거나 결정주문에 한정적인 형태로 이입시켜 표시되어야한다. 그렇지 않게 되면 결정주문과 핵심쟁점의 위헌성이 서로 조화를 이루지 못하는 현상을 초래하게 된다.

Ⅳ. 부조화의 해소방안

이상에서 살펴본 바를 바탕으로 해소방안을 제시한다.

첫째, 헌법재판소는 자신에게 부여된 주문선택의 재량권을 폭넓게 활용해야 한다는 점이다. 이를 통해 사안에 가장 적합한, 결정상 핵심쟁점에 대한 처리방안, 즉 위헌여부를 뚜렷하게 제시하려 노력해야 할 것이다.

둘째, 단순위헌결정 등이 지닌 대량적 효과를 우회하거나 위헌결정으로 인해 초래될 수도 있는 위험부담을 회피할 수 있는 아주 좋은 방법이 바로 심판대상의 획정이다. 그 획정을 함에 있어 아주 구체적이고 세부적인 형태로 범위를 축소하는 것이다. 그러면서 경우에 따라서는 이른바 포함위헌이나 포함불합치도 적극 활용하도록 한다.

셋째, 부진정 입법부작위에 관해서는 그 부분을 심판대상에 적극적으로 구획하고 그에 대한 위헌판단의 결과를 주문에 명료하게 제시하는 것이다. 그러면서 부작위부분에 대해 위헌확인을 하는 차원에서 불합치로 결정한다. 이렇게 함으로써 제도 자체는 합헌이므로 제도의 유지와 존속을 위해 계속적용을 명한다는 형태의 주문이 회피될 것임은 물론이고, 구체적인 사정에 맞는 주문을 제시할 수 있게 된다. 이렇게 함으로써 일반국민들에게 불필요한 혼란을 해소하는 효과를 지니게 될 것이다.

넷째, 이런 점은 합헌부분과 위헌부분의 구분이 불명확한 경우에도 마찬가지로 활용될 수 있다. 이런 경우에 헌법재판소는 제도 자체는 합헌이지만, 제도의 내용이 규율됨에 있어 위헌성이 존재한다는 점에서 제도를 불합치로 결정하는 자세를 취한다. 그런데, 이런 경우에는 제도 자체를 그렇게 결정하지 말고 제도의 내용을 한정적 불합치로 결정하는 것이다. 예컨대 고액의 기탁금이라면, 기탁금제도를 불합치로 제시하는 것이 아니라 기탁금액이 고액이므로 불합치한다는 형태로 주문을 표시하는 것이다.186)

다섯째, 한정결정과 불합치결정을 결합시켜 이른바 한정적 불합치결정을 적극 활용하는 것이다. 이런 주문형식은 독일의 경우 아주 보편적으로 활용되고 있으며, 전혀 문제되지 않는다. 게다가 이런 주문형식을 채택할 경우 계속적용을 할 수밖에 없게 만들었던 심판대상인 조항의 합헌부분에 대한 유지존속문제를 유연하게 해결할 수 있게 된다.

여섯째, 결정주문에 한정적인 표현을 적극적으로 반영하거나 주문에서 이유의 특정부분에 유의할 것을 적극 언급함으로써 주문이 제시하는 바를 폭넓게 열어 놓는 방안이다.

---

186) 그에 해당되는 구체적인 사례로는 헌재 1989. 9. 8, 88헌가6, 『헌판집』 1, 199; 1991. 3. 11, 91헌마21, 『헌판집』 3, 91; 2008. 11. 27, 2007헌마1024, 『헌판집』 20-2하, 477. 이런 관념을 적용할 수 있는 사례로는 헌재 2001. 5. 31, 99헌가18, 『헌판집』 13-1, 1017; 2003. 9. 25, 2003헌바16, 『헌판집』 15-2상, 291; 2008. 11. 13, 2006헌바112, 『헌판집』 20-2하, 1; 2009. 3. 26. 2007헌가22, 공보 제150호, 583.

제6절 글 마무리에

이상에서는 헌법불합치결정의 사례별로 결정주문과 결정상 핵심쟁점이 서로 부조화하는 문제에 관해 분석하였다.

헌법재판소가 행한 불합치결정의 실제를 분석한다. 결정상 핵심쟁점에 관해서는 위헌논증이 철저하게 이루어졌음에도, 결정주문에서는 심판대상조항을 불합치로 결정하고 아울러 그 조항의 잠정적인 계속적용을 명할 따름인 경우가 적지 아니함을 통계분석을 통해 확인하였다. 그런데 그 결정 이유를 살펴보면, 불합치 사항에 대한 개선입법의 촉구와 그 개선입법에 따른 처리를 의도하곤 한다. 물론, 불합치부분 자체의 잠정적인 계속적용이 그대로 적정한 경우도 있다. 그럴 경우 구태여 심판대상을 그렇게 한정적으로 파악해야 할 필요성이 있는지에 관해 논란의 여지가 있을 수도 있겠지만, 합헌부분은 가능한 한 심판대상에서 제외시켜줌이 사안을 정확하게 반영하는데 도움이 될 것으로 본다. 여기서 핵심은 그렇게 확인된 위헌성을 주문에 드러내고 또 기존의 합헌부분은 합헌부분대로 그 효력을 유지시켜주는 결정기법을 활용해야 할 것이다.

이런 문제는 부진정 입법부작위가 다투어진 경우, 평등원칙위반에 관한 것인 경우 및 합헌과 위헌부분의 구획이 불명확한 경우 등에서 부조화현상이 다수 나타난다. 헌법불합치결정에서 법적용자에 대한 법적 효과로서 적용중지와 개선입법에 따른 처리가 원칙이라면, 그 격에 맞추어야 한다. 예외에 해당하는 불합치 법률의 계속적용이 원칙이 되거나 그렇게 결정되는 사건이 많아서는 안 된다. 이는 구조적인 문제를 방기한 까닭이라 하겠다.

아무튼, 청구인용에 해당하는 결정형식은 단순위헌 뿐만 아니라 다른 다양한 형태로 용인되어야 한다. 이는 그뿐 아니라 심판대상의 확장이나 축소로도 가능해야 한다. 그리고 심판대상과 결정주문의 관계라는 시각에서 보면, 이와 같이 표시된 주문형태에 대해 다른 국가기관의 수용여부를 의식하지 말고, 구체적인 상황에 가장 적합한 형태로 표시함이 바람직할 것이다.

제3장

헌법불합치결정과 한정위헌청구의 관계

제1절 글머리에

Ⅰ. 현황

근래 우리 헌법재판소가 결정주문의 채택과 관련해서 보여준 주목할 만한 현상과 그에 대한 대법원 등의 반응을 지목하고자 한다.

먼저, 헌법불합치결정의 주문을 채택한 사례가 급증하였으며, 그것도 주로 계속적용의 법적 효과를 지향하는 불합치결정이 선호되고 있다는 점이다. 우리 헌법재판소는 지난 2009. 8. 31. 현재 총 63건[187]의 헌법불합치결정을 선고한 바 있다. 구체적으로 살펴보면, 제1기 재판부(1988. 9.부터 1994. 9.까지)가 4건, 제2기 재판부(1994. 9.부터 2000. 9.까지)가 13건, 제3기 재판부(2000. 9.부터 2006. 9.까지)가 25건, 그리고 제4기 재판부(2006. 9.이래 2009. 8.말까지)가 21건이었다.

다음, 헌법재판소는 종래 한정합헌결정이나 한정위헌결정을 선호하였다.[188] 그런데 한정합헌결정은 2002년 이후[189] 주문으로 채택되질 않고 있다. 한정위헌결정은 2004년 이후[190] 채택되지 않다가 2008년에서야 비로소 새로이 선고[191]되고 있다.

그런가 하면, 법률해석을 다툼의 대상으로 삼는 것으로 지목된 한정위헌심판청구의 적법성에 대해 헌법재판소는 종래의 견해를 정리하고자 하였지만, 실효를

---

187) 그때부터 2011. 8. 31.까지 11건의 헌법불합치결정이 추가적으로 이루어졌다. 2009년에는 2건(헌재 2009. 9. 24. 2008헌가25; 헌재 2009. 12. 29. 2008헌가13), 2010년에는 7건(헌재 2010. 6. 24. 2008헌바128; 헌재 2010. 7. 29. 2008헌가28; 헌재 2010. 7. 29. 2008헌가15; 헌재 2010. 7. 29. 2009헌가8; 헌재 2010. 7. 29. 2008헌가4; 헌재 2010. 9. 2. 2010헌마418; 헌재 2010. 12. 28. 2009헌가30), 그리고 2011년에는 2건(헌재 2011. 6. 30. 2010헌가결정; 헌재 2011. 6. 30, 2008헌바166)이 각각 이루어졌다. 그래서 총 74건이 되는 셈이다.

188) 2004. 12. 31. 현재 한정합헌결정은 총 16건(헌가절차에서 9건, 헌바절차에서 7건)이, 한정위헌결정은 28건(헌가절차에서 8건, 헌마절차에서 6건, 헌바절차에서 14건)이 각각 선고되었다.

189) 헌재 2002. 4. 25, 99헌바51, 『헌판집』 14-1, 279.

190) 헌재 2004. 12. 16, 2003헌마226, 『헌판집』 16-2하, 580.

191) 헌재 2008. 5. 29, 2006헌마1096, 『헌판집』 20-1하, 270-286; 헌재 2008. 10. 30, 2003헌바10, 『헌판집』 20-2상, 727; 헌재 2008. 10. 30, 2006헌바1, 『헌판집』 20-2상, 774.

거두진 못하고 재판관들의 의견만 다양함을 확인하였을 따름이다.[192]

이와 관련해서 대법원은 지난 2009. 2. 12. 상속세부과처분무효확인 등의 판결[193]에서 '상속개시 전에 피상속인으로부터 구 상속세법 제4조에 의하여 상속재산가액에 가산되는 재산을 증여받고 상속을 포기한 자'는 '법 제18조 제1항 소정의 상속세 납세의무를 부담하는 '상속인'에 해당한다고 보기 어렵고', '상속세를 납부할 의무가 없다'고 하였다. 그런데, 이 사건 판결은 헌법재판소가 지난 2008. 10. 30. 구 상속세법 제18조 제1항 본문을 한정위헌으로 결정한 계기를 제공한 헌법소원심판사건[194]의 관련된 소송사건의 상고심판결이다.[195] 이 사건 관련 결정에서 헌법재판소는 구 상속세법 제18조 제1항 본문 중 '상속인' 부분은 위 '상속인'의 범위에 '상속개시 전에 피상속인으로부터 상속재산가액에 가산되는 재산을 증여받고 상속을 포기한 자'가 포함되지 않는 것으로 해석하는 한 헌법에 위반된다고 선고하였다.

그런가 하면, 2009. 8. 20. 서울행정법원은 헌법재판소가 공무원연금법 제64조 제1항 제1호 위헌소원사건[196]에서 이 조항에 대해 헌법불합치로 결정함과 아울러 이 조항의 잠정적인 계속적용을 명한 것과 관련해서 심판대상인 법률조항이 합헌부분과 위헌부분으로 그 구분이 가능하다면, 합헌부분에 대해서만 계속적용을 명한 취지로 이해하고, 위헌부분은 개선입법 시점의 도과로 효력이 상실된 것으로 파악하였다.[197]

---

192) 헌재 2008. 11. 27, 2004헌바54, 『헌판집』 20-2하, 186.
193) 대법 2009. 2. 12. 선고 2004두10289판결.
194) 헌재 2008. 10. 30, 2003헌바10, 『헌판집』 20-2상, 727.
195) 대법 2004두10289판결은 최종심이고, 항소심은 광주고법 2004. 8. 19. 선고 2003누284판결이며, 제1심은 광주지법 2003. 1. 16. 선고 99구225판결이다. 여기서 이 사건 관련 결정에 있어 당해 헌법소원과 관련된 소송사건은 광주지법 2003. 1. 16. 선고 99구225판결이었다.
196) 헌재 2007. 3. 29, 2005헌바33, 『헌판집』 19-1, 211.
197) 서울행정법원 2009. 8. 20. 선고 2008구합9379판결, 법률신문 제3777호, 2009. 9. 14. pp.13-14.

Ⅱ. 문제의 제기

헌법불합치결정은 단순위헌으로 결정할 경우 초래될 법적 혼란이나 법적 공백
이라는 부작용을 해소하기 위한 채택된 결정형식이다. 이 결정은 법적용자에 대
한 법적 효과를 지향함에 있어 불합치법률의 적용을 중지하고 개선입법에 따른
처리를 명하는 경우가 있고, 불합치법률을 개선입법 시점까지 잠정적으로 계속적
용을 명하는 경우도 있다. 전자를 적용중지 불합치결정이라 하고, 후자를 계속적
용 불합치결정이라 한다. 양자의 관계는 전자가 원칙이고 후자가 예외이다.198)

그런데 불합치결정의 선고실제를 분석하면, 제3기 재판부 이래부터, 즉 실질적
으로 그 임기가 개시된 2001년 이후부터 헌법불합치결정의 선고 사례가 집중되
어 있음은 물론이고, 전자와 후자의 관계가 역전되었음을 볼 수 있다.199) 게다가,
불합치결정의 주문이나 법적 효과가 그 결정에서 다투어진 핵심쟁점과 전혀 조
화를 이루지 못하는 경우가 적지 않다는 점이다.

그런가 하면, 한정위헌청구는 헌법불합치결정의 실태분석과 관련해서 아주 이
격된 것으로 보이기도 한다. 하지만 논의의 연결점은 심판대상에 있다. 현재 헌
법재판소에서는 한정위헌청구의 적법여부, 그 적법성 판단의 기준과 허용범위 및
청구의 적법성을 인정할 경우 심판대상이나 본안의 판단범위 등을 둘러싸고 심
각한 의론이 있는 상태이다.

그런 반면, 헌법불합치결정의 사례를 분석한 결과, 심판대상을 한정적인 형태
로 설정하거나 심판대상에 대해 한정적으로 판단함으로써 기존의 결정사례보다
훨씬 더 구체적 타당성이 제고되는 경우가 나타난다는 점이다. 이는 한정적인 청
구나 한정적인 판단이 현재까지 축적된 헌법재판소의 불합치결정사례와 밀접한
연관성을 지니고 있음을 의미하는 단초이다.

---

198) 이에 관한 상세한 내용은 졸고, 박사학위논문, p.305. 이하, 졸고, 『헌법재판연구』 제7권,
p.368. 아울러 헌재 2007. 5. 31, 2005헌마1139에서 이동흡·송두환 재판관의 반대의견, 『헌
판집』 19-1, 711, 734-735.

199) 필자가 분석한 통계에 따르면, 제1기와 제2기에서 17건이, 제3기와 제4기에서 46건으로, 총
63건이 불합치로 결정되었다. 그중 2001년 이래, 다시 말해서 제3기와 제4기 재판부에서 총 46
건인데, 그중 계속적용이 33건, 적용중지가 11건, 그리고 양자 모두가 2건이었다. 이에 관한 상
세한 내용은 졸고, 『헌법논총』 제20집, pp.251-252.

여기서 다루는 주제는 논리적으로는 심판청구, 심판대상의 획정, 심판과정에서의 한정적 판단, 결정주문의 선택과 그에 따른 법적 효과의 설정 등의 순서로 접근함이 옳을 것이다. 하지만, 이 발표에서는 순서를 뒤바꾸기로 한다. 즉, ① 헌법불합치결정의 주문 및 그 법적 효과와 그 결정상 핵심쟁점과의 부조화 분석이다.200) ② 이를 통해 심판대상의 축소나 심판대상의 한정적 판단 필요성을 확인한다. 이 과정에서 헌법재판소가 한정적인 형태의 결정을 선고한 사례들도 분석대상에 포함시키기로 한다. ③ 심판대상을 한정적인 형태로의 축소나 심판대상에 대한 한정적 판단으로 유형화하고, 이러한 각각의 방안이 지닌 법적 효과 내지 결정주문의 효력에 대해서도 검토한다. ④ 아울러 심판대상의 획정이나 심판대상의 축소가 한정적 심판청구와 연관된 의미를 파악한다. 이는 한정적 심판청구의 적법성 논란이 종국에는 심판대상의 획정문제로 환원됨을 의미하는 것이다. ⑤ 이상의 분석 및 검토를 통해서 문제의 해결방안을 모색하기로 한다.

그리고 이 글에서는 자료분석상 구조적인 한계가 있음을 인정하지 않으면 안 된다. 헌법불합치로 결정된 사례로 한정했다는 점이다. 단순위헌이나 합헌으로 결정되었음에도 이와 관련해서 쟁점이 될 만한 요소가 존재할 것이기 때문이다.

---

200) 이 부분은 전술한 제2장과 내용이 중복되므로 여기서는 생략한다. 전술한 제2장 제3절.

제2절 헌법불합치결정 사례의 실태분석

헌법불합치결정의 사례분석에서 나타난 한정적 심판청구 내지 심판대상의 한정적인 판단 필요성을 추적하기 위해서는 앞 章에서 서술한 ① 헌법불합치결정의 유형화와 ② 그러한 유형화에 따른 분석을 여기서도 간단하게나마 살펴보지 않으면 안 된다. 불합치결정의 사례 전반에 걸쳐 한정적 심판청구나 한정적 판단의 필요성이 제기되는 것은 아니기 때문이다.

Ⅰ. 불합치결정의 유형화와 평가요소

앞서 말한 바와 같이 우리 헌법재판소는 2009. 8. 31. 현재 총 63건의 헌법불합치결정을 선고하였다. 불합치로 결정한 원인을 추적하면, 대체로 5가지 형태로 구분 지을 수 있다.[201]

첫째는 불완전한 형태로 이루어진 법률조항에 대한 위헌여부의 다툼에서, 부진정 입법부작위에 대한 위헌확인을 헌법불합치로 결정한 경우이다. 다시 말해서 사건에서 핵심적으로 다투어진 사항이 기성의 입법에 반영되어야 하였음에도 그렇지 못해 다투어진 경우이다. 그로 인해 헌법상 보장된 기본권실현에 불완전한 입법상태가 초래된 것이다. 세부적인 내용으로는 ① 적법한 기본권침해에 대한 대상조치(代償措置)를 결여한 경우, ② 평등원칙으로 위헌논증을 한 경우, 그리고 ③ 그 밖의 심판기준(예컨대 과잉금지원칙, 법적 청문권 침해)으로 위헌논증을 한 경우이다.

둘째는 평등원칙의 위반에 관한 경우이다. 세부적인 내용으로는 ① 같은 것을 다르게 규율한 경우와 ② 다른 것을 같게 규율한 경우로 크게 구분 지을 수 있다. 평등원칙은 원래 불합치결정과 아주 친근한 심판기준이다.

---

201) 이하에 관해 상세한 내용은 졸고, 『헌법논총』 제20집, p.253. 이하; 제2장 제3절.

셋째는 합헌부분과 위헌부분의 경계를 획정하기에 곤란한 경우이다. 이에 관해 헌법재판소는 자유권에 해당하는 영역의 문제로 구획하고 해명하려 시도한다. 하지만, 이 경우는 후술하는 일반적인 경우와는 구분 지어야 한다. 여기에도 일정한 특색이 있으며, 둘로 유형화할 수 있다. ① 제도는 합헌이지만, 그 내용에 위헌성이 있는 경우이고, ② 원칙적으로 위헌이지만, 부분적으로는 합헌성이 있는 경우이다.

넷째로는 입법형식의 잘못에 관한 경우이다. 여기에서는 포괄위임입법금지원칙, 명확성원칙 및 법률유보원칙 등과 관련해서 논의된다.

다섯째로는 일반적인 경우이다.202)

Ⅱ. 결정의 원인별 유형화에 따른 분석

1. 부진정 입법부작위에 해당하는 경우

먼저, 부진정 입법부작위에 관해 헌법불합치로 결정한 사례를 검토하면, 부진정 입법부작위에 있어 주문채택의 논리형식은 제도 자체는 합헌이고, 입법규율상 흠결이 있어 그 부분이 위헌이라는 점이다. 그런데, 주문채택의 배경을 설명하는 내용을 살펴보면, 심판대상으로 삼은 제도 자체를 위헌으로 하면 안 되므로, 피치 못하게 불합치로 결정하면서 잠정적인 계속적용을 명할 수밖에 없다는 것이다. 헌법재판소는 부진정 입법부작위를 특정 조항과 연관 지어 심판대상을 획정하는 형태를 취하고 있다. 그렇게 하다 보니 논리구조가 꼬이는 상황이 초래된 것이다.

부진정 입법부작위 그 자체를 심판대상으로 삼거나 결정주문의 내용에 반영하게 되면, 법적 효과의 측면에서 볼 때, 계속적용의 불합치결정은 거의 불필요하

---

202) 이상과 같은 분류는 일의적인 것이 아니다. 하나의 사건에 다양한 쟁점이 제기된 경우, 위의 구분 유형이 중첩될 수도 있다. 가장 대표적인 것이 평등원칙위반과 부진정 입법부작위에 관한 경우에서 나타난다. 합헌과 위헌부분의 경계가 불분명한 경우도 그렇다.

게 된다. 왜냐하면, 헌법재판소가 계속적용을 명한 이유는 심판대상인 조항이 추구하는 제도 자체를 보호하고자 한 것이었기 때문이다.

이를 해소하기 위해서는 먼저 심판대상으로 쟁점적인 사항을 드러내야 하고, 이어서 그에 대해 포함불합치로 결정하거나 해석기준으로 반영해서 한정적 불합치로 결정할 필요성이 더욱 부각되었다고 하겠다.

2. 평등원칙의 위반에 관한 것인 경우

평등원칙위반에 관한 사례를 보면, 불합리한 차별기준의 설정으로 인해 위헌문제가 나타난 것으로 보인다. 이에 의거해서 다음 단계로 논의가 전개될 수 있게 된다. 이는 두 가지로 구획된다. 그 하나는 계쟁집단과 비교대상집단 간에 아무런 사실상의 차이가 없음에도 불구하고 편익을 배제하거나 더 많은 법익의 제약을 가져오는 경우이다. 다른 하나는 계쟁집단과 비교대상집단 간에 사실상의 차이가 뚜렷하여 서로 달리 취급되어야 함에도 동일하게 취급하는 경우를 들 수 있다. 즉 정당하게 받아야 할 법익의 향유대상에서 배제하거나 보다 덜 제약을 받아야 함에도 동등하게 제약이 가해지는 경우이다.

여기서 분석대상이 된 결정들은 모두 평등원칙위반에 따른 해소방안을 입법자의 몫으로 돌린 것이다. 그렇기 때문에 여기서의 분석대상에 포함될 수 있었다.

하지만 논리적으로는 세 가지가 가능하다. 그 하나는 헌법재판소가 기존에 제공된 편익을 단순위헌으로 결정해서 소거해버리는 방법이다. 그 둘은 이른바 조건부 위헌 내지 한정위헌의 형태를 취하면서 헌법재판소가 나서서 법적인 틈새를 메워버리는 방법이다. 그 셋은 입법자로 하여금 국가재정을 배려하거나 다양한 입법대안을 모색하면서 개선입법을 하도록 맡기는 방안이다. 여기서 논의되는 평등원칙은 모두 세 번째 방안을 입법자로 하여금 수행하도록 헌법재판소가 요구한 것이다.

3. 합헌부분과 위헌부분의 구획이 불명확한 경우

합헌부분과 위헌부분의 구획이 불분명한 경우에 대해서도 헌법재판소는 불합치결정을 선호한다. 그런데 좀 더 세부적으로 살펴보면, 제도 자체는 합헌이고 내용에 위헌부분과 합헌부분이 혼재되어 있는 경우 헌법재판소는 스스로 구분선을 긋지 아니하고 입법자에게 그 역할의 수행을 떠넘긴다는 점이다. 그러면서 잠정적인 계속적용의 필요성을 강조한다. 이런 점은 헌가절차나 헌바절차와 같이 불합치법률의 제정 시점부터 결정 시점까지의 시적 공간에 결정이 반응을 보여줘야 하는 경우에는 즉각적으로 심판결과에 갈등을 초래하게 된다. 이는 종합부동산세의 주택분 납세의무자에 대한 사례에서 대표적으로 제기되었다.[203]

원래 위헌결정은 기본적으로 합헌부분의 일정한 내포를 전제로 한다. 그래서 합헌부분을 회복하고자 하면 국회가 개선입법을 할 필요성을 느끼게 되는 것이다. 물론 합헌부분에 대한 위헌으로의 취급이 또다른 중대한 위헌상태를 초래한다면, 그런 경우에 대해서는 달리 해야겠지만, 그 정도에 이르지 않는 한, 헌법불합치로 결정하는 것보다는 단순위헌이 바람직하다고 하겠다.

4. 입법형식의 잘못에 관한 것인 경우

입법형식의 잘못도 중요한 불합치결정의 대상이 된다. 이에 해당되는 심사기준으로는 명확성의 원칙, 포괄위임금지원칙 및 법률유보원칙을 들 수 있다.

이러한 심사기준에 위반된 경우, 즉 위헌성이 입법형식의 잘못에 지나지 않는 경우에 대해서는 ① 불합치법률의 적용을 중지하고 개선입법에 따라 처리하도록 하거나 ② 불합치법률의 잠정적인 계속 적용을 명하거나 또는 ③ 잠정합헌으로 결정하는 것이 구체적인 사건의 처리에는 아무런 차이도 없다는 점이다. 예컨대, 포괄위임금지의 원칙에 어긋난 사항을 개선입법에 반영함으로써 그로써 합헌이 되는 셈이기 때문이다. 그럼에도 불구하고 그런 경우 적용중지를 명한다 하더라도, 입법내용의 잘못에 해당하지 않는 한, 그 의미를 독자적으로 갖기는 어렵다.

---

203) 헌재 2008. 11. 13, 2006헌바112, 『헌판집』 20-2하, 1-117.

그래서 입법형식의 잘못인 경우 헌가절차나 헌바절차라 할지라도, 단순위헌으로 결정하지 않는 한, 적용중지나 계속적용은 사실상 아무런 차이도 없게 된다.

5. 일반적인 경우

이 항목에서 분류된 것은 앞서 논의한 바와 같이 유형화함에 있어 어느 형태로든 특징지을 수 없는 것들이다. 특히 심판대상이나 결정 이유와 결정주문의 관계 또는 결정상 핵심쟁점과 결정주문의 부조화라는 측면에서 특징적인 모습을 찾아내긴 어렵다. 이에 해당되는 결정을 유형적으로 소개한다.

먼저, 가족제도와 관련해서는 ① 친생부인의 소의 제척기간을 규정한 민법 제847조 제1항의 위헌심판제청,204) ② 동성동본금혼을 규정한 민법 제809조 제1항 위헌제청,205) ③ 상속인이 상속개시 있음을 안 날로부터 3월내에 한정승인이나 포기를 하지 아니한 때에는 단순승인을 한 것으로 보는 민법 제1026조 제2호의 위헌심판제청,206) ④ 호주제를 규정한 민법 제781조 제1항 본문 후단 부분의 위헌심판제청207), 그리고 ⑤ 부성주의를 규정한 민법 제781조 제1항의 위헌심판제청208)사건에서 불합치결정이 있었다.

다음, 재판청구권에 관한 경우로는 1995. 9. 28. 특허법 제186조 제1항 등 위헌제청사건209)과 국가정보원직원이 사건당사자로서 직무상의 비밀에 속한 사항을 진술하고자 할 때에는 미리 원장의 허가를 받아야 하도록 규정한 국가정보원직원법 제17조 제2항의 위헌심판제청사건210)에서도 불합치결정이 있었다.

그리고, 선거구획정에 관한 경우로는 ① 공직선거및선거부정방지법 제25조 제2항[별표1] 위헌확인211), ② 공직선거법 제26조 제1항에 의한 별표2 위헌확인212), 그리고 ③ 경상북도 시·군의회의원 선거구와 선거구별 의원 정수에 관

---

204) 헌재 1997. 3. 27, 95헌가14,『헌판집』9-1, 193.
205) 헌재 1997. 7. 16, 95헌가6,『헌판집』9-2, 1.
206) 헌재 1998. 8. 27, 96헌가22,『헌판집』10-2, 339.
207) 헌재 2005. 2. 3, 2001헌가9,『헌판집』17-1, 1.
208) 헌재 2005. 12. 22, 2003헌가5,『헌판집』17-2, 544.
209) 헌재 1995. 9. 28, 92헌가11,『헌판집』7-2, 264.
210) 헌재 2002. 11. 28, 2001헌가28,『헌판집』14-2, 584.
211) 헌재 2001. 10. 25, 2000헌마92,『헌판집』13-2, 502.

한 조례 [별표] 위헌확인[213) 등에서이다.

그 외에도 1994. 7. 29. 토지초과이득세법 제10조 등 위헌소원,[214) 2008. 7. 31. 태아의 성별고지금지를 규정한 의료법 제19조의2 제2항 위헌확인소원,[215) 2007. 8. 30. 일반 불법행위와는 달리 경과실에 의한 실화의 경우에는 민법 제750조의 적용을 배제하고 있는 실화책임에관한법률의 위헌심판제청,[216) 그리고 5급 공채시험의 응시연령 상한을 '32세까지'로 정한 국가공무원법 제36조 등 위헌확인[217)사건에서도 불합치결정이 이루어졌다.

하지만, 여기서 다루고자 하는 한정적 심판청구나 심판대상에 대한 한정적 판단의 필요성과 관련해서는 특별한 논의의 대상이 되지 아니한다.

---

212) 헌재 2007. 3. 29, 2005헌마985, 『헌판집』 19-1, 287.
213) 헌재 2009. 3. 26. 2006헌마67, 『헌판집』 21-1상, 512.
214) 헌재 1994. 7. 29, 92헌바49, 『헌판집』 6-2, 64.
215) 헌재 2008. 7. 31, 2004헌마1010, 『헌판집』 20-2상, 236-268.
216) 헌재 2007. 8. 30, 2004헌가25, 『헌판집』 19-2, 203.
217) 헌재 2008. 5. 29. 2007헌마1105, 『헌판집』 20-1하, 329-339.

제3절 불합치결정의 실태분석에서 드러난 한정적
판단의 필요성

I. 개설

앞에서는 헌법불합치결정의 사례를 분석한 결과를 살펴보았다. 거기서 주목할 만한 핵심적인 사항은 두 가지이었다. 그 하나는 계속적용 불합치결정의 부적절함이었고, 다른 하나는 한정적인 또는 포함적인 형태의 불합치결정을 채택하는 것이었다.

이미 지적한 바와 같이 결정주문과 핵심쟁점과의 부조화현상이 심각한 상태이다. 그러나 우리 헌법재판소가 헌법불합치결정과 관련해서 심판대상을 한정적인 형태로 축소하거나 심판대상에 대해 한정적으로 판단하는 경우는 없었다.[218] 바로 여기에 문제의 핵심이 또 현상에 대한 해결책이 놓여 있다고 본다. 이는 심판대상을 법률 조항 자체로 함을 고집할 것이 아니고, 보다 유연하게 한정적인 형태로도 획정하는 방안을 모색해야 함을 의미한다. 다시 말해서 심판대상을 구체적 사안에 맞춰 조정하고, 이를 결정주문에 반영할 필요성이 매우 큼을 웅변하는 것이다.

그러면, 여기서는 먼저 심판대상의 획정에 관해 다루고, 이어 심판대상에 대해 한정적으로 판단하는 것에 관해 살펴본다. 그 다음에는 한정적인 판단에 조응한 결정주문의 채택방안에 대해서도 검토하기로 한다.

---

[218] 그러나 소수의견에서는 한정적 판단에 따른 주문표시의 필요성을 역설한다. 예컨대, 헌재 2007. 6. 28, 2004헌마644, 『헌판집』 19-1, 859; 2008. 11. 13, 2006헌바112, 『헌판집』 20-2 하, 1 등에서 조대현 재판관의 의견.

Ⅱ. 심판대상의 획정

헌법재판에 있어 심판대상은 헌법재판소 결정의 효력이 미치는 범위를 정하는 표준이 된다는 점에서 매우 중요한 실체적 의미를 가진다.[219] 그러므로 제청법원이나 심판청구인은 당해 소송에서 재판의 전제가 되는 법률조항이 명백히 분할될 수 있으면 가능한 한 세분하여 적용의 대상이 되는 부분을 좁혀 위헌심판제청을 하여야 하고, 헌법재판소의 심판범위는 일반법원이 위헌심판을 제청한 범위에 한정하는 것이 원칙이다.

그런데, 여기서 청구인이나 제청법원의 청구취지나 제청취지를 존중함을 전제로 심판대상을 더욱 축소할 수 있는지의 문제가 제기된다. 물론, 심판제청이나 청구가 한정적인 형태로 이루어지는지와 무관하게 헌법재판소는 직권으로 심판대상을 획정할 수 있다. 여기서 두 가지 측면으로 논의가 전개될 수 있다.

그 하나는 법률 조항 자체의 위헌여부가 다투어졌지만, 당해사건과의 관련성 등에 비추어 볼 때, 한정적인 형태로 획정하는 것이 훨씬 더 유연하게 대응할 수 있을 경우 심판대상의 축소가 가능한가 하는 점이다. 다른 하나는 후술하는 바와 같이 한정적인 위헌심판청구가 이루어졌을 경우 청구취지를 그대로 심판대상으로 삼는 것이 가능한가 하는 점이다.

필자의 짧은 식견으로는 심판대상이 법률 자체가 아닌 법률해석이라 지칭된다 할지라도 한정적인 형태로의 축소도 가능하다고 본다. 그럼으로써 구체적 타당성에 훨씬 더 기여하게 될 것이기 때문이다. 그러나 여기서 한정적인 형태라 함은 규범이 설정하고 있는 구성요건이 포섭하려는 영역을 일정한 생활 사태를 중심으로 유형화할 수 있거나 구획할 수 있는 경우를 말하는 것이고, 또 법원에 의하여 일정한 생활영역에 따른 사례군이 집적되었을 경우[220]가 이에 포함된다고 하겠다.

심판대상을 이와 같이 획정하였을 경우 그에 대해 청구인용의 형태로 결정주문이 제시될 때에는 그렇게 획정된 부분에 대해서만 인용결정의 효력이 발

---

219) 헌법재판소, 『헌법재판 실무제요』 p.40.
220) 상세한 내용은 손인혁, 『연세 거버넌스와 법』 제1권 제1호, pp.250-251.

생한다.221) 이는 일종의 양적 일부위헌 내지 이른바 포함위헌의 형태가 된다고 하겠다.

Ⅲ. 심판대상에 대한 한정적 판단

1. 한정위헌결정과 심판대상

한정위헌결정이란 법률의 위헌여부에 대한 헌법재판에 있어서, 그 법률에 다의적인 해석가능성이 있을 때 합헌적인 한정축소해석을 한 후, 그 타당영역 밖에 있는 경우까지 법률의 적용범위를 넓히는 것은 위헌이라는 결정을 말한다.222) 이에 해당하려면 몇 가지 조건이 충족되어야 한다. 첫째, 주문이 위헌결정의 형식으로 나타나야 한다. 둘째, 심판대상이 후술하는 포함위헌이나 적용위헌결정의 경우와 같이 특정사안례군으로 한정되어서는 안 되고 최소한 특정 조문의 양적 일부로 범위가 획정되어야 한다. 셋째, 심판대상에 대해 해석기준이 설정되어야 한다.

그런데, 견해에 따라서는 한정위헌결정을 포함위헌결정과 구분하지 않고 일률적으로 한정위헌결정으로 지칭한다.223) 그러나 외형적으로는 동일한 것처럼 보이지만, 하나는 심판대상에 대해 한정적 판단을 한 것이고, 다른 하나는 심판대상

---

221) 이에 대해 합헌결정이 이루어질 경우 실체법적 효력은 기존의 법적 상태가 합헌임을 권위적으로 확인함에 지나지 않기 때문에 별달리 논의의 여지가 없지만, 소송법적인 측면에서는 심판대상이 된 부분에 대해서 거듭 다투고자 한다면, 사정변경의 사유가 발생하였음을 후소에서 입증해야 한다는 점에서 그 의미를 지닌다. 물론 헌법재판소나 다수설은 발표자와는 다른 시각을 지니고 있다.

222) 헌재 1997. 12. 24, 96헌마172 등, 『헌판집』 9-2. 842,861. 그러나 한정위헌결정이란 '단순위헌결정이 그 주문에서 당해 법률이나 법률조항의 전부 또는 일부에 대하여 위헌결정을 선고함으로써 그 효력을 상실시켜 법률이나 법률조항이 폐지되는 것과 같은 결과를 가져 온 것이 아니라 그에 대하여 특정의 해석기준을 제시하면서 그러한 해석에 한하여 위헌을 선언하는 방식'이라고 한다. 대법 1996. 4. 9. 선고 95누11405판결(공1996상, 1442 이하).

223) 황도수, 『헌법논총』 제10집, pp.247-250. 이준상, 『헌법논총』, 제18집, p.308. 이하, 김현철, 『법학논총』 제29집 제2호, p.298. 이하.

자체를 한정적으로 설정한 것이라는 점에서 구분된다고 하겠다.

2. 포함결정과 한정결정의 차이

포함(적용)결정 내지 포함(적용)위헌결정224)이란 법률 조문상의 단위나 조문상의 명시적인 일부를 심판대상으로 삼은 것이 아니고 그것을 보다 더 세분화시켜 해석례나 적용례의 일부로 한정해서 심판대상으로 삼아 위헌여부를 판단하는 결정, 특히 위헌결정을 말한다.225) 이러한 유형에 포괄될 가장 대표적인 사례가 사죄광고의 위헌결정226)과 국유재산 중 잡종재산의 시효취득금지의 위헌결정227)이다.228)

---

224) 이러한 용어사용이 적절한 것인지에 대해서는 의문이 없지 않지만, 대안이 마땅치 않기 때문에 이렇게 사용하기로 한다. 이와 같은 표현을 사용하게 된 요인은 사죄광고의 위헌결정이나 국유재산 중 잡종재산의 시효취득금지의 위헌결정의 사례가 여기서 논의하는 포함(적용)결정 내지 포함(적용)위헌결정을 가장 적절하게 형상화하고 있기 때문이다. 게다가 이러한 결정유형은 후술하는 한정결정이나 부분위헌 내지 일부위헌결정과도 구분시켜야 할 필요성이 크기 때문이다.

225) 이에 관해서는 졸고,『공법학연구』제10권 제1호, pp.74-75.

226) 헌재 1991. 4. 1, 89헌마160,『헌판집』3, 149, 150. 이 사건 결정에서 헌법재판소는 심판대상을 '사죄광고를 민법 제764조 소정의 '명예회복에 적당한 처분'에 포함시킬 때 위 조항이 위헌인가의 여부'로 획정하고, '민법 제764조의 '명예회복에 적당한 처분'에 사죄광고를 포함시키는 것은 헌법에 위반된다'는 주문을 제시하였다. 여기서 주목해야 할 바는 사죄광고 이외의 명예회복에 적당한 처분이 위헌인지 여부는 이 사건 결정에서 판단의 대상이 되지 않았다는 점이다.

227) 헌재 1991. 5. 13, 89헌가97,『헌판집』3. 202, 203. 이 사건 결정에서 헌법재판소는 심판대상을 '국유재산 중 잡종재산을 시효취득의 대상에서 제외하는 국유재산법 제5조 제2항이 헌법에 위반되는 여부'로 하였고, '국유재산법 제5조 제2항을 동법의 국유재산 중 잡종재산에 대하여 적용하는 것은 헌법에 위반된다'는 주문을 제시하였다. 여기서도 마찬가지로 국유재산 중 행정재산이나 보존재산에 대해 시효취득의 금지를 규정한 부분의 위헌여부는 판단되지 아니하였다.

228) 적용위헌이나 포함위헌에 해당하는 결정례에 관한 분석으로는, 졸고,『헌법논총』제9집, pp.912-913. pp.927-946. 이러한 유형에 해당하는 것으로 파악된 결정례로는 헌재 1991. 6. 3, 89헌마204,『헌판집』3, 268, 272(결정주문은, '화재로인한재해보상과보험가입에관한법률 제5조 '특수건물' 부분에 동법 제2조 제3호 가목 '4층 이상의 건물'을 포함시키는 것은 헌법에 위반된다'고 하였다. 이 사건 심판대상을 '화보법 제5조의 '특수건물'부분에 동법 제2조 제3호 가목 소정의 '4층 이상의 건물'부분을 포함시키는 것이 위헌인지 여부'로 축소함이 타당하였을 것이다.); 헌재 1992. 1. 28, 91헌마111,『헌판집』4, 51, 54(결정주문 제2항은 '행형법 제62조는 그중 행형법 제18조 제3항을 미결수용자의 변호인 접견에도 준용하도록 한 부분은 헌법에 위반된다'고 하였다); 헌재 1992. 10. 1, 92헌가6,『헌판집』4, 585, 589; 헌재 1992. 11. 12, 91헌가2,『헌판집』4, 713, 715(결정주문은, '1980년해직공무원의보상등에관한특별조치법 제2조 제2항 제1호의 '차관급이상의 보수를 받은 자'에 법관을 포함시키는 것은 헌법에 위반된다'고 하였다. 심판대상은 같은 법 제2조 제2항 제1호 중 '…… 차관급 상당 이상의 보수를 받은 자'라는 부분이 헌법에 위반되는지의 여부에 관한 것이다) 등.

그에 비해 한정결정이란 '……로 해석하는 한, 헌법에 위반되지 아니한다' 또는 '……로 해석하는 한 헌법에 위반된다'는 한정적인 형태의 결정을 말한다.229) 이러한 한정결정이 선고되기 위해서는 먼저 심판대상 규범의 가분(可分) 여부가 판단되어야 하고, 그 다음 해석기준이 제시되어야 한다. 그로 인해 심판대상규범의 내용이 일부 제한되거나 보충되는 결과가 초래되어야 한다. 한정합헌결정, 한정위헌결정, 조건부위헌결정 및 합헌적 법률해석 등이 이에 해당된다.

포함결정은 법률 조문상의 단위나 조문상의 명시적 일부를 심판대상으로 삼아 위헌으로 결정하는 부분위헌결정과는 구분된다. 그리고 여기서 주목해야 할 바는 심판대상이 되지 아니한 해석례나 적용례에 대해서는 주문의 효력이 미치지 않는다는 점이다. 그에 대해 나중에 위헌심판이 제청되거나 청구된다면, 헌법재판소는 전소의 결정과는 무관하게 독립적으로 심판하고 또 본안판단이 이루어졌을 경우 판단에 따른 적절한 결정유형을 선택할 것이다. 이 점에서 한정결정과는 구분된다.230)

그리고 포함결정은 심판대상이 된 부분에 대한 전부위헌결정이고, 한정결정은 심판대상에 대해 일응 해석기준을 제시하고 그 기준에 의거해서 합헌해석부분과 위헌해석부분을 구획하는 것이다. 그에 비해 포함결정은 합헌해석부분이나 위헌해석부분 중 어느 한 부분만을 심판대상으로 삼고, 그에 대해 위헌이면 위헌, 합헌이면 합헌이라 결정하는 것이다.231)

정리하면, 양 결정유형은 두 가지 핵심적인 차이점을 지닌다. 그 하나는 해석기준에 해당되는 부분이 심판대상의 획정으로 작용하는지의 여부이다. 다른 하나는 심판대상의 내부에서 또다른 해석기준을 제시해서 반대해석이 가능한지 여부이다.

3. 한정위헌결정과 한정위헌청구의 관계

한정위헌청구란 헌재법 제68조 제2항의 헌법소원과 관련해서 청구인이 법률

---

229) 상세한 내용은 졸고, 『헌법논총』 제9집, pp.915-922.
230) 동지: 김현철, 『법학논총』 제29집 제2호, p.300.
231) 양자의 효력상 편차에 관해서는 이미 다른 곳에서 상세하게 논의하였으므로 생략한다. 그 구체적인 내용에 관해서는, 졸고, 『헌법논총』 제9집, pp.1047-1050.

또는 법률조항 자체의 위헌여부를 다투는 것이 아니라 그 법률 또는 법률조항의 특정한 해석방법이나 적용영역의 위헌여부를 다투는 것을 말한다.232) 이러한 청구가 한정위헌결정과 어떠한 연관성이 있는지가 문제된다.

이에 관해 견해에 따라서는 한정위헌결정이 부인되는 것과 마찬가지로 한정위헌청구도 부인되어야 함을 주장한다.

그러나 한정위헌결정이 반드시 한정위헌청구를 전제로 해야 하는 것도 아니고, 한정위헌청구를 인정한다 하더라도 바로 그 심판대상이 그 부분으로 한정되어야 하는 것도 아니다.233) 한정위헌결정은 그 전에 먼저 심판대상을 논의해야 하고, 그 심판대상을 한정적으로 판단한 결과가 한정위헌결정일 뿐이다. 그런 심판대상이 되기 위해서는 한정위헌청구의 취지를 그대로 받아들이면 안 되고 청구취지를 확장하지 않으면 안 된다.234)

이상에 비추어 볼 때, 한정위헌청구를 한정위헌결정과 연결지우는 것은 적절치 않다. 한정위헌청구는 적법요건 단계에서 논의대상일 뿐이고, 심판대상을 해석기준을 통한 획정여부가 한정위헌결정과 연관관계를 지닌다 할 것이다.

Ⅳ. 한정적 판단에 따른 결정주문의 채택 개연성

심판대상에 대해 한정적인 판단을 하고 청구인용 형태의 결정을 선고함에 있어 채택될 결정주문의 유형을 살펴본다.

---

232) 한정위헌청구가 헌재법 제68조 제2항의 헌법소원심판절차에서 문제되는 요인은 이와 같은 사항에 관해 소송당사자가 사건담당법원에 위헌법률심판제청신청을 하였지만, 사건담당법원이 제청을 기각하였거나 각하하였기 때문이다. 그로 인해 헌가절차에서 문제되질 아니한 것이었고, 헌마절차에서도 문제될 여지는 충분하다고 보인다.

233) 손인혁, 『연세거버넌스와 법』 제1권 제1호, p.235. 각주 4번.

234) 이준상, 『헌법논총』 제17집, p.307. 만약 청구취지를 심판대상으로 그대로 받아들이게 되면, 필자의 표현으로 표시하면 포함위헌청구 내지 양적 일부위헌청구가 될 것이다.

1. 한정위헌결정과 헌법불합치결정의 관계

가. 양자는 대체관계인가? 보완관계인가?

한정위헌결정이 헌법불합치결정과 대체관계로 기능할 수 있는지가 문제된다.

이에 관해 법원이 한정위헌결정을 위헌결정으로 보려하지 않는 것에 착안해서 대체관계로 보려는 견해가 있다.235) 즉, '헌법재판소가 판단하기에 대법원이 채택한 법률해석에 의하면 당해 법률조항에 합헌적인 적용영역과 위헌적인 적용영역이 있는데 조문의 일부에 대한 일부위헌결정으로서는 그 위헌적 적용범위를 제거할 수 없고, 그렇다고 당해 법률조항 전부에 대하여 단순위헌결정을 한다면 당해 법률조항의 합헌적인 적용영역까지 제거되는 결과가 되고 그것이 단순합헌으로 하는 경우보다 오히려 더욱 위헌성이 심한 법적 공백상태에 이르게 된다고 보는 경우에는, 당해 법률조항에 대하여 헌법불합치결정을 하여 입법자에게 합헌적인 적용영역을 살리는 법개정을 촉구하고 개선된 법률에 따라 법률관계가 규율될 수 있도록 한다면 한정결정유형을 활용하지 않고도 위와 같은 문제점을 해결할 수 있을 것이다. 헌법불합치결정에 대하여도 법원도 위헌결정의 한 형식으로 그 효력을 인정하고 있으므로 법원과의 갈등문제도 생기지 않고 당사자의 권리구제에도 훨씬 실효성이 있을 것'이라고 한다.236)

이는 몇 가지 측면에서 문제점을 지적할 수 있다. 첫째로는 한정위헌결정은 법률해석에 지나지 않는다는 법원의 견해를 그대로 관철시키려는 의도를 바탕으로, 이에 대한 헌법재판소의 통제를 모면하려는 것이다. 둘째로는, 이런 태도는 헌법재판소에게 부여된 자유로운 결정주문선택권을 침해하는 위헌적인 발상이다. 셋째, 헌법재판소가 한정위헌결정을 통해서 해석기준을 정하고 그 기준에 따라 재판하도록 법원에 맡기면 될 일을 가지고 개선입법 시점까지 절차를 중지시키고 권리구제를 지체시킴은 전혀 바람직스럽지 못하다는 점이다.

생각건대, 각각의 결정형식은 그 자체마다 고유한 규율공간을 지니고 있다. 심판대상의 범위를 획정하는 문제와 시적인 범위를 획정하는 문제는 서로 다른 차원에서 접근해야 할 사안이다.237) 물론 부분적으로는 수긍이 갈만한 요소가 없는

---

235) 최완주, 「한정결정, 선택인가 필수인가?」, 법률신문 2002. 10. 3. p.14.
236) 이에 대해서는 김현철, 『법학논총』 제29집 제2호, pp.305-306.

것은 아니다.238)

후술하는 바와 같이 한정위헌결정과 헌법불합치결정이 서로 대체관계에 놓일 수는 있다. 그러나 이는 평등원칙위반을 해소하는 경우에 한정된 것이고, 또 그렇다 할지라도 좀 더 세부적으로 살펴보면, 한정위헌이 바람직한 영역과 헌법불합치가 바람직한 영역은 구분된다는 점에 유념해야 할 것이다.

이와 같이 부분적으로는 대체관계로 보이기도 하지만, 그보다는 오히려 양자는 서로 보완관계에 놓여 있음을 후술하는 바와 같이 주목해야 한다.

나. 한정결정과 불합치결정의 결합

한정결정과 불합치결정이 지향하는 효력영역은 기본적으로 서로 다르다.239) 한정결정은 심판대상에 대해 해석기준을 제시하거나 심판대상을 제약하는 형태, 즉 대상적 효력영역을 구획하는 속성을 지닌다. 그에 반해, 불합치결정은 법적 효과를 시적으로 제약하는 형태, 즉 시적 효력영역을 구획하는 속성을 지닌다. 이와 같은 서로 다른 속성은 양자의 결합을 가능하게 한다. 그에 따라 주문은 '……로 해석하는 한 헌법에 합치되지 아니한다' 또는 '…… 하는 범위 내에서 헌법에 합치되지 아니한다'로 제시될 수 있을 것이다. 이 경우는 해석기준에 따라 합헌해석과 헌법불합치해석으로 나뉠 수 있게 된다.240) 각각의 해석부분에는 각각의 해석 방향에 상응한 결정의 효력이 발생하게 된다. 다시 말해서, 그 결정에 따른 소송법적 효력을 당연히 인정할 수 있고, 실체법적 효력에 있어서는 헌법불합치로 해석된 부분은 헌법불합치결정과 동일한 형태의 법적 효과가 발생한다. 물론 여기서는 개선입법의 촉구와 더불어 법적용자로 하여금 불합치로 해석된 부분의 적용절차를 중지하고 개선입법에 따르도록 명하는 것과 불합치로 해

---

237) 부진정 입법부작위에 대한 헌법불합치결정은 입법적 흠결이라는 대상적 범위의 문제를 다룬 것이지, 시적 범위를 다룬 것은 아니라고 지적한다. 김현철, 『법학논총』 제29집 제2호, p.306. 각주 63번. 그러나 입법부작위부분은 대상적 범위에 관한 것이고, 이를 시한을 설정하면서 개선입법의무를 부과한 것은 시적 범위에 관한 것이다.

238) 상세한 내용은 후술하는 '불합치원인별 주문 채택 가능성' 부분.

239) 이에 관한 상세한 내용은, 졸고, 『헌법논총』 제9집, p.952. 졸고, 『공법학연구』 제10권 제1호, pp.71-72.

240) 이 점은 비교법적 시각에서 볼 때에도, 특히 독일에서도 아주 자주 활용되는 결정형식이라는 점을 강조하고자 한다.

석된 부분의 잠정적인 계속 적용을 명함도 가능하다고 하겠다.

그러면, 한정결정과 불합치결정이 결합될 수 있는 상황을 상정해본다. 먼저, 위헌심판절차를 진행하면서 심판대상에 대해 한정적인 판단의 필요성을 느껴야 할 것이다. 이때 합헌부분과 위헌성 판단부분으로 구획할 수 있게 된다. 그 다음에는 심판대상을 단순위헌으로 결정할 경우 법적 공백상태나 법적 혼란 상태의 초래를 방지할 필요성을 인식해야 한다. 이 두 가지 요소를 결합시킴으로써 위헌성이 있다고 판단되는 부분에 대해서만 불합치결정의 법적 효과가 발생하게 하는 것이다. 여기서는 또 반대해석이 가능해서 해석기준으로 설정된 나머지 영역은 합헌으로 파악하게 된다.

2. 포함불합치와 한정불합치의 차이

한정적 불합치결정과 밀접한 관련성을 지닌 것이 포함불합치결정이다.241) 포함불합치결정이란 법률 조문상의 단위나 조문상의 명시적인 일부를 심판대상으로 삼은 것이 아니고 그것을 보다 더 세분화시켜 해석례나 적용례의 일부로 한정해서 심판대상으로 삼아 위헌여부를 판단한 다음, 그 일부에 대해서만 헌법불합치로 하는 결정유형을 말한다.

포함불합치를 한정불합치와 어떻게 구획해내는가가 문제된다. 이는 궁극적으로 한정결정과 포함결정에서 구분하는 틀을 원용해서 구획할 수 있다. 즉 한정불합치의 경우 심판대상을 넓게 획정하고 해석기준을 제시해서 합헌해석부분과 불합치해석부분으로 구획하는 것이고, 포함불합치의 경우에는 심판대상을 해석부분의 일부분으로 한정하고 그 일부분 전체에 대해 불합치로 파악하는 것이다. 이런 점은 전술한 한정결정과 포함결정의 핵심적인 차이점과 동일하다.

다음, 이와 같은 포함불합치를 주문으로 제시할 경우 일반적인 불합치결정의 사례와 동일하게 결정 이유에서 입법자에게 입법기준이나 원칙을 제시할 수도 있으며, 그에 대한 기속력이 인정될 수 있는지가 문제된다. 이에 대해서는 헌법재판소가 입법자에 대해 그렇게 제시할 수 있을 것이다. 궁극에는 헌법재판소의

---

241) 졸고, 『공법학연구』 제10권 제1호, pp.75-76.

결정취지를 제대로 반영하지 아니한 개선입법을 심판대상으로 삼음으로써 헌법재판소는 전소의 결정취지를 관철시킬 수 있을 것이다.

아무튼 심판대상으로 한정한 부분에 대해서만 헌법불합치로 결정한 것이기 때문에 법적용자에게는 그 한도에서만 주문만이 아니라 중요한 이유도 기속력이 인정된다.

3. 불합치원인별 주문채택가능성

이 글에서 분석대상이 된 불합치결정의 사례 중 부진정 입법부작위의 경우, 평등원칙위반의 경우 및 합헌부분과 위헌부분의 경계가 명확하지 아니한 경우 등에서는 불합치주문과 그에 기초한 계속적용의 법적 효과에 대해 다른 형태로의 접근이 가능함은 이미 지적한 바와 같다(<표 11>).242)

〈표 11〉 불합치원인별 결정주문의 조정내용 분석

분석조정내용	부진정 입법부작위	평등원칙 위반	합헌위헌 불분명	입법형식 잘못	일반적인 경우	계
단순불합치	1	3	4	7	12	27
한정불합치	11	1	6			18
포함불합치	6	3				9
위헌(단순·한정)		4	1		2	7
합헌(한정·잠정)			1	1		2
계	18	11	12	8	14	63

그러면, 여기서는 심판대상과 결정상 핵심쟁점과의 연관관계를 고려하면서 적절한 대안을 제시하기로 한다.

---

242) 이에 관해서는 제2장 제5절 Ⅱ.

가. 부진정 입법부작위의 경우

헌법재판소는 부진정 입법부작위를 특정 조항과 연관 지어 심판대상으로 획정하는 형태를 취하고 있다. 그러면서 입법 상 제도 자체는 합헌이고 입법 상 규율이 흠결된 사항을 부진정 입법부작위로 본다.

그런데, 부진정 입법부작위의 경우 기본적으로 한정적인 형태의 심판청구라는 모습을 띠지 않을 수 없다. 오히려 특정 법률조항의 위헌여부를 다투는 형태로 청구가 된다 할지라도, 헌법재판소는 직권으로 심판대상을 부작위부분으로 한정함이 타당하다. 특히 제도 자체에 대해 위헌 여지가 존재하지 않는 한, 그렇다.

이런 시각에서 접근할 때, 부진정 입법부작위의 경우에 대해서는 부작위 부분만을 심판대상으로 삼거나 예외적으로 특정 조항의 위헌여부를 심판대상으로 삼고 한정적으로 판단함이 옳다고 본다. 그래서 그 부작위에 대한 위헌확인의 차원에서 헌법불합치로 결정하는 것이다. 이렇게 할 경우 포함불합치나 한정불합치가 적절할 것이다.243)

나. 평등원칙위반의 경우

평등원칙 위반과 한정적 판단의 관계를 논의하기 위해서는 몇 가지 전제된 요소를 필요로 한다. 그 하나는 계쟁집단과 비교대상집단이 정해져야 하고, 그 둘은 이들 사이에 사실상 차이와 차별(처우)을 드러내야 하며, 그 셋은 그 논의는 제한(제약, 부담부과)영역과 급부제공영역에서 달리 나타난다. 그 넷은 평등이 지향하는 바는 같은 것을 같게, 다른 것을 달리 취급하도록 하는 것인 데, 같은 것을 달리 처우하거나 다른 것을 같게 처우하는 경우가 쟁점으로 등장하게 된다. 그 다섯은 자의적인 차별문제가 등장하는 요인은 거의 대부분 불합리한 차별기준을 설정함으로 인해 야기된 것이라는 점이다.

평등원칙위반으로 인한 위헌성을 해소하는 방법은 논리적으로 세 가지이다.244) 그 하나는 계쟁집단과 비교대상집단의 관계에 있어 단순위헌을 통해 비교대상집

---

243) 부진정 입법부작위의 경우 그 위헌성을 논증함에 있어 평등원칙의 위반에 해당하는 경우도 있다. 이 경우는 거의 대부분 불합리한 차별기준을 설정해서 같은 것을 달리 취급하게 된 것이었고, 결국 규율대상에 포함시키지 않아 그로 인해 편익에의 참여대상에 배제됨을 다투는 형태를 취하게 된 것이다. 이에 대해서는 후술한다.

244) 여기서 유형화시키는 사례는 같은 것을 달리 취급함으로써 계쟁집단을 수혜대상에서 제외한 경우를 전제로 한다.

단에게 가해진 편익적 효과를 제거함으로써 평등을 구현하는 것이다(단순위헌결정).245) 그 둘은 계쟁집단을 수혜대상에서 배제하는 한 위헌임을 선언하는 것이다(한정위헌결정). 그 셋은 계쟁집단이나 비교대상집단에게 제공될 편익을 적정한 범위에서 조정하도록 입법자에게 불합치결정을 통해 맡기는 것이다(헌법불합치결정).246)

위 방법 중 계쟁집단에게 가해진 차별의 편차를 해소하는 방안은 좀 더 분석되어야 한다. 첫째는 한정위헌결정의 주문을 채택하는 것이다. 이 방안은 필자의 분류방식에 의하면, 조건부 위헌결정에 해당할 것이다.247) 심판대상을 한정축소하기 보다는 보완적인 형태를 취하기 때문이다. 둘째는 한정불합치결정의 주문을 채택하는 것이다. 이는 해석기준을 제시하는 한편, 앞의 사례와 같이 입법적 보충이 필요한 영역을 입법자에게 맡기는 것이다. 셋째로는 포함불합치결정의 주문을 제시하는 것이다. 이는 처음부터 심판대상을 한정적인 형태로 획정한 다음, 그에 대해 불합치주문을 내는 것이다. 이상의 방안은 모두 비교대상집단이 정당한 입법영역에 자리하고 있음을 전제로 하고 있음은 물론이고, 계쟁집단이나 비교대상집단에게 제공된 법익을 적절하게 입법자에게 조정하도록 할 여지가 없음을 전제로 한다. 오로지 계쟁집단으로 하여금 개선입법이 규율한 편익에 참여할 수 있도록 입법자에게 촉구하거나 직접 헌법재판소가 나서서 규율하는 것이라고 하겠다.

---

245) 헌재 2008. 11. 27, 2006헌마352(방송법 제73조 제5항 등 위헌확인)사건에서는 불합치주문이 제시되었지만, 비교대상집단인 한국방송광고공사와 이로부터 출자를 받은 회사에게만 지상파방송사업자에 대해 방송광고 판매대행을 할 수 있도록 규정한 것을 위헌으로 결정함이 오히려 바람직하였다고 본다. 그리고 헌재 1998. 9. 30, 98헌가7(금융기관의연체대출금에관한특별조치법 제3조 위헌제청)사건에서는 강제경매에 관한 부분은 위헌이고, 담보권실행을 위한 경매에 관한 부분은 합헌이라는 점에서 한정위헌결정으로 분류되어 있지만, 이는 오히려 부분위헌결정으로 보아야 한다.
246) 이에 해당하는 결정으로는 헌재 2006. 2. 23, 2004헌마675; 2008. 5. 29, 2006헌바5; 2009. 4. 30, 2007헌가8.
247) 헌재 1992. 3. 13. 92헌마37 등, 『헌판집』 4. 137. 헌법재판소는 이 사건의 결정에서 '국회의원선거법 제55조의3(정당연설회)의 규정 중 '정당연설회에 당해 지역구후보자를 연설원으로 포함시킨 부분'과 같은 법 제56조(소형인쇄물의 배부등)의 규정 중 '정당이 후보자를 추천한 지역구마다 2종의 소형인쇄물을 따로 더 배부할 수 있도록 한 부분'은, 당해 지역구에서 정당이 그와 같은 정당연설회를 개최하거나 소형인쇄물을 제작 배부하는 경우에는, 무소속후보자에게도 각 그에 준하는 선거운동의 기회를 균등하게 허용하지 아니하는 한 헌법에 위반된다'는 주문을 제시하였다. 이것은 헌법재판소가 위 조항을 위헌으로 선언하면서 무소속입후보자에게 정당추천 입후보자와 동일하게 정당연설회에 준한 선거운동의 기회와 2종의 소형인쇄물 제작허용이라는 보완입법을 사실상 수행한 것이었다. 이는 시간적 촉박성 때문에 불가피한 것으로 보여졌다. 상세한 내용은 졸고, 『헌법논총』 제9집, pp.939-941.

다. 위헌부분과 합헌부분의 구획이 불분명한 경우

이 경우도 단순불합치로 결정해서 그 취지가 불분명하게 방치되도록 하기 보다는 한정적인 불합치를 적극 활용하도록 함이 바람직할 것이다. 보다 근본적으로는 한정결정, 즉 그중에서도 한정위헌결정이 바람직할 것이다. 종래 국가보안법 관련조항에 대해 '각 그 소정 행위가 국가의 존립·안전을 위태롭게 하거나 자유민주적 기본질서에 위해를 줄 경우에 적용된다고 할 것이므로 이러한 해석 하 에 헌법에 위반되지 아니한다'는 형식[248]을 그대로 채용할 수 있다고 본다.

---

248) 예컨대, 헌재 1990. 4. 2, 89헌가113, 『헌판집』 2, 49.

제4절 한정적 청구취지의 심판대상에의 수용

Ⅰ. 개설

현재 헌법재판소에는 한정위헌청구의 적법성 인정 여부를 둘러싸고 논의가 분분하다. 특히 헌재법 제68조 제2항에 따른 헌법소원과 관련해서 그 논의가 집중되어 있다. 이러한 논의에서 핵심은 한정위헌청구가 법률 자체를 다투는 것이 아니고 법률해석을 다투는 것이라는 점이다. 한정위헌청구를 허용할 경우 사법권의 본질적 내용을 침해하는 것이라는 인식을 바탕으로 한다.[249]

한정위헌청구를 둘러싼 논의는 한정위헌청구의 적법여부, 그 적법성을 인정할 경우 판단기준과 허용범위, 그리고 한정위헌청구와 심판대상이나 본안의 판단범위 등으로 구분된다.[250]

종래 한정위헌청구는 적법성단계에서만 논의되었을 뿐이다. 그 다음 단계에서 그리 심각하게 문제되지 아니한 요인은 거의 대부분 합헌으로 결정되었기 때문으로 풀이된다. 헌법재판소는 그 청구 자체를 심판대상으로 보지 않고 한정청구된 법률조항 자체의 위헌여부로 본다. 그런데 한정위헌청구가 있을 경우 법률 자체의 다툼으로 선해하여 본안판단에 들어가서 위헌성을 확인하게 되었을 경우 그때 어떻게 결정주문을 제시해야 하며 그 법적 효과가 미치는 범위의 획정문제가 그대로 드러나게 된다.

여기서의 논점은 한정적 청구취지가 심판대상으로 채택되는 형태에 따라 청구인용의 결정에 있어 그 결정주문이나 그 법적 효과에 영향을 미친다는 점이다. 이론적으로나 실무상으로 그에 대한 숙려가 미흡해서 앞서 논의한 헌법불합치결정의 사례분석에서 나타나는 그런 부조화를 초래한 것이 아닌가 한다.

그러면, 여기서는 한정위헌청구에 관한 헌법재판소의 입장 및 이를 둘러싼

---

249) 한정위헌청구 문제는 입법자와 관계되는 사안이기보다는 법원의 법률해석권과의 관할권충돌 문제로 쟁점이 된 사안이다.
250) 이준상, 『헌법논총』 제17집, p.277.

각종 견해를 간략하게 소개한다. 그에 이어 위의 논점과 관련해서 논의를 전개한다.

Ⅱ. 한정위헌청구에 관한 헌법재판소의 입장

헌법재판소는 한정위헌청구의 적법여부[251]와 관련해서 '헌재법 제68조 제2항에 의한 헌법소원에 있어서는 법률이 헌법에 위반되는지 여부가 당해사건의 재판의 전제로 되어야 하고, 여기서 '법률이 헌법에 위반되는지 여부'는 '법률' 자체의 경우를 말하며 '법률의 해석'의 경우를 제외한다고 봄이 상당하다. 일반적으로 법률조항 자체에 대한 다툼과 법률의 해석에 관한 다툼은, 그 구분이 모호한 경우가 많지만, 일응 구분되는 것으로 보아야 한다'고 한다.[252]

한편 이와 관련하여 헌재법 제68조 제2항의 헌법소원을 제기하면서 법률의 해석에 관한 청구, 즉 법률조항에 대한 '한정위헌'의 판단을 구하는 청구에 대하여 헌법재판소는 법 제68조 제2항이 '법률의 위헌여부심판의 제청신청이 기각된 때에는'이라고 규정함으로써 심판의 대상을 '법률'에 한정하고 있으므로, 일반적으로 법률조항 자체의 위헌판단을 구하는 것이 아니라 법률조항을 '…… 하는 것으로 해석하는 한 위헌'이라는 판단을 구하는 청구는 법 제68조 제2항의 청구로 적절치 아니하지만, 청구인의 주장이 단순히 법률조항의 해석을 다투는 것이 아니라, 법률조항 자체의 위헌성을 다투는 경우로 이해되는 경우에는 법 제68조 제2항의 적법한 청구로 받아들여진다고 하였다.[253]

헌법재판소가 그동안 적극적으로 심판대상으로 삼아 판단한 경우는 대개 다음과 같이 분류된다. ① 법률조항(법 규정) 자체의 불명확성을 다투는 것으로 보는 경우[254]이다. 헌법상의 명확성 원칙의 위반을 다투는 경우 혹은 조세법률주의(과

---

251) 이에 관한 상세한 내용은, 헌법재판소, 『헌법재판실무제요』, pp.293-294.
252) 헌재 1999. 3. 25, 98헌바2, 『헌판집』 11-1, 200, 208; 헌재 2001. 9. 27, 2000헌바20, 『헌판집』 13-2, 322, 328-329.
253) 헌재 1997. 2. 20, 95헌바27, 『헌판집』 9-1, 156, 162; 헌재 1995. 7. 21, 92헌바40, 『헌판집』 7-2, 34, 37.

세요건 명확주의) 위반을 다투는 경우가 이에 해당한다. ② 소위 심판대상규정에 대한 일정한 해석이 상당기간에 걸쳐 형성, 집적되어 법원의 해석에 의하여 구체화된 심판대상규정이 위헌성을 지닌 경우255)이다. ③ 위 두 가지 경우에 해당되지는 않지만 한정위헌의 판단을 구하는 청구가 법률조항 자체에 대한 다툼으로 볼 수 있는 경우256)라고 한다.

Ⅲ. 한정위헌청구에 관한 각종 견해

1. 한정적 청구의 원칙적 부적법설

이 견해는 한정위헌청구가 원칙적으로 부적법하지만, 예외적으로 적법한 청구로 받아들여질 수 있다는 것이다. 헌법재판소의 법정의견이 이에 해당된다.257)

즉, '헌재법 제68조 제2항의 헌법소원심판은 '법률'의 위헌 여부가 재판의 전제가 된 경우 당사자의 법률의 위헌여부심판의 제청신청이 기각된 때에 신청을 한 당사자의 청구에 의하여 규범심사를 하는 구체적 '규범'통제절차이고, 한편 구체적 사건에서 법률을 해석하고, 적용하는 권한은 법원의 재판의 본질적 내용에 해당하며 법원의 재판에 대한 헌법소원심판청구는 허용되지 아니한다(헌재법 제68조 제1항). 따라서 단순히 법원의 사실관계 인정과 평가 및 '법률의 해석·

---

254) 헌재 1995. 7. 21. 92헌바40,『헌판집』7-2, 34, 36-37; 헌재 1997. 2. 20. 95헌바27,『헌판집』 9-1, 156, 161-162; 헌재 1999. 3. 25. 98헌바2,『헌판집』11-1, 200, 208-209; 헌재 1999. 7. 22. 97헌바9,『헌판집』11-2, 112, 121; 헌재 1999. 11. 25. 98헌바36,『헌판집』 11-2, 529, 536; 헌재 2000. 6. 1. 97헌바74, 공보 46, 448, 449.

255) 헌재 1995. 5. 25. 91헌바20,『헌판집』7-1, 615, 626; 헌재 1998. 7. 16. 97헌바23,『헌판집 』10-2, 243, 251-252; 헌재 2001. 8. 30. 2000헌바36,『헌판집』13-2, 229, 231-232.

256) 헌재 2000. 6. 29. 99헌바66등,『헌판집』12-1, 848, 865; 헌재 2000. 6. 1. 97헌바74, 공보 46, 448-449.

257) 이에 똑같이 기초하고 있지만, '반인권적 국가범죄로 인한 손해배상채권에 관한 소멸시효를 배제하지 아니하는 경우'가 예외적인 경우에 해당되어 적법성을 갖추었다고 보는 견해와 그에 해당되지 않아 부적법하다는 견해로 구분된다. 이에 관해서는 헌재 2008. 11. 27, 2004헌바54 에서 이강국·이동흡 재판관의 의견과 이공현 재판관의 의견 비교.

적용'에 관한 문제를 들어 법원의 '재판'을 다투는 한정위헌청구는 허용되지 아니한다'는 것이다.

예외적으로 한정위헌청구의 허용범위를 확대할 필요성에 관해서는 ''법률의 해석·적용'의 위헌 확인을 구하는 경우와 '법률'의 위헌 확인을 구하는 경우를 준별하여 적법 여부를 판단하는 것은 자의의 개입소지가 있다거나 국민의 권익보호에 충분하지 못하다'고 제시한다.

하지만, ① 법률조항이 내포하고 있는 모든 추상적, 유형적 개념범주를 해체하여 위헌의 가능성을 제거하려는 시도는 자칫 입법자의 의사를 왜곡하여 민주적 정당성에 기초한 입법권 행사를 침해할 가능성이 있다는 점, ② 헌재법 제68조 제1항의 헌법소원의 대상에서 법원의 재판을 제외한 취지에 반할 우려가 있다는 점, ③ 심판의 대상에서 제외된 당해 법률조항의 '법률해석 등'에 관하여 본안판단이 필요하고 가능한 것인지 여부 및 결정의 기속력의 인정 여부·범위에 관하여 실무상 해결하기 어려운 문제를 야기한다는 점, 그리고 ④ 규범통제제도가 지니는 객관적 법질서보호의 측면을 약화시키고 지나치게 구체적 사건 해결의 면으로 편향되게 할 위험성이 있다는 점 등이 한정적 청구에 대해 소극적일 수밖에 없는 논거로 제시된다.

2. 한정적 청구의 허용범위 확대설

가. 제1설: 구체적 사실관계와 관계없이 법률의 의미와 적용범위에 있어 심판대상이 객관적·개념적·추상적으로 분리될 수 있는 경우

위헌법률심판 및 헌재법 제68조 제2항의 헌법소원은 법률 또는 법률조항의 위헌 여부를 심사하는 것이다(헌재법 제45조). 그러므로 법률 또는 법률조항의 질적 일부청구인 한정위헌청구가 적법하기 위해서는 그 질적 일부가 양적 일부에 상응할 만큼 객관적·개념적·추상적으로 분리가능하여야 한다. 즉, 한정위헌청구된 심판대상이 구체적 사실관계와 관계없이 법률의 의미와 적용범위에 있어서 객관적·개념적·추상적으로 분리될 수 있어야 하는 것이다. 그리고 이러한 판단에는, 심판대상이 의미와 적용범위에 있어서 독립된 개념으로 분리될 수 있는지 여부는 물론, 해당 법률에 포함된 다른 법률조항의 규정, 다른 법률의 규정, 헌법재판소가 종전 한정위헌결정을 한 사례, 집적된 대법원판례가 있는지 여부 등도 아울러 고려되어야 한다는 것이다.258)

나. 제2설: 법률조항의 적용대상 중 유형적·추상적인 일부 영역에 관한 경우

법률의 적용대상이 유형적·추상적으로 한정되어 다른 것들과 구별되는 경우에도 그 한정되는 적용영역에 대한 위헌심판청구는 결국 법률조항에 대한 심판청구로 볼 수 있는 것이다. 즉, 법률조항의 적용대상이 상당한 영역을 가질 때 그 적용대상의 구체적 범위는 개별사건에 대한 재판에서 법원의 해석에 의하여 물론 결정되지만 그 적용대상 중 다른 것과 유형적·추상적으로 구별이 되는 특정한 범위의 것을 한정하고 이에 대하여 위헌 여부의 심판을 청구하는 것은, 그것이 재판의 전제가 되는 한도에서, 법률조항에 대한 위헌 여부의 심판청구에 해당하므로 이는 헌법재판소의 권한에 속하고 여기서 유형적이라고 하는 것은 객관적인 징표와 기준에 의하여 다른 것들과 구별할 수 있는 하나의 범주로 파악이 가능한 것을, 추상적이라고 하는 것은 개별적 행위나 사실에 관한 구체적 판단 이전에 개념적·일반적으로 한계 획정이 가능한 것을 말한다.

이 견해에 따르면, 헌법재판소가 제시한 예외적인 경우 외에 법률조항의 적용대상 중 유형적·추상적인 일부 영역에 관한 경우에도 법률조항에 대한 심판청구로 보아야 한다는 것이다.

다. 제3설: 추상적 일반적 규범다발에 해당하는 경우

헌법재판소가 규범통제에 대한 법률해석을 유권적으로 할 수 있다는 전제에서

---

258) 이에 반하여, 한정위헌청구된 심판대상이 구체적 사실관계를 떠나서는 객관적·개념적·추상적으로 분리될 수 없다면 이는 법률 또는 법률조항에 대한 청구가 아니고 구체적 사실관계에 대한 법률의 해석·적용을 다투는 것으로서 이는 일반 법원의 판단대상일 뿐(일반 법원은 증거에 의하여 사실관계를 확정한 후, 법률의 해석을 통하여 해당 법률이 그 사실관계에 적용되는지 여부를 판단한다) 헌법재판의 심판대상이 될 수 없으므로 부적법하다고 할 것이다.

규범문언에 포함되는 추상적 규범다발 또는 사건규범은 입법기술상 규범문언에 표출되지 않았을 뿐이지 엄연히 규범내용을 이루며 따라서 이러한 부분을 법질서에서 배제하는 것은 규범문언의 제거와 다를 바 없다는 것이다.

규범문언은 횡적으로 수많은 관점에서 규범다발로 나눌 수 있지만, 종적으로도 한없이 세분화될 수 있으며 종국에는 특정사건에 대하여 적용되는 개별사건 규범다발이 있을 수 있는데, 이 개별사건 규범다발에 대하여 판단하는 것은 재판소원금지에 위반하는 것이 된다. 따라서 일정한 규범다발로 추상적 일반적으로 구획할 수 있고 헌법이나 기본권의 의미나 보호범위에 상당한 비중있는 문제가 개입되어 있다면 이는 규범통제에 해당한다는 것이다.

라. 제4설: 법률해석이 규범력을 갖는 경우

헌재법 제68조 제2항에 의한 헌법소원의 심판은 당사자가 법원에 위헌심판제청을 신청하였다가 기각된 법률 또는 법률조항을 대상으로 하는 것이지만, 여기서 '법률'이란 '법률의 내용'을 의미하는 것이고 '법률의 내용'은 법률에 대한 해석을 통하여 구체화된다. 법률에 대한 해석은 법률을 집행하는 행정기관이나 법률을 적용하는 법원에 의하여 이루어지고, 헌법재판소도 법률 내용의 위헌 여부를 심판하기 위하여 '법률의 해석·적용에 관한 의견'을 판시하고 변경할 수 있다(헌재법 제23조 제2항 제2호). 이러한 해석에 의하여 구체적으로 형성된 법률의 내용이 규범력(規範力)을 가지고 구체적인 행정처분이나 재판의 기준으로 된다.

헌법재판소의 심판대상은 법률해석을 통하여 내용이 특정되고 구체적인 규범력을 가지게 된 '법률의 내용'이고, 해석에 의하여 내용이 특정되기 전의 '법률' 자체가 아니다. 법률에 대한 해석의 내용이 통일되고 異論이 없을 경우에는 '법률' 자체와 '법률의 내용'은 동일한 것이라고 볼 수 있지만, 동일한 법률조항에 대하여 다른 내용의 해석이 존재하거나 가능할 때에는 양자는 동일하다고 볼 수 없다.

따라서 법률에 대한 특정의 해석 내용을 한정하여 그 위헌 여부의 심판을 청구하는 것(한정위헌심판청구)도 그러한 해석 내용이 규범력을 가지고 있는 이상 허용된다고 보아야 한다. 한정위헌심판청구의 대상으로 삼은 법률내용이 독단적인 해석으로서 구체적으로 적용되지 아니하여 규범력을 가지지 못할 경우에는 심판할 필요가 없다고 할 수 있지만, 특정의 해석내용이 구체적으로 적용되어 규범력을 가지고 있다면 집행사례나 재판선례가 집적되어 있지 않더라도 그 위헌여부를 심판하여 위헌적인 해석 내용의 규범력을 제거할 필요가 있는 것이다.

Ⅳ. 한정적 청구에 따른 심판대상의 획정

1. 논의대상의 제한

이 글은 한정위헌청구의 적법여부, 허용범위 및 그 논거의 타당성 검토를 대상으로 하지는 않는다. 그렇기 때문에 여기서는 한정위헌청구의 핵심쟁점으로 자리하고 있는 법률해석권의 귀속주체나 헌재법 제68조 제2항의 헌법소원이 지닌 예외적인 기능적 속성 등에 대해서는 논의대상에서 제외하고자 한다.

이 글의 기본적 지향점은 헌법불합치결정의 실태분석에서 나타난 한정적 판단이나 한정적 청구를 허용할 필요성에 관한 것이다. 그러다보니 한정위헌청구의 적법성 인정이 기본적인 전제가 되어야 하고, 이를 인정하는 요인이 법률해석도 당연히 그 자체로서 심판대상이 될 수 있음에서 나타난 것인지, 한정적인 청구가 법률 그 자체의 다툼으로 환치되어 나타나게 된 것인지에 대해서도 주목하지 않으면 안 된다.

아무튼, 한정위헌청구의 형태로 헌법재판소에서 다루어지지만, 이 문제는 심판대상의 축소와 결정주문의 관계에 관한 것이다. 심판청구가 한정위헌을 구하는 형태로 이루어졌을 경우 적법요건을 갖춘 것으로 보는 논리체계는 전술한 바와 같이 여러 가지 형태로 나타나고 있음을 본다. 하지만, 여기서는 청구취지와 심판대상의 관계 및 그와 관련된 결정주문의 법적 효과를 중심으로 다루기로 한다.

2. 위 각 견해별 청구취지와 심판대상의 관계

헌법재판소가 한정위헌청구에 대해 원칙적으로든 예외적으로든 적법요건을 갖춘 것으로 보아 본안판단에 들어가기 위해서는 심판대상을 직권으로 획정하여야 한다. 이때, 전술한 한정적 청구의 허용범위를 둘러싼 각종 견해들은 한정위헌청구의 취지와 심판대상의 관계에 관해 어떠한 태도를 취하는지 검토하기로 한다.

먼저, 헌법재판소의 법정의견, 즉 원칙적 부적법설은 한정적 청구를 예외적으로 허용하지만, 법률 자체의 다툼으로 선해하는 자세를 취한다. 그렇기 때문에, 청구취지와 심판대상은 그 동일성이 인정될 여지가 없다. 오히려 심판대상이 청구취지보다 확대됨이 보편적일 것이다.

다음, 허용범위 확대설 중 제1설, 제2설 및 제3설은 모두 법률해석으로 치부되는 사항을 규범적인 틀로 파악한다. 그렇게 함으로써 헌재법 제68조 제2항 상의 법률로 끌어들이고자 한다. 이는 비록 직접적이거나 명시적인 언급은 없지만, 결국 한정적인 청구취지를 확대해서 법률 그 자체를 심판대상으로 보려고 하는 것이다.

관련해서 특히 제1설은 원칙적 부적법설이 제시한 세 가지 예외적인 한정청구의 허용사유를 한청청구에 대한 예외로 볼 것이 아니라 법률조항 자체의 위헌청구로 보아야 함을 주장한다. 게다가 '법원의 해석에 의하여 구체화된 심판대상규정의 위헌성 문제가 있는 것으로 볼 만큼, 일정한 사례군이 상당기간 걸쳐 형성·집적된 경우'는 적법성 판단의 타당기준이 아니라고 비판한다. 그러면서 '규범통제라는 헌법재판의 고유기능에 비추어 볼 때, 선례의 판시는, '한정위헌청구는 원칙적으로 적법하되, 다만 그 전제로서 법률조항의 일부라고 인정될 만한 적법요건을 갖추어야 한다'고 변경되어야 한다'고 한다. 결국 이 견해 역시 심판대상을 법률 그 자체로 보아야 함을 제시한 것에 지나지 않는다.

이어서 허용범위 확대설 중 제4설, 즉 법률해석이 규범력을 갖는 경우에는 한정위헌청구를 허용해야 한다는 견해에 따르면, 법률 그 자체가 적용되려면 해석을 통해 법률내용이 확정되어야 하고, 헌재법 제68조 제2항이 규율한 법률의 의미도 그런 차원에서 이해해야 함을 제시한다. 이렇게 파악할 경우 한정적인 청구취지도 그 자체로 심판대상에 반영될 수 있고, 헌법재판소가 필요로 할 경우 직권으로 청구취지보다 심판대상을 확장하거나 적절하게 조정함도 가능하다고 할 것이다.

3. 청구취지의 심판대상에의 수용 정도에 따른 결정주문의 법적 효과

이상에 논의된 사항은 크게 두 가지로 유형화가 가능하다. 그 하나는 심판대상을 획정함에 있어 한정위헌청구의 취지만을, 즉 법률해석만을 그대로 심판대상으로 삼는 방안이다. 다른 하나는 한정위헌청구의 취지를 받아들이긴 하지만 헌재법 제68조 제2항의 해석에 충실한 자세로서 법률 자체로 심판대상을 확장하는 방안이다.

먼저, 전자를 살펴본다. 이 방안은 구체적 사건과의 관련성이 제고됨에 따라 이에 대해 본안판단이 이루어져 청구인용의 결정을 선고할 경우에는 그 법적 효과가 명료하게 구획될 수 있다고 하겠다. 즉 청구취지와 심판대상을 그대로 반영하는 형태로 법적 효과가 발생하게 된다. 이때의 주문형식은 양적 일부위헌(포함위헌) 형태를 취하게 될 것이다.

그러나 비판으로는 헌법재판소가 구체적 분쟁사건에 적용되는 법률의 해석을 심판대상으로 삼음으로써 사법권의 본질적 내용을 침해하고, 헌재법 제68조 제2항에 어긋난다는 점이 제기될 것이다.

다음, 후자를 살펴본다. 이 경우 청구취지에 포함되지 아니한 부분을 심판대상에 포함시킴으로써 본안판단에 어려움을 겪을 것이다. 또한 청구취지에 해당하는 부분에 대해 청구인용의 결정을 선고하고자 할 경우 청구취지가 아닌 부분에 대한 처리문제가 추가적으로 발생하게 된다. 청구인용 형태의 결정을 선고하게 될 때, 청구되지 아니한 부분에 대해 결정주문 내지 법적 효과에 반영할 것인지 여부가 새로운 쟁점으로 등장하게 된다.

이미 불합치결정의 실태분석에서 검토된 바와 같이, 헌법불합치결정에서 결정주문이나 법적 효과가 그 결정상 핵심쟁점과 부조화를 초래하는 주된 요인도 핵심쟁점 내지 한정적인 청구 그 자체로 심판대상을 획정하지 아니하고 법률 자체로 확대함으로 인해 비롯된 바 크다. 특히 헌재법 제68조 제2항의 헌법소원절차에서 다투어지는 물건은 '법률' 자체이지 '법률의 해석'이 아님을 이유로, 심판대

상을 법률 자체로 확대하고 그에 의거해서 심판절차를 진행하고, 청구인용 형태
의 결정주문을 채택함에 있어서도 원래 청구되지 아니한 부분이나 다투어지지
아니한 부분에 대해 법적 효과를 배제하는 형태를 취하지 않을 수 없었던 것이
다. 게다가, 대법원이 한정위헌결정을 부인하는 자세를 취함에 따라 이에 조응하
다보니 그런 모순적인 현상이 나타나게 된 것이다.

제5절 글 마무리에

이상에서는 헌법불합치결정 사례의 실태분석을 바탕으로 한정적 판단의 필요성은 물론이고 한정위헌청구의 취지와 심판대상의 관계를 논구하였다. 이 글에서도 확인된 바는, 물론 집중적인 논의의 대상으로 삼지는 않았지만, 핵심쟁점은 역시 법률해석권의 실체규명이었고, 그로 인해 심판대상의 획정은 물론이고 결정주문의 체계 자체가 흐트러지는 상황에 이르게 되었다 하겠다. 그러면, 문제의 해결방안을 제시한다.

첫째, 한정위헌결정이나 한정합헌결정이 적합한 심판대상에 대해서는 헌법불합치로 결정해서는 안 된다는 점이다. 사안에 적합한 주문형식을 채택함이 옳다.

둘째, 심판대상을 축소시킴이 구체적인 사건의 해결에 적합하고 또 법적 안정성에 기여할 경우 과감하게 축소시켜 결정주문과 그 법적 효과를 연결 지움으로써 그 결정상 핵심적인 쟁점과의 편차를 없앰이 좋을 것이다.

셋째, 한정주문과 불합치주문을 결합시킴으로써 사안적합성이 제고되거나 합헌부분과의 구획이 명료해진다면, 적극 활용함이 좋을 것이다.

넷째, 한정위헌청구에 대해 그 적법성이 인정됨은 당연하고 청구취지를 심판대상에 반영함에 있어 양자를 동일하게 하는 방안도 또 헌법재판소가 필요에 따라 심판대상을 직권으로 확장하는 방안도 고려될 수 있다.

다섯째, 한정적 청구에 있어 '법원의 해석에 의하여 구체화된 심판대상규정의 위헌성 문제가 있는 것으로 볼 만큼, 일정한 사례군이 상당기간 걸쳐 형성·집적된 경우'와 같이 추상적 일반적으로 구분될 수 있다면, 그 자체를 그대로 심판대상으로 반영 할 수 있다고 본다. 그런 경우 포함위헌결정이나 포함불합치결정도 가능하다고 할 것이다.

제4장

입법시한 도과한 불합치법률의 효력상실 여부

제1절 헌법불합치결정에 있어 기한설정의 실태분석

Ⅰ. 문제의 제기

우리 헌법재판소는 현행헌법으로 개정되면서 1988. 9. 1. 그 업무를 개시하였고, 그 다음 해인 1989. 9. 8. 처음으로 헌법불합치결정을 선고하였다. 그 이래 지난 2009. 12. 31.까지 총 65건[259]의 헌법불합치결정을 선고하였다.

이 결정유형에 대한 접근이나 연구의 방향은 다양하게 설정할 수 있다. 그중에도 이 유형에 대해 집중적으로 검토하지 않으면 안 되는 몇 가지 사항이 있다. 이 글에서 다루는 기한설정의 실태에 대한 분석과 평가도 그에 속한다.[260]

우리 헌법재판소가 설정한 기한과 그에 대한 인식은 최근 들어 법적용자, 특히 법원만이 아니라 헌법재판소 내부에서도 심각한 쟁점으로 등장하기에 이르렀다. 관련해서 최근 들어 나타난 대표적인 세 가지 사건을 소개한다. ① 지난 2010. 6. 24. 헌법재판소는 퇴직군인의 상이연금 지급에 관한 규정인 군인연금법 제23조 제1항에 대하여 헌법불합치로 결정하면서 잠정적인 계속적용을 명함과 아울러 2011. 6. 30.까지 개선입법이 이루어지지 않으면 그 다음날부터 효력을 상실한다고 하였다.[261] ② 헌법재판소가 2009. 9. 24. 야간옥외집회금지규정에 관해 헌법불합치로 결정함과 아울러 2010. 6. 30.까지 입법자에게 개선입법을 명하면서 잠정적으로 계속 적용하도록 하였지만,[262] 지난 2010. 6. 30.까지 국회는 개

---

259) 그때부터 2011. 8. 31.까지 9건의 헌법불합치결정이 추가적으로 이루어졌다. 2010년에는 7건(헌재 2010. 6. 24. 2008헌바128; 헌재 2010. 7. 29. 2008헌가28; 헌재 2010. 7. 29. 2008헌가15; 헌재 2010. 7. 29. 2009헌가8; 헌재 2010. 7. 29. 2008헌가4; 헌재 2010. 9. 2. 2010헌마418; 헌재 2010. 12. 28. 2009헌가30)이, 그리고 2011년에는 2건(헌재 2011. 6. 30. 2010헌가86, 헌재 2011. 6. 30, 2008헌바166)이 각각 이루어졌다. 그래서 총 74건이 되는 셈이다.

260) 이 논문에 기초해서 다음 단계로 논의되어야 할 과제가 입법시한의 도과에 따른 불합치법률의 효력상실 문제이다. 이에 관해서는 졸고, 『공법학연구』 제11권 제3호, 31-61면; 후술하는 제2절.

261) 헌재 2010. 6. 24, 2008헌바128, 『헌판집』 22-1하, 473.

262) 헌재 2009. 9. 24, 2008헌가25, 『헌판집』 21-2상, 427.

선입법을 하지 않음으로써 그 다음 날인 2010. 7. 1.부터 관련 규정은 그 효력이 상실되었다고 한다. ③ 그런가 하면 서울행정법원은 '헌법불합치결정 이후 개선 시한까지 국회가 개선입법을 하지 않았으므로 효력을 상실했고, 이는 2009년 1월 1일자로 헌재의 위헌결정이 있었던 것에 준하는 것으로 볼 수 있다'고 하였다.263)

헌법재판소 스스로도 그렇게 인식하지만, 각급법원인 행정법원도 헌법재판소가 설정한 입법시한을 입법자가 아무런 개선입법도 하지 아니한 채 도과 시키면, 그 시한의 다음날부터 불합치결정된 법률의 효력이 상실된다는 것이다. 여기서 쟁점의 기초는 헌법재판소가 불합치결정을 하면서 제시한 기한이다. 그렇게 설정된 기한을 입법자가 준수해서 그 시한 내에 개선입법을 하면 아무런 문제도 되지 않는다. 그러나 명시된 입법시한을 입법자가 도과 시켰을 경우 불합치법률의 효력이 상실된다고 결정주문이나 결정 이유에서 밝히는 경우가 적지 않다는 점이다.

이러한 상황에서 헌법재판소가 헌법불합치결정을 선고하면서 설정한 기한의 실태를 전반적으로 분석하고 평가하기로 한다.264) 아울러 명시적으로 설정된 입법시한을 도과한 사례에 대해서도 분석하고 평가하기로 한다.

Ⅱ. 기한설정의 실태

헌법재판소가 결정주문으로 기한설정을 하는 형태는 대체로 네 가지 형태로

---

263) 서울행정법원 2009. 8. 20. 선고 2008구합9379판결, 법률신문 제3777호, 2009. 9. 14. pp.13-14. 그리고 법률신문 2009. 9. 7. 법률신문 2009. 9. 9. 기사. 서울행정법원 2009구합28902판결도 기본적으로 개선입법시한의 도과에 따라 불합치법률의 효력상실을 전제로 하고 있다. 이에 관해서는 법률신문 2009. 12. 25.

264) 법해석학이나 법정책학적인 시각에서 접근하면서 경우에 따라서는 단편적이고 피상적이며 정리되지 아니한 사실에 기초하는 경향이 없지 않다. 그러나 법학도 사회과학적인 차원에서 논의가 전개되지 않으면 안 된다. 그렇기 때문에 그 일환으로 헌법재판소가 선고한 헌법불합치결정상 기한설정에 관해 체계적으로 분석하고 정리된 객관적 사실을 제공함이 이 논문이 지향하는 바이다. 법학이 법해석이나 비교법적 접근에 중요한 의미를 부여하기도 한다. 그리고 법정책학에서는 구체적인 대안 모색이 중시되기도 한다. 하지만, 법정책의 기반연구에서는 법사회학적인 접근도 매우 유용한 것임을 강조하고자 한다.

구분할 수 있다.265) ① 결정주문이 기한설정이나 법적 효과를 전혀 언급함이 없이 오로지 불합치함만을 적시하고, 나머지는 결정 이유에 맡겨놓는 경우이다. ② 결정주문이 불합치와 아울러 불합치법률의 효력지속을 명하는 경우이다. ③ 결정주문이 불합치와 아울러 불합치법률의 계속적용을 명하는 경우이다. ④ 결정주문이 불합치와 아울러 불합치법률의 적용중지를 명하는 경우이다.

1. 주문이 불합치를 제시하는 것으로 그친 경우

헌법재판소가 불합치결정의 주문을 채택하면서 기한설정이나 법적 효과를 전혀 언급함이 없이 오로지 불합치만을 적시하고, 나머지는 결정 이유에 맡겨놓는 경우이다. 이 경우는 대체로 결정 이유에서 입법자의 개선입법을 촉구하긴 하지만, 개선입법의 시한을 명시하진 않는다. 그와 아울러 불합치법률의 적용중지를 명하면서 개선입법에 따른 처리를 의도한다.

이에 해당하는 사건으로는 토지초과이득세법 제10조 등 위헌소원사건,266) 소득세법 제60조에 대한 헌법소원사건,267) 민법 제847조 제1항 위헌제청사건,268) 도시계획법 제21조의 위헌여부에 관한 헌법소원사건,269) 구 사립학교법 제53조의2 제3항 위헌소원사건,270) 민법 부칙 제3항 위헌소원사건271) 등이다.272) 대표적인 사건의 결정 이유를 살펴본다.

먼저, 소득세법 제60조에 대한 헌법소원273)에서는,

---

265) 헌법재판소가 헌법불합치를 결정하면서 주문에서 어디까지 언급하는가 하는 점은 소송법적으로 매우 중요한 의미를 지닌다. 특히 결정주문만이 아니라 결정 이유 중 중요한 부분에 대해서까지 기속력을 인정하는 견해에서는 문제되지 않지만, 대법원처럼 오로지 주문에 대해서만 기속력이 인정된다는 견해를 취하게 되면, 입법자나 법적용자에게 미치는 효과는 매우 다르게 될 것이다. 이와 관련한 상세한 내용은 졸고, 『한양법학』 제4·5집(통합호), p.155.

266) 헌재 1994. 7. 29. 92헌바49, 『헌판집』 6-2, 64.

267) 헌재 1995. 11. 30. 91헌바1, 『헌판집』 7-2, 562.

268) 헌재 1997. 3. 27. 95헌가14. 『헌판집』 9-1, 193.

269) 헌재 1998. 12. 24. 89헌마214, 『헌판집』 10-2, 927.

270) 헌재 2003. 2. 27. 2000헌바26, 『헌판집』 15-1, 176. 그 외에도 교원지위향상을위한특별법 제9조 제1항 등 위헌소원사건 결정주문 제1항(헌재 2003. 12. 18. 2002헌바14, 『헌판집』 15-2 하, 466)을 들 수 있다.

271) 헌재 2004. 1. 29. 2002헌바40, 『헌판집』 16-1, 29.

272) 이에 해당하는 최근 결정으로는 사립학교교직원 연금법 제42조 제1항 위헌제청사건(헌재 2010. 7. 29. 2008헌가15, 『헌판집』 22-2상, 16).

"더욱이 이 사건의 경우에는 1994. 12. 22. 법률 제4803호로 헌법에 합치하는 내용
의 개정입법이 이미 행하여져 위헌조항이 합헌적으로 개정되어 시행되고 있으므로
당재판소는 단순위헌결정을 하지 아니하고 이 사건 위임조항을 적용하여 행한 양
도소득세 부과처분 중 확정되지 아니한 모든 사건과 앞으로 향할 양도소득세 부과
처분 모두에 대하여 위 개정법률을 적용할 것을 내용으로 하는 헌법불합치결정을
하기로 한다."

고 한다. 이 사건 결정에서는 개정법률이 시행되고 있음을 전제로 하였음에 따
라 불합치법률의 적용중지를 명할 필요가 없다고 보았다. 오히려 개정된 법률의
소급적용범위를 구획하려는 점에 의미를 부여하고자 하였다.

다음, 도시계획법 제21조의 위헌여부에 관한 헌법소원[274])에서는,

"…… 입법자는 되도록 빠른 시일 내에 보상입법을 마련함으로써 이 사건 법률조항
의 위헌적 상태를 제거하여야 할 것이다."

헌법재판소가 불합치결정을 내리는 경우 위헌결정을 선고한 경우와 마찬가지
로 원칙적으로 위헌적 법률의 적용이 금지되므로, 행정청은 위헌적 상태를 제거
하기 위한 보상입법이 마련되기 전에는 이 사건 법률조항에 근거하여 새로이 개
발제한구역의 지정을 하여서는 아니 된다.

그러나 이 사건 법률조항은 오로지 보상규정의 결여라는 이유 때문에 헌법에
합치되지 아니한다는 평가를 받는 것이므로, …… 이 사건 결정에 근거하여 이
사건 법률조항에 의한 개발제한구역의 지정이나 그에 따른 토지재산권의 제한
그 자체의 효력을 다투거나 이 사건 법률조항에 위반하여 행하여진 자신들의 행
위의 정당성을 주장할 수는 없다 할 것이다."

셋째, 구 사립학교법 제53조의2 제3항 위헌소원[275])에서는,

"헌법불합치결정의 경우 입법자에게는 법률의 위헌적 상태를 조속한 시일 내에 제
거해야 할 입법개선의무가 발생하게 되므로, 입법자는 되도록 빠른 시일 내에 ……
규정을 마련하여 이 사건 법률조항의 위헌적 상태를 제거하여야 할 것이다."

---

273) 헌재 1995. 11. 30, 91헌바1, 『헌판집』 7-2, 562.
274) 헌재 1998. 12. 24, 89헌마214, 『헌판집』 10-2, 927.
275) 헌재 2003. 2. 27, 2000헌바26, 『헌판집』 15-1, 176. 그 외에도 교원지위향상을위한특별법
　　제9조 제1항 등 위헌소원사건 결정주문 제1항(헌재 2003. 12. 18, 2002헌바14, 『헌판집』 15-2
　　하, 466)을 들 수 있다.

고 한다.

이와 같이 결정주문에서는 불합치의 확인으로 그치고 결정 이유에서도 개선입법시한을 명시하지 아니함과 아울러 개선입법의 촉구로 한정한 경우는 2004년 이후로는 더 이상 나타나지 않는다. 이 점은 주목할 만하다. 또한 불합치법률의 적용중지를 명할 뿐이다.276) 그리고 개선입법에 따른 처리에 관해서는 주어진 상황에 따라 다르게 언급하고 있다.277)

2. 주문이 불합치법률의 효력지속을 명하는 경우

헌법재판소가 불합치결정의 주문을 채택함과 아울러 주문에서 입법시한을 명시하고 또 불합치법률의 효력을 시한부로 지속함을 명시하는 경우이다. 여기서 구분점은 결정주문에서 입법시한을 구체적으로 명시하였는지 여부와 결정 이유에서 입법시한 도과 시 불합치법률의 효력상실을 명시하였는지 여부이다.

가. 주문이 입법시한을 구체적으로 명시하고, 이유에서는 입법시한 도과에 따른 효력상실을 규율한 경우

이에 해당하는 사건으로는 노동쟁의조정법에 관한 헌법소원사건278)과 한국방송공사법 제35조 등 위헌소원사건279)이다.

각각의 결정 이유를 살펴본다. 먼저, 노동쟁의조정법에 관한 헌법소원사건280)에선 결정주문을,

---

276) 도시계획법 제21조의 위헌여부에 관한 헌법소원사건에서는 부분적으로 계속적용취지도 포함하였다.

277) 민법 제847조 제1항 위헌제청사건과 민법 부칙 제3항 위헌소원사건에서는 명시적으로 언급하였다. 그러나 토지초과이득세법 제10조 등 위헌소원사건과 구 사립학교법 제53조의2 제3항 위헌소원사건에서는 그에 대해서도 언급이 없었다. 이는 토초세법의 경우 폐지가능성까지 염두에 두고 있기 때문(입법자는 이 결정의 취지에 따라 앞으로 위헌으로 선고된 세법구조를 합헌적인 범위 내에서 다시 조정하여 토초세법을 계속 시행할 수도 있고 폐지할 수도 있을 것이다)이었지만, 후자에 대해서는 그 조차도 언급하지 않았다.

278) 헌재 1993. 3. 11, 88헌마5, 『헌판집』 5-1, 59.

279) 헌재 1999. 5. 27, 98헌바70, 『헌판집』 11-1, 633.

280) 헌재 1993. 3. 11, 88헌마5, 『헌판집』 5-1, 59.

"1. 노동쟁의조정법 제12조 제2항 중 '국가·지방자치단체에 종사하는 근로자'에
관한 부분은 헌법에 합치되지 아니한다. 2. 위 법률조항 부분은 1995년 12월말을 시
한으로 입법자가 개정할 때까지 그 효력을 지속한다."

고 하였다. 결정 이유에서 입법시한에 관해서는,

"현행 제6공화국 헌법에 의하여 구성된 현재의 입법부는 헌법을 지켜야 할 당위성
때문에 적어도 그 입법활동이 사실상 종료되는 1995년 말까지 헌법이 위임한 바를
입법화하여 헌법불합치의 상태를 제거하여야 할 것이다. 다만 …… 부득이 법 제12
조제2항의 법규적 효력281)은 지속되어야 할 것이다. 그리하여 법 제12조 제2항의
법규적 효력의 상실시기는 1995년 말로 미루어지게 될 수밖에 없을 것이며 동 조항
의 효력은 그때가 경과하여 비로소 상실되게 될 것이다(당재판소 1989. 9. 8. 선고
88헌가6결정, 같은 1991. 3. 11. 선고 91헌마21 결정, 대법원 1991. 6. 11. 선고 90다
5450판결)."

고 하면서, 결론에서는

"…… 다만 입법자가 1995년 12월 말을 시한으로 이를 개정할 때까지는 계속 그 효
력을 지속한다."

고 하였다.

다음, 한국방송공사법 제35조 등 위헌소원사건282)에서는 앞의 경우와 결정주
문을 동일하게 제시하고, 결정 이유에서는

"따라서 이 법 제36조 제1항에 대해 단순위헌결정을 함으로써 바로 그 효력을 상실
하게 하는 대신 헌법불합치결정을 하고 빠른 시일 내에 헌법위반 상태의 제거를 위
한 입법촉구를 하되 그때까지는 이 조항의 효력이 지속되도록 하는 바이다.
입법자는 이 결정에서 밝힌 위헌이유에 맞추어 수신료 결정에 관한 규정을 합헌적
인 내용으로 개정함에 있어서는 신중한 검토를 위하여 충분한 시간적 여유를 가지
는 것이 바람직하다 할 것이나, 현재의 국회는 헌법을 지켜야 할 당위성 때문에 임
기만료 등을 고려하여 그 입법 활동이 사실상 종료되는 1999. 12. 31.까지는 헌법위

---

281) 원래 법규적 효력이란 용어는 헌법소송법분야에서 헌법재판소가 법률의 위헌여부에 관해 심
　　판한 결정에 인정되는 효력으로 논의되는 것이지 법규범 자체의 효력에 관한 용어로 사용되지
　　는 않는다. 그런 점에서 법규적 효력의 상실시기는 동어반복에 지나지 않는다. 이와 같은 논리
　　로 '일반적 효력의 부인'이라는 용어를 사용하는 견해로는 권영성, 『헌법학원론』, 2010년판, 법
　　문사, 2010, p.1160.
282) 헌재 1999. 5. 27, 98헌바70, 『헌판집』 11-1, 633.

반의 상태를 제거하여야 할 입법의무가 있다. 그리고 그때까지는 부득이 이 법 제
36조 제1항의 효력은 지속되어야 할 것이며, 동 조항의 효력은 1999. 12. 31.이 경과
하여 비로소 상실된다.”

고 한다. 그리고 결론에서는

“…… 이 법 제36조 제1항은 헌법에 위반되나, 다만 입법자가 1999. 12. 31.을 시한으
로 개정할 때까지는 계속 그 효력을 지속하게 함이 상당하므로 헌법불합치를 선언
한다.”

고 하였다.

나. 주문이 입법시한을 구체적으로 명시하였으나, 입법시한 도과에 대한 언급이 없는 경우

국회의원선거법 제33조 제34조의 위헌심판제청사건[283], 공무원연금법 제64조
제1항 제1호 위헌소원사건[284] 및 군인연금법 제33조 제1항 제1호 위헌제청사
건[285]이 이에 해당된다.

전자의 경우 결정주문에서는,

“1. 국회의원선거법(1988년 3월 17일 법률 제4003호 전문개정) 제33조 및 제34조는
헌법에 합치되지 아니한다. 2. 위 법률 조항은 1991년 5월말을 시한으로 입법자가
개정할 때까지 그 효력을 지속한다.”

고 하면서, 변형판결을 하는 이유로는,

“국선법 제33조의 고액기탁금 제도와 동법 제34조의 높은 기준의 기탁금 국고귀속
제도는 …… 그 위헌성이 인정되므로, 헌법재판소법 제47조 제2항에 따라 위헌결정
이 있는 날로부터 그 효력을 상실한다고 하여야 할 것이나, …… 이 법조항을 개정
할, 늦어도 1991년 5월말까지 계속 적용될 수 있게 불합치 판결을 하는 것이 타당
하다.”

고 하면서, 이유의 결론에서는,

“국회가 위 법률조항을 늦어도 1991년 5월말을 시한으로 이를 개정할 때까지 재선거

---

283) 헌재 1989. 9. 8, 88헌가6, 『헌판집』 1, 199.
284) 헌재 2007. 3. 29, 2005헌바33, 『헌판집』 19-1, 211-239.
285) 헌재 2009. 7. 30, 2008헌가1, 『헌판집』 21-2상, 18.

나 보궐선거가 실시될 때에는 계속 그 효력은 지속한다고 판단하는 것이 합당하다.”
고 한다.

그리고 공무원연금법 제64조 제1항 제1호 위헌소원사건[286]에서는 주문을,

“1. 공무원연금법 제64조 제1항 제1호(1995. 12. 29. 법률 제5117호로 개정된 이후의 것)는 헌법에 합치되지 아니한다. 2. 위 법률 조항은 2008년 12월 31일을 시한으로 입법자가 개정할 때까지 그 효력을 지속한다.”

라고 제시하면서, 결정 이유에서는,

“…… 입법자는 …… 합헌적인 방향으로 법률을 개선하여야 하고 그때까지 일정 기간 동안은 위헌적인 법규정을 존속(하)게 하고 또한 잠정적으로 적용하게 할 필요가 있는 것이다. 그러나 …… 이 사건 법률조항의 위헌성을 고려할 때 입법자는 되도록 빠른 시일 내에, 늦어도 2008. 12. 31.까지 개선입법을 마련함으로써 이 사건 법률조항의 위헌적 상태를 제거하여야 할 것이다.”

고 하였다.[287]

다. 주문이 입법시한을 추상적으로 명시한 경우

이에 해당하는 것은 지방의회의원선거법 제36조 제1항에 대한 헌법소원사건[288]이다. 이 사건 관련 결정주문은,

---

286) 헌재 2007. 3. 29, 2005헌바33, 『헌판집』 19-1, 211-239.

287) 군인연금법 제33조 제1항 제1호 위헌제청사건(헌재 2009. 7. 30, 2008헌가1, 『헌판집』 21-2 상, 18)에서는 이 사건과 동일하게 개선입법시한을 명시하고 효력지속을 명하였고, 결정 이유에서도 효력상실 여부를 직접적으로 언급하지는 않았다. 하지만, 헌법재판소의 보도자료(2009 년 7월 30일 선고사건 결정요약문)에서는 효력상실을 명시하였다(입법자는 헌법재판소가 시한으로 정한 2009. 12. 31.까지 이 사건 심판대상 조항을 개정하여야 하며, 만일 입법개선 시한까지 개정이 이루어지지 않은 경우에 이 조항은 효력을 상실한다)고 하였다. 그리고 부수적으로, ‘참고로 앞서 본 바와 같이 우리 재판소는 2005헌바33 결정에서 공무원 또는 공무원이었던 자가 재직 중의 사유로 금고 이상의 형을 받은 때에는 이 사건 법률조항과 유사하게 대통령령이 정하는 바에 의하여 퇴직급여 및 퇴직수당의 일부를 감액하여 지급하도록 한 공무원연금법 (1995. 12. 29. 법률 제5117호로 개정된 이후의 것) 제64조 제1항에 대하여 2008년 12월 31일 을 개정시한으로 헌법불합치 결정을 선고한 바 있는바, 위 공무원연금법 조항은 개정시한의 경과로 인하여 효력을 상실하였다. 따라서 현재로서는 공무원 또는 공무원이었던 자의 경우에는 재직 중의 사유로 금고 이상의 형을 받았다고 하더라도 연금 일부 지급정지의 기본권 제한을 받지 않고 있는데 군인은 아직도 그러한 제한을 받고 있으므로, 이 사건 법률조항은 결과적으로 일반 공무원에 비하여 군인을 불합리하게 차별적으로 취급하고 있는 문제점이 있다고 할 것’이라고 하였다. 『헌판집』 21-2상, 18, 31.

“2. 같은 법률 제36조 제1항의 '시·도의회의원 후보자는 700만원의 기탁금' 부분은 헌법에 합치되지 아니한다. 3. 위 제2항의 법률조항부분을 위 법률시행 후 최초로 실시하는 시·도의회의원 선거일 공고일을 시한으로 입법자가 개정할 때까지 그 효력을 지속한다.”

고 하였다. 결정 이유에서는,

“지방의회의원선거법 제36조 소정의 시·도의회의원후보자에 대한 700만원의 기탁금 규정은 …… 지방의회의원선거법 시행 후 최초로 실시되는 시·도의회의원선거일 공고일을 시한으로 입법자에 의하여 개정되어야 하며, 그때까지만 효력을 지속하는 것이다.”

고 하였다.

3. 주문이 불합치법률의 계속적용을 명하는 경우

여기서 논의되는 경우는 헌법재판소가 불합치결정의 주문을 채택함과 아울러 주문에서 불합치법률의 계속적용을 명하는 경우이다. 그런데, 계속적용을 명하면서도 주문에 입법시한을 구체적으로 명시하는 사례가 있는가 하면, 그 시한을 전혀 언급하지 않는 사례도 있다. 그리고 전자와 관련해서는 결정 이유에서 구체적으로 적시한 입법시한을 도과하였을 경우 불합치법률의 효력상실을 명하는 사례289)가 있는가 하면, 그에 대해 아무런 언급도 없는 사례도 있다.

가. 주문이 입법시한을 명시하고, 이유에서는 시한도과 시 효력상실을 명한 경우

먼저, 불합치결정의 주문에서 구체적인 입법시한을 명시함과 아울러 그 시한까지 불합치법률의 계속적용을 명하면서, 결정 이유에서는 그 시한을 도과하게 되면 불합치법률이 효력을 상실할 것임을 설시한 사례이다.

---

288) 헌재 1991. 3. 11, 91헌마21, 『헌판집』 3, 91.
289) 그러나 후술하는 적용중지 불합치결정의 경우와는 달리 결정주문에서 불합치법률의 효력상실을 명시한 사례는 없다.

이에 해당하는 사건으로는 재외동포의출입국과법적지위에관한법률 제2조 제2호 위헌확인사건,[290] 국가유공자등예우및지원에관한법률 제31조 제1항 등 위헌확인사건,[291] 공직자등의병역사항신고및공개에관한법률 제3조 등 위헌확인사건,[292] 주민투표법 제5조 위헌확인사건,[293] 의료법 제2조 등 위헌확인사건,[294] 구 종합부동산세법 제5조 등 위헌소원사건[295] 및 집회 및 시위에 관한 법률 제10조 등 위헌제청사건[296] 등을 들 수 있다.[297]

그러면 대표적으로 재외동포의출입국과법적지위에관한법률 제2조 제2호 위헌확인사건[298]을 살펴본다. 결정주문에서는,

"1. 재외동포의출입국과법적지위에관한법률 제2조 제2호, 재외동포의출입국과법적지위에관한법률시행령 제3조는 헌법에 합치하지 아니한다. 2. 이들 조항은 2003. 12. 31.을 시한으로 입법자가 개정할 때까지 계속 적용된다."

고 하면서, 결정 이유에서 헌법불합치결정과 잠정적용명령에 관해서는,

"…… 이 사건 심판대상규정의 위헌성을 고려할 때 입법자는 되도록 빠른 시일 내에, 늦어도 2003. 12. 31.까지 개선입법을 마련함으로써 이 사건 심판대상규정의 위헌적 상태를 제거하여야 할 것이다.

따라서 입법자가 2003. 12. 31.까지 입법개선의무를 이행하지 않는다면 2004. 1. 1.부터는 재외동포법의 관련규정뿐만 아니라 하위법규인 시행령과 시행규칙도 그 관련 부분은 효력을 상실하므로 법원 기타 국가기관 및 지방자치단체는 효력을 상실한 부분을 적용할 수 없다."

고 하였다.

이런 점은 앞서 언급한 사건들에서도 동일한 형태로 나타난다. 즉 주문에서는 명시된 구체적인 일자를 '시한으로 입법자가 개정할 때까지 계속 적용'됨을 제시

---

290) 헌재 2001. 11. 29, 99헌마494, 『헌판집』 13-2, 714.
291) 헌재 2006. 2. 23, 2004헌마675, 『헌판집』 18-1상, 269.
292) 헌재 2007. 5. 31, 2005헌마1139, 『헌판집』 19-1, 711-735.
293) 헌재 2007. 6. 28, 2004헌마643, 『헌판집』 19-1, 843-858. 그 외에도 공직선거및선거부정방지법 제15조 제2항 등 위헌확인사건(헌재 2007. 6. 28, 2004헌마644, 『헌판집』 19-1, 859).
294) 헌재 2007. 12. 27, 2004헌마1021, 『헌판집』 19-2, 795-813.
295) 헌재 2008. 11. 13, 2006헌바112, 『헌판집』 20-2하, 1.
296) 헌재 2009. 9. 24, 2008헌가25, 『헌판집』 21-2상, 427.
297) 이에 해당하는 최근 결정으로는 군인연금법 제23조 제1항 위헌소원(헌재 2010. 6. 24, 2008헌바128, 『헌판집』 22-1하, 473).
298) 헌재 2001. 11. 29, 99헌마494, 『헌판집』 13-2, 714.

함과 아울러, 결정 이유에서는 '입법자가 이 사건 조항을 개정할 때까지 ……
법적 혼란을 방지할 필요가 있으므로, 그때까지 이 사건 조항의 잠정적용을 명한
다. 입법자는 되도록 빠른 시일 내에, 늦어도 '2007. 6. 30.(특정일자)'까지 대체
입법을 마련함으로써 이 사건 조항의 위헌적인 상태를 제거하여야 할 것이며, 그
때까지 대체입법이 마련되지 않는다면 '2007. 7. 1.(특정일자 그 다음 날)'부터
이 사건 조항은 효력을 잃는다'는 것이다.[299]

이런 사례는 2001년도에 1건이 있었으나, 제4기 재판부인 2007년 들어 매우
자주 활용하고 있음을 본다.[300]

나. 주문이 입법시한을 명시하였지만, 이유에서 시한도과를 언급하지
않은 경우

불합치결정의 주문을 제시하면서 구체적인 입법시한을 명시하면서 그 시한까
지 불합치법률의 계속적용을 명하긴 하였지만, 결정 이유에서는 그 시한을 도과
하였을 경우 불합치법률이 그 효력을 상실하는 여부에 대해 아무런 언급도 하지
않는 사례이다.

이에 해당하는 사건으로는 도시계획법 제6조 위헌소원사건,[301] 형사소송법 제
482조 제1항 위헌제청사건,[302] 국적법 제2조 제1항 제1호 위헌제청사건,[303] 구
상속세법 제9조 제1항 위헌소원사건,[304] 공직선거및선거부정방지법 [별표1] '국
회의원지역선거구구역표' 위헌확인사건,[305] 지적법 제28조 제2항 위헌확인사
건,[306] 국가정보원직원법 제17조 제2항 위헌제청사건,[307] 정부투자기관관리기본
법 제20조 제2항 등 위헌소원사건,[308] 국가를 당사자로 하는 계약에 관한 법률

---

299) 헌재 2006. 2. 23, 2004헌마675, 『헌판집』 18-1상, 269.
300) 총 8건인데, 제3기에서 2건이고, 제4기에서 6건, 특히 2007년엔 무려 4건이었다. 2010년 1건
    을 포함하면 총 9건이다.
301) 헌재 1999. 10. 21, 97헌바26, 『헌판집』 11-2, 383.
302) 헌재 2000. 7. 20, 99헌가7, 『헌판집』 12-2, 17.
303) 헌재 2000. 8. 31, 97헌가12, 『헌판집』 12-2, 167.
304) 헌재 2001. 6. 28, 99헌바54, 『헌판집』 13-1, 1271.
305) 헌재 2001. 10. 25, 2000헌마92, 『헌판집』 13-2, 502.
306) 헌재 2002. 5. 30, 2000헌마81, 『헌판집』 14-1, 528.
307) 헌재 2002. 11. 28, 2001헌가28, 『헌판집』 14-2, 584.
308) 헌재 2005. 4. 28, 2003헌바40, 『헌판집』 17-1, 508.

제27조 제1항 위헌제청사건,[309] 공직선거법 제26조 제1항에 의한 별표2 위헌확인사건,[310] 국가공무원법 제36조 등 위헌확인사건,[311] 학교용지확보 등에 관한 특례법 제2조 제2호 등 위헌제청사건,[312] 방송법 제73조 제5항 등 위헌확인사건,[313] 공직선거법 제56조 제1항 제1호 위헌확인사건,[314] 경상북도 시·군의회의원 선거구와 선거구별 의원정수에 관한 조례 별표 위헌확인사건,[315] 공직선거법 제200조 제2항 단서 위헌확인사건[316] 등이 해당된다.[317]

그러면 도시계획법 제6조 위헌소원사건[318]을 살펴본다. 이 사건 결정주문은,

> "1. 도시계획법 제4조(1971. 1. 19. 법률 제2291호로 전문 개정되어 1991. 12. 14. 법률 제4427호로 최종개정된 것)는 헌법에 합치되지 아니한다. 2. 위 법률조항은 2001. 12. 31을 시한으로 입법자가 개정할 때까지 계속 적용된다."

고 하면서, 결정 이유 중 불합치결정을 하는 사유에 관해서는,

> "최초의 도시계획시설의 결정이 이루어진 때로부터 20, 30년이 넘게 일부 토지소유자에 대한 가혹한 부담이 아무런 보상 없이 그대로 방치되어 온 과거의 상황과 위헌적인 법규정이 잠정적으로 계속 적용된다는 점을 감안한다면, 입법자는 되도록 빠른 시일 내에, 늦어도 2001. 12. 31까지 보상입법을 마련함으로써 이 사건 법률조항의 위헌적 상태를 제거하여야 할 것이다."

라고 하였다.

이런 점은 다른 결정에서도 동일하게 나타난다. 즉, 결정주문에서는 헌법불합치를 선언함과 아울러 불합치법률은 어떠한 구체적인 일자를 '시한으로 입법자가 개정할 때까지 계속 적용'된다고 하면서, 결정 이유에서는 '입법자는 되도록 빠른 시일 내에, 늦어도 2006. 4. 30.'(특정일자)'까지 대체입법을 마련함으로써 이

---

309) 헌재 2005. 6. 30, 2005헌가1, 『헌판집』 17-1, 796.
310) 헌재 2007. 3. 29, 2005헌마985, 『헌판집』 19-1, 287.
311) 헌재 2008. 5. 29, 2007헌마1105, 『헌판집』 20-1하, 329.
312) 헌재 2008. 9. 25, 2007헌가9, 『헌판집』 20-2상, 424.
313) 헌재 2008. 11. 27, 2006헌마352, 『헌판집』 20-2하, 367.
314) 헌재 2008. 11. 27, 2007헌마1024, 『헌판집』 20-2하, 477.
315) 헌재 2009. 3. 26, 2006헌마67, 『헌판집』 21-1상, 512.
316) 헌재 2009. 6. 25, 2008헌마413, 『헌판집』 21-1하, 928.
317) 이에 해당하는 최근의 결정으로는 민법 제818조 위헌제청(헌재 2010. 7. 29, 2009헌가8, 『헌판집』 22-2상, 113)사건과 통신비밀보호법 제6조 제7항 단서 위헌제청(헌재 2010. 12. 28, 2009헌가30, 『헌판집』 22-2하, 545).
318) 헌재 1999. 10. 21, 97헌바26, 『헌판집』 11-2, 383.

사건 법률조항의 위헌적인 상태를 제거하여야 할 것'을 요구하고 있다.319)

이러한 형태의 주문형식과 법적 효과는 분석대상 불합치결정 사례 65건 중 16
건으로 가장 많이 활용되고 있다. 제2기 재판부 말기에 들어 등장하면서(3건),
제3기 재판부엔 6건이, 그리고 제4기 재판부에 이르기까지(7건)320) 꾸준히 지속
적으로 유지되고 있다. 이 형태는 선거법과 관련해서 불합치결정을 할 경우 자주
활용됨을 볼 수 있다(16건 중 5건).

다. 주문에서 입법시한을 명시하지 않고 또 이유에서도 시한도과를 언급 하지 않은 경우

불합치결정의 주문을 제시하면서 불합치법률의 잠정적인 계속적용을 명하면서
도 주문에서 개선입법의 시한을 전혀 언급하지 않는 경우이다. 또 결정 이유에서
도 그 시한이 도과하였을 경우 불합치법률이 효력을 상실하는 여부에 대해 아무
런 언급도 하지 않는 경우이다.

이에 해당하는 사건으로는 지방세법 제233조의9 제1항 제2호 위헌소원사
건,321) 구 상속세법 제9조 제1항 위헌소원사건,322) 세무사법중개정법률 중 제3
조 제2호를 삭제한다는 부분 등 위헌확인사건,323) 변리사법 부칙 제4항 위헌확
인사건,324) 약사법 제16조 제1항 등 위헌소원사건,325) 구 전통사찰보존법 제6조
제1항 제2호 등 위헌소원사건,326) 교원지위 향상을 위한 특별법 제9조 제1항 등
위헌소원사건 주문 제2항,327) 형사소송법 제214조의2 제1항 위헌소원사건,328)
민법 제781조 제1항 본문 후단부분 위헌제청사건,329) 공직선거 및 선거부정방지

---

319) 헌재 2005. 6. 30, 2005헌가1, 『헌판집』 17-1, 796.
320) 2010년의 불합치결정을 포함시키면 9건이다.
321) 헌재 2001. 4. 26, 2000헌바59, 『헌판집』 13-1, 941.
322) 헌재 2001. 6. 28, 99헌바54, 『헌판집』 13-1, 1271.
323) 헌재 2001. 9. 27, 2000헌마152, 『헌판집』 13-2, 338.
324) 헌재 2001. 9. 27, 2000헌마208, 『헌판집』 13-2, 363.
325) 헌재 2002. 9. 19, 2000헌바84, 『헌판집』 14-2, 268.
326) 헌재 2003. 1. 30, 2001헌바64, 『헌판집』 15-1, 48.
327) 헌재 2003. 12. 18, 2002헌바14, 『헌판집』 15-2하, 466.
328) 헌재 2004. 3. 25, 2002헌바104, 『헌판집』 16-1, 386.
329) 헌재 2005. 2. 3, 2001헌가9, 『헌판집』 17-1, 1.

법 제38조 등 위헌확인사건,330) 및 형사소송법 제482조 제1항 등 위헌제청사
건331) 등이다.332)

그러면, 지방세법 제233조의9 제1항 제2호 위헌소원사건333)을 살펴본다. 결정
주문에서는,

"지방세법(1988. 12. 26. 법률 제4028호로 개정된 것) 제233조의9 제1항 제2호는 헌
법에 합치하지 아니한다. 이 법률조항은 입법자가 개정할 때까지 계속 적용한다."

고 하면서, 결정 이유에서는,

"그러므로 이 사건 법률조항의 효력을 당장 상실하게 하거나 적용을 중지하도록
하는 것은 이 사건 법률조항의 잠정적용을 명하는 경우와 비교할 때 더 위헌적인
상황을 초래한다 할 것이므로 입법자가 합헌적인 방향으로 법률을 개선할 때까지
이 사건 법률조항을 존속하게 하여 이를 적용하게 할 필요가 있다고 판단된다. 따
라서 입법자는 이 결정에 따라 조속한 시일 내에 이 사건 법률조항을 헌법에 합치
하는 내용으로 개정하여야 하고 그 개정시까지 이 사건 법률조항의 효력은, 담배소
비세의 공제 및 환급의 근거규정이 되는 범위내에서, 잠정적으로 존속한다."

고 하였다.

이런 점은 다른 결정에서도 동일하게 나타난다. 즉, 주문에서는 헌법불합치를
확인함과 아울러 입법자에게 개선입법촉구를 하면서 개선입법 시점까지 계속 적
용을 명한다. 그리고 이유에서는 '이 사건 법률조항에 대하여는 헌법불합치 결정
을 선고하되, 다만 이 사건 법률조항은 …… 법적 공백이나 혼란을 예방하기 위
하여 적용중지를 명하지 않고, 입법자의 개선입법이 있을 때까지 계속하여 적용
하도록 명함이 상당하다 할 것'이라고 한다.334)

이와 같은 주문형식과 법적 효과를 지향하는 바는 제3기 재판부에서 적극 활
용됨을 볼 수 있다. 총 11건 중 9건이 제3기에서 이루어졌다.

---

330) 헌재 2007. 6. 28, 2005헌마772, 『헌판집』 19-1, 899.
331) 헌재 2009. 12. 29, 2008헌가13, 『헌판집』 21-2하, 710.
332) 이에 관한 최근 결정으로는 형사소송법 제482조 제1항 등 위헌제청 등(헌재 2009. 12. 29,
    2008헌가13, 『헌판집』 21-2하, 710).
333) 헌재 2001. 4. 26, 2000헌바59, 『헌판집』 13-1, 941.
334) 헌재 2007. 6. 28, 2005헌마772, 『헌판집』 19-1, 899.

라. 주문에서 입법시한이 아닌 계속적용의 시한을 명시한 경우

불합치결정의 주문을 제시하면서 주문에서 시한을 명시하긴 하였으나 그 시한이 개선입법시한이 아니고 계속적용에 해당하는 경우이다. 이런 경우 이미 개선입법이 마련된 상태이기 때문에 이와 같이 언급한 것이다.

이에 해당하는 사건으로는 특허법 제186조 제1항 등 위헌제청사건[335]과 민법 제781조 제1항 위헌제청사건[336]이다.

전자의 경우 결정주문에서는,

"특허법(1995. 1. 5. 법률 제4892호로 개정되기 전의 것) 제186조 제1항 및 의장법(1995. 1. 5. 법률 제4894호로 개정되기 전의 것) 제75조 중 특허법 제186조 제1항을 준용하는 부분은 헌법에 합치되지 아니한다. 다만, 위 두 법률조항은 특허법중개정법률(1995. 1. 5. 개정. 법률 제4892호) 및 의장법중개정법률(1995. 1. 5. 개정. 법률 제4894호)이 시행되는 1998. 3. 1.의 전일까지 이 사건 위헌여부심판제청의 각 당해 사건을 포함한 모든 특허 및 의장 쟁송사건에 대하여 그대로 적용된다."

고 하면서, 결정 이유 결론 부분에서는,

"그러므로 심판대상 법률조항은 헌법에 합치되지 아니함을 선언함과 동시에 합헌적인 특허법중개정법률(법률 제4892호) 및 의장법중개정법률(법률 제4894호)이 시행되는 1998. 3. 1.의 전일까지 이 사건 위헌여부심판제청의 각 당해 사건을 포함한 모든 특허 및 의장쟁송사건에 대하여 이를 그대로 적용하도록 결정한다."

고 하였다.

그리고 후자에 관해서 결정주문은,

"1. 민법 제781조 제1항 본문(2005. 3. 31. 법률 제7427호로 개정되기 전의 것) 중 '자는 부의 성과 본을 따르고' 부분은 헌법에 합치되지 아니한다. 2. 위 법률조항은 2007. 12. 31.까지 계속 적용된다."

고 하면서, 결정 이유의 결론부분에서는,

"이 사건 법률조항에 대하여 위헌을 선고할 경우 부성주의원칙 자체에 대해서까지 위헌으로 선언하는 결과를 초래하게 되므로 헌법불합치결정을 선고하되 이 사건 법률조

---

335) 헌재 1995. 9. 28, 92헌가11, 『헌판집』 7-2, 264.
336) 헌재 2005. 12. 22, 2003헌가5, 『헌판집』 17-2, 544.

항에 대한 개선 입법이 있을 때까지 이 사건 법률조항의 효력을 유지시키기로 하는바,
이 사건 법률조항에 대한 개정 법률이 이미 공포되어 2008. 1. 1. 그 시행이 예정되어
있으므로 2007. 12. 31.까지 이 사건 법률조항의 잠정적인 적용을 명함이 상당하다."
고 하였다.

관련해서 이들 사건의 결정과 소득세법 제60조에 대한 헌법소원사건[337)의 그
것을 견주어 볼 수 있다. 소득세법 제60조 사건에서는 이미 개정된 법률이 시행
된 상태이었기 때문에, 계속적용이나 적용중지를 명할 아무런 실익도 없었다. 그
런 점을 감안해서 입법자에 대해 개선입법을 촉구하지 않고 개정된 법률의 적용
을 명한 것이었다. 그러나 여기서 분류한 사건들은 결정 당시에 아직 시행일이
도래하지 않았기 때문에, 법적 공백상태의 초래를 방지하는 차원에서 계속 적용
의 시한을 명시한 것이다.

4. 주문에서 불합치법률의 적용중지를 명하는 경우

헌법재판소는 헌법불합치의 주문을 제시함과 아울러 주문에서 불합치법률의
적용중지를 명하는 경우이다. 그런데, 그와 아울러 주문에서 입법시한과 효력상
실을 동시에 명시하는 경우가 있는가 하면, 입법시한을 명시하지도 않고 또 결정
이유에서 조차도 효력상실에 관해 전혀 언급을 하지 않는 경우도 있다.

가. 주문이 입법시한과 효력상실을 동시에 명시한 경우

결정주문에서 구체적으로 입법시한을 명시하고 또 입법자가 그때까지 불합치
법률을 개정하지 아니하면, 그 다음 날부터 불합치법률의 효력이 상실됨을 적극
적으로 제시한 경우이다.

이에 해당하는 사건으로는 민법 제809조 제1항(동성동본금혼) 위헌제청사
건,[338) 근로기준법 제30조의2 제2항 위헌소원사건,[339) 민법 제1026조 제2호(한

---

337) 헌재 1995. 11. 30, 91헌바1, 『헌판집』 7-2, 562.
338) 헌재 1997. 7. 16, 95헌가6, 『헌판집』 9-2, 1.
339) 헌재 1997. 8. 21, 94헌바19, 『헌판집』 9-2, 243.

정승인) 위헌제청사건,[340] 지방세법 제111조 제2항 위헌제청사건,[341] 부동산 실권리자 명의 등기에 관한 법률 제10조 제1항 위헌제청사건,[342] 같은 법률 제5조 제2항 위헌제청사건,[343] 우체국예금·보험에 관한 법률 제45조 위헌소원사건[344] 및 국세징수법 제78조 제2항 후문 위헌제청사건[345]을 들 수 있다.[346]

그러면, 대표적으로 민법 제809조 제1항 위헌제청사건[347]을 살펴본다. 이 사건 결정에서 주문은,

  "1. 민법 제809조 제1항(1958. 2. 22. 법률 제471호로 제정된 것)은 헌법에 합치되지 아니한다. 2. 위 법률조항은 입법자가 1998. 12. 31.까지 개정하지 아니하면 1999. 1. 1. 그 효력을 상실한다. 법원 기타 국가기관 및 지방자치단체는 입법자가 개정할 때까지 위 법률조항의 적용을 중지하여야 한다."

로 하였고, 결정 이유에서는,

  "위 법률조항은 입법자가 1998. 12. 31.까지 개정하지 아니하면 1999. 1. 1. 그 효력을 상실하고, 법원 기타 국가기관 및 지방자치단체는 입법자가 개정할 때까지 위 법률조항의 적용을 중지하도록 하는 것이 상당하다."

고 하였다.

여기서 주목해야 할 점은 결정 이유에서는 물론이고 결정주문에서도 명시적으로 개선입법의 시한을 구체적으로 정함과 아울러 그 시한 내에 개정하지 아니하면 효력상실을 명하였다는 것이다. 그리고 법적용자에게는 개선입법 시점까지 불합치법률의 적용중지를 명하였다.

---

340) 헌재 1998. 8. 27, 96헌가22, 『헌판집』 10-2, 339.
341) 헌재 1999. 12. 23, 99헌가2, 『헌판집』 11-2, 686.
342) 헌재 2001. 5. 31, 99헌가18, 『헌판집』 13-1, 1017.
343) 헌재 2006. 5. 25, 2005헌가17, 『헌판집』 18-1하, 1.
344) 헌재 2008. 5. 29, 2006헌바5, 『헌판집』 20-1하, 91.
345) 헌재 2009. 4. 30, 2007헌가8, 『헌판집』 21-1하, 1.
346) 이에 해당하는 최근 결정으로는 형사보상법 제7조 위헌제청(헌재 2010. 7. 29, 2008헌가4, 『헌판집』 22-2상, 1)사건과 지방자치법 제111조 제1항 제3호 위헌확인(헌재 2010. 9. 2, 2010헌마418, 『헌판집』 22-2상, 526)사건.
347) 헌재 1997. 7. 16, 95헌가6, 『헌판집』 9-2, 1.

나. 주문과 이유에서 입법시한이나 효력상실에 대해 전혀 언급이 없는 경우

헌법재판소가 불합치를 주문으로 결정함과 아울러 적용중지를 명시하였으나, 주문이나 이유에서 입법시한을 명시하지도 않고 또 그 시한이 도과할 경우 불합치법률이 효력상실되는 여부에 대해서도 전혀 언급을 하지 않은 경우이다.

이에 해당되는 사건으로는 법인세법 제59조의2 제1항 등 위헌소원사건,[348] 구 소득세법 제101조 제2항 위헌소원사건,[349] 지방세법 제121조 제1항 위헌소원사건,[350] 학교보건법 제6조 제1항 제2호 위헌제청사건,[351] 실화책임에 관한 법률 위헌제청사건[352] 및 공직선거법 제261조 제5항 제1호 위헌제청사건[353]을 들 수 있다.

그러면, 대표적으로 법인세법 제59조의2 제1항 등 위헌소원사건[354]을 살펴본다. 이 사건 결정에서 관련 주문은,

"1. 구 법인세법(1978. 12. 5. 법률 제3099호로 개정되어 1990. 12. 31. 법률 제4282호로 개정되기 전의 것) 제59조의2 제1항과 구 법인세법(1990. 12. 31. 법률 제4282호로 개정되어 1998. 12. 28. 법률 제5581호로 전문개정되기 전의 것) 제59조의2 제1항은 모두 헌법에 합치되지 아니한다. 법원 기타 국가기관 및 지방자치단체는 위 법률조항들의 적용을 중지하여야 한다."

고 하였고, 결정 이유에서는,

"…… 우리 재판소는 단순위헌결정을 하지 아니하고 헌법불합치 결정을 하면서 법원 기타 국가기관 및 지방자치단체에 대하여 이 사건 법률조항의 적용중지를 명하는 것이다.

그리고 헌법재판소가 헌법불합치라는 변형결정주문을 선택하여 위헌적 요소가 있는 조항들을 합헌적으로 개정 혹은 폐지하는 임무를 입법자의 형성재량에 맡긴 경

---

348) 헌재 2000. 1. 27, 96헌바95, 『헌판집』 12-1, 16.
349) 헌재 2003. 7. 24, 2000헌바28, 『헌판집』 15-2상, 38.
350) 헌재 2003. 9. 25, 2003헌바16, 『헌판집』 15-2상, 291.
351) 헌재 2004. 5. 27, 2003헌가1, 『헌판집』 16-1, 670.
352) 헌재 2007. 8. 30, 2004헌가25, 『헌판집』 19-2, 203.
353) 헌재 2009. 3. 26, 2007헌가22, 『헌판집』 21-1상, 337.
354) 헌재 2000. 1. 27, 96헌바95, 『헌판집』 12-1, 16.

우에는, 이 결정의 효력이 소급적으로 미치게 되는 모든 사건이나 앞으로 이 사건 법률조항을 적용하여 행할 부과처분에 대하여는 법리상 이 결정 이후 입법자에 의하여 위헌성이 제거된 새로운 법률조항을 적용하여야 할 것임을 밝혀두는 것이다.” 고 하였다.

앞서 언급한 결정에서도 주문은 동일한 형태이고, 이유에서도 거의 대체로 개선입법이 될 때까지 불합치법률의 적용중지를 명하고 있음을 본다. 그리고 입법시한을 구체적으로 명시하거나 그 시한이 도과되었을 경우 불합치법률이 효력상실되는 여부에 관해서는 전혀 언급이 없다는 점에서 공통적인 특징을 지닌다.

다. 구법에 대해서는 적용중지를, 신법에 대해서는 계속적용을 명시한 경우

헌법재판소가 계쟁된 법률조항이 개정되자 개정된 법률조항에 대해서까지 심판대상을 확장하고, 원래의 조항(구법)에 대해서는 적용중지를 명하고, 개정된 조항(신법)에 대해서는 개선입법의 시한을 명시함과 아울러 그때까지 계속적용을 명한 경우이다. 적용중지와 개선입법시한 및 계속적용에 관해서는 결정주문으로 제시하였다. 하지만, 결정 이유에서도 개선입법시한의 도과 시 효력상실 여부는 언급하지 않고 있다.

이에 해당하는 사건으로는 의료법 제19조의2 제2항 위헌확인사건[355]과 영화진흥법 제21조 제3항 제5호 등 위헌제청사건[356]을 들 수 있다.[357]

전자에 관해 결정주문에서는,

---

355) 헌재 2008. 7. 31, 2004헌마1010, 『헌판집』 20-2상, 236.

356) 헌재 2008. 7. 31, 2007헌가4, 『헌판집』 20-2상, 20.

357) 이에 해당하는 최근 결정으로는 병역법 제35조 제2항 등 위헌제청(헌재 2010. 7. 29, 2008헌가28, 『헌판집』 22-2상, 74)사건. 그리고 최근의 결정으로서 농업협동조합법 제174조 제4항 위헌제청(헌재 2011. 6. 30, 2010헌가86, 『공보』 177호, 884)사건에서는 주문에서 구체적인 시한을 정해서 불합치법률의 적용중지를 명했지만, 이를 개선입법시한과 연동시키지는 않았다. 그 이유는 개선입법이 이미 이루어졌고, 그 시행일이 2012. 3. 2.부터이었기 때문이다. 다시 말해서 조만간 시행될 개정법률에서는 이 사건 심판대상인 법률조항과 동일하게 위헌성을 내포한 것은 아니었기 때문이다. 그래서 이 사건 결정에서는 신법에 대해 계속적용 불합치의 주문을 제시할 필요가 없었던 것이었다.

"1. 의료법 제19조의2 제2항(1987. 11. 28. 법률 제3948호로 개정되고, 2007. 4. 11. 법률 제8366호로 전부 개정되기 전의 것)은 헌법에 합치되지 아니한다. 법원 기타 국가기관 및 지방자치단체는 위 법률조항의 적용을 중지하여야 한다. 2. 의료법 제20조 제2항(2007. 4. 11. 법률 제8366호로 전부 개정된 것)은 헌법에 합치되지 아니한다. 위 규정은 2009. 12. 31.을 시한으로 입법자가 개정할 때까지 계속 적용된다."

고 하였고, 결정 이유에서는,

"따라서, 이 사건 심판대상 규정들에 대하여 단순위헌결정을 하는 대신 헌법불합치결정을 하기로 하는바, 입법자는 되도록 빠른 시일 내에, 늦어도 2009. 12. 31.까지는 새로운 입법을 마련하여야 할 것이고, 이 사건 의료법 제20조 제2항은 …… 새로운 입법에 의하여 그 위헌성이 제거될 때까지 잠정적으로 적용되어야 할 것이다. 한편, 이 사건 구 의료법 규정은 이미 개정되어 효력을 상실하고 있지만, 2005헌바90 당해사건과 관련하여서는 여전히 그 효력을 유지하고 있다고 할 것인바, 위 규정의 계속 적용을 명하는 경우에는 그에 대한 위헌성 판단의 효력이 당해 사건에 미치지 못할 염려가 있으므로, 이 사건 구 의료법 규정의 경우 당해사건과 관련하여 그 적용을 중지하고, 현행 의료법 규정이 개정될 때를 기다려 개정된 신법을 적용하여야 할 것이다."

고 하였다.

이는 후자에서도 동일한 논리형식을 취하고 있다. 결국 이 유형에서는 심판계속중 개정된 법률로 심판대상을 확장하면서, 구법에 의해 형성된 법률관계에 있어 제재법규로 기능한다는 점을 감안해서 구법의 적용중지를 명하였고, 현행법인 신법에 관해서는 개선입법 시점까지 계속적용을 명하였으나 입법시한 도과 시 효력상실 여부는 정하지 아니하였다.

Ⅲ. 기한설정의 분석

1. 심판절차별 불합치결정의 분석

〈표 12〉 심판절차별 헌법불합치결정 현황

	제1기	제2기	제3기	제4기	계
헌가	1	7	8	9	25
헌마	2		7	13	22
헌바	1	6	11	3	21
계	4	13	26	25	68

*1. 이 수치는 2010. 5. 31.을 기준으로 정리한 것(63건)이지만, 2009. 8. 31. 이후 12.말까지 추가로 2건의 불합치결정이 이루어졌다.
*2. 65건이 아닌 68건인 까닭은 하나의 결정에서 서로 다른 형태의 주문을 제시한 사건이 총 3건이 있었는데, 이를 분리시켜 처리하였기 때문이다.[358]
*3. 89헌마214사건의 경우 헌법재판소가 헌마절차와 헌바절차를 구분하기 이전에 사건번호가 부여된 것임에 따라 그 성격에 맞춰 헌바절차로 분류하였다.

헌법재판소는 2009. 12. 말 현재 총 65건의 헌법불합치결정을 선고하였다. 특히 제4기 재판부 들어 매우 많이 활용한다. 제4기 재판부 임기 중반에 해당하는 2009. 12. 말 현재 25건이다. 이는 제3기 재판부가 6년 동안 26건을 선고한 것에 버금가는 아주 많은 분량이다. <표 12>는 헌법재판소 심판절차별로 헌법불합치결정의 현황을 분석한 것이다. 총 68건 중 헌가절차, 헌마절차 및 헌바절차가 각각 25건, 22건 및 21건으로 거의 비슷한 규모이다.[359]

재판부별로 심판절차에 따라 불합치결정을 선고한 경우가 달리 나타나고 있다.

---

358) 헌재 2003. 12. 18, 2002헌바14, 『헌판집』 15-2하, 466; 헌재 2008. 7. 31, 2004헌마1010, 『헌판집』 20-2상, 236; 헌재 2008. 7. 31, 2007헌가4, 『헌판집』 20-2상, 20.
359) 그런데 이 분석에서 유의해야 할 점은 복수의 사건이 접수되어 병합 처리할 때, 가장 먼저 접수된 사건을 기준으로 분류하는 것이 헌법재판소의 입장이다. 이를 그대로 반영하다 보니, 심판절차별 분류에 있어 일정한 한계가 있음을 인정할 수밖에 없다. 특히 헌가절차와 헌바절차의 경우 그런 모습이 강하게 나타난다.

제2기에서는 헌가절차(7건)와 헌바절차(6건)에서만 선고되었을 뿐이고, 헌마절차에서는 전혀 이루어지지 않았다. 하지만, 제3기에서는 세 절차에서 비교적 골고루 나타난다(8건, 7건, 11건). 그에 비해 제4기에서는 헌마절차에서 13건이고 헌가절차에서 9건이었으나, 헌바절차에서는 단지 3건에 지나지 않았다. 제2기에서는 헌마절차에서 불합치결정을 선고한 경우는 없었는데, 제4기에서는 오히려 13건으로 매우 적극 활용하고 있음이 주목할 만하다.

2. 재판부별 기한설정의 현황분석

〈표 13〉 재판부별 기한설정 현황

		제1기	제2기	제3기	제4기	합계
단순불합치 주문		1	3	3	0	7
효력지속 주문	구체적 시한명시(주문)○ 효력상실 명시(이유)○	1	1		0	2
	구체적 시한명시(주문)○ 효력상실 명시(이유)×	1			2	3
	추상적 시한명시(주문)○ 효력상실 명시(이유)×	1				1
	소계	3	1	0	2	6
계속적용 주문	구체적 시한명시(주문)○ 효력상실 명시(이유)○			2	6	8
	구체적 시한명시(주문)○ 효력상실 명시(이유)×		3	6	9	18
	구체적 시한명시(주문)× 효력상실 명시(이유)×			9	2	11
	입법시한명시(주문)× 계속적용시한명시(주문)○		1	1		2
	소계	0	4	18	17	39
적용중지 주문	구체적 시한명시(주문)○ 효력상실 명시(주문)○		4	2	2	8
	구체적 시한명시(주문)× 효력상실 명시(이유)×		1	3	4	8
	소계	0	5	5	6	16
합계		4	13	26	25	68

<표 13>은 각 재판부별로 헌법불합치결정을 선고하면서 주문으로 기한을 설정하는 여부에 관해 법적 효과를 기준으로 분류한 것이다.

먼저, 몇 가지 관념을 전제로 한다. 첫째, 여기서 단순불합치 주문의 경우라 함은 주문에서는 단순히 불합치만을 제시하지만, 결정 이유에서는 개선입법 시점까지 불합치법률의 적용을 중지시키는 경우를 말한다.360) 둘째, 효력지속주문의 경우란 주문이 불합치법률에 대해 일정시한 까지 그 효력이 지속됨을 명시한 경우를 말하고, 계속적용주문의 경우라 함은 불합치법률을 개선입법 시점까지 잠정적인 계속적용을 명한 경우를 말한다. 이들 중 전자는 불합치법률의 형식적인 존속을 언급하고 그에 근거해서 법적용자의 불합치법률의 잠정적인 계속적용을 의도하는데 반해, 후자는 형식적 존속에 대한 언급을 회피하고 즉각적으로 계속적용을 명한다는 점이다.361) 셋째, 구체적인 시한을 주문에서 명시하지 아니한 경우, 결정 이유에서 그 시한 도과 시 불합치법률의 효력상실을 명시한 경우는 없었다는 점이다. 이는 단순불합치주문, 효력지속주문, 계속적용주문 및 적용중지주문의 경우 모두 동일하게 나타난다. 다시 말해서 구체적인 개선입법시한을 명시한 경우에 한해서 그 시한의 도과 시 불합치법률의 효력상실을 주문으로 명하거나(적용중지주문의 경우) 이유로 명하곤 한다(계속적용주문의 경우와 효력지속주문의 경우). 넷째, 어떠한 경우에 입법시한을 구체적으로 설정할 수 있으며 또 입법시한을 도과하였을 경우에 불합치법률의 효력을 상실시킬 것인지에 대해 어떠한 보편적인 원칙이나 기준을 찾아내지는 못하였다는 점이다. 그래서 어떠한 일반적인 의미를 도출하기는 어렵다. 구체적인 입법시한을 주문에서 제시하는 여부의 판단기준 문제도 마찬가지다.

다음, 시계열별로 살펴본다.

제1기 재판부는 불합치법률의 효력지속을 명하는 주문을 선호하였으며, 단순불합치로 주문을 제시한 경우도 있었다.

제2기 재판부는 효력지속보다는 계속적용의 주문을 선호하였고, 결정주문에 구체적인 입법시한을 명시하고자 하였다. 그리고 적용중지와 관련해서는 ① 주

---

360) 단 한 차례 예외적인 경우가 있긴 하지만, 이는 이미 개정법률이 시행된 경우이기 때문이었다.
361) 그런데 여기서 불합치법률의 효력지속과 불합치법률의 계속적용이 구조적으로 어떠한 차이점을 의도하는지는 명료하지 않다. 하지만, 유형화해서 분류함이 근본취지이므로 그리기로 한다.

문에서 단순불합치로 하거나 ② 구체적인 입법시한을 명시함과 아울러 그 시한을 도과하였을 경우 불합치법률의 효력이 상실됨을 명시하고자 하였다. 제2기 재판부는 주문에서 구체적으로 시한을 설정하려는 시도가 다수 이루어졌다(13건 중 9건).

제3기 재판부는 효력지속의 주문보다는 계속적용을 선호하였다. 적용중지와 관련해서는 단순불합치주문을 제시한 경우(3건)도 있고, 주문에서 구체적인 시한을 명시한 경우(2건)도 있으며, 주문이나 이유에서 효력상실을 전혀 언급하지 않은 경우(3건)도 있었다. 계속적용의 주문을 제시함에 있어서도 결정주문에서 구체적인 입법시한을 명시한 경우가 8건(그중 2건은 이유에서 효력상실을 명시함), 시한을 명시하지 아니한 경우가 9건이었다.

제4기 재판부는 계속적용의 주문을 매우 선호하고 있으며(25건 중 17건), 그 17건 중 구체적인 시한을 명시한 경우가 15건이다. 그중에 결정 이유에서 효력상실을 명한 경우가 6건이고, 아무런 언급이 없는 경우가 9건이었다. 적용중지와 관련해서는 단순불합치로 한 경우는 없으며, 적용중지를 주문으로 낸 경우는 6건이었으나, 구체적인 시한을 명시한 경우는 2건이었다.

이어서, 불합치결정의 구체적인 주문형태별로 살펴본다.

첫째, 단순불합치주문의 경우가 7건이었는데, 제4기에서는 단 한건도 없다는 점이다. 이는 결정주문에서 불합치결정의 취지를 명확히 드러냄으로써 법적 명확성을 제공하고자 한 것으로 읽혀진다.

둘째, 불합치법률의 효력지속을 주문으로 제시하는 경우는 초창기에 적극 활용되었고, 제2기와 제3기에서는 소원해졌지만, 제4기에 들어서는 2건이나 나타났다.

셋째, 이미 검토한 바와 같이 우리 헌법재판소는 계속적용의 주문을 매우 적극적으로 활용한다는 점이다(총 68건 중 39건).[362] 그중에서 제3기는 18건, 제4기는 17건이었으며, 구체적인 입법시한을 명시한 경우가 26건, 명시하지 않은 경우가 11건이었다.

넷째, 적용중지의 경우(16건) 구체적인 입법시한의 명시가 8건, 그렇지 않은

---

362) 이에 대한 상세한 내용에 관해서는 졸고, 『헌법논총』 제20집, p.251. 또한 결정주문과 결정상 핵심쟁점과의 부조화현상으로 초래되는 각종 문제점에 대한 분석으로는 같은 논문, p.267. 이하.

것이 8건이었는 바, 효력상실을 명하는 경우는 구체적 시한명시와 동일하게 8건이었다.

다섯째, 결정주문에서 구체적으로 기한설정을 하면서 주문으로 법적 효과를 제시하곤 하는데, 적용중지의 경우 효력상실을 주문으로 명시하고 있으며(8건), 효력지속과 계속적용의 경우에는 효력상실을 결정 이유에서만 언급하곤 한다(2건과 8건). 하지만, 계속적용 주문의 경우 구체적인 입법시한을 주문에서 명시하긴 하였지만, 이유에서조차 효력상실 여부를 규율하지 아니한 경우도 적지 않았다(26건 중 18건). 이런 점은 효력지속 주문의 경우도 마찬가지다(5건 중 3건).

3. 심판절차별 기한설정의 현황분석

<표 14>는 심판절차별 기한설정 현황이다. 몇 가지 특징을 짚어낼 수 있다.

첫째, 단순불합치주문은 헌가절차(2건)와 헌바절차(5건)에서만 나타난다는 점이다. 이 형태는 결정 이유에서 적용중지를 명하고 있으며, 그 법적 효과는 후술하는 적용중지주문의 경우와 마찬가지의 모습이다.

둘째, 적용중지주문의 경우 주로 헌가절차(10건)와 헌바절차(5건)에서 나타나고, 헌마절차는 1건에 지나지 않는다. 이는 헌가절차나 헌바절차의 경우 법원에 소송이 계속중인 상황에서 법적용절차를 중지시키고 개선입법에 따라 처리하도록 할 의도이었기 때문으로 보인다. 그리고 헌마절차에서 법률의 위헌여부가 다투어지는 경우는 거의 대부분 적법요건에 있어 침해의 현재성에 대한 예외를 인정함으로써 가능하게 된 것이었다. 그렇다보니 구체적인 법률관계를 형성해서 법적 분쟁이 발생하기 직전의 상태에서 심판이 청구된 것이었다. 그렇기 때문에, 즉 불합치법률의 제정 시점부터 결정 시점 사이에 발생한 법적 혼란을 해소할 필요성이 적었기 때문에, 적용중지라는 법적 효과를 의도할 필요성이 상대적으로 적었을 것으로 추단된다.

<표 14> 심판절차별 기한설정 현황

		헌가	헌마	헌바	합계
단순불합치 주문		2		5	7
효력지속 주문	구체적 시한 명시(주문) ○ 효력상실 명시(이유) ○	0	1	1	2
	구체적 시한 명시(주문) ○ 효력상실 명시(이유) ×	2		1	3
	추상적 시한 명시(주문) ○ 효력상실 명시(이유) ×		1		1
	소계	2	2	2	6
계속적용 주문	구체적 시한 명시(주문) ○ 효력상실 명시(이유) ○	1	6	1	8
	구체적 시한 명시(주문) ○ 효력상실 명시(이유) ×	6	10	2	18
	구체적 시한 명시(주문) × 효력상실 명시(이유) ×	2	3	6	11
	입법시한 명시(주문) × 계속적용 시한 명시(주문) ○	2			2
	소계	11	19	9	39
적용중지 주문	구체적 시한 명시(주문) ○ 효력상실 명시(주문) ○	6		2	8
	구체적 시한 명시(주문) × 효력상실 명시(이유)×	4	1	3	8
	소계	10	1	5	16
합계		25	22	21	68

셋째, 적용중지를 명함에 있어 구체적 입법시한을 명시하고 또 그 시한이 도과하면 불합치법률의 효력상실을 명하는 주문의 제시사례는 주로 헌가절차(6건, 헌바절차는 2건)에서 나타난다는 점이 주목할 만하다.

넷째, 계속적용주문의 경우 헌가절차에서 11건, 헌마절차에서 19건 그리고 헌바절차에서 9건이었다.[363] 계속적용 불합치결정은 주로 결정 시점부터 개선입법

---

363) 그러나 기본적으로 심판대상을 축소하거나 심판대상을 한정적으로 판단하는 기법을 적극 활용하였다면, 이러한 형태의 주문 채택사례는 매우 감소되었을 것이다. 이에 관해 상세한 내용은, 졸고, 『헌법논총』 제20집, p.278. 이하.

시점까지의 법적 공백상태의 발생을 방지할 목적으로 이루어지는 속성을 감안하면, 헌마절차에서 특별히 많은 것은 나름대로 합리성을 지닌다. 그리고 헌가절차나 헌바절차에서도 계속적용 불합치결정의 필요성도 부정할 수는 없다.

다섯째, 계속적용주문의 경우 구체적인 입법시한을 주문에서 명시함과 아울러 그 시한 내에 입법자가 개선입법을 하지 않을 경우 불합치법률의 효력상실을 이유에서 제시한 경우는 총 8건이었는데, 그중 6건이 헌마절차에서 나타났다는 점도 주목된다. 이는 헌법재판소가 입법자로 하여금 신속한 개선입법의무를 수행하도록 압박을 가하는 취지로 읽혀진다. 이런 점은 구체적인 개선입법의 시한을 주문으로 제시하였지만, 시한도과 시 효력상실 여부를 정하지 아니한 경우도 18건이었는데, 그중 헌마절차에서 10건이 나타났다는 점은 앞의 지적과 동일한 연장선상에 놓인 것이라고 하겠다.

여섯째, 그렇지만, 구체적인 시한을 주문이나 이유에서 명시하지도 않고 또 효력상실 여부도 정하지 아니한 경우는 총 11건이었는데, 그중 6건이 헌바절차에서 나타났다는 점도 주목할 만하다. 또 계속적용주문을 제시한 결정이 헌바절차에서는 총 9건이었는데, 그중 6건이 위의 지적과 동일하게 적용된다. 이는 헌바절차의 속성과 견주어 심판청구인인 일반국민들과 입법자 및 법원 사이에서 절충적인 행태를 보여준 것으로 읽혀진다.

일곱째, 계속적용주문의 경우 헌가절차에서는 총 11건이었는데, 그중 구체적인 시한을 주문에 명시하긴 하였지만 효력상실 여부를 이유에서 정하지 아니한 경우가 6건으로 이에 집중되어 있음도 나름대로의 의미를 부여할 수 있겠다. 그리고 주문이 시한을 정했지만 그 시한이 입법에 관한 것이 아니고 계속적용인 경우가 2건이었는데, 이는 심판제청 후 결정 시점 이전에 위헌성을 입법자가 인식하고 신속하게 개선입법을 하였음에 따른 결과라고 하겠다.

Ⅳ. 불합치법률의 입법시한 도과실태 분석

전술한 바와 같이 헌법재판소는 불합치결정을 하면서 명시적으로 기한을 설정함과 아울러 그 시한이 도과되었을 경우 불합치법률의 효력상실을 결정주문이나 이유에서 적극적으로 명시하곤 한다.

헌법재판소가 결정주문에서 구체적인 입법시한을 명시한 경우는 총 39건이었다. 그중에 효력상실을 주문으로 제시한 경우가 8건이고, 효력상실을 결정 이유에서 언급한 경우가 10건이며, 효력상실에 관해 주문이나 이유에서 아무런 언급도 없는 경우가 21건이었다(<표 13>과 <표 14>). 이에 기초해서 개선입법이 설정된 시한 내에 이루어지지 아니한 경우[364]도 그와 같이 유형화할 수 있다.

〈표 15〉 기한설정과 효력상실이 명시된 불합치법률의 입법도과 실태분석[365]

순번	효력상실 명시 여부	결정일자	사건번호	설정시한	입법시점
1	결정주문	1997. 7. 16.	95헌가6	1998. 12. 31.	2005. 3. 31.
2	〃	1998. 8. 27.	96헌가22	1999. 12. 31.	2002. 1. 14.
3	결정 이유	1993. 3. 11.	88헌마5	1995. 12.말	1996. 12. 31.
4	〃	1999. 5. 27.	98헌바70	1999. 12. 31.	2000. 3. 13.
5	〃	2007. 6. 28.	2004헌마644	2008. 12. 31.	2009. 2. 12.
6	〃	2007. 6. 28.	2004헌마643	2008. 12. 31.	2009. 2. 14.
7	〃	2007. 12. 27.	2004헌마1021	2008. 12. 31.	2009. 1. 30.
8	〃	2009. 9. 24.	2008헌가25	2010. 6. 30.	진행중
9	언급 없음	1989. 9. 8.	88헌가6	1991. 5. 말	1991. 12. 31.
10	〃	2001. 10. 25.	2000헌마92	2003. 12. 31.	2004. 3. 12.
11	〃	2005. 4. 28.	2003헌바40	2006. 4. 30.	2006. 10. 4.
12	〃	2007. 3. 29.	2005헌마985	2008. 12. 31.	2010. 1. 25.
13	〃	2007. 3. 29.	2005헌바33	2008. 12. 31.	2009. 12. 31.
14	〃	2008. 11. 27.	2006헌마352	2009. 12. 31.	진행중
15	〃	2008. 11. 27.	2007헌마1024	2009. 12. 31.	진행중
16	〃	2009. 3. 26.	2006헌마67	2009. 12. 31.	2010. 2. 18.
17	〃	2009. 3. 26.	2006헌마240	2009. 12. 31.	2010. 2. 19.

---

364) 이인호·오수정, 『중앙법학』 제12집 제1호, p.60. 이하.

365) 이 표는 2010. 7. 31. 현재를 기준으로 작성되었으며, 이인호·오수정, 『중앙법학』 제12집 제
　　1호, p.61. <표 4>에 의거해서 추가 보완한 것임을 밝힌다.

1. 주문이 입법시한을 명시함과 아울러 효력상실도 명시한 경우

헌법재판소가 입법시한을 명시하면서 그 시한을 도과하면 불합치법률이 효력을 상실한다는 점을 결정주문으로 명시한 경우이다. 이들 사건에서는 모두 불합치법률의 개선입법 시점까지의 적용중지를 명하였다. 이에 해당하는 사건은 총 8건이었다.366) 그중 입법시한의 도과사례는 모두 2건이다.

한 건은 민법 제809조 제1항의 위헌제청사건367)이었고, 다른 한 건은 민법 제1026조 제2호의 위헌제청사건368)이었다<표 15>. 전자는 동성동본금혼에 관한 것이었고, 후자는 재산상속에 있어 한정승인에 관한 것이었다.

여기서 전자는 입법시한의 도과에 따라 불합치법률이 효력상실되었다고 해서 동성동본금혼 문제는 크게 쟁점이 될 여지가 없었다. 왜냐하면, 이미 민법상 다른 조항으로 규율이 가능하였기 때문이다. 그에 비해 후자의 경우에는 쟁점의 여지가 있었다. 이에 관해 서울지방법원은 2001. 11. 21. 비록 입법시한이 도과해서 불합치법률의 효력이 상실되었다 할지라도 헌법불합치결정의 취지에 따라 상속재산에 관한 한정승인의 의사표시를 하지 않았어도 채무까지 상속한 것으로 볼 수는 없다고 판결하였다.369) 그러나 그 후인 2002. 1. 14. 개정법률이 마련되어 규율하였고,370) 입법시한이 도과되어 효력상실된 불합치법률의 적용배제를 적극적으로 주장하지 아니하였기 때문에371) 더 이상 문제되지는 않은 듯하다.

---

366) 구체적인 내용은 전술한 Ⅱ.4.가.

367) 헌재 1997. 7. 16, 95헌가6, 『헌판집』 9-2, 1.

368) 헌재 1998. 8. 27, 96헌가22, 『헌판집』 10-2, 339.

369) 서울지법 2001. 11. 21. 선고 2000가합33206판결. 상세한 내용은 허완중, 제104회 발표논문, pp.17-18.

370) 입법이 지체된 시적 공간은 약 25개월이 되는 셈이다.

371) 만약 상속재산을 초과하는 채무에 대해 상속하지 않겠다는 한정승인의 의사표시를 하지 아니한 경우에는 채무까지 상속한 것으로 파악할 경우 편익을 취할 수 있는 집단에서 불합치법률의 효력상실을 적극 주장함과 아울러 적용배제를 다투었다면, 논란의 여지는 충분하였다고 보인다. 물론, 이런 주장을 대법원이나 종국적으로는 헌법재판소가 받아들였을 것인지는 의문이다.

2. 주문이 입법시한을 명시하고, 이유에서 시한도과 시 효력상실을 명한 경우

헌법재판소가 결정주문에서 입법시한을 명시하면서 결정 이유에서는 그 시한을 도과하면 불합치법률이 효력을 상실함을 명시한 경우이다. 이들 사건에서는 모두 불합치법률의 개선입법 시점까지의 계속적용을 명하고 있다. 이에 해당하는 사건은 10건으로, 그중 효력지속주문이 2건이고 계속적용주문이 8건이었다(<표 13>과 <표 14>).372) 그중 입법시한의 도과사례는 모두 6건이었다.

이들 사건 중 헌마사건은 4건이었고, 나머지 2건은 각각 헌바사건과 헌가사건이었다. 헌마사건은 기본적으로 법률을 계쟁물로 하는 경우 구체적인 사건에서 법적 분쟁이 제기되어 다투어지기 보다는 기본권침해의 현재성이 미미하다 할지라도 장래 발생이 확실할 경우 다투어지는 속성을 지닌다. 이런 점에서 비추어 볼 때, 개선입법 시점까지 계속적용을 명하였으나 그 시한이 도과되어 불합치법률의 효력상실이 되었다 할지라도, 문제될 여지는 상대적으로 크지 않았다.373) 98헌바70사건의 경우 텔레비전방송수신료의 근거를 둘러싼 위헌논란으로써 입법시한이 도과되어 불합치법률이 효력상실이 되었다 할지라도, 입법시한과 실제입법시점 사이의 시적 편차가 2개월을 지나지 않았음에 따라 실제 발생하였을 법적 공백상태는 상대적으로 미미하였고, 또 법적 분쟁의 발생 여지도 그리 크지 않았다.

하지만, 2008헌가25사건의 결정에서는 야간옥외집회금지를 규율한 조항에 관해 계속적용을 명하면서 2010. 6. 30.의 입법시한을 도과하면, 그 다음 날로 그 조항의 효력이 상실되는 것으로 규율하였기 때문에, 많은 문제를 담고 있다. 게다가 다투어진 법률이 실체적 형벌법규인데다가 개선입법시한까지 불합치법률의

---

372) 헌법재판소가 결정주문에서 계속적용을 명하는 것이 아니라 불합치법률의 효력지속을 명하는 경우도 있다. 그래서 실태를 파악하기 위해 양자를 구분해서 다루었다. 구체적인 내용은 전술한 Ⅱ.2.가., 3.가.

373) 그리고 이들 사건 중 2건은 선거법이었고, 나머지 2건은 노동법과 의료법(2004헌마1021)이었다. 여기서 의료법이나 선거법분야에서는 불합치법률을 계속적용하고 입법시한 도과 시 효력상실을 시킨다 할지라도, 문제될 소지가 상대적으로 적었다(의료법의 경우 실제로는 1개월이 지체된 셈이다). 하지만, 노동법의 경우(88헌마5)에는 다수 발생할 여지가 있었다. 규율대상의 인적 범위가 매우 넓었기 때문이었다.

계속적용을 전제로 하였다. 그런데, 입법자가 그 시한까지 개선입법을 하지 않음으로써 계속적용은 무의미하게 되었고, 법원은 효력상실이 미치는 사건의 범위를 어디까지로 획정할 것인가를 정해야 하는 과제를 안게 되었다. 이 문제는 궁극에는 헌법재판소에 헌법소원의 형태로 다루어지게 될 것으로 본다.374)

3. 주문이 입법시한을 명시하긴 하였지만, 이유에서는 시한도과를 언급하지 않은 경우

헌법재판소가 결정주문에서 입법시한을 명시하긴 하였지만, 결정 이유에서는 그 시한의 도과에 따른 효력상실 여부에 관해 아무런 언급도 없는 경우이다. 이들 사건에서는 모두 불합치법률의 개선입법 시점까지 계속적용을 명하고 있다. 이에 해당하는 사건은 21건이었다(<표 13>과 <표 14>).375) 그중 입법시한의 도과사례는 모두 9건이었다<표 15>.

이들 사건 중 헌마사건은 7건으로서 6건은 선거법에 관한 것이었고, 나머지 1건은 방송법에 관한 것(2006헌마352)으로 아직도 개선입법되지 아니한 상태이었다. 그리고 나머지 2건은 헌바사건으로서 1건은 정부투자관리기본법에 관한 것(2003헌바40)이었고, 다른 1건은 공무원연금법상 직무관련성이 없는 범죄로 인해 금고 이상을 받은 자에 대한 국고부담분 퇴직금의 지급제한을 규정한 공무원연금법 제64조 제1항 제1호에 관한 것(2005헌바33)이었다.376)

그런데, 이들 사건 중 현실적으로 문제된 것은 후자이었다. 이 결정에서 헌법재판소는 비록 개선입법시한을 명시하긴 하였지만, 그 시한이 도과하였을 경우 불합치법률의 효력이 상실되는 여부에 대해 주문이나 이유에서 아무런 언급을 하지 않았다.377) 그런데, 서울행정법원은 앞서 언급한 바와 같이 효력상실되는

---

374) 물론 대법원의 판결결과에 불만을 가질 수 있는 검찰이나 경찰은 헌법재판소에 권한쟁의심판을 청구할 여지도 없지 않다고 하겠다.
375) 구체적인 내용은 전술한 Ⅱ.2.나., 3.나., 4.다.
376) 헌재 2007. 3. 29, 2005헌바33, 『헌판집』 19-1, 211-239.
377) 그런데, 헌법재판소는 사후적으로 다른 결정에서 불합치결정된 법률의 효력상실을 언급하였다. 군인연금법 제33조 제1항 제1호 위헌제청사건(헌재 2009. 7. 30, 2008헌가1, 『헌판집』 21-2상, 18). 즉, '참고로 …… 우리 재판소는 2005헌바33 결정에서 공무원 또는 공무원이었던 자가 재직 중의 사유로 금고 이상의 형을 받은 때에는 이 사건 법률조항과 유사하게 대통령령

것으로 보았다. 그와 아울러 행정법원은 합헌부분과 위헌부분으로 구분해서 잠정적인 계속적용은 합헌인 부분에 한정되는 것이고 위헌부분에 관해서는 위헌판단한 것으로 파악해서 사건을 처리함이 옳다는 시각을 전개한다. 아무튼 향후 행정법원은 이런 태도를 그대로 관철하려고 할 것으로 본다.

V. 글 마무리에

이상에서는 헌법재판소가 지난 2009. 12. 31.까지 선고한 총 65건의 헌법불합치결정의 기한설정 실태를 분석하고 평가하였다.

헌법불합치결정에서 기한설정을 하는 형태는 대체로 네 가지로 구분할 수 있다. ① 결정주문이 기한설정이나 법적 효과를 전혀 언급함이 없이 오로지 불합치함만을 적시하고, 나머지는 결정 이유에 맡겨놓는 경우이다. ② 결정주문이 불합치와 아울러 불합치법률의 효력지속을 명하는 경우이다. ③ 결정주문이 불합치와 아울러 불합치법률의 계속적용을 명하는 경우이다. ④ 결정주문이 불합치와 아울러 불합치법률의 적용중지를 명하는 경우이다. 이를 바탕으로 분류할 때, 결정주문에서 다양한 형태로 개선입법시한을 제시하는가 하면, 주문이나 이유에서 개선입법시한이 도과하였을 경우 불합치법률의 효력상실을 명시하곤 한다.

그런데, 여기서 그와 관련하여 헌법재판소가 헌법불합치로 결정하면서 어떠한 경우에 입법시한을 구체적으로 설정할 수 있으며 또 입법시한을 도과하였을 경우에 불합치법률의 효력을 상실시킬 것인지에 대해 어떠한 보편적인 원칙이나 기준을 찾아내지는 못하였다. 그래서 어떠한 일반적인 의미를 도출하기는 어렵다. 구체적인 입법시한을 주문에서 제시하는 여부의 판단기준 문제도 마찬가지다.

다만, 헌법재판소는 부진정 입법부작위, 평등원칙위반 및 합헌과 위헌의 구분

이 정하는 바에 의하여 퇴직급여 및 퇴직수당의 일부를 감액하여 지급하도록 한 공무원연금법 (1995. 12. 29. 법률 제5117호로 개정된 이후의 것) 제64조 제1항에 대하여 2008년 12월 31일을 개정시한으로 헌법불합치 결정을 선고한 바 있는바, 위 공무원연금법 조항은 개정시한의 경과로 인하여 효력을 상실하였다'고 하였다. 『헌판집』 21-2상, 18, 31.

이 불명확한 사안에 대해서는 심판대상을 축소하거나 한정적으로 판단할 경우 결정주문이 달라질 수 있음을 전제로 할 때, 이로 인해 구체적인 개선입법시한의 설정도 달리 나타날 것임은 지적할 수 있겠다. 달리 말하면, 기한설정은 불합치결정의 법적 효과에 따른 결정유형에 있어 종속변수라고 하겠다.

헌법재판소는 적용중지나 계속적용 불합치결정 양자 모두에서 주문으로 구체적인 개선입법시한을 정하긴 하지만, 불합치법률의 효력상실에 관해서는 조금은 다른 태도를 보여준다. 적용중지 불합치결정에서 효력상실을 정하는 경우 반드시 결정주문으로 제시하였는데 반해, 계속적용 불합치결정에서는 결정 이유에서만 언급한다는 점이다.

아무튼, 기한설정에 따른 불합치법률의 효력상실은 입법자에게 개선입법을 촉구하기 위한 수단으로 채택된 것이지만, 실제로는 법적용자인 법원에게 많은 부담을 주고야 말았다. 그런 점에서 근본적인 대안으로는, 헌법재판소는 헌법불합치결정을 선고함에 있어 명시적인 개선입법시한을 제시하는 것에 관해 신중해야 하고, 또 입법시한을 도과했다고 해서 불합치법률의 효력이 상실되는 것으로 보아서는 안 된다.

제2절 입법시한의 도과와 그에 따른 불합치법률의 효력상실

Ⅰ. 글머리에

헌법불합치결정은 입법자에 의한 신속한 개선입법을 전제로 한다. 그런데, 언제까지 개선입법을 해야 하는지에 대해 '빠른 시일 내에'라든가 '지체 없이'라는 표현만을 가지고는 부족하다고들 느낀다. 그래서 헌법재판소는 법적인 명확성을 제공하기 위해 결정주문이나 이유에서 기한을 설정하곤 한다.378) 헌법재판소가 법률에 대해 헌법불합치로 결정하면서 명시적으로 개선입법의 시한을 정하였을 경우 입법자가 그 시한 내에 개선입법을 하면 아무런 문제가 되지 않는다.379)

그런데, 그 시한을 도과해서 입법이 이루어지게 되면, 어떻게 되는 것인가? 이와 관련해서 헌법재판소는 헌법불합치결정을 하면서 개선입법의 시한을 설정하고 그 시한이 도과하였을 경우 그 시점에 불합치법률의 효력이 상실됨을 결정주문에서 또는 결정 이유에서 명시하곤 한다. 그런가 하면, 결정주문에서는 개선입법의 시한을 설정하였지만, 시한이 도과하였을 경우 불합치법률의 운명에 대해서는 주문이나 이유에서 아무런 언급도 없는 경우도 있다.380)

'불합치법률의 입법시한 도과 시 그 시점에의 효력상실'이란 의미는 불합치결정이 이루어졌고 설정된 입법시한을 도과하게 되면 그 도과 시점에 위헌결정이 이루어진 것이 되며, 그로 인해 법률의 변경이 발생한 것으로 이해되고 있다. 이

---

378) 헌법재판소가 기한을 결정주문에서 제시한 경우는 68건 중 40건이었다. 그중 계속적용시한을 명시한 것은 2건이었고, 나머진 모두 개선입법시한이었지만, 그중 1건은 추상적으로 시한을 제시하였고, 37건은 모두 구체적으로 한 것이었다. 이에 관해 상세한 내용은 졸고,『법과 정책연구』제10집 제2호, p.749. 이하; 전술한 제1절 Ⅲ.

379) 헌법재판소가 결정주문에서 구체적인 입법시한을 명시한 경우는 37건이었지만, 그중 17건이 개선입법시한을 도과하였다. 이에 관해서는 졸고,『법과 정책연구』제10집 제2호, p.755. 이하, 전술한 제1절 Ⅳ.

380) 그런 경우가 18건에 이른다.

를 의도한 원래의 취지는 입법자에게 개선입법의무의 이행을 제때에 성실히 수행하도록 함이다. 그런데, 입법자에게 그 불이행에 대한 비난이 가해지긴 하였지만, 부담이 지워진 것은 아니라는 점이다. 문제는 오히려 법적용자인 법원에게 옴팡 덤터기 씌워지는 결과가 초래되었다는 점이다. 이런 점은 법적 효과에 따라 구분되는 적용중지 불합치결정이나 계속적용 불합치결정 양자 모두에 해당된다.

그러면, 본고에서는 기한설정에 관한 결정실태와 그 인식에 대해 살펴보고, 그 문제점을 적출한다. 그 문제점에 관해 다양한 시각에서 검토하고 대안을 모색하기로 한다.

II. 현황과 분석

1. 설정된 시한의 도과에 따른 효력상실의 규율 실태

헌법재판소가 시한을 설정하고 그 시한 내에 입법자가 개선입법을 하지 않고 그 시한을 도과한 경우를 상정한다. 이에 대해 헌법재판소가 규율하는 형태는 대체로 세 가지 유형이 있다.[381]

첫째로는 결정주문에서 구체적으로 입법시한을 명시하고 또 주문에서 입법자가 그때까지 불합치법률을 개정하지 아니하면 그 다음 날부터 불합치법률의 효력이 상실됨을 적극적으로 제시한 경우이다.[382] 그러면, 이에 해당하는 가장 최

---

381) 헌법재판소가 헌법불합치결정을 하면서 기한을 설정한 실태 전반에 관한 분석으로는, 졸고, 『법과 정책연구』 제10집 제2호, 735면 이하; 전술한 제1절 Ⅱ. 여기서는 불합치결정의 법적용자에 대한 법적 효과로서 적용중지나 계속적용을 지향하는 여부를 기준으로 하진 않고, 오로지 명시적으로 기한설정을 하였는지 여부와 그 시한의 도과 시 효력상실 여부를 규율하였는지 여부를 기준으로 구분하기로 한다.

382) 이에 해당하는 사건으로는 민법 제809조 제1항(동성동본금혼) 위헌제청사건(헌재 1997. 7. 16, 95헌가6, 『헌판집』 9-2, 1.), 근로기준법 제30조의2 제2항 위헌소원사건(헌재 1997. 8. 21, 94헌바19, 『헌판집』 9-2, 243), 민법 제1026조 제2호(한정승인) 위헌제청사건(헌재 1998. 8. 27, 96헌가22, 『헌판집』 10-2, 339), 지방세법 제111조 제2항 위헌제청사건(헌재 1999. 12. 23, 99헌가2, 『헌판집』 11-2, 686), 부동산 실권리자 명의 등기에 관한 법률 제10조 제1항 위헌제청사건(헌재 2001. 5. 31, 99헌가18, 『헌판집』 13-1, 1017), 같은 법률 제5조 제2항 위헌

근에 있었던 국세징수법 제78조 제2항 후문 위헌제청사건383)을 살펴본다. 결정
주문에서는,

> "1. 국세징수법(2002. 12. 26. 법률 제6805호로 개정된 것) 제78조 제2항 후문은 헌
> 법에 합치되지 아니한다. 2. 위 법률조항은 입법자가 2009. 12. 31.까지 개정하지 아
> 니하면 2010. 1. 1.부터 그 효력을 상실한다. 법원 기타 국가기관 및 지방자치단체는
> 입법자가 개정할 때까지 위 법률조항의 적용을 중지하여야 한다."

고 하였고, 결정 이유의 결론에서는,

> "그렇다면 이 사건 법률조항은 헌법에 합치되지 아니하므로 헌법불합치결정을 선
> 고하기로 하되, 이 사건 법률조항은 입법자가 2009. 12. 31.까지 개정하지 아니하면
> 2010. 1. 1.부터 그 효력을 상실하고, 법원 기타 국가기관 및 지방자치단체는 입법자
> 가 개정할 때까지 이 사건 법률조항의 적용을 중지하도록 하는 것이 상당하다."

고 하였다.

둘째로는 결정주문에서 구체적인 입법시한을 명시함과 아울러 그 시한까지 불
합치법률의 계속적용을 명하면서, 결정 이유에서는 그 시한을 도과하게 되면 불
합치법률의 효력이 상실됨을 설시한 경우이다.384) 대표적인 사건으로 집회 및 시
위에 관한 법률 제10조 등 위헌제청사건385)을 살펴본다. 이 사건 결정주문은,

> "'집회 및 시위에 관한 법률'(2007. 5. 11. 법률 제8424호로 전부 개정된 것) 제10조

제청사건(헌재 2006. 5. 25, 2005헌가17, 『헌판집』 18-1하, 1), 우체국예금·보험에 관한 법률
제45조 위헌소원사건(헌재 2008. 5. 29, 2006헌바5, 『헌판집』 20-1하, 91) 및 국세징수법 제78
조 제2항 후문 위헌제청사건(헌재 2009. 4. 30, 2007헌가8, 『헌판집』 21-1하, 1)을 들 수 있다.
383) 헌재 2009. 4. 30, 2007헌가8, 『헌판집』 21-1하, 1.
384) 이에 해당하는 사건으로는 노동쟁의조정법에 관한 헌법소원사건(헌재 1993. 3. 11, 88헌마5,
『헌판집』 5-1, 59), 한국방송공사법 제35조 등 위헌소원사건(헌재 1999. 5. 27, 98헌바70, 『헌
판집』 11-1, 633), 재외동포의출입국과법적지위에관한법률 제2조 제2호 위헌확인사건(헌재
2001. 11. 29, 99헌마494, 『헌판집』 13-2, 714), 국가유공자등예우및지원에관한법률 제31조 제1
항 등 위헌확인사건(헌재 2006. 2. 23, 2004헌마675, 『헌판집』 18-1상, 269), 공직자등의병역사
항신고및공개에관한법률 제3조 등 위헌확인사건(헌재 2007. 5. 31, 2005헌마1139, 『헌판집』
19-1, 711-735), 주민투표법 제5조 위헌확인사건(헌재 2007. 6. 28, 2004헌마643, 『헌판집』
19-1, 843-858), 공직선거및선거부정방지법 제15조 제2항 등 위헌확인사건(헌재 2007. 6. 28,
2004헌마644, 『헌판집』 19-1, 859), 의료법 제2조 등 위헌확인사건(헌재 2007. 12. 27, 2004헌
마1021, 『헌판집』 19-2, 795-813), 구 종합부동산세법 제5조 등 위헌소원사건(헌재 2008. 11.
13, 2006헌바112, 『헌판집』 20-2하, 1) 및 군인연금법 제33조 제1항 제1호 위헌제청사건(헌재
2009. 7. 30, 2008헌가1, 『헌판집』 21-2상, 18) 및 집회 및 시위에 관한 법률 제10조 등 위헌제
청사건(헌재 2009. 9. 24, 2008헌가25, 『헌판집』 21-2상, 427) 등을 들 수 있다.
385) 헌재 2009. 9. 24, 2008헌가25, 『헌판집』 21-2상, 427.

중 '옥외집회'부분 및 제23조 제1호 중 '제10조 본문의 옥외집회'부분은 헌법에 합치되지 아니한다. 위 조항들은 2010. 6. 30.을 시한으로 입법자가 개정할 때까지 계속 적용된다."

고 하면서, 결정 이유에서는 불합치결정의 필요성에 관해 언급하면서,

"따라서 이 사건 법률조항들에 대하여 헌법불합치의 결정을 선고하되, 위 법률조항에는 위헌적인 부분과 합헌적인 부분이 공존하고 있으므로 입법자가 2010. 6. 30. 이전에 개선입법을 할 때까지 계속 적용되어 그 효력을 유지하도록 하고, 만일 위 일자까지 개선입법이 이루어지지 않는 경우 위 법률조항들은 2010. 7. 1.부터 그 효력을 상실하도록 한다."

고 하였다.

셋째로는 결정주문에서 구체적인 입법시한을 명시함과 아울러 그 시한까지 불합치법률의 계속적용을 명하였지만, 입법시한을 도과할 경우 불합치법률의 효력 상실 여부에 관해서는 결정 이유에서 조차 아무런 언급이 없는 경우이다.[386] 공무원연금법 제64조 제1항 제1호 위헌소원사건[387])에서는 주문을,

"1. 공무원연금법 제64조 제1항 제1호(1995. 12. 29. 법률 제5117호로 개정된 이후의

---

386) 이에 해당하는 사건으로는 국회의원선거법 제33조·제34조 위헌심판사건(헌재 1989. 9. 8, 88헌가6, 『헌판집』 1, 199), 도시계획법 제6조 위헌소원사건(헌재 1999. 10. 21, 97헌바26, 『헌판집』 11-2, 383), 형사소송법 제482조 제1항 위헌제청사건(헌재 2000. 7. 20, 99헌가7, 『헌판집』 12-2, 17), 국적법 제2조 제1항 제1호 위헌제청사건(헌재 2000. 8. 31, 97헌가12, 『헌판집』 12-2, 167), 구 상속세법 제9조 제1항 위헌소원사건(헌재 2001. 6. 28, 99헌바54, 『헌판집』 13-1, 1271), 공직선거및선거부정방지법 [별표1] '국회의원지역선거구구역표' 위헌확인사건(헌재 2001. 10. 25, 2000헌마92, 『헌판집』 13-2, 502), 지적법 제28조 제2항 위헌확인사건(헌재 2002. 5. 30, 2000헌마81, 『헌판집』 14-1, 528), 국가정보원직원법 제17조 제2항 위헌제청사건(헌재 2002. 11. 28, 2001헌가28, 『헌판집』 14-2, 584), 정부투자기관관리기본법 제20조 제2항 등 위헌소원사건(헌재 2005. 4. 28, 2003헌바40, 『헌판집』 17-1, 508), 국가를 당사자로 하는 계약에 관한 법률 제27조 제1항 위헌제청사건(헌재 2005. 6. 30, 2005헌가1, 『헌판집』 17-1, 796), 공직선거법 제26조 제1항에 의한 별표2 위헌확인사건(헌재 2007. 3. 29, 2005헌마985, 『헌판집』 19-1, 287), 공무원연금법 제64조 제1항 제1호 위헌소원사건(헌재 2007. 3. 29, 2005헌바33, 『헌판집』 19-1, 211), 국가공무원법 제36조 등 위헌확인사건(헌재 2008. 5. 29, 2007헌마1105, 『헌판집』 20-1하, 329), 학교용지확보 등에 관한 특례법 제2조 제2호 등 위헌제청사건(헌재 2008. 9. 25, 2007헌가9, 『헌판집』 20-2상, 424), 방송법 제73조 제5항 등 위헌확인사건(헌재 2008. 11. 27, 2006헌마352, 『헌판집』 20-2하, 367), 공직선거법 제56조 제1항 제1호 위헌확인사건(헌재 2008. 11. 27, 2007헌마1024, 『헌판집』 20-2하, 477), 경상북도 시·군의회의원 선거구와 선거구별 의원정수에 관한 조례 별표 위헌확인사건(헌재 2009. 3. 26, 2006헌마67, 『헌판집』 21-1상, 512), 공직선거법 제200조 제2항 단서 위헌확인사건(헌재 2009. 6. 25, 2008헌마413, 『헌판집』 21-1하, 928) 등이다.
387) 헌재 2007. 3. 29, 2005헌바33, 『헌판집』 19-1, 211-239.

것)는 헌법에 합치되지 아니한다. 2. 위 법률 조항은 2008년 12월 31일을 시한으로
입법자가 개정할 때까지 그 효력을 지속한다."

라고 제시하면서, 결정 이유에서는,

"······ 입법자는 ······ 합헌적인 방향으로 법률을 개선하여야 하고 그때까지 일정 기
간 동안은 위헌적인 법규정을 존속(하)게 하고 또한 잠정적으로 적용하게 할 필요
가 있는 것이다. 그러나 ······ 이 사건 법률조항의 위헌성을 고려할 때 입법자는 되
도록 빠른 시일 내에, 늦어도 2008. 12. 31.까지 개선입법을 마련함으로써 이 사건
법률조항의 위헌적 상태를 제거하여야 할 것이다."

고 하였다.

2. 입법시한의 도과에 관한 인식실태

이에 대해서는 두 국가기관의 인식실태를 살펴본다.

먼저, 헌법재판소이다. 헌법재판소는 전술한 바와 같이 헌법불합치결정의 실제
에 있어 다양하게 입장을 전개하고 있다. 하지만, 내부적인 '업무편의와 직원교
육'을 위해 발간한 책자에서는 또 다른 입장을 제시한다. 즉, "헌법재판소가 입
법개선의 시한을 명시한 경우에, 입법개선 시한까지 개정이 이루어지지 않은 경
우에는 당해 조항은 효력을 상실하므로, 그때까지 소송이 계속 중이라면 그 재판
에서 적용이 배제될 것이다."388) 그런데, 이런 태도는 오로지 입법시한 도과 시
효력상실을 주문으로 제시한 적용중지 불합치결정에 한정하고 있다. 다시 말해서
계속적용 불합치결정과 관련해서는 아무런 언급도 없다는 점에 주목해야 한다.

다음, 법원 측이다. 이에 대한 대법원의 입장이 어떠한지는 좀 더 지켜봐야 한
다. 그러나 서울행정법원은 '헌법불합치결정 이후 개선시한까지 국회가 개선입법
을 하지 않았으므로 효력을 상실했고, 이는 2009년 1월 1일자로 헌재의 위헌결
정이 있었던 것에 준하는 것으로 볼 수 있다'고 한다.389) 행정법원이 전개한 입

---

388) 헌법재판소, 『헌법재판실무제요』, 제1개정증보판, 2008, p.170.
389) 서울행정법원 2009. 8. 20, 선고 2008구합9379판결, 법률신문 제3777호, 2009. 9. 14.
   pp.13-14. 법률신문 2009. 9. 7., 2009. 9. 9. 기사. 서울행정법원 2009구합28902판결도 기본적
   으로 개선입법시한의 도과에 따라 불합치법률의 효력상실을 전제로 하고 있다. 이에 관해서는
   법률신문 2009. 12. 25.

법시한 도과 후 효력상실과 관련된 헌법재판소 결정은 결정주문이나 이유에서 효력상실을 적극적으로 언급한 것이 아니었다. 즉, 공무원연금법 제64조 제1항 제1호의 위헌소원사건[390])에서는 결정주문에서 명시적인 기한설정을 하긴 하였지만, 주문이나 이유에서 그 시한이 도과하였을 경우 불합치법률이 효력상실하는 여부에 관해서는 전혀 언급하지 아니하였다는 점이다.[391])

3. 필자의 선행연구

헌법재판소가 불합치결정을 하면서 설정한 입법시한이 도과될 경우 불합치법률이 효력상실됨을 맨 처음 적시한 사건은 1993년 노동쟁의조정법에 관한 헌법소원사건[392])이었다.

그 당시부터 필자는 명시적인 기한설정이 불필요하며, 설정된 시한이 도과한다고 해서 불합치법률의 효력이 상실되는 것은 아님을 이미 밝힌 바 있다.[393]) 효력을 상실시키고자 하는 의도가 입법자로 하여금 신속하게 개선입법의무를 이행하도록 관철하고자 함이라면, 그 방법보다는 입법상 불법책임에 기한 국가배상청구를 채택함이 바람직함을 제시한 바 있다. 현재에도 그 입장에서 아무런 변함이 없다.

하지만, 헌법재판소는 지난 20년 가까이 되는 세월동안 이미 살펴본 바와 같이 '입법시한 도과 시 불합치법률의 효력상실'을 확고한 견해로 유지해온 상태이다. 이는 필자의 소견에 전혀 배치되는 사항이다. 그러나 당면한 과제를 해결해야 한다는 차원에서 사안에 대해 접근하기로 한다.

---

390) 헌재 2007. 3. 29, 2005헌바33, 『헌판집』 19-1, 211-239.
391) 그런데 서울지방법원은 2001. 11. 21. 비록 입법시한이 도과해서 불합치법률의 효력이 상실되었다 할지라도 헌법불합치결정의 취지에 따라 상속재산에 관한 한정승인의 의사표시를 하지 않았어도 채무까지 상속한 것으로 볼 수는 없다고 판결하였다. 서울지법 2001. 11. 21, 선고 2000가합33206판결. 상세한 내용은 허완중, 헌법실무연구회 제104회 발표논문, pp.17-18.
392) 헌재 1993. 3. 11. 88헌마5, 『헌판집』 5-1, 59.
393) 졸고, 박사학위논문, 304면, 316면 이하; 졸고, 『헌법재판연구』 제7권, pp.350-351.

Ⅲ. 문제점

헌법재판소는 헌법불합치결정을 선고함에 있어 명시적으로 기한설정을 하고, 그 기한을 입법자의 개선입법시한으로 파악함과 아울러 그 시한이 도과하였을 경우 결정주문이나 이유에서 불합치법률의 효력상실을 명시하는 사례가 적지 않다. 이는 중대한 문제점이다. 그런가 하면, 앞서 언급한 바와 같이 서울행정법원은 헌법재판소가 명시적으로 기한설정을 하긴 하였으나 효력상실에 관해 언급이 없는 경우에 대해서조차도 그 시한이 도과하였을 경우 불합치법률의 효력이 상실된 것으로 본다. 게다가 법원에서는 도과한 다음날 위헌결정이 있었던 것에 준하는 것으로 본다. 그러다 보니 불합치결정 시점과 개선입법 시점 사이에 형성된 법률관계에 대해서조차도 개선입법시한이 도과되면 그 도과 시점에 위헌결정이 선고된 것으로 봄으로써 위헌결정 당시 법원에 소송이 계속 중인 사건으로 파악하기까지 한다는 점이다.394)

이는 많은 부작용을 내포하게 된다. 특히 효력상실에 관해 입법시한 도과 시점에 새로운 위헌결정이 이루어진 것으로 이해함으로써, 종래 위헌결정은 법률의 변경 내지 폐지를 가져오는 것으로 파악되었는데, 장래효원칙과 예외적인 소급효 문제를 새로운 형태로 등장시키기에 이르렀다. 그로 인해 법적용자인 법원이나 행정청은 불합치결정에 따라 그에 따른 법적 효과를 기대하였음에도 입법자가 제때에 개선입법을 하지 않음으로써 위헌결정의 법적 효과가 발생하게 되는 괴리현상을 겪어내지 않으면 안 되게 되었다.

그런데, 개선입법시한의 도과 시 불합치법률의 효력상실은 구조적인 약점을 지닌다. 즉, 불합치결정의 대상이 아니고 오히려 단순위헌결정이 가능했던 사항에 대해 위헌결정을 회피하기 위해 그리한 것이라는 비판에서 자유롭지 못하다는 점이다.395) 그리고 이를 전제로 할 때, 적용중지 불합치결정의 경우 개선입법에 따른 처리를 의도하였으나 위헌결정의 법적 효과로서의 처리로 되돌린다는 취지

---

394) 서울행정법원 2009구합28902판결, 법률신문 2009. 12. 25.
395) 졸고, 박사학위논문, p.304. 이하, 졸고, 『헌법재판연구』 제7권, p.360. 졸고, 『헌법실무연구』
　　　제10권, pp.474-475.

를 지니게 된다. 그에 비해 계속적용 불합치결정의 경우는 법적 공백상태의 발생을 방지할 의도로 행해지는 것인데, 개선입법시한이 도과하게 되면, 그런 문제점이 해소되는가 하는 점이다. 그렇지 않다면, 계속적용 불합치결정에서 효력상실을 운위함은 이미 자기모순에 빠지고 말게 된다. 또 불합치결정의 대상인 법률이 실체적 형벌법규인지 여부에 따라 다르게 검토되어야 한다. 형벌법규에 대한 계속적용 불합치결정의 경우 개선입법시한을 도과하게 되면 불합치법률은 그 효력이 상실되고, 그 법적 효과는 소급효가 미치며 유죄의 확정판결에 대해서는 재심청구까지 허용해야 하는 상황을 초래하게 된다.

이상에서 지적된 사항은 개선입법시한의 도과 시 불합치법률의 효력상실로 봄에 따라 초래되는 구체적인 쟁점들이다.

Ⅳ. 검토

1. 불합치결정과 기한설정

가. 불합치결정에서 입법자의 개선입법의무

헌법불합치결정이란 심판대상인 법률에 위헌성이 내재해 있다 할지라도 단순히 위헌결정을 선고하여 당해 법률의 일반적 적용배제라는 법적 효과를 추구할 경우에 야기되는 법적 혼란을 회피하고 입법자의 입법형성권을 존중하기 위해 위헌결정의 법적 효과에 일정한 제약을 가하는 주문유형을 말한다.396) 불합치결정의 법적 효과는 위헌결정의 법적 효과인 일반적 적용배제에 대한 일정한 제약

---

396) 헌재 2002. 5. 30, 2000헌마81,『헌판집』14-1, 528, 546-547(헌법불합치결정은 헌법재판소법 제47조 제1항에 정한 위헌결정의 일종으로서, 심판대상이 된 법률조항이 실질적으로는 위헌이라 할지라도 그 법률조항에 대하여 단순위헌결정을 선고하지 아니하고 헌법에 합치하지 아니한다는 선언에 그침으로써 헌법재판소법 제47조 제2항 본문의 효력상실을 제한적으로 적용하는 변형위헌결정의 주문형식이다).

을 의도한다. 일정한 제약은 위헌결정이 선고될 경우에 나타날 수 있는 법적 혼란을 방지하기 위한 것이다. 불합치결정의 입법자에 대한 법적 효과는 신속한 개선입법의무의 부과이다.

헌법재판소의 결정실태를 보면, 불합치주문과 더불어 입법자에게는 개선입법시한을 설정하고, 법적용자에게는 계속적용이나 적용중지를 명하는 주문을 제시하곤 한다. 그렇지만, 개선입법을 촉구하는 주문을 설시해야만, 입법자의 개선입법의무가 발생하는 것은 아니다. 다시 말해서 입법자의 개선입법의무는 불합치하다는 주문 자체에서 도출되는 것이지, 시한을 규율하거나 입법을 촉구하는 등의 주문이 적시되어야만 하는 것은 아니다. 입법자가 개선입법의무를 이행할 시점은 '빠른 시일 내에' 내지 '지체 없이'이다. 이는 헌법 제10조 후단의 국가의 국민의 기본권을 보호할 의무에서 당연히 도출된다.397)

그리고 입법자에게의 개선입법촉구는 헌법재판소의 결정취지를 존중하면서 개선입법을 해야 하며, 구체적인 입법내용은 입법자의 입법형성에 맡겨져 있음을 의미한다. 다시 말해서 반드시 헌법재판소의 결정의도에 맞춰 그에 기속되는 형태로 입법을 수행해야 함을 의미하는 것은 아니다.398)

나. 적용중지 불합치결정과 계속적용 불합치결정의 관계

불합치결정의 유형은 법적용자에 대한 법적 효과의 측면에서 두 가지로 구분된다. 양자는 기본적으로 헌법재판소가 심판대상이 된 법률의 헌법불합치성을 확인하고 입법자에게 개선입법을 촉구한다는 측면에서는 동일하다. 하지만, 그 선고사유와 법적 효과는 법적용자와 관련하여 서로 달리 나타난다.399) 그 하나는

---

397) 졸고, 『헌법재판연구』 제7권, pp.350-351.
398) 입법자에 대한 법적 효과로서의 신속한 개선입법의무의 부과, 즉 개선입법촉구의 의미를 재정립하지 않으면 안 된다. 또한 입법의무를 지나치게 확장해서는 안 된다. 그것이 특히 입법자로 하여금 정치적 책임을 묻는 것이라면 모르되, 법적인 책임으로 귀착되는 것이라면, 더욱 그러하다. 그런 점에서 입법자의 입법형성에 관한 법적 의무를 확인하는 형태의 헌법재판소 결정에 대해서는 그 나름대로 가능하고 또 그런 속성을 인정할 수 있겠지만, 잠정합헌결정이나 단순한 개선입법촉구결정에 대해 입법자의 법적 책임이나 개선입법의무를 운위하는 것은 부적절하다고 본다.
399) 졸고, 박사학위논문, p.305. 이하, 졸고, 『헌법재판연구』 제7권, p.364. 이하, 한수웅, 『헌법논총』 제6집, p.522. 이하.

불합치법률의 법적용절차의 중지와 개선입법에 의한 처리이고, 다른 하나는 불합치법률의 잠정적인 계속적용이다. 전자를 적용중지 불합치결정으로, 후자를 계속적용 불합치결정으로 칭해진다.[400] 이중 전자가 원칙적인 모습이고, 후자가 예외적이다.[401] 그런데 양자는 규율하고자 하는 시적 공간, 단순위헌결정으로 인해 초래될 법적 혼란의 방지, 지향하는 법적 효과 등에서 중요한 차이를 드러낸다.[402]

그러나 양자 모두에서 기한은 달리 볼 여지가 없고 또 피할 수 없는 요소이다. 어차피 입법자는 신속하게 개선입법을 통해 합헌적인 상태를 만들어야 하기 때문이다. 거기에 시간의 관념이 반영될 수밖에 없게 된다.[403] 그리고 법적용자 역시 그렇게 설정된 시한에 맞추거나 입법자의 개선입법에 맞춰 그 법적 효과를 펼쳐야 하기 때문이다.

다. 위헌결정의 회피사유로서의 법적 혼란

헌법불합치결정은 단순위헌으로 결정할 경우 초래될 법적 혼란을 방지하기 위해 채택된 결정유형이다. 즉 헌법재판소는 법적 공백이나 혼란을 우려해서 단순위헌이 아닌 헌법불합치로 결정하곤 한다.

헌법재판소는 '헌법불합치결정이 정당화되는 예외적인 사유로는, ① 일정한 범위의 수혜자에게 혜택을 부여하는 법률이 평등원칙에 위배된다고 판단하는 경우

---

400) 적용중지와 계속적용의 관계 및 결정주문에의 명시여부와 관련해서는 '헌법불합치결정에 따른 위헌법률의 적용금지와 절차의 중지라는 법적 효과는 헌법불합치결정에 내재된 본질적 요소라 할 것이므로, 불합치결정을 하는 경우에 심판대상인 법률조항의 적용을 중지시키는 별도의 주문을 적시할 필요도 없는 것이며, 설령 적용중지의 주문을 적시한다 할지라도 그것은 적용중지의 효과를 주의적으로 확인하는 것에 불과하다. 그에 반해 계속적용을 명하는 경우에는 반드시 결정주문에서 위헌법률의 잠정적 적용을 명시하여야만 하는 것'이라고 한다. 헌재 2007. 5. 31, 2005헌마1139에서 이동흡·송두환 재판관 반대의견, 『헌판집』 19-1, 711, 734-735.
401) "계속적용 헌법불합치결정은 어디까지나 예외적인 것으로서 적용중지 헌법불합치결정이라는 원칙으로부터 벗어나는 것을 정당화하는 불가피한 예외적 사유가 존재할 경우에만 허용된다". 헌재 2007. 5. 31, 2005헌마1139에서 이동흡·송두환 재판관 반대의견, 『헌판집』 19-1, 711, 734-735.
402) 졸고, 『헌법실무연구』 제10권, p.467. 이하, 졸고, 『연세 공공거버넌스와 법』 제1권 제1호, p.11. 이하.
403) 이 점에서 불합치결정은 법적 효과를 시적으로 제약하는 형태, 즉 시적 효력영역을 구획하는 속성을 지닌다고 표현하게 되는 것이다.

와 같이 단순위헌 결정을 하는 때에는 현재 존재하는 혜택을 전부 제거하게 되어 헌법으로부터 더욱 멀어지는 결과를 초래할 우려가 있다거나, ② 위헌법률의 제거가 법적 공백이나 혼란을 초래할 우려가 있는 경우, ③ 심판대상 법률조항의 합헌부분과 위헌부분의 경계가 모호하여 단순위헌결정으로 대처하기 어려운 경우 등을 들 수 있으나, 자유권을 침해하는 위헌적 법률에 대하여는 위헌결정을 통한 위헌성의 제거로 합헌성이 회복된다는 측면에서 예외적 사유의 긍정에 매우 신중을 기하여야 할 것이다. 위헌법률의 제거로 인한 법적 공백이나 혼란의 우려가 있다 하더라도, 그것이 법적 안정성의 관점에서 법치국가적으로 용인하기 어려운 법적 공백이나 혼란이어서 예외적으로 일정 기간 위헌적인 상태를 감수하는 것이 헌법적 질서에 보다 가깝다고 판단되는 경우가 아니라면 헌법불합치결정이 원칙적으로 용인되지 아니한다'고 한다.404)

그러나 헌법재판소가 제시한 '법적 공백이나 혼란의 우려'는 좀 더 다듬어지지 않으면 안 된다. 왜냐하면, 헌법재판소는 헌법불합치결정을 선고함에 있어 심판대상을 너무 넓게 획정하여 합헌과 위헌으로 구분이 가능함에도 양자를 모두 포함시킨 다음, 위헌여부의 핵심적인 다툼을 판단하고선, 합헌인 부분을 배려하기 위해 불합치로 결정하는 경우가 적지 않았고 또 이를 해명하기 위해 정당화사유를 제시하였기 때문이다.405)

그렇지만 위헌결정의 회피사유를 추적해야 할 필요성이 크다. 헌법재판소가 단순위헌으로 결정하지 않고 구태여 불합치로 결정한 까닭은 그리 결정할 경우 초래될 법적 혼란이나 법적 공백상태의 발생을 방지하고자 함이었다. 그런가 하면, 후술하는 바와 같이 헌법재판소는 입법시한을 명시적으로 설정하고 그 시한이 도과되면, 불합치로 결정된 법률은 그 효력을 상실하는 것으로 파악한다. 그런데, 이는 결국 단순위헌으로 결정된 바와 동일한 결과를 예정한다. 다시 말해서 헌법

---

404) 헌재 1999. 10. 21, 97헌바26, 『헌판집』 11-2, 383, 417-418; 헌재 2008. 11. 27, 2006헌마 352에서 이공현 재판관의 단순위헌의견, 『헌판집』 20-2하, 367, 387-388.

405) 이런 지적은 부진정 입법부작위의 경우와 평등원칙위반의 경우에도 그대로 유효하다. 졸고, 『헌법논총』 제20집, p.269. 이하. 헌법불합치결정에서 문제된 것은 심판대상과 불합치결정상 핵심쟁점이 불일치 하다는 점이었다. 즉 한편으로는 심판대상을 너무 넓게 획정하였고, 다른 한편으로는 핵심적인 쟁점을 기준으로 심판절차를 진행하였다. 그러나 보니 결정주문과 결정상 핵심쟁점이 부조화하는 문제를 초래하게 된 것이다. 이는 심판대상에 포함되지 않아야 할 부분까지 포함시켜 판단한 결과가 되었고, 그에 대해 합헌인 부분으로서 배려하지 않으면 안 되는 결과를 초래하였다.

재판소가 불합치결정을 하면서 제시한 위헌결정의 회피사유로서, 입법시한도과를 이유로 불합치법률의 효력이 상실되게 한다 할지라도, 그렇게 우려했던 상황이 효력상실 시점 이후에도 발생하지 않아야만 타당할 것이다. 즉 불합치결정을 하면서 위헌결정을 해서는 안 되는 사유가 적시되었는데, 입법시한이 도과한 다음에는 회피사유로서 제시된 상황이 발생하지 말아야 된다는 점이다. 그래야만 불합치법률의 효력상실이 정당화될 수 있을 것이기 때문이다. 이는 이미 헌법재판소가 스스로 자기모순에 빠져 있음을 논증하는 중요한 기제로 작용한다.

2. 기한설정의 법적 성격과 필요성

가. 기한설정의 법적 성격

헌법재판소는 다양한 형태로 기한을 설정하고 있다.406) 이같이 설정된 시한은 입법자에게는 개선입법의 완료시한으로 작용하지만, 법적용자에게는 불합치법률의 계속적용이나 적용중지의 시한으로 파악되어야 하는지가 문제된다.

그런데 견해에 따라서는 그렇게 설정된 시한은 헌법불합치결정이 위헌결정의 속성을 지녔으며 미래효결정에 다름 아니라는 점에 주목해서 입법자가 실제로 개선입법의무를 이행하였는지 여부와 무관하게 그 시한이 도과함으로써 당연하게 위헌결정으로 전환되는 것으로 파악하기도 한다.407) 이에 따르면, 입법자에게 설정된 시한은 권고적 성격을 지님에 지나지 않게 된다. 물론 입법자가 그 시한 이전에 개선입법의무를 이행하게 되면, 그에 따라 법적 효과를 발생할 것이다.

분명 헌법불합치결정에서 시간적 요소는 피할 수 없다. 그런 점에서 헌법재판소가 개별적으로 결정에서 정하는 바와 같이 그 기한은 입법자에게는 개선입법의무의 이행시한이라 할 수 있고, 법적용자에게는 불합치법률의 적용을 중지하거나 불합치법률을 계속 적용하는 시한으로 보아야 한다. 입법자가 설정된 시한 이

---

406) 이에 관한 상세한 내용은 졸고,『법과 정책연구』제10집 제2호, p.735. 이하, 전술한 제1절 Ⅱ.
407) 방승주, 헌법실무연구회 제104회 발표회 지정토론문, pp.3-4.(효력상실의 효과는 입법자가 입법개선의무를 이행하든지 않든지와 상관없이 발생하는 계속효력명령의 법적 효과이지 입법자의 입법개선의무의 법적 효과는 아니다.)

전에 개선입법을 할 경우 그 시한 이전이라 할지라도 법적용자는 헌법재판소의 결정취지에 따라 그 개선입법을 적용해야 한다. 그런데 여기서 문제가 되는 것은 입법자가 개선입법의 시한 내에 개선입법을 하지 아니하였을 경우이다.

나. 기한설정의 필요성

헌법불합치결정에는 반드시 기한이 설정되어야 하는가가 문제된다. 입법자와 관련해서 기한설정은 불필요하다. 왜냐하면, 입법자에게는 지체 없는 개선입법의무가 부과되었기 때문이다. 입법자의 개선입법의무는 헌법불합치결정 그 자체에서 도출된다. 또 그 의무의 이행시점은 원래 '빠른 시일 내에' 내지 '지체 없이'이다.408) 이런 시각에서 접근할 때, 헌법재판소가 시한을 명시적으로 설정한 것은 적절치 않다.409)

그리고 입법자와 관련해서 기한설정의 속성을 살펴보면, 설정된 기한은 개선입법의무를 이행함에 필요한 시적 공간을 제공할 목적이지, 법률관계의 형성이나 변경 내지 종료를 위해 제공된 시적 공간은 아니다.

물론 법적용자나 국민에게는 법적 명확성을 제공해야 할 필요성이 크다는 점에서 인정된다. 그리고 후술하는 바와 같이 입법자가 그 의무를 이행해야 할 충분한 시적 공간이 제공되었음에도 이를 이행하지 아니하여 청구인이나 개선입법으로 인해 편익을 볼 수 있는 자들에게 법적 불이익을 발생시켰음을 특정할 필요가 있다는 점에 비추어 보면, 전적으로 부인함에는 한계가 있음을 인정해야 한다.

3. 기한설정과 효력상실의 관계

가. 입법시한을 도과 시킨 입법자에 대한 통제

헌법재판소410)나 다수설411)은 헌법불합치결정에 있어 설정된 기한은 개선입법

---

408) 동지: 김주환, 『헌법학연구』 제11권 제2호, pp.520-521.
409) 반대: 정종섭, 『헌법소송법』, p.381. 허완중, 헌법실무연구회 제104회 발표논문, p.12. 방승주, 헌법실무연구회 제104회 발표회 지정토론문, p.4.(그는 헌법재판소의 기한설정권은 실체적 관점, 기능법적 관점 및 결과고려의 관점에서 헌법적으로 정당화된다고 한다.)

시한으로 보며, 그 기한이 명시적으로 설정됨이 필수적인 것으로 보는 듯하고, 그 기한을 입법자가 도과하였을 경우 불합치법률의 효력이 당연히 상실되는 것으로 본다. 그러나 기한설정과 효력상실의 관계를 이와 같이 당연하게 연결지울 수 있는 것은 아니다.

앞서 살펴본 바와 같이 입법시한을 명시함으로써 일반국민들에게 법적 명확성을 부여하여 예측가능성을 제공함은 바람직한 것으로 볼 수 있다. 또 입법시한을 준수하도록 입법자를 압박하려는 취지에서 입법시한을 도과한 불합치법률의 효력상실을 명시적으로 규율함도 나름대로 납득할 수는 있다고 하겠다.

하지만, 고려될 수 있는 대안을 살펴본다.[412]

첫째로는 헌법재판소가 스스로 경과적인 규율을 해서 해결하는 방안이다. 이 방안은 기본적으로 입법시한이 도과되었다고 해서 새로운 심판청구는 불가능하고 또 후소에서 불합치결정이 아닌 위헌결정은 불가능하다는 것이다. 그렇지만, 극단적으로 문제점이 드러나게 될 경우에 한해 헌법재판소가 경과적인 해결방안을 모색함으로써 스스로 합헌상태의 회복을 도모해야 한다는 것이다.[413]

둘째로는 법적용자인 법원이 법적 틈새를 보완하는 방안이다. 입법자가 입법시한 내에 개선입법의무를 이행하지 아니하였을 경우 불합치규범은 위헌으로 처리되어야 하고 법원도 위헌으로 보고 법적 분쟁을 종국적으로 처리해야 한다는 것이다. 그리고 불합치결정으로 법적 틈새가 확인되었지만, 입법자가 개선입법을 아니하였을 경우 사건담당법원이 보충할 수 있다는 것이다.[414]

---

410) 이에 관한 상세한 내용은 졸고, 『법과 정책연구』 제10집 제2호, p.735. 이하, 전술한 제1절 Ⅱ.
411) 최완주, 『재판자료』 제92집, pp.402-403. 이상훈, 『사법논집』 제38집, pp.87-88. 정종섭, 『헌법소송법』, pp.384-385. p.392. 이명웅, 『헌법논총』 제20집, pp.393-394. 허완중, 헌법실무연구회 제104회 발표논문, p.13. 이하.
412) 이에 관한 상세한 내용은, 졸고, 박사학위논문, pp.154-155. pp.303-305.
413) 이 주장은 새로운 심판청구를 통한 다툼의 문제가 아니라 직권에 의한 판단으로 사태에 적극 개입해야 함을 의미한다. 그러나 이는 헌법재판의 사법작용적 속성에서 크게 벗어난 것이라는 비판을 면하기 어렵다.
414) 최완주, 『재판자료』 제92집, pp.402-403. 그리고 대법 2010. 4. 16. 선고 2010모179결정은 부분적으로는 이런 시각을 대변하는 것으로 볼 수도 있으나, 관련된 헌법불합치결정(헌재 2009. 12. 29, 2008헌가13결정)에서는 개선입법시한이나 입법시한 도과 시 효력상실 여부를 정하지 아니하였다. 그런 점에서 엄격하게 여기서 논의하는 사항에 적합하다고 단정 짓긴 어렵다. 관련해서 김국현, 헌법실무연구회 제104회 발표회 지정토론문, p.3.

셋째로는 불합치결정된 법률이 새로이 심판대상이 될 경우 위헌결정을 함으로써 합헌상태를 회복할 수 있다는 것이다.415) 이는 실제로는 일종의 입법대집행이 되는 것이라고 한다.

넷째로는 입법자가 개선입법의무를 이행하지 아니함으로써 관계인들에게 불이익이 발생하였을 경우 관계인들은 입법자를 상대로 국가배상책임을 청구할 수 있다는 것이다. 이는 입법자가 개선입법을 하지 않았다고 해서 헌법재판소가 입법자의 기능을 대신할 수 있는 것은 아님을 전제로 한다.

생각건대, 입법자가 개선입법을 하지 않았다고 해서 헌법재판소가 입법자의 역할을 대신하거나 헌법불합치가 위헌으로 바뀌는 것은 적절치 않다고 본다. 게다가, 불합치결정을 통해 개선입법의무를 입법자에게 부과하였지만, 입법자가 이를 시한 내에 이행하지 않았다고 해서, 그 즉시 위헌결정이 된 것으로 봄은 적절한 대안이라고 할 수는 없다. 더욱이 입법시한을 도과한 이후 새로운 심판청구를 통해 후소에서 새롭게 위헌결정을 하는 것도 아니고, 그 시한이 도과하자마자 위헌결정의 법적 효과에 해당하는 효력상실이라는 결과가 나온다는 것은 전혀 합당하지 않다.

아무튼 여기서 주목해야 할 바는 헌법불합치결정을 통해 입법자에게 합헌상태로의 조속한 회복을 요구하였다면, 그렇게 하게 하는 방법이 적절하다는 것이 입법자에 대한 존중이요 배려라고 하겠다.

나. 입법시한이 도과된 불합치법률의 운명

헌법불합치결정에서 설정된 기한이 개선입법시한이라고 할 때, 그 시한을 입법자가 도과 시켰을 경우, 불합치법률의 운명은 어떻게 되는가에 대해서도 새롭게 검토해야 한다.416)

이에 관해서는 두 가지 시각이 있다. 그 하나는 비록 시한이 도과되었다 할지

---

415) 허영, 『헌법소송법』, p.250.(입법자가 입법개선시한을 존중하지 않아 입법부작위에 의한 기본권침해가 발생하면 헌법소원의 대상이 된다); 김주환, 『헌법학연구』 제11권 제2호, p.526.(입법자가 개선입법시한 내에 의무를 이행하지 않으면, 당해 법률 자체가 위헌이 될 수 있으므로, 법원은 헌법재판소에 위헌심판을 제청해야 한다)
416) 이에 관해 상세한 내용은 졸고, 박사학위논문, p.150. pp.304-305.

라도, 개선입법이 있을 때까지 불합치법률은 그대로 존속된다는 것이다. 다른 하나는 입법시한의 도과와 동시에 불합치법률은 효력이 상실된다는 것이다.

여기서 전자에 관해서는 견해가 두 가지 형태로 나타난다. 즉 그 하나는 불합치법률이 재차 심판의 대상이 되었을 경우 입법시한의 도과를 이유로 위헌결정이 가능하다는 것이다. 다른 하나는 입법시한을 입법자가 준수하지 않았다고 해서 헌법재판소에 새로운 심판청구가 가능한 것은 아니라고 한다. 왜냐하면, 후소에서 심판된다고 해서 전소의 결정과 달라져서는 안 되기 때문이라는 것이다.

후자는 대체로 세 가지 형태로 논증된다. 이들 견해는 모두 헌법불합치결정에서 입법자에 대한 명시적인 기한설정이 정당함을 바탕으로 한다. 그 하나는 입법시한이 도과하면, 그 도과 시점에 새로이 위헌결정이 이루어진 것으로 본다. 바로 그 시점에 불합치법률은 효력상실, 즉 폐지가 된 것으로 이해한다.417) 이에 따르면, 입법자에게 설정된 개선입법시한 내에 개선입법이 이루어졌는지에 따라 불합치결정이 위헌결정으로 전환되는 여부가 좌우되는 셈이다.418) 그 둘은 입법시한의 도과로 인해 불합치법률은 효력상실이 되지만, 그렇다고 해서 헌법재판소가 입법자에게 부과된 개선입법의무가 사라지는 것은 아니라고 한다.419) 그 셋은 헌법불합치결정은 미래효적인 성격을 지니고 있고, 그래서 당연히 입법시한을 설정할 수 있으며, 혹여 입법자가 그 시한을 준수하지 않았을 경우에는 그 도과 시점에 당연히 불합치법률은 헌재법 제47조 제2항에 따라 효력을 상실하게 된다고 한다.420)

관련해서 헌법불합치결정에 있어 원칙에 해당하는 적용중지 불합치결정에 근거하여 입법시한도과로 인한 불합치법률의 효력상실을 설명하는 견해(구별설)421)

---

417) 신봉기,『헌법논총』제7집, pp.355-356.(그러나 기한설정이 되지 않은 경우에는 입법부작위에 대한 헌법소원이나 위헌법률심판 등이 가능하다고 한다); 이명웅,『헌법논총』제20집, p.394. 허완중, 헌법실무연구회 제104회 발표논문, p.10.
418) 서울행정법원 2009. 8. 20. 선고 2008구합9379판결, 법률신문 제3777호, 2009. 9. 14. pp.13-14.
419) 허완중, 헌법실무연구회 제104회 발표논문, p.14.
420) 방승주, 헌법실무연구회 제104회 발표회 지정토론문, p.5.
421) 이에 관해서는 김시철,『사법』, 2009. 6, pp.180-216. 적용중지 헌법불합치결정에 있어 불합치법률의 적용금지와 개정법률의 소급적용의 문제를 해명함에 있어 크게 두 가지 시각이 전제된다. 그 하나가 동일설이고, 다른 하나가 구별설이라고 한다. 이들 견해가 명시적인 입법시한이 도과되었을 경우 불합치법률의 효력이 상실되는 여부와 어떠한 연관관계를 지니는지도 해명되어야 할 여지가 있다.

가 있다. 이 견해는 불합치법률의 적용중지와 개선입법의 소급적용이라는 시각에서 접근한다. 즉, 헌법불합치결정에서 불합치법률의 적용중지는 그 자체로 위헌결정의 법적 효과와 동일한 것이고, 거기에 개선입법의 소급적용 여부는 개선입법이 존재해야만 하고 또 개선입법에서 경과규정으로 소급적용을 정해야만 한다는 것이다. 그런데, 만약 개선입법이 입법시한 내에 이루어지지 않았다면, 당연히 위헌결정의 법적 효과라는 형태로 확정될 수밖에 없게 된다는 것이다.

이러한 논리는 적용중지 불합치결정에는 나름대로 타당성을 지닌다.[422] 하지만, 계속적용 불합치결정에는 좀 궁박하다. 왜냐하면, 계속적용 불합치결정의 경우 개선입법시한까지 불합치법률의 잠정적인 계속적용이기 때문이다. 다시 말해서 불합치법률의 적용중지가 아니다. 그런 점에서 위헌결정의 법적 효과와는 동일시 할 수 없게 된다. 하지만, 구별설은 개선입법 시점으로 설정된 시한까지 효력상실(폐지)이 유예된 것에 지나지 않으므로, 그 시한을 도과하면 당연히 효력상실이 되는 것이라 할 것이다.

아무튼, 헌법재판소는 입법시한을 도과하게 되면 불합치법률의 효력이 상실되는 것으로 본다. 그러나 앞서 제시한 여러 가지 견해 중 어디에 근거한 것인지는 명료하지 않다. 어쨌건, 불합치법률의 효력상실이라는 주장을 널리 펼치게 되면, 법적용자인 법원은 예측하기 어려운 법적 불안정성을 감당해야 한다.

4. 불합치법률의 효력상실설에 대한 비판

가. 효력상실설의 주장취지

우리 헌법재판소는 입법자에 대한 법적 효과와 관련해서 개선입법의무를 부과

---

422) 구별설의 경우 입법시한 도과 시 불합치법률의 효력상실은 헌법재판소가 주문이나 이유에서 효력상실 여부를 정하지 아니하였다 할지라도, 불합치법률의 적용금지에서 당연히 도출된다고 본다. 위헌결정의 법적 효과가 발생하도록 입법자가 경과규정의 발령을 통해 개정법률의 소급적용을 해결해야 함에도 불구하고, 경과규정을 규율하지 아니함은 물론이고, 개선입법조차 이루어지지 않았으므로, 위헌결정의 법적 효과가 당연하게 발생한다는 것이다. 구별설은 불합치법률의 적용금지와 개선입법의 소급적용으로 논리를 구성하는데, 불합치법률의 적용금지는 위헌법률의 적용금지와 동일하게 파악한다. 그 이유는 불합치결정도 위헌결정의 일종으로 보기 때문이다. 개선입법의 소급적용을 입법자가 경과규정으로 정하지 아니한 경우엔 그 개선입법이 소급적용되어서는 안 되고, 불합치결정의 효력이 결과적으로 상실되어, 그 불합치결정은 위헌결정으로 환치되는 셈이다.

함과 아울러 개선입법시한을 명시적으로 설정하고 그 시한이 도과되면 그 다음 날로 불합치법률의 효력이 상실되는 것으로 본다. 이는 입법자로 하여금 개선입법의무 이행을 관철하도록 하려는 의도로 이해된다. 헌법불합치결정에서 그것은 입법자에게 개선입법의 촉구를 명시하였는지와 무관하게 결정의 속성 그 자체에서 도출된다. 그럼에도 구태여 입법시한을 설정하고 또 그 시한을 도과한 경우 불합치법률의 효력이 상실되는 것으로 논리를 전개하는 취지에 대해서도 추적해 봐야 한다.

첫째, 입법자가 입법시한 내에 개선입법을 하지 아니한 것에 대해 의무위반으로 접근할 것인지, 아니면 의무의 불이행으로 보아야 할 것인지가 문제된다.[423] 전자는 과거의 비행에 대한 제재로서의 속성을 강조한 것이다.[424] 이에 비해 후자의 시각으로, 즉 입법자의 개선입법의무 불이행이라는 시각에서 접근하면, 어떻게 하면, 입법자의 입법형성권이 적시에 행사될 수 있도록 하는지에 초점을 맞출 수 있게 된다. 생각건대, 입법자의 입법형성권을 존중한다는 시각에서 보면, 의무위반에 대한 제재이기보다는 의무불이행에 대한 대응이 적절할 것이다.

둘째, 헌법불합치결정에서 명시적으로 기한을 설정하면 그로 인해 법적 명확성을 지니게 된다는 장점을 지닐 것이다. 여기서 한걸음 더 나아가, 설정된 기한의 도과에 따른 불합치법률의 효력상실은 불합치결정에 있어 입법자에 대한 법적 효과에 조응한 실효성담보를 의도한 것이라고 한다. 다시 말해서 입법자에게 신속한 합헌상태 회복을 주문하였으나 입법자가 이를 설정된 기한 내에 하지 않았음에 따라 헌법재판소가 스스로 정해놓은 틀 속에서 관철하는 것이라는 주장이 가능하게 된다.

셋째, 개선입법시한을 명시하고 또 그 시한 내에 개선입법을 촉구한 취지는 입법자로 하여금 조속한 개선입법을 통해 불합치상태에 놓인 법률관계를 신속하게 확정함으로써 법적 안정성을 도모하고자 한 것이다.

그러나, 실제 입법과정에서 입법자인 국회나 불합치법률의 집행 주무부서는 헌

---

423) 의무위반과 의무불이행의 차이에 주목해야 한다. 원래 의무불이행을 논의하는 것은 장래를 향해 의무이행을 관철하고자 하는 시도에서 접근하는 것인 반면에, 의무위반문제는 과거의 의무위반에 대한 제재라는 시각에서 접근한다는 점에서 양자는 근본적으로 차이가 있다.
424) 이와 같은 시각의 접근으로는 허완중, 헌법실무연구회 제104회 발표논문, p.10. 이하.

법재판소 결정취지를 소홀하게 다룬 사례가 없지 않았다.425) 이에 대한 반성적 접근으로서 입법자의 개선입법의무 이행을 관철하고자 개선입법시한이 도과되었을 경우 불합치법률의 효력상실이라는 대안을 모색한 것으로 볼 수도 있겠다.

나. 부작용

개선입법시한을 도과한 경우에 있어 불합치법률의 효력상실은 입법의무 불이행에 대한 제재로서의 의미를 지닐 수도 있을 것이다. 하지만, 이렇게 파악함으로써 발생하는 부담에 대해서도 살펴봐야 한다.

개선입법의무는 입법자에게 부과한 부담이고, 효력상실이 입법자가 의무불이행이나 의무위반에 대한 제재로서의 속성을 지닌다고 하지만, 실제로는 그 이상의 의미를 지닌다는 점이다. 즉, 헌법재판소는 입법자에게 의무이행의 부담을 지움에 있어 다른 국가기관에게는 불편을 최소화하는 방법을 선택해야 함이 합리적이다. 의무불이행에 따른 부담이 법적용자인 법원에게 전가되어서는 안 된다.

입법시한을 도과하면 불합치법률의 효력이 상실되는 것으로 보는 경우 그로 인한 부작용은 법적용자, 특히 법원이나 일반국민과의 관계에서 뚜렷하게 드러난다.

첫째로는 법치국가원리에서 파생되는 예측가능성이 침해된다는 점이다. 분명 법원은 헌법재판소의 결정취지에 맞게 개선입법이 적시에 이루어질 것을 전제로 관련된 법적용절차를 진행하였을 것이다. 이는 적용중지나 계속적용 불합치결정에서 동일할 것이다. 그러나 효력상실을 폭넓게 허용하게 되면, 입법자가 개선입법을 적시에 할 것인지를 의식하면서 법을 적용해야 하는 불합리가 발생하게 된다. 이는 예측가능성을 아주 제약하게 될 것이다.

둘째로는 입법시한 내에 개선입법이 이루어지는 여부에 따라 법원은 구체적인 사건의 처리를 달리 해야 한다는 점이다. 즉, 입법시한 내에 개선입법이 이루어지지 않으면, 불합치법률은 그 다음 날 위헌결정이 된 것과 동일하게 효력상실이 되는 것으로 파악해야 한다. 이 경우 개별사건을 담당하는 법원은 어느 단계에서 재판하느냐에 따라 적용하는 법규범을 달리해야 하는 구조적인 어려움을 지니게 된다.

---

425) 이인호 · 오수정, 『중앙법학』 제12집 제1호, p.61.

단순위헌결정의 경우 이미 확정력이 발생된 사건을 제외하고는 위헌결정된 법률의 적용을 배제하면 아무런 문제도 되지 않는다. 입법시한이 준수된 적용중지 불합치결정의 경우 개선입법 시점까지 불합치법률의 적용이 중지됨과 아울러, 아직 확정되지 아니한 모든 사건들에 대해서는, 즉 불합치법률의 제정 시점부터 결정 시점까지 및 결정 시점부터 개선입법 시점까지 형성된 법률관계에 대해서는 개선입법에 따라 처리될 것이다.426) 그리고 계속적용 불합치결정의 경우에도 개선입법 시점까지 불합치법률을 계속 적용하고, 그 시점 이후에 형성된 법률관계에 대해서는 개선입법을 적용하면 해결된다.

그러나 개선입법시한을 도과하게 되면, 법적용이 아주 복잡하게 된다. 그 이유는 개선입법시한의 도과 시점에 위헌결정을 통한 효력상실이 이루어진 것으로, 즉 법률의 변경이 발생한 것으로 보기 때문이다.

그러다 보니 적용중지 불합치결정의 경우 개선입법시한까지는 적용을 중지하고 기다렸지만, 그 시한 내에 입법이 이루어지지 않았으므로 그 시점에 계쟁규범의 효력이 상실되었음에 따라 위헌결정의 법적 효과가 발생하게 되고, 이에 의거해서 사건을 처리해야 한다는 것이다. 그런 연후에 실제로 개선입법이 이루어지게 되면, 그때에는 아직 확정되지 아니한 법률관계에 대해 효력이 상실된 상태의 법적용을 해야 하는지, 개선입법된 내용으로 대체해야 하는지가 새로운 문제로 등장하게 된다.

계속적용 불합치결정의 경우 개선입법시한까지는 계쟁규범을 계속 적용하였지만, 그 시한 내에 개선입법이 이루어지지 않으면 그 다음 날부터 효력상실이 되므로, 위헌결정과 동일한 법적 효과를 지향해야 한다. 다시 말해서 불합치결정에 근거해서 불합치법률을 계속 적용했지만, 어느 날 갑자기 위헌결정과 동일하게 계쟁법률(불합치법률)의 적용을 폭넓게 배제해야 한다. 그러다가 개선입법이 이루어지게 되면, 그때에는 불합치법률의 계속적용과 효력상실 및 개정법률이 사건의 상태 내지 시점에 따라 서로 경합해서 적용되어야 하는 상황이 초래될 수도 있게 된다.

셋째, 형벌법규에 대해 불합치결정이 이루어진 경우 훨씬 더 복잡하게 된다. 적용중지 불합치결정의 경우 그나마 개선입법에 따라 처리하고자 불합치법률의

---

426) 헌재 2004. 1. 29, 2002헌가22, 『헌판집』 16-1, 29.

적용절차를 중지하고 있었기 때문에[427] 위헌결정이 소급효를 가지면서 이루어진 것과 동일하게 파악하면 상대적으로 덜 문제된다. 하지만, 계속적용 불합치결정의 경우 위헌성이 내재되어 있음에도 불합치로 결정한 것인데, 그런 불합치법률이 개선입법시한의 도과를 이유로 효력상실이 된다고 할 때, 몇 가지가 추가적으로 문제된다. 그 첫째는 법적 불안정성을 극단적으로 초래하게 된다는 점이다. 즉, 위헌성이 내재된 일정부분을 잠정적으로 계속 적용시켰다가 갑자기 적용을 배제하게 된다는 점이다. 그 둘째는 효력상실이 된다고 할 때, 그 효력상실의 적용범위를 어디까지로 구획할 것인가 하는 점이다. 이에 대해서는 두 가지가 고려될 수 있다. 그 하나는 위헌결정의 경우와 동일하게 소급적으로 효력상실이 되는 것으로 보아 유죄의 확정판결에 대한 재심청구까지 허용하는 것이다. 다른 하나는 입법시한을 도과한 시점에 효력을 상실한 것으로 보아 그때까지 아직 확정되지 아니한 사건에 대해서만 위헌결정의 법적 효과가 발생하게 하는 것이다. 이 경우 유죄의 확정판결과 개선입법시한 내에 확정력을 발생한 사건은 구제대상에 포함될 수 없게 된다. 그리고 나중에 개선입법이 이루어지고 소급적용을 전제로 하게 되면, 그때에는 또다시 그 개선입법과 효력상실된 불합치법률 사이에 법적 경합이 발생하게 된다.

이상에서 살펴본 바와 같이, '입법시한이 도과된 경우에 있어 불합치법률의 효력상실'문제는 앞으로 많은 어려운 문제를 드러낼 것이다.

다. 구조적인 모순

불합치결정이 위헌결정으로 인해 초래될 부작용을 해소시키고자 한 취지에서 채택된 결정유형이라면, 가능한 한 그 취지를 유지함이 바람직하다. 문제는 개선입법시한의 도과에 따른 불합치법률의 효력상실이 그런 취지를 제대로 반영한 논리체계인가 하는 점이다. 여기서는 이 논리가 드러내는 구조적인 모순을 지적한다.

---

427) 물론 결정 시점부터 개선입법 시점까지 형성된 법률관계를 규율하기 위해 헌법재판소는 잠정적으로 경과적인 조치를 하지 않으면 안 된다. 이에 관한 상세한 내용은, 졸고, 『연세 공공거버넌스와 법』 제1권 제1호, p.27.

첫째, 입법시한이 도과된 경우 불합치결정된 법률의 효력이 상실된 것으로 파악함으로써 개선입법시한 내에 입법의무 내지 입법책임을 이행하도록 입법자를 강제하고자 하였다면, 이는 중대한 오류이다. 그렇게 한다고 해서 입법자에게 어떠한 직접적인 부담이 가해지는 것은 아니다. 있다면, 신속한 개선입법을 통해 합헌상태를 회복시켜야 할 국가기관으로서의 책임해태나 의무위반이라는 정도의 의미가 있을 것이다. 그러나, 그렇다고 해서 효력상실이 입법자에게 어떠한 구체적인 부담으로 작용하는 것은 아니다. 이런 점이 실체라면, 그에 상응하게 이론구성을 해야 함이 합당하다.

그럼에도 헌법재판소가 그렇게 하질 아니하고 불합치법률의 효력상실을 제시하였다. 이는 정작 책임을 물어야 할 입법자에게 책임을 묻지 않고, 법적용자인 법원이나 행정청에게 그 부담을 전가하였다는 비판에서 자유로울 수는 없을 것이다.

예컨대, 법적용자인 행정청은 관련사건을 처리할 시점에는 개선입법시한이 도과되었으나 개선입법이 이루어지지 아니한 상태임에 따라 효력상실의 논리체계에 기초해서 사건을 처리하였으나, 법원에 소송이 제기되었을 당시에는 개선입법이 이루어졌을 경우를 상정할 수 있겠다. 이는 헌법재판소가 입법자에게 불합치결정의 실효성을 강제하고 또 관철하고자 입법자를 압박하는 도구로 효력상실을 선택하였지만, 그 의도된 효과는 입법자가 아닌 법적용자에게 부담이 전가되는 기괴한 결과를 가져온 것이다.

둘째, 헌법불합치결정은 기본적으로 단순위헌결정으로 초래될 법적 혼란이나 법적 공백상태를 방지할 목적으로 행해지는 것이다. 그런데, 불합치법률의 효력을 상실시키게 되면, 그와 같은 상황발생의 우려가 극복된 것인가 하는 점이다. 이에 대한 답변은 몇 가지로 나타날 수 있다. 그 하나는 헌법재판소가 단순위헌결정을 해도 전혀 문제되지 않을 사안에 대해 불필요하게 헌법불합치결정을 한 것이라는 시각이다. 그 둘은 결정 당시에는 그러한 혼란이 예측되어 이를 방지하고자 불합치로 결정하였으나 막상 시간이 지나고 보니 그렇지 않았다는 것이다. 여기서 후자는 결과론적인 상황인식이다. 그렇기 때문에 적절치 않다. 그 셋은 헌법불합치결정이 선고되자 입법자는 제대로 개선입법의무를 이행하려는 노력을 기울이지 아니하였으나 법적용자나 이해관계를 지닌 국민들이 미리 제 자리에 위치하는 경우도 있을 수 있을 것이다. 그러나 이 경우도 그런 정도라면, 입법자가 개선입법의무를 당연히 적시에 이행하였을 것이다.

아무튼 상황발생의 우려와는 무관하게 효력상실이 예정된 것이고, 이는 양자의 연관성에 대해 아무런 숙고도 없이 그런 방안이 채택된 것이라는 비판을 면할 수 없다. 그리고 개선입법의무를 이행하지 않았다고 해서 불합치법률에 대해 그 불이행시점에 효력상실을 시키기가 구조적으로 곤란한 경우도 있을 것이다.

혼란의 발생여지와 효력상실의 관련성에 대해 구체적으로 살펴본다.

적용중지 불합치의 경우 단순위헌으로 결정하게 되면 규범충돌시점부터 결정시점 사이의 시적 공간 동안 발생하게 될 법적 혼란을 방지하기 위해 불합치법률의 적용절차를 중지하고 개선입법에 따른 처리를 예정한다. 즉 법적 혼란의 발생방지가 이 결정유형을 채택한 근본취지이다. 그 개선입법으로 처리하지 않으면 안 되는 구조적인 한계를 전제로 하고 있다. 그렇지만, 아무런 입법적 조치가 없었음에도 입법시한의 도과만으로 그런 문제가 모두 해소된 것으로 본다는 점이다. 만약 그렇다면, 이는 단순위헌으로 결정함이 가능함에도 이를 회피한 것이라는 비판을 면하기 어렵다.

계속적용 불합치의 경우 법적 공백상태의 발생방지가 그 취지이다. 아무런 입법조치가 없이 입법시한이 도과되어도, 그런 상태가 해소되며 또 그런 상태가 실제로 발생해도 전혀 문제되지 않을 것인가 하는 점이다. 이 결정유형은 위헌성이 내재되어 있음에도 더 위헌적인 상황이 초래되는 것을 방지하기 위해 불합치로 결정하면서 불합치법률의 잠정적인 계속적용을 명하는 것이다. 그럼에도, 입법시한을 도과하기까지 개선입법을 하지 않았다고 해서 불합치법률의 효력을 상실시킨다면, 그 시점 이후에는 원래 불합치로 결정하게 된 요인이 타개되었거나 극복되었어야만 그 정당성을 확보할 수 있게 될 것이다.

그러면, 독일의 경우를 예로 들어 문제점을 지적한다. 독일에서는 공무원급여법이나 의회의원선거법에 대해 계속적용 불합치나 잠정합헌으로 결정한 경우를 볼 수 있다.428) 이들 법률조항에 대해 단순위헌으로 결정하게 될 경우 공무원들

---

428) 관련된 내용은 졸고, 박사학위논문, p.146. 이하, p.165. 이하, 김현철, 전남대 『법학논총』 제29집 제2호, p.303. 각주 52번. 그런데 우리나라에서는 아직 잠정합헌 내지 단순입법촉구로 결정한 사례는 없다. 헌법불합치결정으로 통일한 듯하다.

에게 당장 급여를 제공할 수 없는 상황에 처하거나 위헌인 선거구를 바로잡을 의회의원들이 존재할 수 없게 되는 상황이 발생할 수 있다는 점이다. 이런 경우 위헌상태보다 더 위헌적인 상황을 초래하게 되는 경우로서 계속적용 불합치나 단순입법촉구(잠정합헌)로 결정하게 된다. 그런데, 개선입법시한이 도과되었음에도 개선입법이 이루어지지 않았음을 이유로 불합치법률의 효력을 상실시킨다면, 즉 공무원급여법이나 의회의원선거법에 대한 개정이 이루어지지 않았음에도 개선입법시한이 도과되었음을 이유로 이들 법률의 효력을 상실시킨다면,429) 이는 위헌결정의 회피사유로서의 더욱 더 위헌적인 상황의 발생을 용인하는 것이 되는 셈이다.

구체적인 영역과 관련하여 지적한다.

먼저, 부진정 입법부작위를 이유로 불합치로 결정한 경우에도 구조적인 모순이 나타난다. 부진정 입법부작위의 경우 그에 대한 위헌논증은 같은 것을 달리 취급해서 규율대상에 포함시키지 아니하였다는 점을 든다. 즉, 계쟁집단에 대한 불합리한 차별에 위헌성이 존재하는 것이지 비교대상집단에 문제가 있는 것은 아니다. 그런데, 이런 경우 입법자가 개선입법의무를 이행하지 않았다고 해서 효력상실을 시킨다면, 비교대상집단에게 부여한 기존의 편익 내지 혜택마저도 부인하는 결과가 되고, 이는 사회적 기본권의 보장이나 헌법정책적인 취지에도 배치된다.430)

다음, 평등원칙위반을 이유로 불합치로 결정한 경우에도 구조적인 모순이 드러난다. 계쟁집단을 규율한 법률조항이 평등원칙에 위반된 내용을 부분적으로 담고 있다고 할 때, 이를 입법자가 개선입법시한을 도과 시켰다는 이유로 효력상실을

---

429) 잠정합헌 내지 단순입법촉구결정은 그 법적 성격이 합헌이고, 계속적용 불합치결정은 위헌결정의 속성을 지니고 있다. 양자의 공통점은 개선입법 시점까지 법적용자에게의 잠정적인 계속적용을 전제로 하지만, 입법자에게 개선입법의무가 부과되는 여부에서 차이점을 지닌다.

430) 예컨대 재외동포법의 적용대상에서 정부수립 이전에 이주한 동포를 제외한 것의 위헌 여부가 다투어졌고, 이에 대해 정부수립 이전에 이주한 동포를 합리적인 이유가 없이 차별하는 것으로서 헌법불합치로 결정되었다. 헌재 2001. 11. 29, 99헌마494, 『헌판집』13-2, 714. 그런데, 이 사건 결정주문에서는 개선입법시한을 2003. 12. 31.로 설정하였고, 결정 이유에서는 그뿐 아니라 '그때까지 개선입법의무를 이행하지 않는다면, 2004. 1. 1.부터는 재외동포법의 관련규정뿐만 아니라 하위법규의 시행령과 시행규칙도 그 관련부분은 효력을 상실한다'고 하였다. 이 조항이 실제로 개정된 것은 2004. 3. 5.이었다. 그렇다면, 약 2개월여가 지체되었음에 따라 헌법재판소의 결정취지에 따르면, 입법시한이 도과된 다음 날인 2004. 1. 1.로부터 재외동포법의 관련규정 및 시행령과 시행규칙도 모두 효력상실이 되어 그 법령에 근거해서 이루어진 재외동포법이 부여한 지위가 모두 상실되어야 함이 타당하다는 것이다. 그러나 실제로는 그리 되지 아니하였다. 이는 이미 헌법재판소 결정이 스스로 구조적인 모순을 안고 있음을 보여주는 것이다.

시킨다면, 원래 의도했던 위헌결정의 회피사유를 관철하지 못하는 결과를 초래하게 된다.[431]

　이어, 합헌부분과 위헌부분의 구획이 불명확함을 이유로 불합치결정한 경우에도 문제점은 그대로 드러난다. 예컨대, '국회의 개선입법이 이루어지지 아니하면 헌법불합치 법률의 위헌부분이 제거되지 아니하고 합헌부분의 적용도 중지되어 위헌적인 상태가 지속된다. 그래서 헌법불합치결정을 선고할 때에는 개선입법의 시한을 정하고 그 시한까지 개선입법이 이루어지지 않으면 헌법불합치결정을 받은 법률조항 전부가 효력을 상실한다고 선언하기도 하는데, 이러한 조치는 합헌부분까지 실효시키는 점에서 문제가 있지만, 국회의 개선입법이 이루어지지 아니하여 법률의 불특정 위헌성이 제거되지 못하는 위헌적인 상태가 지속되는 것을 막기 위한 조치로서 부득이하다고 할 것'이라고 한다.[432] 이는 피치 못하게 용인해야 한다고 하는 것이지만, 근본적인 시각은 이런 상황 발생을 방지해야 함을 전제하는 것이다.

　관련해서 오스트리아에서의 18개월간 폐지유예를 검토한다. 오스트리아 연방헌법 제140조 제5항에 따르면, 헌법재판소는 법률을 위헌으로 결정함에 있어 최장 18개월 동안 폐지를 유예할 수 있다. 이 기한 내에 입법자는 개선입법을 할 수 있다. 이러한 폐지유예결정은 적용중지 불합치보다는 계속적용 불합치결정과 유사한 속성을 지닌다. 물론 그 결정이 입법자를 기속하는 것은 아니다(같은 조 제7항). 위헌결정의 장래효원칙에 대한 폐지유예를 통해 미래효적인 의미를 지니고 또 이는 법적용자에게 관련사건의 처리방향을 제시해 준 것이다. 개선입법시

---

431) 헌법재판소가 우체국예금·보험에 관한 법률 제45조 위헌소원사건(헌재 2008. 5. 29, 2006헌바5, 『헌판집』 20-1하, 91)에서 불합치로 결정한 취지는 압류를 금지하는 우체국보험의 수급권 중에는 보험상품별 또는 수급권자가 장애인인가 여부 등에 따라서는 여전히 압류금지를 통하여 수급권을 보호하여야 할 필요성이 있다는 점과 단순위헌 결정을 선고하여 당장 이 사건 법률조항의 효력을 상실시킬 경우에는 압류금지를 통하여 수급권자를 보호할 필요가 있는 경우에까지 그 수급권을 보호할 수 없게 된다는 점을 제시한다. 그런데, 만약 이 사안에서 입법자가 헌법재판소가 제시한 입법시한 내에 개선입법을 하지 않게 되면, '압류' 부분은 효력을 상실하게 된다. 그랬을 때, 효력상실이 되더라도, 의도되지 않은 불평등상태가 해소된 것인가 하는 점이다. 또 압류금지를 통해 반드시 보호해야 하는 것으로 인식하였던 수급권자에 대한 보호는 불가능해지게 된다. 이것이 진정으로 효력상실을 요구함으로써 얻어져야 할 성과인 것인지는 의문이다.
432) 헌재 2009. 9. 24, 2008헌가25에서 조대현 재판관의 적용중지의견, 『헌판집』 21-2상, 427, 467. 그러나 이는 심판대상의 획정에도 문제가 있거니와 합헌적 질서의 최대한 확보와 유지가 필수적인 과제라는 점에서 적절한 태도는 아니라고 본다.

한이 도과되지 아니한 상태에서 개선입법이 이루어지면, 개선입법된 내용에 의하고, 도과되면 폐지의 효력이 발생한다. 계속적용 불합치결정은 전자를 논리적 전제로 한 것이지 후자를 그런 것은 아니다. 그런 점에서 양자에 대해 동등한 의미를 부여하고자 함은 지나치다.

그러면, 이러한 구조적인 모순점이 지닌 결정을 헌법재판소가 별다른 저항감이 없이[433] 선고하는 요인도 살펴봐야 한다. 가장 주된 요인은 입법자가 축적한 국민적 신뢰가 아주 미약하다는 점이다. 이는 우리 사회에 보편적으로 자리하고 있는 입법자에 대한 경시태도를 그대로 함축한다. 이런 점이 헌법재판소의 결정과정에도 자연스럽게 스며든 것이다. 다음으로는 헌법재판소의 의욕 충만이다. 입법자에게 개선입법의무를 부과하였음에도 이를 이행하지 못함에 대한 입법자의 책임을 헌법재판소가 스스로 통제하려는 자세에서 비롯된 것이다. 셋째로는 헌법재판소 내부의 문제이다. 즉, 헌법불합치결정의 실체에 대한 정확한 인식이 결여되었고 또 심판대상의 적절한 획정이 미흡한 상태에서 스스로 혼란에 빠진 결과라고 할 것이다. 넷째로는 법적용자에 대한 배려의 부족이다. 즉, 불합치법률의 효력상실이 지닌 부작용에 관한 충분한 인식을 결여한 것이었다.

아무튼, 생각건대 입법자로 하여금 개선입법을 신속하게 스스로 수행하도록 하게 해야지, 지체 내지 불이행을 이유로 종래 행한 불합치결정된 법률의 효력이 새로운 모습으로 전이됨을 제시함은 적절치 않다고 본다. 그로 인해 야기될 새로운 법률관계의 형성과 이를 효과적으로 처리함에는 여러 가지 형태로 장애가 발생할 것이기 때문이다.

V. 해결방안

입법시한의 도과에 따른 불합치법률의 효력상실이란 논리는 이상에서 살펴본 바와 같이 입법자의 입법형성권을 침해함은 물론이고, 법적용자에게도 오히려 엄

---

433) 우리 헌법재판소는 결정주문이나 이유에서 적극적으로 효력상실을 명시한 경우는 각각 8건과 10건이었다. 졸고, 『법과 정책연구』 제10집 제2호, p.749. 이하, 전술한 제1절 Ⅲ.

청난 혼란을 초래함을 확인하였다. 이러한 논리체계가 그대로 현실을 규율함에 따라 초래되는 부작용의 해결방안을 모색해야 한다.

우선, 근본적이고 본질적인 것으로, 불합치법률의 개선입법시한도과로 인한 효력상실이라는 논리는 폐기되어야 함이 마땅하다. 실제로 그러한 상황을 야기하였다 할지라도, 입법자에게 신속한 개선입법의무를 촉구하는 한정적인 의미만을 지닐 따름이지, 법적용자에 대한 효과까지 발생하는 것으로 봄은 적절치 않다. 즉, 적용중지 불합치의 경우 결정취지에 따라 개선입법을 기다려야 하고, 법적용자는 개선입법된 내용에 따라 당해사건 등을 처리함이 옳다고 본다. 계속적용 불합치의 경우 실제 개선입법 시점까지 그대로 불합치법률을 잠정적으로 계속 적용함이 옳다고 본다. 이 정도로 입장을 정리함이 법적용자가 구체적인 사건을 처리하는 과정에서 발생할 후속적인 논란을 최소화할 것으로 본다. 그렇지 않고, 입법시한 도과 시 불합치법률의 효력상실이란 논리를 그대로 유지하게 되면, 최근 들어 발생하는 법적 혼란을 앞으로도 반복할 것임은 물론이고, 입법자로부터 사실적인 형태로의 저항도 피하기 어려울 것이다. 오히려 이로 인해 입법자들이 다양한 형태로 헌법재판과정에의 관여를 불러일으킬 수도 있다.434)

다음, 이제까지 헌법재판소가 결정주문이나 이유에서 적극적으로 효력상실을 명시한 경우를 존중하는 방안이다.435) 이와 관련해서 직접 문제될 사안은 공무원연금법 제64조 제1항 제1호 위헌소원사건436)과 야간옥외집회금지사건437)이라 할 수 있다.

먼저, 전자와 관련해서는 대체로 세 가지로 인적 집단의 구분이 가능하다. 퇴

---

434) 예컨대 헌법재판소는 헌법재판소법 제38조에 규정된 심판기간 180일을 준수하지 않으면서 이를 훈시규정으로 파악하는 반면, 입법자인 국회에게는 아무런 법률적 근거도 없이 개선입법의 시한을 설정하고 그 시한이 도과하였을 경우에는 불합치법률의 효력이 상실된다고 하는 것은 이율배반적이라고 지적될 것이다.

435) 이는 결정주문이나 중요한 결정 이유의 기속력을 인정함에 따라 부인하기 어려운 과제이긴 하다. 하지만, 여기에는 헌법재판소가 비록 구체적인 입법시한을 주문이나 이유에서 명시하긴 하였지만, 효력상실 여부를 언급하지 아니한 사건들은 포함되지 않는 것으로 보는 것이다. 그런 경우는 전술한 바의 논리체계를 극복함이 좋을 것이다. 하지만, 실제로는 심각한 논란의 대상이 된 상태이다.

436) 헌재 2007. 3. 29, 2005헌바33, 『헌판집』 19-1, 211-239. 이 사건 결정에서 헌법재판소는 개선입법시한을 명시하긴 하였지만, 그 시한이 도과되었을 경우 불합치법률의 효력이 상실되는 여부에 관해 주문이나 이유에서 아무런 언급도 없었다.

437) 헌재 2009. 9. 24, 2008헌가25, 『헌판집』 21-2상, 427.

직금지급을 제한하는데 있어 ① 재직 중 직무상 관련 없는 범죄인인 경우, ② 재직 중 직무관련 고의범인 경우, ③ 재직 중 직무관련 과실범인 경우이다.438) 법적용자인 법원은 이와 같이 유형화해서 ②의 경우에는 합헌으로 파악해서 그대로 적용하고, ①의 경우는 고의범과 과실범으로 구분해서, 후자는 지급제한의 대상에서 제외하지만, 전자인 고의범에 관해서는 거듭 심판대상으로 삼아 다투어야 할 것으로 본다.439) ③의 경우도 거듭 다투도록 한다. 이상의 유형은 사건의 처리상태가 어디에 놓여 있는지와 무관하게 그대로 관철하도록 함이 구체적 사건에서의 정의와 법적 안정성에 기여할 것으로 본다.

다음, 야간옥외집회금지사건의 경우이다. 이 사건은 실체적 형벌법규에 관한 것으로, 개선입법 시점까지 잠정적인 계속적용을 지향하는 것이었으며, 결정 이유에서 법정의견은 개선입법시한의 도과 시 효력상실을 명하였다. 원래 효력상실의 논리체계에 따르면, 개선입법시한의 도과 시점에 효력상실이 되는 것으로 보아야 하고, 그 법적 효과는 소급효가 인정되며 따라서 유죄의 확정판결에 대해서도 재심청구가 허용된다고 봄이 타당할 것이다.

이어서, 이렇게 할 경우 결국 남아 있는 과제440)는 어떻게 효율적으로 입법자인 국회나 당해법률의 주무 집행부서에 입법개선안을 신속하게 마련해서 결정취지에 맞춰 추진하게 할 것인가 하는 점이다. 이는 필자가 종래부터 견지해왔던 입법 상 불법책임, 즉 개선입법의무를 신속하게 이행하지 아니한 입법자에 대해 국가배상을 청구할 수 있도록 하는 방안이다. 앞에서 살펴본 사례에서 야간옥외집회금지사건의 경우에는 관련성이 상대적으로 적을 것이다. 하지만, 전자의 경우, 재직 중 직무상 관련 없는 범죄로 인한 집단과 재직 중 관련 범죄의 과실범인 집단은 헌법재판소의 결정취지에 따라 신속하게 퇴직금지급의 제한에서 벗어

---

438) 그런데, 공무원연금법(2009. 12. 31.개정) 제64조 제1항 제1호 괄호부분은 '직무관련이 없는 과실로 인한 경우'로 제한하고 있다. 이는 헌법재판소의 결정취지와는 다른 입법내용으로 보인다. 헌법재판소의 결정취지를 선해하면, 재직 중 직무상 관련 없는 범죄인 경우와 직무상 관련 범죄 중 과실범인 경우에 대해, 전자는 위헌이었고, 후자는 불합치로 본 것이 아닌가 한다. 헌재 2007. 3. 29, 2005헌바33, 『헌판집』 19-1, 211-239.

439) 당해 헌법소원과 관련된 소송사건의 소송당사자는 다르겠지만, 서울행정법원에서 다투어진 사건은 재직 중 직무 관련 없는 범죄의 고의범으로서 퇴직금지급을 제한받은 자가 다툰 사건이었다. 서울행정법원 2009. 8. 20.선고 2008구합9379판결.

440) 주문에서 조차 효력상실을 명시한 경우, 특히 적용중지 불합치의 경우가 문제된다. 그러나 그런 경우가 심각하게 문제로 부각된 사례는 없다.

나야 함에도 입법자가 개선입법의무를 그 시한 내에 이행하지 아니하여 그런 부당한 제약을 받았고 그 점이 위법성을 구성한다고 볼 수 있겠다.

Ⅵ. 글 마무리에

헌법불합치결정은 입법자에 의한 신속한 개선입법을 전제로 한다. 그래서 헌법재판소는 법적인 명확성을 제공하기 위해 결정주문이나 이유에서 기한을 설정하곤 한다. 이와 관련해서 헌법재판소는 헌법불합치결정을 하면서 개선입법의 시한을 설정하고 그 시한이 도과하였을 경우 그 시점에 불합치법률의 효력이 상실됨을 결정주문에서 또는 결정 이유에서 명시하곤 한다. 이에 따라 그 도과 시점에 위헌결정이 이루어진 것이 되며, 그로 인해 법률의 변경이 발생한 것으로 이해되곤 한다.

그렇지만, 개선입법을 촉구하는 주문을 설시해야만, 입법자의 개선입법의무가 발생하는 것은 아니다. 다시 말해서 입법자의 개선입법의무는 불합치하다는 주문 자체에서 도출되는 것이지, 시한을 규율하거나 입법을 촉구하는 등의 주문이 적시되어야만 하는 것은 아니다.

기한설정이나 효력상실을 의도한 원래의 취지는 입법자에게 개선입법의무의 이행을 제때에 성실히 수행하도록 함이다. 그런데, 입법자에게 그 불이행에 대한 비난이 가하고자 하였지만, 실제로는 오히려 법적용자인 법원에게 부담을 전가하는 결과가 초래되었다.

헌법재판소가 구태여 불합치로 결정한 까닭은 단순위헌으로 결정할 경우 초래될 법적 혼란이나 법적 공백상태의 발생을 방지하고자 함이었다. 그런가 하면, 입법시한이 도과되면, 불합치로 결정된 법률은 그 효력을 상실하는 것으로 파악한다. 이는 결국 단순위헌으로 결정된 바와 동일한 결과를 예정한다. 다시 말해서 헌법재판소가 불합치결정을 하면서 제시한 위헌결정의 회피사유로서, 입법시한도과를 이유로 불합치법률의 효력이 상실되게 한다 할지라도, 그렇게 우려했던 상황이 효력상실 시점 이후에도 발생하지 않아야만 타당할 것이다.

입법자가 개선입법을 하지 않았다고 해서 헌법재판소가 입법자의 역할을 대신하거나 헌법불합치가 위헌으로 바뀌는 것은 적절치 않다. 입법자가 자발적으로 신속하게 개선입법을 하도록 하는 방안이 모색되어야 한다. 필자가 종래에도 주장하였듯이, 국가배상청구소송의 형태로 입법 상 불법책임을 물음으로써 입법자인 국회를 간접적으로나마 신속한 입법의무의 이행을 촉구하는 방향으로 나아가야 할 것이다.

아무튼, 헌법재판소는 부디 혼자 헌법질서를 수호한다 생각하지 말고 함께 한다는 시각으로 접근해야 한다. 불합치결정도 마찬가지이다. 위헌결정의 경우 헌법재판소가 혼자 합헌상태를 회복하는 것이지만, 헌법불합치결정의 경우 입법자와 함께 합헌질서를 회복하려고 하는 것이다. 마찬가지로 입법자가 입법시한을 도과하면서까지 개선입법을 지체할 경우 법원과 협력해서 이를 관철하려 도모함이 바람직할 것이다.

제5장

형벌법규와 헌법불합치결정

제1절 실체적 형벌법규에 대한 헌법불합치 허용여부와 허용범위

Ⅰ. 글머리에

1. 문제의 제기

우리 헌법재판소는 지난 2009. 8. 31. 현재 총 63건의 헌법불합치결정을 선고한 바 있다. 종래 헌법불합치결정은 주로 비형벌법규를 대상으로 이루어졌다. 그렇지만, 최근에 이르기까지 3건에 대해 형벌법규가 헌법불합치로 결정된 바 있다.[441]

---

441) 첫째는 이 항목에서 집중적으로 다루어질 학교보건법 제6조 제1항 제2호 위헌제청사건(헌재 2004. 5. 27, 2003헌가1, 『헌판집』 16-1, 670)에서이다. 이 사건에서 불합치결정의 법적 효과 는 불합치법률의 적용절차의 중지와 개선입법에 따른 처리이었다. 이 사건 결정의 심판대상인 학교보건법 제6조 제1항 본문 제2호는 같은 법 제19조와 결합하여 형벌에 관한 법률조항을 이루었다. 이 사건 심판대상 조항은 구성요건을 규율한 셈이다. 둘째는 영화진흥법 제21조 제3항 제5호 등 위헌제청사건(헌재 2008. 7. 31, 2007헌가4, 『헌판집』 20-2상, 20-49)에서이다. 이 사건에서 헌법재판소는 '제한상영가' 등급의 영화를 '상영 및 광고·선전에 있어서 일정한 제한 이 필요한 영화'라고 정의한 영화진흥법(이하 '영진법'이라 약칭한다) 제21조 제3항 제5호와 영화 및 비디오물 진흥에 관한 법률(이하 '영비법'으로 약칭한다) 제29조 제2항 제5호가 각각 명확성원칙에 위배되고, 제한상영가 상영등급분류의 구체적 기준을 영상물등급위원회의 규정에 위임하고 있는 영진법 제21조 제7항 후문 중 '제3항 제5호' 부분의 위임 규정이 포괄위임금지 원칙에 위배되므로, 각각의 조항을 헌법불합치로 결정하였다. 그와 아울러 이미 폐지된 영진법 조항에 대해서는 적용의 중지를, 현행법인 영비법 조항에 대해서는 잠정적인 계속적용을 명하였다. 여기서도 '제한상영가' 등급의 영화를 규율한 영비법 제29조 제2항 제5호(영진법 해당조 항도 마찬가지이다)는 같은 법 제94조 벌칙조항의 구성요건으로 작용한다. 셋째는 의료법 제19 조의2 제2항 위헌확인사건(헌재 2008. 7. 31, 2004헌마1010·2005헌바90[병합], 『헌판집』 20-2상 236-268)에서이다. 이 사건에서 헌법재판소는 구 의료법 제19조의2 제2항과 의료법 제 20조 제2항에 관해 각각 태아의 성별에 대하여 이를 고지하는 것을 금지하는 것이 의료인의 직업수행의 자유와 부모의 태아성별정보에 대한 접근을 방해받지 않을 권리를 침해하는 것임을 이유로 각각에 대해 헌법불합치로 결정하였다. 그렇지만, 심판대상별로 지향하는 법적용자에 대한 법적 효과는 달리 정하였다. 즉, 구법에 대해서는 구법의 적용을 중지하고 개선입법에 따라 처리하도록 하는 한편, 신법에 대해서는 잠정적인 계속적용을 명하였다. 태아의 성 감별행위 를 금지한 의료법 제20조 제2항(이는 구법도 마찬가지이다)은 같은 법 제88조와 결합해서 형벌 법규로 기능한다는 점이다.

게다가 지난 2009. 1. 15. 대법원은 헌법재판소가 2004. 5. 27. 학교보건법 제 6조 제1항 제2호 위헌제청사건[442])에서 학교보건법 제6조 제1항 본문 제2호 중 '극장' 부분 가운데 초·중등교육법 제2조에 규정한 각 학교에 관한 부분을 헌 법불합치로 결정한 것)과 관련해서 이 결정의 당해사건(광주지방법원 2002고단 1864 학교보건법위반)의 상고심 판결[443])에서 아주 주목할 만한 입장을 전개하였 다.[444])

비형벌법규에 대한 헌법불합치결정의 필요성과 법적 근거에 대한 논란은 이제 더 이상 제기되지 않는다. 다시 말해서 당연한 것으로 자연스럽게 받아들인다.

하지만, 형벌법규에 대해서는 이제 새롭게 관심의 대상이 되었다. 대법원이 헌 법재판소의 불합치결정취지를 그대로 수용하지 않고 전혀 다른 의미로 설정하였 기 때문이다.[445]) 그리고 이제까지 헌법재판소가 실체적 형벌법규의 위헌여부에 관한 다툼에 있어 취한 소극적인 모습에 대한 반성적 시각에서의 접근도 필요할 것이다.

실체적 형벌법규에 대한 불합치결정의 가능 여부를 논의하기 위해서는 위헌법 률의 효력이론에 기초해서 접근해야 함은 물론이다. 비형벌법규에 대한 불합치결 정이나 형벌법규의 위헌결정에 대해서도 미리 그 전제를 놓아야 한다. 게다가 형 벌법규에 대한 불합치결정의 필요성, 그 이론적 근거와 법적 근거 유무, 가능할 경우 가능범위와 부수적인 문제점 등 전반을 새롭게 조명하지 않으면 안 된다.

그러면, 이 글에서는 먼저, 불합치결정 전반에 관해 다룬다. 즉, 위헌법률의 효 력이론의 차원에서 불합치결정의 논증체계를 살펴본다. 이어 불합치결정의 다른 결정유형과의 차이점과 법적 효과 등 쟁점사항에 관해 개괄적으로 검토한다. 그 런 다음에는 실체적 형벌법규에 대한 불합치결정을 둘러싼 쟁점을 집중적으로 조명하기로 한다.

---

442) 헌재 2004. 5. 27, 2003헌가1, 『헌판집』 16-1, 670.
443) 대법 2009. 1. 15. 선고 2004도7111판결.
444) 실체적 형벌법규에 대해 그 법적 효과가 불합치법률의 적용중지와 개선입법에 따른 처리를 내용으로 하는 헌법불합치결정이 선고되었다 할지라도, 불합치법률의 적용이 배제됨과 아울러 개선입법도 행위 시의 법률이 아니어서 개선입법을 적용하면 헌법 제12조 제1항과 제13조 제1 항에 위배되므로 적용해서는 안 되고, 따라서 처벌법규가 없으므로 무죄라는 것이다.
445) 이 판결에 대한 평석으로는 졸고, 『한양법학』 제20권 제2집, pp.329-355. 김시철, 『사법』, 2009. 6, pp.180-216.

2. 논의대상의 획정

실체적 형벌법규에 대한 불합치결정의 가능 여부에 관하여 검토하기 위해서는 먼저 두 가지 측면에서 논의대상을 획정하지 않으면 안 된다.

가. 실체적 형벌법규에서 배제되는 형벌법규의 개념

여기서 다루고자 하는 형벌법규는 실체적 형벌법규이다. 다시 말해서 절차적 형벌법규446)와 위헌결정으로 인해 부담적 효과가 발생하는 형벌법규447)에 대해서는 헌재법 제47조 제2항 단서가 규율하는 위헌결정의 소급효가 적용되지 않는다. 이는 그런 법규에 대해 불합치결정이 선고된다 할지라도, 여기서의 논의대상에는 제외됨을 의미한다.

나. 사건에 대한 접근방식으로서의 장래효(또는 소급효)개념과 법률관계 형성(또는 법적 분쟁 제기)에 있어 시적 공간 개념

위헌결정의 장래효원칙과 예외적 소급효나 헌법불합치결정의 소급효와 개선입

---

446) 헌재 1992. 12. 24, 92헌가8,『헌판집』4, 853(887, 형사실체법 규정에 대한 위헌선언만이 소급효를 가지며, 법원조직법이나 형사소송법 등 절차규정에 대한 위헌선언의 경우에는 그러한 소급효가 없다. 즉 헌재법 제47조 제2항 단서규정에 의하여 법률에 관한 위헌결정의 법규적 효력에 대하여 소급효가 인정되는 형벌에 관한 법률 또는 법률의 조항의 범위는 실체적인 형벌법규로 한정하여야 하고, 위헌으로 결정된 법률이 형사소송절차에 관한 절차법적인 법률인 경우에는 같은 조항이 적용되지 않는다. 이와 같이 가급적 좁게 해석하는 것이 제도적으로 합당하다).

447) 실체적 형벌법규라 하더라도 그것이 위헌으로 선언될 경우 오히려 형사처벌을 받지 않았던 자들에게 형사상의 불이익이 미치게 되는 경우에는 죄형법정주의의 정신상 소급효가 인정되지 아니한다. 즉 교통사고처리특례법 제4조 등에 대한 헌법소원에 대한 결정(헌재 1997. 1. 16, 90헌마110 등,『헌판집』9-1, 90[107])에서 헌법재판소는 특례법 제4조 제1항은 비록 형벌에 관한 것이기는 하지만 불처벌의 특례를 규정한 것이어서 위 법률조항에 대한 위헌결정의 소급효를 인정할 경우 오히려 형사처벌을 받지 않았던 자들에게 형사상의 불이익이 미치게 되므로 이와 같은 경우까지 헌재법 제47조 제2항 단서의 적용범위에 포함시키는 것은 그 규정의 취지에 반하고, 따라서 위 법률조항이 헌법에 위반된다고 선고되더라도 형사처벌을 받지 않았던 자들을 소급하여 처벌할 수는 없다고 판시하여 형사상으로 불이익한 결과를 가져오는 경우에는 그 소급효를 인정하지 않고 있다. 이와 같은 취지의 결정으로는 헌재 2009. 2. 26, 2005헌마764,『헌판집』21-1상, 156 이하.

법의 소급적용이라는 표현이 사용되곤 한다. 이런 점은 헌법재판소와 대법원도 마찬가지이다. 그런가 하면, 시적 공간 내지 시적 범위는 심판대상규범의 제정 시점부터 결정 시점까지, 결정 시점부터 개선입법 시점까지 그리고 개선입법 시점 이후의 시적 공간으로 구분된다. 이러한 양자의 개념적 편차에 대해서도 미리 구획한다.

먼저, 장래효나 소급효는 결정이 선고되었을 경우 그 결정의 법적 효과가 발생하는 시점을 말한다. 예컨대, 위헌결정의 장래효란 결정일로부터 장래적으로 그 결정의 법적 효과가 발생함을 말한다. 소급효란 결정의 법적 효과가 과거의 일정 시점까지 소급됨을 말하는 것이다. 특히 예외적 소급효란 이렇게 소급하도록 해야만 법률관계를 형성한 행위시법과 법적 분쟁이 제기되어 법원에 소송이 계속 중일 때 법원이 적용해야 할 재판시법이 서로 달라져서는 안 되도록 할 의도로 만들어진 관념이다.

그러나 시적 공간 내지 시적 범위는 헌법재판소의 결정과 관련해서 의미있는 시점을 기준으로 법률관계의 형성이나 법적 분쟁의 제기를 구획하는 틀이다. 다시 말해서 심판대상인 법률조항이 위헌으로 결정되었다고 해서 행위시법과 재판시법이 달라지는 것이 아니고, 법률관계의 형성과 법적 분쟁의 제기가 결정 시점 이전에 이루어졌지만, 결정 시점 이후에 법원이 헌법재판소의 심판결과에 따라 재판해야 함을 의미할 따름이다.

3. 헌법불합치결정의 개념

불합치결정이란 심판대상인 법률에 위헌성이 내재해 있다 할지라도 단순히 위헌결정을 선고하여 당해 법률의 일반적 적용배제라는 법적 효과를 추구할 경우에 야기되는 법적 혼란을 회피하고 입법자의 입법형성권을 존중하기 위해 위헌결정의 법적 효과에 일정한 제약을 가하는 주문유형을 말한다.448) 불합치결정의

---

448) 헌재 2002. 5. 30. 2000헌마81, 『헌판집』 14-1, 528, 546-547(헌법불합치결정은 헌법재판소법 제47조 제1항에 정한 위헌결정의 일종으로서, 심판대상이 된 법률조항이 실질적으로는 위헌이라 할지라도 그 법률조항에 대하여 단순위헌결정을 선고하지 아니하고 헌법에 합치하지 아니한다는 선언에 그침으로써 헌법재판소법 제47조 제2항 본문의 효력상실을 제한적으로 적용하는 변형위헌결정의 주문형식이다).

법적 효과는 위헌결정의 법적 효과인 일반적 적용배제에 대한 일정한 제약을 의
도한다. 일정한 제약은 위헌결정이 선고될 경우에 나타날 수 있는 법적 혼란449)
을 방지하기 위한 것이다.

그렇지만, 불합치결정의 개념을 설정함에 있어 법률의 효력상실을 일정기간 유
예하는 것에 지나지 않는다는 시각에서는 벗어나야 한다. 이런 시각에서 접근하
게 되면, 형벌법규에 대한 불합치결정을 논의할 실익이 전혀 없게 된다. 구태여
찾는다면, 형벌법규에 대한 잠정적인 계속적용을 명하고 입법자는 단순히 개선입
법하는 정도에서만 가능할 것이다.

Ⅱ. 헌법불합치결정 일반론

1. 당연무효설에 있어 헌법불합치법률의 법적 성격

당연무효설에 입각해서 헌재법 제47조 제2항을 해석할 때, 효력상실은 적용배
제를 의미한다. 즉 같은 항 본문에서 비형벌법규의 결정일로부터의 효력상실은
결정일로부터의 일반적인 적용배제를 의미하게 된다. 여기서 일반적 적용배제는
법적용절차에 있어 위헌인 법률의 적용에 관한 다툼이 있을 경우에는 언제나 그
적용이 배제됨을 의미한다.

이러한 시각에서 보면, 불합치결정이 선고되었다고 해서 효력상실의 유예나 장
래효원칙에 대한 예외로서의 미래효가 인정될 수는 없다. 즉 잠정적인 계속적용
이 당연한 귀결로 연결되는 것은 아니다. 불합치결정이 선고되었을 경우에도 원
칙적인 적용배제는 그대로 유지되어야 한다. 물론 법적 효과로서의 적용배제에
대한 일정한 제약은 가능할 것이다. 바로 이 점에서 불합치결정과 위헌결정의 차
이점이 나타난다. 즉 위헌결정의 경우 예외 없는 일반적인 적용배제가 당연한 것
이다. 그러나 불합치결정에서는 원칙으로서의 일반적인 적용배제에 대해 일정한

---

449) 이것의 유형화에 대해서는 졸고, 박사학위논문, p.310. 이하.

제약이 가해질 수 있다. 여기서 일정한 제약은 반드시 잠정적인 계속적용만을 의미하는 것은 아니다. 여기에는 불합치선언된 법률의 적용절차를 개선입법이 있을 때까지 정지할 것을 요구하는 것도 포함될 수 있다. 이 중 우선적으로 고려되어야 하는 것은 후자이다.

따라서 불합치법률은 위헌성이 내재하여 있지만, 위헌확인이 되지 아니한 상태의 법률이다. 위헌성이 내재하여 있다는 점에서 볼 때, 위헌인 법률이지만, 헌법재판소에 의해 위헌확인이 이루어지지 않았다는 점에서 당연무효라는 법적 효과가 발생하지 아니한 법률이다.

2. 헌법불합치결정의 위상

가. 헌법불합치결정의 유형

불합치결정의 유형은 그 법적 효과의 측면에서 두 가지로 구분할 수 있다. 양자는 기본적으로 헌법재판소가 심판대상이 된 법률의 헌법불합치성을 확인하고 입법자에게 개선입법을 촉구한다는 측면에서는 동일하다. 하지만, 그 선고사유와 법적 효과는 법적용자와 관련하여 서로 달리 나타난다.[450] 그 하나는 불합치법률의 법적용절차의 중지와 개선입법에 의한 처리이고, 다른 하나는 불합치법률의 잠정적인 계속적용이다. 여기서 전자를 적용중지 불합치결정으로, 후자를 계속적용 불합치결정으로 칭한다. 이중 전자가 원칙적인 모습이고, 후자가 예외적이다.[451] 그런데 양자는 몇 가지 점에서 중요한 차이를 드러낸다.

첫째, 규율하고자 하는 시적 공간이다. 후자는 주로 불합치결정 시점부터 개선입법 시점까지의 법적 공백상태를 감안해서 이루어지는데 반해, 전자는 불합치법률의 제정 시점부터 불합치결정 시점까지 발생할 법적 혼란에 주목한다. 물론 전자도 불합치결정 시점부터 개선입법 시점까지의 시적 공간을 고려해야 할 경우가 있다.

---

450) 졸고, 박사학위논문, p.305. 이하, 졸고, 『헌법재판연구』 제7권, p.364. 이하, 한수웅, 『헌법논총』 제6집, p.522. 이하.
451) 이에 대해서는 대체로 견해가 일치되는 듯하다.

둘째, 위헌으로 결정할 경우 발생할 법적 혼란이나 법적 공백상태 및 사회적 급부제공 배제 등의 문제이다. 후자는 주로 초래될 법적 공백상태가 위헌상태를 방치하는 것보다 더 위헌적인 상황이 초래되는 것을 상정한다. 그에 비해 전자는 초래될 수 있는 법적 혼란을 방지하고자 함이다.452) 그러나 법적 공백이나 법적 혼란이 명료하게 구획되지 아니하고 양자가 결합되는 경우도 상정할 수 있겠다.

셋째, 양자 모두 입법자에게 개선입법을 촉구하는 법적 효과를 지향한다는 점에서는 공통적이다. 하지만, 후자의 경우 개선입법은 그야말로 불합치결정 시점 이후에 이루어짐은 당연하고 개선입법 시행시점 이후를 또는 개선입법이 정한 시점 이후를, 경우에 따라서는 헌법재판소가 정한 시점 이후를 향해 그 효력을 발생할 것이다.453) 그렇지만, 전자의 경우 후자의 시점을 포용함은 물론이고, 불합치법률의 제정 시점부터 개선입법 시점 사이의 시적 공간도 규율한다는 점이다.454) 그뿐 아니라 불합치법률이 규율하였던 시적 공간을 개선입법이 대체한다는 측면에서 볼 때는 그 입법이 불합치법률의 제정 시점에 이루어진 것과 사실상 동일하게 파악된다는 점이다.

넷째, 법적용자에 대한 효과에서 양자는 결정적인 차이를 드러낸다. 당연히 개선입법 시점 이후에는 양자 모두 개선입법이 적용된다. 그렇지만, 불합치결정 시점부터 개선입법 시점까지의 시적 공간을 후자의 경우 불합치법률이 규율하는데 반해, 전자의 경우 개선입법이 규율한다. 그리고 불합치법률의 제정 시점부터 불합치결정 시점까지의 시적 공간에 형성된 법률관계에 관해서는 세부적으로 나누어 살펴보아야 한다. 먼저, 확정력발생사건의 경우 비형벌법규에 있어서는 양자 모두 불합치결정의 법적 효과가 영향을 미치지 아니한다.455) 그리고 당해사건, 동종사건, 병행사건 및 일반사건에 있어서는 후자의 경우 불합치법률이, 전자의 경우 개선입법이 적용된다.

---

452) 여기서의 법적 혼란으로는 소송의 범람, 국가재정의 파탄, 위헌법률이 차지하던 시적 공간이 폭넓음으로 인해 초래될 위헌결정의 대량적 효과 등을 예로 들 수 있다. 그리고 평등원칙위반으로 인한 사회적 기본권침해는 다른 차원에서 유형화할 수 있을 것이다.

453) 이 경우 이 시점 이전까지는 불합치법률이 적용된다.

454) 동지: 황도수, 헌법실무연구회 제36회 발표회 발표논문, p.16.

455) 그러나 형벌법규의 경우 계속적용 불합치결정은 불합치법률의 적용상태가 그대로 확정되어 유지되지만, 적용중지 불합치결정에는 개선입법된 결과에 따라 유죄의 확정판결에 대해 재심청구가 허용된다.

나. 위헌결정과의 차이점

불합치결정의 유형 중 계속적용 불합치결정은 위헌결정과 비교할 때, 위헌결정은 일반적 적용배제를 전제로 하는데 반해, 전자는 개선입법 시점까지 불합치법률의 잠정적인 계속적용을 의도한다는 점에서 결정적으로 구분된다. 그러나 적용중지 불합치결정의 경우에는 좀 더 세부적으로 검토되어야 한다. 게다가 적용중지 불합치결정의 법적 효과를 위헌결정과 구분짓지 않으려는 시각도 있기 때문이다.

그런데, 적용중지 불합치결정과 위헌결정 사이에는 구조적으로 중대한 차이점이 존재한다. 불합치결정이 위헌결정의 일종임은 분명하다. 하지만, 불합치결정은 단순 위헌결정이 아니다. 불합치선언된 법률은 위헌선언된 법률이 아니다. 위헌법률은 처음부터 당연무효라는 당연무효설의 입장456)에서 볼 때, 법률에 관한 위헌확인은 처음부터 당연무효라는 법적 효과가 발생하게 되기 때문에, 이러한 효과를 제약할 목적으로 행해지는 것이 바로 불합치결정이다.

그리고 불합치결정이 선고되면 입법자는 신속히 개선입법의무를 수행해야 한다.457) 개선입법을 수행함에 있어 입법자는 헌법재판소가 제시한 입법범위에 전적으로 기속되어야 하는 것은 아니다. 그리고 개선입법의 효과는 입법상 일반원칙에 따라 당연히 시행한 날로부터 장래적으로 발생하지만, 그것의 소급적용을 배제하는 것은 아니다. 그에 비해, 위헌결정이 이루어지면, 그 자체로 합헌상태의 회복이 이루어진 것으로 본다. 별도의 입법조치를 필요로 하지는 않는다. 다시 말해서 위헌결정으로 인해 효력이 상실된 법률의 조항이나 그 일부를 제거할 필요가 없이, 그 자체로 합헌적 질서가 확보된 것으로 본다.

다음, 헌법재판소가 법률에 관해 헌법불합치로 결정하였다 할지라도, 그것은 당해 법률을 위헌으로 결정한 것이 아니다. 단지 그 법률에 위헌성이 내재해 있음을 확인하고 그 위헌성을 입법자로 하여금 개선토록 조치하는 것이다. 불합치선언된 법률의 법적 성격은 위헌이지만 유효한 법률도 아니고, 처음부터 당연무

---

456) 이에 관한 상세한 내용은 졸고, 박사학위논문, p.289. 이하.

457) 이와 관련해서는 한수웅, 『헌법논총』 제6집, p.521. 이하, 신봉기, 『헌법논총』 제7집, p.353. 이하.

효인 법률도 아니다. 즉 위헌성이 내재하여 있지만 위헌으로 확인되지는 아니한 법률이다. 다시 말하면 위헌결정의 법적 효과를 제약할 목적을 지니고 있지만 실제적인 위헌선언은 회피된 법률이다. 그에 따라 불합치결정된 법률은 입법자에게 처리를 위임한 법률이라고 하겠다.

위헌결정은 당해 법률이 헌법질서에 반함을 확인하는 것이므로, 위헌결정이 이루어지면 기존에 존재하였던 법적 틈새를 확인하는 것이 된다. 이에 반해 불합치결정은 이러한 법적 틈새의 발생을 방지할 목적으로 행해진다. 이에 따라 위헌결정에 있어 입법자는 이미 존재하는 법적 틈새를 보완할 것인지 아니면 방치할 것인지에 관해 입법재량권을 가지게 된다. 그러나 불합치결정에서는 그 결정으로 위헌상태의 확인이 이루어졌고, 구체적인 입법형성은 입법자에게 맡겨진 것이다. 다시 말하면 위헌결정에서는 헌법재판소의 위헌결정 자체로 인해 합헌질서의 확보가 이루어졌지만, 불합치결정에서는 입법자에 의한 개선입법에 의해 마무리가 되는 것이다.

법적 효과에 있어서도 중대한 차이가 드러난다. 위헌결정의 법적용자에 대한 효과는 일반적 적용배제이다. 그에 비해 불합치결정의 법적 효과는 일반적 적용배제에 대한 일정한 제약을 의미한다. 일정한 제약은 위헌결정이 선고될 경우에 나타날 수 있는 법적 혼란[458]을 방지하기 위한 것이다. 적용중지 불합치결정의 법적용자에 대한 법적 효과는 불합치법률의 적용중지와 개선입법에 따른 처리이다. 즉, 전자의 경우 적용대상인 법률이 없는 것과 같은 상태를 예정하고 있는데 반해, 후자의 경우 불합치법률의 적용을 배제하는 반면에 그 불합치법률이 점하던 시적 공간을 개선입법으로 대체한다는 의미를 지닌다.

법적 효과를 구체적으로 살펴보면, 위헌결정이 이루어지면 당해사건 등은 당연히 권리구제의 대상에 포함된다.[459] 그러나 그에 비해 불합치결정이 이루어지면, 당해사건 등이 실제로 구제대상에 포함될 것인지는 입법결과에 따라 다르게 된다. 단지, 권리구제의 대상이 될 수 있는 기회를 제공해줄 뿐이다.

법률의 위헌결정과 관련해서 입법자에게 개선입법의무가 발생하는 것은 아니다.

---

458) 이것의 유형화에 대해서는 졸고, 박사학위논문, p.310. 이하.

459) 물론 헌법재판소나 대법원의 경우 일반사건에 대해서는 법익형량을 해야 한다는 입장이긴 하다. 헌재 1993. 5. 13, 92헌가10 등, 『헌판집』 5-1, 226, 227-228; 대법 2005. 11. 10. 선고 2005두5628 판결.

그 자체로 합헌상태의 회복이 이루어진 것으로 파악한다. 위헌결정이나 한정결정된 상태를 그대로 방치한다 해서 위헌상태가 지속됨을 의미하는 것은 아니다.

이상에서 살펴본 바와 같이, 적용중지 불합치결정 역시 위헌결정의 일종임은 분명하지만, 그 성격이나 법적 효과는 많은 편차를 지닌다 하겠다.

다. 한정결정과의 관계 획정

헌법재판소가 심판대상을 획정하고 그에 대해 결정주문의 유형을 선택함에 있어 한정결정과 불합치결정, 양자의 관계를 대체관계로 파악해서 접근하는 것이 아닌가 한다. 특히 심판대상 법률조항의 합헌부분과 위헌부분의 경계가 모호한 경우 해석기준을 정해서 한정결정을 할 수 있음에도 헌법불합치주문을 채택한다는 지적이 그것이다.460) 양자는 대체관계가 아니고 보완관계로 봄이 정확한 진단이다.

한정결정과 불합치결정이 선택되는 효력영역은 서로 다르다.461) 즉 한정결정은 심판대상에 대해 해석기준을 제시하거나 심판대상을 제약하는 형태, 즉 대상적 효력영역을 구획하는 속성을 지닌다. 그에 반해, 불합치결정은 법적 효과를 시적으로 제약하는 형태, 즉 시적 효력영역을 구획하는 속성을 지닌다. 이와 같은 서로 다른 속성은 양자의 결합을 가능하게 한다. 그에 따라 주문은 '……로 해석하는 한 헌법에 합치되지 아니한다' 또는 '…… 하는 범위 내에서 헌법에 합치되지 아니한다'로 제시될 수 있을 것이다. 이 경우는 해석기준에 따라 합헌해석과 헌법불합치해석으로 나뉠 수 있게 된다.462) 각각의 해석부분에는 각각의 해석 방향에 상응한 결정의 효력이 발생하게 된다. 다시 말해서, 그 결정에 따른 소송법적 효력을 당연히 인정할 수 있고, 실체법적 효력에 있어서는 불합치로 해석된 부분은 불합치결정과 동일한 형태의 법적 효과가 발생한다. 물론 여기서는 개선입법의 촉구와 더불어 법적용자로 하여금 불합치로 해석된 부분의 적용절차

---

460) 이와 관련해서는 이상훈, 『사법논집』 제38집, pp.55-56.

461) 이에 관한 상세한 내용은, 졸고, 『헌법논총』 제9집, p.952. 졸고, 『공법학연구』 제10권 제1호, pp.71-72.

462) 이는 비교법적 시각에서 볼 때에도, 특히 독일에서도 아주 자주 활용되는 결정형식이라는 점을 강조하고자 한다. 예컨대, vgl. BVerfGE 61, 319(320f. 소득세법 제32조의a는 …… 하는 한, 기본법 제6조 제1항과 연계된 기본법 제3조 제1항에 합치하지 아니한다. 소득세법 제32조의a에 따라 …… 기준이 되는 과세표준은 새로운 법적 규율이 있을 때까지 최장 1984. 12. 31. 까지 …… 아이를 양육하는 편부·편모에게 계속하여 적용될 수 있다.). 이에 관해서는 정태호 역, 『독일헌법재판론』, p.367.

를 중지하고 개선입법에 따르도록 명하는 것과 불합치로 해석된 부분의 잠정적
인 계속 적용을 명함도 가능하다고 하겠다.

3. 헌법불합치결정의 선고영역

법률이 헌법에 위반되는 경우 헌법의 최고규범성을 보장하기 위하여 그 법률
은 원칙적으로 위헌으로 선언되어야 한다. 다만 불합치 결정을 정당화하는 예외
적 사유가 인정되는 때에 한하여 불합치결정을 할 수 있다.463)

불합치결정이 정당화되는 예외적인 사유로는, ① 일정한 범위의 수혜자에게
혜택을 부여하는 법률이 평등원칙에 위배된다고 판단하는 경우와 같이 단순위헌 결
정을 하는 때에는 현재 존재하는 혜택을 전부 제거하게 되어 헌법으로부터 더욱 멀
어지는 결과를 초래할 우려가 있다거나, ② 위헌법률의 제거가 법적 공백이나 혼란
을 초래할 우려가 있는 경우, ③ 심판대상 법률조항의 합헌부분과 위헌부분의 경계
가 모호하여 단순위헌결정으로 대처하기 어려운 경우 등을 들 수 있으나, 자유권을
침해하는 위헌적 법률에 대하여는 위헌결정을 통한 위헌성의 제거로 합헌성이 회복
된다는 측면에서 예외적 사유의 긍정에 매우 신중을 기하여야 할 것이다.

위헌법률의 제거로 인한 법적 공백이나 혼란의 우려가 있다 하더라도, 그것이 법
적 안정성의 관점에서 법치국가적으로 용인하기 어려운 법적 공백이나 혼란이어서
예외적으로 일정 기간 위헌적인 상태를 감수하는 것이 헌법적 질서에 보다 가깝다
고 판단되는 경우가 아니라면 불합치 결정이 원칙적으로 용인되지 아니한다.

4. 불합치결정의 법적 효과를 둘러싼 쟁점

가. 불합치법률의 형식적 존속과 입법자의 개선입법의무

1) 개선입법촉구의 법적 성격과 입법자의 입법형성권

헌법재판소는 불합치결정을 하면서 입법자에게 신속한 개선입법을 촉구한다.

---

463) 헌재 1999. 10. 21, 97헌바26, 『헌판집』 11-2, 383, 417-418.

위헌결정에서는 헌법재판소가 결정함으로써 그 자체로서 합헌상태를 회복하지만, 불합치결정의 경우에는 입법자의 개선입법을 통해 합헌상태를 회복한다. 물론, 개선입법의 내용에 대해서는 입법자에게 입법형성권이 인정된다. 하지만, 그렇다고 해서 헌법불합치결정의 취지와 무관하게 입법자에게 입법형성권이 보장되는 것은 아니다. 그 내용은 기본적으로 헌법재판소의 결정취지를 준수할 의무를 전제로 한다. 다시 말해서 불합치법률을 합헌적으로 개정하는 임무는 원칙적으로 입법자의 형성재량에 속하는 것이 아니고, 개선입법의무에 해당한다.464) 그렇다면, 개선입법촉구의 내용은 불합치법률이 규율하던 법률관계의 실체적 내용을 불합치결정의 취지에 맞춰 개정하도록 요구하는 것이라고 하겠다. 즉, 헌법재판소가 결정 자체에서 요구한 틀은 그대로 존중되지 않으면 안 된다.

불합치결정에 있어 불합치법률은 형식적으로 계속 존속하게 된다. 위헌성이 내재되어 있음에도 불구하고 이와 같이 존속시키는 이유는 헌법재판소가 위헌결정을 통해 스스로 합헌상태를 회복한 것이 아니기 때문이다. 그리고 헌법재판소가 헌법불합치결정을 하는 주된 이유는, 권력분립원칙과 민주주의원칙의 관점에서 볼 때 입법자가 입법개선을 통하여 위헌적 상태를 궁극적으로 제거하는 것이 바람직하다는 판단에 따른 것이므로, 불합치결정은 위헌적 상태를 조속한 시일 내에 제거하여야 할 입법자의 입법개선의무를 수반하게 된다.465)

다음, 불합치결정에 따라 입법자가 개선입법을 함에 있어 입법책임의 시적범위를 어디까지 획정할 수 있는지가 문제된다.466) 이에 관해 독일 연방헌법재판소는 '합헌적인 법적 상태를 회복할 입법자의 책임은 원칙적으로 불합치선언과 관련된 모든 시점으로 확장되고 그리고 최소한 위헌으로 선언된 규정에 근거한 아직 확정력이 발생되지 아니한 모든 작용을 포괄한다'고 한다.467) 따라서 계쟁된 규범관계의 위헌성이 입법자에 의해 장래적으로 제거된다면 그리고 확정적인 절차의 종결이 이루어지지 아니한 그러한 모든 사례들이 소급적으로 고려된다면, 그것으로 충분하다고 할 것이다.468)469) 헌법에 부합하는 법적 상태를 회복시킬 입법자

---

464) 반대: 김시철, 『사법』, 2009. 6, p.200.
465) 헌재 1999. 10. 21, 97헌마301, 『헌판집』 11-2, 496, 513.
466) 정태호 역, 『독일헌법재판론』, pp.372-373.
467) BVerfGE 87, 153(178).
468) Vgl. BVerfGE 81, 363(384).
469) 그렇지만 연방소규모정원법(우리식으로 표현하면 일종의 주말농장법에 해당한다)의 헌법불합

의 책무는 원칙적으로 불합치선언과 관련된 모든 시적 영역으로 확대되며 그리고 최소한 아직 존속력이 발생되지 아니한 모든 작용, 즉 위헌으로 선언된 규정에 기인한 모든 작용을 포괄한다.[470]

2) 개선입법의무 불이행에 대한 대응

헌법재판소가 입법자에게 개선입법촉구를 하였음에도 입법자가 장기간에 걸쳐 개선입법의무를 이행하지 않고 방치된 상태가 문제된다.[471] 불합치결정을 선고한 취지에 따라 입법자가 개선입법을 수행하지 않은 경우 집행력을 확보할 수 있는 방안이 있는가가 논의대상이다. 견해는 대체로 세 가지가 있다.

첫째는 개선입법의 시한이 명시된 경우 그 시한이 도과하거나 명시되지 아니한 경우 상당한 시일이 소요된 다음, 그 불합치법률은 당연히 효력을 상실한다는 견해이다.[472] 둘째로는 그런 경우 거듭 위헌심판의 대상으로 삼아 전소에서 불합치로 결정하였던 법률에 대해 후소에서 위헌결정을 선고해야 한다는 견해이다. 셋째로는 입법개선의무의 이행시기가 도과되었다는 것을 이유로 불합치로 선언된 법률이 당연히 효력을 상실하는 것으로 보기는 어렵고, 피해를 입은 국민은 헌법재판소에 입법부작위에 대한 위헌확인을 구하는 헌법소원심판을 청구하거나 입법 상 불법책임을 묻는 국가배상청구소송을 제기해서 구제를 받을 수 있을 뿐이라는 견해이다.

치결정과 관련하여 독일에서도 입법자가 개선입법을 함에 있어 결정 시점 이전에 확정되어 절차가 종결된 사안에 대해서도 구제절차가 마련되어야 했음이 주장되었다. 그러나 이에 관해 연헌재는 연헌재법 제79조를 제시하지는 아니하였다(BVerfGE 87, 114<137>). 정태호 역『독일 헌법재판론』, pp.372-373.

470) Vgl. BVerfGE 87, 153(178); 99, 280(298).

471) 이와 관련해서 기한설정 자체를 전반적으로 검토할 필요성이 제기된다. 기한설정의 법적 성격, 명시적인 기한설정의 타당성 여부, 설정된 기한을 도과한 불합치법률의 법적 운명 및 법적 용자의 대처 등이 그것이다. 이에 관한 상세한 내용은 졸고, 『공법학연구』 제11권 제3호, pp.41-52. 전술한 제4장 제2절 Ⅳ.

472) 이 견해가 우리 헌법재판소의 입장이고 다수설이다.

첫 번째 견해는 불합치결정을 선고한 취지에 부합하지 않는다. 특히 계속적용 불합치결정의 경우 불합치결정 시점부터 개선입법 시점까지의 법적 공백상태의 발생방지를 의도한 것이다. 그럼에도 입법시한까지 입법되지 않았음을 이유로 효력을 상실시킴은 결정의 의도에 어긋난다. 그리고 적용중지 불합치결정의 경우 개선입법에 의거해서 처리할 목적으로 불합치법률의 적용이 중지된 상태이다. 이런 상태라면, 입법자의 개선입법의무를 사실상 억압하는 것이 필요하지, 법적용자가 나서서 대안을 모색하는 것은 적절치 않다.

두 번째 견해는, 불합치결정이 심판대상인 법률에 위헌성이 내포되어 있음을 전제로 하고 있는 관념이라는 점에 비추어 볼 때, 후소에서 당해 법률에 대해 새로이 위헌결정을 선고하는 것은 불합치결정의 선고 취지에 부합하지 않는다.

아무튼, 어느 누구에 의해서도 입법자에게 개선입법의무를 강제할 수는 없다.473) 집행력확보수단으로서의 입법대집행도 허용되어서는 안 된다. 단지 국가기관의 불법책임에 대한 손해배상청구를 고려하여야 할 것이다.474)

나. 불합치법률의 원칙적 적용배제와 절차의 중지

헌법재판소가 계속적용 불합치결정을 하는 경우 그 불합치법률은 개선입법 시점까지 잠정적으로 계속 적용된다. 그에 비해 적용중지 불합치결정을 하는 경우가 문제된다. 즉 헌법재판소가 불합치결정을 하면서 개선입법 시점까지 불합치법률의 적용절차를 중지하고 개선입법에 따라 처리하도록 요구한 경우이다.

헌법재판소가 이러한 결정을 선고할 근거는 법치국가적 요청에서 찾을 수 있다. 이러한 불합치법률은 위헌성이 내재되어 있으나 위헌확인이 자제된 것이므로, 위헌성이 실존한다는 점에서 가능한 한 합헌적 질서에서 배제시킴이 옳기 때문이다. 그런 점에서 법적용자인 법원이나 행정청은 불합치법률의 적용을 중지함은 물론이고, 그 절차 역시 개선입법이 이루어질 때까지 정지하지 않으면 안 된다. 그럼으로써 불합치법률의 개선입법을 통해 소송당사자들은 침해된 권리를 구제받을 기회를 지니게 된다.

---

473) 이는 민주적 정당성, 입법자의 입법형성권, 권력분립의 원리 등에 배치된다.
474) 졸고, 박사학위논문, p.305. 졸고, 『헌법재판연구』 제7권, pp.360-361.

다. 불합치법률의 적용중지와 개선입법에 의한 처리의 관계[475]

불합치결정에 있어 헌법재판소가 입법자에게는 신속한 개선입법을 촉구함과 아울러 법적용자로 하여금 불합치법률의 적용을 중지하고 개선입법에 따라 처리하도록 하였다면, 개선입법된 결과가 당연히 불합치법률이 규율하던 시적 공간을 대체하는 것으로 보아야 한다. 이는 헌법재판소 결정취지에서 나오는 당연한 귀결이다.

그런데 이와 관련해서 불합치결정의 소급효가 미치는 영역에 개선입법이 소급적용되는지를 둘러싸고 이를 입법자가 경과규정으로 정해야 하는지와 정하지 아니하였을 경우 발생하는 법적 효과를 둘러싸고 논란이 제기된다. 이 문제는 후술하는 형벌법규에 대한 불합치결정의 법적 효과와도 아주 밀접한 연관성을 지닌다.

1) 불합치결정의 소급효와 개선입법의 소급적용 여부

이 문제는 헌법재판소가 적용중지 불합치결정을 선고할 경우 그 결정에는 위헌결정과 마찬가지로 예외적 소급효가 인정되어야 하고, 그 소급효가 적용되는 사건의 범주에 개선입법이 소급적용될 수 있는가 하는 점이다.

먼저, 개정법률의 소급적용범위가 불합치결정의 소급효의 인정범위와 동일한지를 둘러싸고 논란이 제기된다. 이에 대해서는 크게 두 가지 시각이 있다.

그 하나는 헌법재판소의 불합치결정은 입법자의 개선입법을 통해서 비로소 그 실질적인 내용과 효력을 갖게 되므로, 불합치결정의 소급효는 당연히 개선입법의 소급효를 의미한다는 것이다. 그래서 소급효의 범위는 양자가 동일하다는 견해이다.[476] 이른바 동일설이다.[477]

---

475) 여기서의 논의대상에서 계속적용 불합치결정의 경우는 제외된다.
476) 한수웅, 『헌법논총』 제6집, p.489. 한수웅, 『판례월보』 제325호, p.13. 헌법재판소, 『헌법재판 실무제요』, p.170.
477) 이 용어에 관해서는 김시철, 『사법』, 2009. 6, p.202. 이하.

다른 하나는 불합치결정의 소급효와 개선입법의 소급적용을 분리시켜 양자의
관계를 단절적으로 파악하는 시각이다.[478] 그래서 구별설이라 지칭된다.[479] 이 견
해는 개선입법의 소급적용은 입법자가 소급적용 여부와 그 범위를 획정하는 문제
일 따름이지, 불합치결정에 의해 영향을 받는 것은 아니라고 한다. 또, 개선입법에
경과규정을 두지 않는 한, 개선입법이 당연히 소급적용되는 것은 아니라고 한다.

그러면, 구별설에 대해 비판적으로 접근한다.

첫째, 개선입법의 소급적용문제가 등장하게 된 요인이다. 이에 관해 구별설은
헌법재판소가 적용중지 불합치결정을 선고하게 되면, 입법공백이 발생하고, 그
입법공백상태를 해소하기 위해 개선입법이 등장하기 때문에 그 개선입법 시점까
지는 입법공백상태가 유지되는데, 그 개선입법을 법률개정 이전의 입법공백상태
에 적용할 수 있는지 여부가 문제된다고 한다.[480]

분명, 적용중지 불합치결정을 하게 되면, 결정 시점부터 개선입법 시점까지 입
법의 공백상태가 발생한다. 기존에 형성되어 법적 분쟁이 발생한 경우나 그 시적
공간동안 법률관계가 형성된 경우에 대해 잠정적인 공백상태가 발생하게 된다.
그에 대해 그런 상황을 인식하면서도 불합치법률의 적용절차를 중지하고 개선입
법에 따라 처리하도록 한 것이다. 이는 필연적인 현상적 결과이다.

둘째, 개선입법의 소급적용을 입법자가 규율해야만 비로소 개선입법이 소급적
용될 수 있을 뿐이고, 이를 규율하지 않으면 불가능하게 된다는 것이다.

적용중지 불합치결정에서 불합치법률의 적용을 중지하게 한 취지는 개선입법
에 의한 대체를 전제로 함이다. 이는 본질적 징표이다. 구별설은 이를 부인한다.

셋째, 구별설은 불합치결정 시점 이전에 형성된 법률관계에 대해서는 단순위헌
결정과 동일하게 불합치결정에도 소급효가 적용되며, 입법자가 개선입법의 소급적
용을 명한 경우에 한해서만 문제된 법률관계[481]에 소급적용이 가능하다고 한다.

---

478) 이상훈, 『사법논집』 제38집, pp.27-28. 최완주, 『재판자료』 제92집, p.397. 황도수, 헌법실무
　　연구회 제36회 발표회 발표논문, p.16.
479) 이 용어에 관해서도 김시철, 『사법』, 2009. 6, p.203. 이하. 이 견해는 구별설을 '불합치결정
　　의 효력은 그 결정 자체의 성질과 구조에 의해 일관되게 결정되어야 할 것이고, 사후에 입법자
　　가 개선입법을 제정하면서 소급적용의 범위를 어떻게 정하는가에 따라 불합치결정의 효력이 달
　　라질 수는 없다'는 입장이라고 한다.
480) 김시철, 『사법』, 2009. 6, p.201.
481) 여기서는 불합치결정 시점 이전에 형성된 경우뿐만 아니라 개선입법 시점까지 형성된 경우까
　　지 포함하는 듯이 보인다.

그러나 이는 불합치법률의 적용배제와 개선입법의 소급적용을 단절적으로 파악하는 오류에서 나온 것이다. 몇 가지 측면에서 지적한다.

그 하나는, 헌법재판소의 불합치결정에 관한, 즉 결정주문과 이유에 제시한 취지를 부인하는 것이다. 헌법재판소 결정 자체의 고유한 속성을 무시하는 행태이다.

그 둘은, 불합치결정의 본질적 징표는 입법자에게 신속한 개선입법의무의 부과에도 있다. 그 개선입법의 구체적 내용은 입법자의 입법형성권에 맡겨져 있긴 하지만, 그 대강 내지 윤곽에 대해서는 헌법재판소의 결정취지를 준수해야 한다.

그 셋은, 불합치법률의 적용절차를 중지하고 개선입법에 의해 처리하는 것이다. 다시 말해서 소급적용 여부를 입법자가 경과규정으로 정하였는지의 여부와 무관하게, 헌법재판소의 불합치결정 취지에서 도출되어야 한다. 물론 이 문제는 개선입법의무를 전혀 이행하지 않은 경우, 즉 입법을 해태한 경우와는 다른 차원에서 접근해야 한다.

넷째, 불합치법률을 합헌적으로 개정하는 임무는 원칙적으로 입법자의 형성재량에 속한다는 것이다.482) 그에 따라 개선입법의 소급적용여부와 소급적용의 범위는 전적으로 입법자의 재량에 속한다고 한다.

그러나 헌법재판소가 적용중지 불합치결정을 하면서 개선입법의무를 부과한 것으로 보아야 한다. 개선입법의 내용을 구성함에 있어 입법자의 재량을 용인하는 것이지, 소급적용 여부나 소급적용의 범위까지 그에 속한 것은 아니다. 헌법재판소가 불합치결정을 하면서 개선입법에 따라 처리할 것을 이미 전제로 한 것이며, 이른바 소급적용 여부와 소급적용의 범위는 헌법재판소가 정한 바를 준수하지 않으면 안 된다. 이는 헌재법 제47조 제1항과 제75조 제1항의 기속력에서 오는 당연한 귀결이다. 물론 구법이 심판대상이 되었고, 그 구법이 이미 개정되어 있을 경우 그 개정된 법률을, 새로이 개선입법을 할 것이 없이, 적용하도록 하는 것도 가능하다.

다섯째, 구별설은 동일설을 여러 가지 시각에서 비판한다.483) 각각의 비판에 대해 검토한다.

---

482) 김시철, 『사법』, 2009. 6, p.200.
483) 김시철, 『사법』, 2009. 6, pp.204-205.

그 하나는 입법자가 불합치결정에 있어 개선입법시한을 명시한 경우 개선입법조치 없이 그 기한을 도과하면 단순위헌결정의 경우와 유사한 법적 효과가 발생하게 되는데, 이에 대한 해명이 불가능하다고 지적한다.

이는 불합치결정의 소급효와 개선입법의 소급적용을 동일시하는 동일설에 따르게 되면, 소급적용의 대상이 된 개선입법이 이루어지지 않았기 때문에 논리 구성 자체가 불가능함을 지적한 것이다. 그러나 앞서 지적한 바와 같이, 개선입법시한이 도과된 경우 불합치법률의 효력이 상실되는 것으로 봄이 타당한지는 의문이다.

그 둘은, 입법공백상태에 대한 개선입법의 소급적용문제는 불합치결정의 소급효가 문제되지 않는 영역에서도 발생한다는 것이다. 즉 불합치결정의 장래효가 미치지만, 개선입법의 소급적용 여부가 문제되는 영역이 존재한다는 지적이다.

법적용절차의 중지와 개선입법에 의한 처리는 구별설이 주장하는 불합치결정의 소급효와는 다른 차원에서 접근해야 할 사안이다. 소급효란 표현은 불합치법률의 시행시점부터 불합치결정 시점까지의 시적 공간 동안 법률관계가 형성되었지만 아직 확정력이 발생하지 아니한 사건 일체를 지칭하는 것으로 파악된다. 그런가하면 불합치결정의 장래효는 결정 시점부터 개선입법 시점까지의 시적 공간에 대한 규율문제를 지칭한다. 그런데 불합치법률의 적용절차를 중지하라 함은 불합치법률의 시행시점부터 불합치결정 시점까지는 물론이고 개선입법 시점까지의 시적 공간 일체를 규율하도록 한 의미인 것이다. 따라서 비판은 초점을 맞추지 못한 것이다.

그 셋은 위헌법률심판제도의 본질과 권력분립원칙에 의거한 비판이다. 위헌결정은 그 결정 자체로 합헌상태가 회복된 것이다. 여기서는 입법자의 별다른 기여를 요구하지 않는다. 오로지 법적용자에게 위헌결정의 법적 효과로서 일반적 적용배제만을 요구할 따름이다.

하지만 불합치결정의 경우 법적 공백상태의 초래 등으로 인해 발생하는 법적 혼란을 발생하기 위해 위헌결정의 법적 효과를 제약하는 결정유형이다. 그래서 위헌결정이 회피되고 불합치성만을 확인하였을 따름이다. 그렇지만 불합치법률에도 위헌성이 내재되어 있기 때문에 구체적인 사건처리에 있어서는 그 적용을 배제하는 반면, 신속하게 입법자가 개선입법한 내용으로 대체하도록 하는 것이다.

이렇게 볼 때, 위헌법률심판제도의 본질에 어긋나거나, 권력분립원칙에 어긋나는 것은 아니다. 오히려 법적 안정성과 실질적 정의를 공존하게 하는 합리적인 방안으로 이해해야 한다.

따라서 입법자의 경과규정이 없더라도 헌법재판소가 불합치결정을 선고하면서 밝힌 취지에 맞춰서 접근함이 타당하다. 특히 법원은 법률에만 기속되는 것이 아니고 헌재법 제47조 제1항과 제75조 제1항에 따라 헌법재판소 결정취지를 준수해야 할 의무가 존재한다. 결정 이유에 대해서까지도 기속력을 인정해야 한다는 주장이 펼쳐지는 이유는 법적용자인 법원과 행정청으로 하여금 헌법재판소의 결정내용에 부합하게 구체적인 사건을 처리하도록 하고자 함이다.

아무튼 구별설이 전개하는 인식태도는 헌법재판소의 불합치결정에 관한 실체를 정확하게 파악한 것이 아니라고 하겠다. 게다가 헌법 제107조 제1항은 법원으로 하여금 헌법재판소의 심판결과에 따라 재판하도록 하고 있는 바, 심판결과를 표시한 결정주문과 결정 이유에 대해 그 취지를 그대로 받아들인다면, 모든 문제는 쉽게 해결될 것이다.

2) 입법자가 경과규정으로 규율하지 아니한 경우

다음, 헌법재판소가 불합치결정을 하면서 입법자에게 개선입법을 촉구하고 법적용자에게는 절차의 중지와 개선입법에 따른 처리를 하도록 하였을 경우, 나중에 입법자가 개선입법을 하였지만, 경과규정으로 개선입법의 소급적용을 명시하지 않은 경우에 대해 문제를 제기하곤 한다.

구별설은 개선입법의 소급적용에 관해 문제가 발생된 법률관계의 해결을 위해 새로 제정된 개선입법을 어떠한 범위에서 어떠한 방식으로 소급적용할 것인지의 시각에서 접근한다. 그렇기 때문에, 입법자가 개선입법에 경과규정을 두지 않은 경우 개선입법이 당연히 소급적용되는 것은 아니라는 주장이 가능하게 된다.

헌법재판소는 입법자가 경과규정으로 개선입법의 적용을 명시하지 아니하였을지라도 개선입법을 적용하지 않으면 안 되는 사유를 제시한다.484) 첫째, 당해사

---

484) 헌재 1995. 7. 27, 93헌바1,『헌판집』7-2, 221, 246-247.

건이나 병행사건에 대해 불합치결정의 취지에 따라 개정된 법률을 적용하도록 하는 것은 불합치결정이 의도하는 효력의 본질적 부분 중의 하나라는 점이다. 둘째, 불합치결정은 구법조항들 중 무효로 될 부분의 구체적인 범위의 획정을 입법자의 형성의 자유에 맡겨 놓은 것이다. 셋째, 입법자가 헌법재판소의 결정취지에 맞추어 해당조항을 개정할 때에야 비로소 불합치결정에 의해 무효로 될 부분이 구체적으로 확정되는 것이다. 이상과 같은 사유로 당해사건이나 병행사건에 관하여는 구법조항들 중의 위헌부분이 제거된 것으로 보아야 할 개정법률 조항들을 적용할 수밖에 없다고 한다.

아무튼, 개선입법의 소급적용에 관해 입법자가 경과규정에서 이를 정하지 아니한 경우, 그 소급여부에 대해서는 헌법재판소의 불합치결정 취지에 따라야 한다. 즉 경과규정이 불비되어 있다 할지라도, 헌법재판소 결정취지에 맞춰 불합치법률의 적용이 배제된 공간을 개선입법으로 대체하는 것으로 파악해야 한다.[485]

개선입법의 소급적용 문제는 불합치결정에 따른 불합치법률의 적용절차 중지와 그대로 연계된 문제이다. 즉 불합치법률의 적용배제는 위헌결정된 법률의 적용배제와 동일한 차원에서 접근해서는 안 된다. 불합치법률의 적용배제는 개선입법에 의한 대체를 전제로 한 관념이다. 단순히 적용배제에만 주목하고 개선입법에 의한 대체라는 관념을 일실하고 접근함으로써 불합치결정의 법적 효과가 위헌결정의 그것과 동일하다는 결론에 너무 쉽게 젖어 들어서는 안 된다.

---

485) 이런 시각에서 볼 때, 개선입법이 이루어졌지만 경과규정을 규율하지 아니한 경우의 대처에 관해 필자가 종래에 전개했던 방안은 개선입법이 전혀 이루어지지 않은 경우로 한정함이 옳다고 본다. 관련해서 졸고, 토초세법의 개정입법상 불비에 관하여(상), 법률신문 제2373호, p.14. (하), 법률신문 제2374호, p.15.

Ⅲ. 실체적 형벌법규와 헌법불합치결정

1. 서

비형벌법규의 불합치결정은 위헌결정의 법적 효과를 제약하기 위해 이루어지는 것이라 통상적으로 설명한다. 그 사유는 위헌결정으로 인해 초래될 법적 혼란이나 법적 공백상태의 발생을 방지하고자 함이다.

이런 논리체계를 형벌법규의 위헌결정과 불합치결정의 관계에도 적용할 수 있는지의 문제가 제기된다. 다시 말해서 위헌결정의 효과로서의 소급효를 불합치결정으로 과연 제약할 수 있으며, 있다면 얼마만큼 제약할 수 있는가 하는 점이다. 게다가 이에 관한 법적인 근거나 필요성을 제시함도 현재 중요한 과제이다. 그런데 독일에서는 형벌법규에 대해 불합치결정을 선고할 수 있음에 관해 실정법적 근거를 간략하게 두고 있긴 하지만, 아직 결정의 형태로 이를 채택한 사례는 없다는 점에도 주목해야 한다.

그러면, 여기서는 형벌법규에 대해 헌법불합치로 결정함에 있어 지향할 수 있는 개연성 있는 법적 효과 모형에 관해 주목하기로 한다. 아울러 거기서 제기되는 쟁점들에 대해서도 검토한다.

2. 독일에서의 논의

가. 형벌법규가 불합치결정의 대상으로 입법에 반영된 과정

독일에서 형벌법규가 헌법불합치결정의 대상으로 입법된 과정은 2단계로 구분할 수 있다. 한 단계는 이를 규정한 연헌재법 제79조 제1항의 제정과정에 관한 것이고, 다른 한 단계는 불합치결정의 입법화과정이다. 그러면 여기서는 BVerfGE 115, 25(62-64)을 소개하는 것으로 대체한다.

먼저, 연헌재법 제정과정이다. "연헌재법 제79조는 제1항과 제2항에서 이미 확정되었거나 또는 그렇지 않으면 더 이상 다툴 수 없게 된 작용이 근거한 법규범이 위헌으로 선고된 경우에 관한 연헌재 본안재판의 효과를 규율하고 있다. 입법자는 1951년 연헌재법을 제정하는 과정에서,486) 법률의 위헌결정에 따른 법적 효과는 소급효와 더불어 그 법률을 무효로 한다는 점에서 출발하였던 까닭에,487) 연헌재법 제79조와 더불어 무효의 법적 효과는 법적 평화와 법적 안정성이라는 이익의 측면에서 제한되어야만 하였다."488)

"이는 무엇보다도 먼저 연헌재법 제79조 제2항 제1문의 오늘날까지 변함없이 유지된 조항에 드러나 있는데, 거기서는 - 연헌재법 제95조 제2항의 유보 하에 또는 특별한 법률규정의 유보하에 - 무효로 선언된 규범에 기인한 더 이상 다툴 수 없는 작용은 영향을 받지 아니한다는 것을 원칙으로 정하고 있으며,489) 또한 그 존재에 있어 더 이상 의문이 제기되지 않는다. 이러한 원칙에 대한 예외를 입법자가 형법에 관해서만 인정하고 있다.490) 어느 누구에게도, 위헌인 형법에 기인한 형벌의 얼룩을 부담하게 강요할 수는 없다는 것이다. 그런 까닭에 입법자는 연헌재법 제79조 제1항에서 추가적인 재심사유를 신설하고 있는데,491) 그 조항의 도움으로, 형사소송법 조항에 따라 이러한 얼룩을 위헌적인 근거에서 진행된 형사판결의 폐기나 교정을 통해 제거하는 것이 기결수로 하여금 가능하게 하였다.492) 다만, 이런 사례에서 그런 연유로 재판의 확정력이 파괴될 수 있다는 점이다."

"이에 반해 모든 그 밖의 고권행위(행정행위와 법원의 재판)와 관련해서 그것은 연헌재법 제79조 제2항에 관한 제1문의 원칙에 따라 금지된다.493) 그렇지만 그런 고권행위 중에서 아직 집행되지 아니한 한도에서, 그 조항 제2문과 제3문에 따라 집행금지가 유효하다. 따라서 민사소송법에 따른 강제집행이 실행되면, 민사소송

---

486) Vgl. BGBl. Ⅰ. S.243.
487) Vgl. BTDrucks. Ⅰ/788, S.34 zu §72.
488) 이에 관해서는 1951. 1. 18. 제1대 독일연방의회 제112차 회의에서 Dr. Wahl의원[CDU]과 Neumayer의원[FDP]의 입론, Sten. Ber. S. 4227f., 4234[B], [C] 및 이미 BVerfGE 2, 380[404f.]; 7, 194[195f.]; 20, 230[235]; 37, 217[262]
489) Vgl. BVerfGE 7, 194[195]; 11, 263[265].
490) Vgl. BVerfGE 11, 263[265]; 32. 387[389]; 37, 217[262].
491) Vgl. BVerfGE 12, 388[340].
492) Vgl. BVerfGE 15, 309[312].
493) Vgl. BVerfGE 15, 309[312]; 37, 217[262]; 81, 363[384].

법 제767조를 준용해서 적용하는 것이 가능하게 된다. 연헌재는 이 규정으로부터 그리고 연헌재법 제79조 제2항 제4문으로부터 일반적인 법사상을 도출해내고 있는데, 그것은 한편으로는 위헌적인 근거로 이룩되어진 공권력의 다툴 수 없게 된 행위는 소급적으로 폐기되지 아니하며 또 과거에 그 행위에 의해 진전된 부담적 효과를 제거할 수는 없지만, 그렇지만 다른 한편으로는 위헌적인 작용의 강행적인 관철로 인해 야기되는 미래적인 효과는 청산되어야만 한다는 것이다."494)

다음, 불합치결정의 입법화 경위를 살펴본다. 입법자는 1970. 12. 21. 연헌재법 제4차 개정법률495)로 연헌재법 제79조 제1항을 개정하였고 또 그 조항은 오늘에 이르기까지 그대로 유효한 소견을 지니고 있는데, 그 조항은 이러한 목표설정과 체계에 아무런 수정도 가하지 아니하였다.496)

"개정된 내용에 따르면, 확정적으로 종결된 형사절차의 재심가능성은, 개정법률의 시행되기 이전까지와는 달리, 형사절차가 진행된 판결이 연헌재가 무효로 선언한 형벌규범에 기인한 그런 사건으로 더 이상 한정되지는 않게 되었다는 점이다. 연헌재가 기본법에 불합치하는 것으로 선언한 어떠한 규범 내지 규범해석에 의거한 확정된 형사판결이 절차적으로 진행되었다면, 그 절차는 이제 오히려 명시적으로 재심을 청구할 수 있게 되었다."

"이 규정은 당초 연방정부가 제안한 개정법률 초안에는 포함되지 아니하였고,497) 독일연방의회 법무위원회의 제안으로 등장하게 된 것이다. 확정된 형사판결이 연헌재가 위헌으로 선언한 법규범의 해석에 기인하였을 때, 그때에도 재심청구절차가 가능한지의 여부가 논란이 되었는데,498) 그 위원회는 법률개정이 필요함을 주장하였다. 그 위원회는 형사절차의 재심에 관해 이 절차는 법규범의 무효선언과 동등하게 허용되어야 한다는 소견이었다. 어떠한 형사판결이 위헌인 법적용에 기인한 것인지, 위헌적인 법규범에 기인한 것인지의 여부는 실질적으로 아무런 본질적인 차이점도 존재하지 않는다는 것이었다. 어떠한 법규범을 연헌재

---

494) Vgl. BVerfGE 20, 230[236]; 37, 217[263]; 91, 83[90f.]; 97, 35[48].
495) BGBl. I . S. 1765.
496) 이하 상세한 내용은 vgl. BVerfGE 115, 25, 64-65.
497) Vgl. BTDrucks Ⅵ/388, S. 3
498) 병역의무거부자에 대한 형사재판절차에서 형사법원이 문제를 제기한 것이다. 이와 관련해서는 1970. 12. 2. 제6대 독일연방의회 제18차 회의에서 Dr. Arndt의원[SPD]의 입론, Sten. Ber. S, 4597[A].

가 무효로 선언한 것이 아니라 기본법에 불합치하는 것으로 선언한 사건에서도 이젠 명시적으로 참작해야만 종국적인 해명에 기여할 수 있게 되었다."[499]

이 사건 판결에서는 위헌결정된 비형벌법규에 근거한 더 이상 다툴 수 없는 국가작용에는 위헌결정이 영향을 미치지 않는다는 연헌재법 제79조 제2항 제1문과 그러한 국가작용의 집행금지를 규정한 같은 항 제2문과 제3문과 관련해서 같은 조 제1항에 규정된 불합치결정과 위헌해석 부분이 그에 관해 명시적으로 규정하지 아니한 제2항 제1문과 제2문에도 유추 적용될 수 있는 여부가 쟁점으로 다루어진 것이었다.[500]

형벌법규의 불합치결정에 관해 학계에서는 그 가능성을 열어놓고 있다. "형벌법규에 대해 불합치결정이 선고되었다 할지라도, 위헌무효로 선언된 실체법에 의거하여 형벌의 선고가 이루진 경우와 동일하게 그 형벌의 선고에 대한 재심절차는 당연히 인정된다.[501] 형벌법규에 대한 불합치결정도 법규적 효력을 가진다. 불합치결정은 기본법에 불합치하는 조항을 무효선언처럼 법질서에서 제거하는 것이 아니라 그 조항을 형식적으로 존속하게 한다. 불합치결정은 단지 입법자에게 합헌적인 법적 상태의 창출의무를 부과할 따름이다. 불합치선언된 법률의 적용배제도 입법자가 개선입법을 할 때까지 계속 유지되게 된다. 이러한 점은 동법 제79조 제1항의 적용범위에 있어 중요한 의미를 지닌다. 기본법에 불합치하는 것으로 선언된 규범에 의거한 유죄선고는 이러한 점에서 유죄선고를 받은 자의 기본권을 침해한 것이다. 그러므로 이제까지의 적용되었던 상태를 그대로 계속 유지해서는 안 된다. 그렇지만 다른 한편으로는 개정법률이 시행될 때까지 본안판결을 어떻게 할 것인지 확정되지 아니한 채로 불확실한 상태가 유지된다. 그로 인해 재심담당법원은 형벌집행의 연기 내지는 중단을 명하여야 하고, 그 밖에 재심절차는 개정법률이 시행될 때까지 정지하여야 한다."

---

499) Vgl. BTDrucks Ⅵ/1471, S. 6 zu Art. 1 Nr. 15a.
500) 이에 관해 다수의견은 제79조 제2항은 제1항과의 관계에서 원칙과 예외의 관계로 파악한다. 또한 제79조 제2항의 존속보호대상에서 불합치결정이나 위헌해석이 제외되어서는 안 됨을 주장한다. 그런 점에서 유추적용을 주장한다. 그에 반해 소수의견은 제2항에 불합치결정이나 위헌해석의 유추적용을 배제한다 해서 원칙과 예외의 관계에 영향을 미치지 않는다고 한다. 상세한 내용은 vgl. BVerfGE 115, 25, 64f., 73ff.
501) Vgl. Ulsamer, in: Maunz u.a., BVerfGG, §79, Rn.16.

나. 불합치결정의 실태와 관련된 사항

형벌법규의 불합치결정에 관해 입법에는 반영되어 있지만, 실제로 실체적 형벌법규가 불합치로 결정된 사례는 없다.502) 그렇다고 해서 연헌재법 제79조 제1항에서 규율한 형벌법규의 헌법불합치결정에 관한 법적 근거가 불필요함을 적극적으로 주장하는 견해는 아직 확인하지 못하였다.

그저 앞서 소개한 바와 같이 비형벌법규에 불합치결정이 있을 경우에도 연헌재법 제79조 제2항 제1문에 따른 더 이상 다툴 수 없는 국가작용에 영향을 미치지 아니함과 같은 항 제2문과 제3문에 따른 그런 국가작용의 집행금지의 대상에 해당함을 도출하는 근거로 헌법재판소 결정에서 소개되고 있을 따름이다.

그런데, 연헌재법 제4차 개정에서 연헌재법 제79조 제1항을 그리 규율한 바는 입법자가 헌법재판소에게 형벌법규의 위헌결정과 관련해서 폭넓은 결정형성의 자유 내지 변형결정의 재량권을 부여한 것이다. 물론 합헌적 법률해석에 관해 그리 규정했던 바는 형사법원의 판결태도를 교정하려는 경험적 반성의 일환이었다.

그러나 독일에서 헌법불합치가 형벌법규에 활용되지 아니한 이유 내지 실제로 위헌결정도 그리 많지 않았던 이유를 나름대로 살펴본다. 첫째, 헌법재판소의 활성화를 통한 다양한 형태로의 입법통제가 이미 독일연방공화국의 성립초기부터 꾸준히 이어져왔다는 점이다.503) 둘째, 이미 나치에 대한 반성 등으로 입법과정

---

502) 독일 연헌재 판례집을 살펴보면, 헌법재판소 결정에서 연헌재법 제79조 제1항이 자주 거론되기는 한다. 하지만, 그렇다고 해서 실체적 형벌법규에 대해 위헌결정이나 불합치결정 또는 합헌적 법률해석이 자주 이루어졌음을 의미하는 것은 아니다. 연헌재법 제4차 개정에서 제79조 제1항은 제31조와 더불어 헌법불합치와 합헌적 법률해석의 실정법적 근거를 우회적으로나마 제공하였다. 특히 제31조에서는 기속력과 법규적 효력의 근거를 명료하게 드러냈다. 그리고 제79조 제1항에 언급된 불합치결정된 법률과 합헌적인 법률해석에 대해서는 형사절차의 재심이 허용됨을 실체적 형벌법규와 관련해서 명시하고 있다. 그렇지만, 비형벌법규에 대해서는 제79조 제2항이 규율하고 있으면서도, 불합치선언된 법률이나 합헌적 법률해석된 부분에 근거한 국가작용이 처리방향에 대해 적극적인 언급이 없는 상태이다. 그 근거가 바로 제79조 제1항에 언급되어 있을 따름이다. 다시 말해서 제79조 제1항에 불합치로 결정된 법률과 합헌적으로 해석된 법률의 부분이 명시되어 있다 할지라도, 그 의미는 제79조 제2항에 규율된 규범속성(비형벌법규)에 그대로 적용됨을 언급할 뿐인 것이다. 실제로 연헌재 판례집에 명시적으로 언급된 제79조 제1항의 활용성은 그런 차원에서 대체로 이용되고 있을 따름이다. 앞서 본문에 장황하게 소개한 BVerfGE 115, 25도 그런 논란의 일환으로 전개된 것에 지나지 않는다.

503) 1949년 기본법이 제정되어 독일연방공화국이 성립하였고, 1951년부터 헌법재판소가 설치 운영되었다.

이 훨씬 더 투명하고 치열하게 이루어져 왔기에, 위헌결정의 대상으로 형벌법규가 등장한 사례가 많지 않다는 점이다. 게다가 입법과정이, 특히 형벌법규에 대한 입법과정이 매우 치밀하고 조직적이라는 점이다. 우리나라와 대비하면 명확한 점이 있다. 우리 헌법재판소에서는 각종 가중처벌의 위헌논란이 폭넓게 제기되었다. 하지만, 독일의 경우 누범이나 경합범의 가중처벌 정도에 대한 논란이 있었을 따름이다.

3. 형벌법규의 불합치결정의 선고영역 내지 선고필요성

가. 변형결정의 활용필요성

형벌법규에 대해 위헌결정이 이루어지면, 헌재법 제47조 제2항 단서에 따라 소급적으로 효력이 상실되고 또 같은 조 제3항에 따라 재심청구가 허용된다. 우리는 여기서 소급효가 지닌 형상화된 모습에 주목해야 한다. 비형벌법규에 대해 위헌결정이 이루어지면 확정력발생사건은 권리구제의 대상에서 제외된다. 그 의미는 결정 시점과 근접하게 구제대상의 영역이 획정되고, 거기서 법적 안정성과 정의의 조화를 도모한 것이다. 그러나 그에 비해 소급효를 인정하면, 이미 확정된 사건에 대해서조차 포함시키게 되고, 기판력의 파괴를 통한 법적불안정성의 발생은 상상을 하기 어려운 정도에 이를 수 있다. 그럼에도 불구하고 우리 법체계에서는 형벌법규의 위헌결정에 대한 법적 효과로서 소급효를 인정하고 있는 것이다.

그러면, 먼저 우리 법체계상 형사실체법을 둘러싼 위헌여부의 현상적인 모습을 살펴본다.

첫째, 제헌 60년은 권위주의체제 40년과 민주주의체제 20년이다. 헌법재판이 활성화된 지난 20년간 위헌심판 실제를 살펴보면, 비형벌법규 위주로 이루어졌지, 형벌법규에 대해서는 그다지 많지 않았다. 이는 위헌성을 지닌 형벌법규가 제헌 이후 60년 동안 방치되었음을 의미하는 것이기도 하다.

둘째, 지난 시절 정상적인 입법기관이나 사법기관조차도 정상적인 절차를 통해 권위주의체제 유지에 동원되었다는 점이다. 체제유지의 핵심적인 도구가 바로 실체적 형벌법규라 할 수 있다. 그런 법규가 아직도 현재의 법질서 일부분을 점하고 있으며, 또 그런 법규의 위헌논란을 회피하고 헌법적 정당성을 도출하고자 왜곡된 법해석이 행해졌음을 부인해서는 안 된다.

셋째, 우리 입법실제와 관련해서 입법과정의 난맥상이 지적되어야 한다. 입법절차를 진행함에 있어 기본권침해나 위헌적 요소를 배제하는 것에 관심을 집중하기보다는 신속과 효율중심적 사고로 접근함으로써 편의적인 입법실제로 인해 나타나는 위헌성에도 주목해야 한다.

넷째, 졸속입법 내지 여론입법은 물론이고, 그에 따른 특별형법이나 가중처벌조항의 난무이다. 이에 대해 입법과정에서 헌법적 통제가 충실하게 이루어지지 못하고 그대로 헌법재판소에 도달하게 된다는 점이다.

다섯째, 헌법재판소의 사법소극주의적인 모습도 지적되어야 한다. 대표적인 사례 두 가지를 지적한다. 그 하나는 실체적 형벌법규에 대한 뜨거운 위헌논란에서 한정합헌결정을 활용해서 위헌결정을 회피하고 또 한정합헌결정에 대해 거부적 자세를 취하는 법원이나 검찰과 절묘하게 타협하였다는 점이다. 다른 하나는 자기모순적인 논리전개이다. 예컨대, 입법자의 입법재량권의 허용범위를 들 수 있다. 입법재량권은 경제적 자유권에서는 폭넓게 보장되지만, 신체의 자유에서는 매우 엄격하고 제한적으로 허용된다. 그럼에도 헌법재판소 결정의 실제를 보면, 신체의 자유를 제한하는 실체적 형벌법규의 정당성을 논증하는데 입법자의 폭넓은 입법재량권이 일상적으로 제시된다. 아무튼 다른 부문, 비형벌법규에 대한 위헌논란으로 국민적 관심이 치우침에 따라 실체적 형벌법규의 위헌논란은 논의의 대상에서 한발짝 멀어지게 된 상황이 연출되었고, 그랬기에 이와 같이 방치된 것이다.

다음은 형벌법규에 대한 변형결정의 도입 필요성이다.

첫째는 실체적 형벌법규의 위헌결정에 따른 법적 효과로서의 소급효가 지닌 비중 내지 영향력에 대한 부담감을 해소시켜준다는 점이다. 예컨대 60년 전부터 존재하였던 형벌법규를 단순위헌으로 결정하였을 경우 형사절차의 재심청구를 허용함은 물론이고 무죄판결을 받은 것에 준해서 형사보상을 해주어야 하며, 각종 세부절차를 필요로 하게 된다. 이때 차라리 타협적인 차원에서 소급효의 허용 범위를 제한하여 구체적 사건에서의 정의를 일정 부분 양보하고, 법적 안정성을 존중하는 방향으로의 접근모색이 필요하다.

둘째는, 헌법재판소의 결정왜곡현상을 해소할 수 있다는 점이다. 부담을 완화시켜줌으로써 이것이 가능하게 된다. 그럼으로써 책임과 형벌의 비례관계나 법관의 양형재량권의 침해에 대한 입법자의 입법형성의 자유의 존중이나 획일적인 가중처벌이나 특별형법을 합헌으로 판단하는 부작용을 해소시킬 것이다.

이어서 형벌법규에 대한 불합치결정의 가능여부를 검토한다.

우선, 불합치결정 부인론이다.[504] 그 논거를 살펴본다. 첫째, 헌재법 제47조 제2항 단서가 명확하게 소급효를 규정하고 있다는 점이다. 이는 신체의 자유를 억압받은 자에 대한 구제방안을 명료하게 제시한 것이다. 둘째, 형벌의 얼룩을 유죄확정판결을 받은 자에게 부담지워서는 안 된다는 것이다. 형벌법규는 국가기관이 공식적으로 정립한 법규범인데, 그 오류를 일반국민에게 전가해서는 안 되고, 그 부담은 온전히 국가의 몫으로 두어야 한다는 것이다. 셋째, 법적 안정성보다 정의가 우선시 되어야 한다는 점이다. 이것이야말로 헌법적 결단에 해당할 정도의 비중을 지닌다. 넷째, 독일의 사례에 비추어 보면, 1970년 실정법적 근거가 마련되었음에도 아직 한 번도 불합치결정의 사례가 없는 이유는 현실적인 필요성이 없음을 의미한다. 다섯째, 비형벌법규에 대한 경우도 마찬가지지만, 실정법적 근거가 없다.

불합치결정 긍정론이다.[505] 그 논거를 살펴본다. 첫째, 헌재법 제47조 제2항은 청구인용에 해당하는 대표적인 결정유형으로서 위헌결정을 예시한 것이다. 둘째, 위 조항 본문의 해석상 장래효원칙과 예외적인 소급효를 도출해낼 수 있고, 이에 의거해서 불합치결정이 그러한 법적 효과를 제약할 목적으로 등장한 바와 마찬가지로, 형벌법규에 대해서도 위 조항 단서의 적용을 완화할 수 있는 것으로 보아야 한다. 즉 형벌법규에 대해 위헌결정이 이루어질 경우 발생하는 최대 효과가 소급적인 효력상실이고, 그에 의거한 재심청구일 따름이다. 불합치결정으로 이를

---

504) 방승주, 『헌법학연구』 제13권 제3호, pp.71-72. 김시철, 『사법』, 2009. 6, pp.180-216.(p.195. 개선입법의 소급적용을 통하여 피고인에게 유죄판결을 선고하는 것은 허용될 수 없다) 그리고 제한적 긍정설로는 황도수, 헌법실무연구회 제36회 발표회 발표논문, pp.25-26(법적 혼란이 중대할 경우 형벌법규에 대한 불합치결정이 고려될 수는 있지만 피해자의 피해를 최소화하는 방향이어야 하고 헌재법 제47조 제3항이 보장하는 확정판결의 재심을 배제해서는 안 된다).
505) 이헌환, 김철수교수화갑기념논문집, p.291. 황우여, 김철수교수화갑기념논문집, p.329. 졸고, 『헌법재판연구』 제7권, pp.379-381. 졸고, 『한양법학』 제20권 제2집, pp.329-355.

완화시킬 수 있다는 것이다. 셋째, 법질서에 있어 소급효로 인한 파괴적 효과를 완화시켜야 한다는 점이다. 그를 통해 법적 안정성을 확보하는 반면, 정의를 일정부분 양보하도록 한다는 것이다. 넷째, 정의와 법적 안정성의 관계에서 볼 때, 형벌법규에 대해서는 반드시 정의만을 추구해야 하는 것은 아니다. 이는 비교법적으로도 나타나 있으며, 단지 입법정책사항일 뿐이다. 다섯째, 독일의 경우 입법실제가 매우 치밀하기 때문에, 우리처럼 졸속입법이나 가중처벌, 특별형법의 관행이 없기 때문에 그 필요성이 덜하다는 것이다.

생각건대, 비형벌법규에 대한 위헌결정은 기본적으로 장래효가 원칙이다. 이는 과거에 대해서는 어쩔 수 없지만, 미래에는 위헌적인 효과가 영향을 미쳐서는 안 된다는 지향점을 지닌다. 다시 말해서 법적 안정성이라는 이름으로 기판력을 보호한다. 확정력발생사건에 대해서는 권리구제의 범주에 포함시키지 않아 과거와의 단절을 철저하게 유지한다. 하지만, 형벌법규에 위헌결정이 이루어지면, 소급적으로 효력이 상실된다. 비록 개별행위독자성의 원칙506)에 입각해서 형벌법규에 근거했던 유죄의 확정판결 등이 당연하게 효력이 부인되는 것은 아니지만, 그 형벌법규의 헌법과의 충돌시점까지 소급해서 그 효력이 부인될 수 있게 된다. 거기까지 재심청구가 폭넓게 허용됨과 아울러 재심은 기판력의 부인을 전제로 하는데, 그로 인해 정의의 확보는 철저해지겠지만, 법적 안정성의 파괴는 상상을 불허하게 된다.507)

그래서 이론과 현실의 절충 내지 타협을 모색하는 것이다. 현재 우리가 처해진

---

506) 개별행위 독자성의 원칙이라 함은 법규범에 대해 사후적으로 위헌결정이 선고되었다 할지라도 위헌결정된 법규범에 근거한 각종 작용은 위헌결정의 법적 효과가 그대로 적용되어서는 안 된다는 원칙을 말한다(vgl. Jörn Ipsen, Rechtsfolgen der Verfassungswidrigkeit von Norm und Einzelakt, S.279ff.). 이 원칙은 독일에서 위헌결정으로 인한 법적 효과를 제한함에 있어 구체적 사건에 있어서의 정의보다는 법적 안정성을 중시한다는 입법자의 중요한 결단으로 표현되고 있다. vgl. BVerfGE 2, 380(404f.); 7, 194(195f.); 11, 263(265); 32, 387(390); 53, 115(130). 이에 관해서는 졸고, 『헌법재판연구』 제10권, p.118.

507) 물론 중간에 그 형벌법규가 개정되어 제정당시의 시점까지 소급되지는 않을 수 있어 법적 안정성의 파괴가 제한적이라는 지적도 있을 수 있을 것이다. 하지만, 후법에 대해 위헌결정이 나게 되면, 그 후법이 적용된 확정판결은 그에 따라 당연히 재심청구의 대상이 될 것이고, 후법의 위헌결정 소식을 접한 그 전법에 근거해서 유죄의 확정판결을 받은 기결수들은 재심개시청구를 하면서 그 전법에 대해 위헌심판제청신청을 하게 됨으로써 헌법재판소는 사후적으로 전법에 대해서도 동일한 취지의 결정을 할 수밖에 없을 것이다. 이런 경로를 거치다보면, 형벌법규가 아주 잦게 개정되었다 할지라도, 형벌법규에 대해 한번 위헌으로 결정되면 그 형벌법규의 전·후법에 대해서는 일종의 도미노적인 위헌결정 가능성을 부인할 수 없게 된다.

사정을 냉정하게 보아야 한다. 독일에서 추구하는 '형벌법규에 대해서는 정의를 법적 안정성에 우선하는 반면, 비형벌법규에서는 정의와 법적 안정성의 타협 모색'을 그대로 한국사회에의 적용이 어렵다면, 형벌법규에 대해 정의 관념만 일방적으로 관철하는 것이 아니라 법적 안정성의 배려를 모색하는 것이다. 아무튼 과거에 얽매이어 과거의 족쇄에서 벗어나지 못해 실체적 형벌법규에 의한 신체의 자유가 극심하게 억압됨에도 미래에도 그런 오류가 반복되게 해서는 안 된다.

나. 외국이론의 활용범위와 한계

형벌법규에 대해 헌법불합치로 결정을 하게 되면, 크게 보아 두 가지의 시각에서 매듭지어질 사항이 제기된다. 그 하나는 불합치결정은 위헌결정의 법적 효과를 제약하는 것이므로 비형벌법규에서와 동일한 논리가 형벌법규에 대해서도 적용되는가 하는 점이다. 다른 하나는 형벌법규에 대해 우리 헌재법 제47조 제2항 단서는 위헌결정에 따른 소급적인 효력상실 내지 소급효를 규율하고 있음에 따라 불합치결정이 이루어지게 될 경우 이에 어떠한 형태로 연관시킬 것인가 하는 점이다.

그러면, 첫째, 형벌법규의 위헌결정에 따른 소급효가 보편적인 입법사항에 해당하는지를 정의와 법적 안정성의 조화라는 시각에서 접근한다. 위헌결정에 있어 상호 대립되는 가치인 정의와 법적 안정성, 양자는 모두 실질적 법치주의에서 도출되는 헌법적 원칙이다. 비형벌법규와 관련해서는 양자의 절충을 도모하는 입법례가 대부분이다. 그렇지만, 형벌법규에 대해서는 소급효와 재심청구를 허용해서 정의에 절대적 가치를 두는 입법례가 있는가 하면, 비형벌법규의 경우와 마찬가지로 처우하는 입법례도 있다. 정의와 법적 안정성이 조우하는 지점을 살펴본다.508) 정의와 법적 안정성을 대척점에 놓고, 견주어 본다.

먼저, 정의를 가장 중시하는 입장은 한국 헌재법 제47조 제2항 단서(형벌법규의 소급적 효력상실)와 독일 연헌재법 제79조 제1항(유죄의 확정판결에 대한 재심절차)이다.

반면, 법적 안정성을 가장 중시하는 입장은 위헌결정의 예외적인 소급효를 당

---

508) 이에 관한 상세한 내용은 졸고, 『공법연구』 제31집 제2호, p.379.

해 사건에 한해 판례로 인정한 1975년 개정이전의 오스트리아 연방헌법 제140 조이다. 그 다음이 1975년 헌법개정을 하면서 당해 사건과 헌법재판소가 달리 정한 경우에 예외적인 소급효를 인정한 오스트리아 연방헌법 제140조 제7항[509] 이다.

그리고 비형벌법규의 위헌결정에 따른 법적 효과를 규정한 독일 연헌재법 제 79조 제2항, 오스트리아의 재판설[510], 스페인 헌재법 제40조 제1항[511], 이탈리 아 헌재법 제30조[512] 등은 법적 안정성과 정의가 균형을 이루는 지점을 위헌결 정 시점으로 설정하고 있다.[513]

여기서 주목해야 할 점은 오스트리아 연방헌법 제140조 제7항이나 재판설 및 이탈리아 헌재법 제30조 등에서는 형벌법규의 위헌결정에 따른 법적 효과를 비 형벌법규와 구분하지 않고 규율한다는 점이다. 이는 형벌법규에 대해 위헌결정을 하면 반드시 소급효를 인정하고 또 그 법적 효과를 소급적으로 배제하는 것이 헌법적인 원칙이라기보다는 입법정책적 사안임을 의미한다. 달리 표현하면, 형벌 법규에 대해 불합치결정을 하면서 그 법적 효과로서의 소급효를 제한한다 할지 라도, 비교법적인 측면에서는 그 정당성이 도출될 수 있음을 말하는 것이다.

둘째, 위헌결정효력이론도 다른 헌법소송이론과 마찬가지로 완성되어 매듭지어 졌다기보다는 꾸준히 개발되고 또 보완되어 간다는 점이다. 실질적 법치주의가 확립되고 입법과정에서 사전에 위헌성통제가 철저히 이루어지는 국가의 경우 사

---

509) "법률이 위헌으로 인해 폐지되거나 제4항에 따라 헌법재판소가 법률이 위헌이었음을 선고하 면, 모든 법원과 행정청은 헌법재판소의 결정에 기속된다. 헌법재판소가 폐지하는 결정에서 달 리 정하지 않는 한, 당해 사건을 제외하고는 폐지 이전에 완성된 구성요건에는 종전의 법률이 계속 적용된다. 헌법재판소가 제5항에 따라 폐지결정에서 기한을 정하면, 당해 법률은 당해 사 건을 제외하고는 이 기한이 도과하기 까지 완성된 구성요건에 적용되어야 한다."

510) 이에 관한 상세한 내용은 vgl. Wolfgang Bauerreiss, Antinomie zwischen Art 139/140 und 140a B-VG? Zur Frage der „Konkretisierungstheorie" des Verfassungsgerichtshofes, ÖJZ 1976, S.505-513.

511) "법률, 법률적 효력을 가진 규정이나 작용의 위헌성을 확인하는 판결로 인해 위헌인 법률이나 규정 또는 작용이 적용되었던, 종결된 절차의 확정된 판결의 재심이 허용되는 것은 아니다. 이 것은 이미 적용된 법규범의 무효로 인해 형량이나 제재의 감경을 초래하거나, 책임의 면제 또 는 제한 등의 결과가 발생하는 그러한 형사절차나 질서벌절차에는 적용되지 아니한다."

512) "…… 위헌으로 선언된 법규범은 결정이 공포된 다음 날부터 더 이상 어떠한 적용도 허용되 지 아니한다. 더 이상 다툴 수 없는 형사판결이 위헌으로 선언된 규범에 근거하여 적용된 것인 경우에는 그 집행과 형벌에 관한 모든 효과는 종료된다."

513) 우리 헌법재판소와 대법원이 비형벌법규의 일반사건에 대한 법익형량이론을 전개하고 있는 바, 이 입장은 정의보다는 법적 안정성을 우선시하는 태도라 여겨진다.

후적 통제로서의 구체적 규범통제는 그 빈도수나 위헌논란이 상대적으로 적을 수밖에 없다.

그리고 개발 보완된다는 측면을 살펴본다. 예컨대 불합치결정의 경우를 들 수 있다. 독일에서는 불합치결정된 법률에 근거한 처분의 성격이나 그러한 처분의 집행력 존중여부는 전혀 논의가 전개되지 아니함을 보았다. 그러나 그 당시 우리나라에서는 토초세법과 관련해서 논의의 기반을 마련해야 하는 형국이었다.

이런 점에 비추어 보면, 세계 각국마다 입법토양이나 민주화의 정도, 실질적 법치주의의 구현 정도 등에 따라 헌법소송이론은 독자성을 가지고 다양하게 발전해야 하는 취지로 파악될 수도 있겠다.

셋째, 위헌결정에 따른 소급효이론은 정리해야 할 과거와 밀접한 연관을 가진다는 점이다. 만약 과거와 단절된 상태에서 새로운 입법질서를 형성하고 그 틀 속에서 상위법위반문제를 해결하고 또 그에 따른 법적 효과의 적용범위를 구획하라고 한다면, 처음부터 당연무효의 틀을 폭넓게 인정할 수 있을 것이다. 구체적 사건에서의 정의만 추구하면 되고, 법적 안정성 침해문제는 등장 여지가 적기 때문이다.

넷째, 위헌결정의 소급효가 가지는 파괴적 효과이다. 비형벌법규에 위헌결정을 선고할 경우에도 그로 인해 발생하는 대량적인 효과를 완화하고자 불합치결정등의 변형결정이 모색되는 것이다. 여기서 비형벌법규는 확정력이 발생하지 아니한 사건에 대해서만 권리구제의 대상으로 논의될 뿐이다. 그럼에도 불구하고 위헌결정이 회피되는 형국인데 반해, 형벌법규의 경우에는 이미 확정된 사건에 대해서도 재심청구를 허용한다. 심판대상인 형벌법규가 제정된 지 오래되었고 또 그 법규 적용의 빈도수가 아주 높다면, 그로 인한 파급효과는 상상하기 어려울 정도이다. 이런 사정이라면, 소급효를 제한하는 등의 방안을 적극적으로 모색함 직하다고 본다.

4. 형벌법규에 대한 불합치결정의 유형화 가능성

가. 비형벌법규의 경우와의 분별필요성

비형벌법규의 위헌결정에 따른 법적 효과는 위헌결정된 법률의 일반적 적용배제이고,514) 이는 과거에 대해서는 위헌법률이 만든 기성상태를 그대로 방치할 수밖에 없지만, 미래적으로는 더 이상 관철되어서는 안 된다는 시각을 표출한 것이다.515) 이런 점은 구체적인 사건에서의 정의와 법적 안정성을 형량한 결과이다.

이에 터잡은 불합치결정은 기본적으로 위헌결정의 법적 효과를 제약하기 위해서 만들어진 모형이다. 다시 말해서 불합치결정의 법적 효과를 모색함에 있어서는 위헌결정의 법적 효과인 일반적 적용배제516)를 기본적인 전제로 해야 한다. 여기서 불합치결정은 입법자로 하여금 신속한 개선입법의무를 지움과 아울러 법적용자에 대한 법적 효과에 제약을 가한다. 그 내용은 익히 제시된 바와 같이 불합치법률의 적용을 중지하고 개선입법에 따라 처리하도록 하는 경우와 불합치법률의 잠정적인 계속적용을 명하는 경우로 구분된다. 여기서 전자는 위헌법률의 적용을 배제하긴 하지만 입법자가 개선입법한 내용을 거기에 대체시킴으로써 합헌질서를 구현하고자 한다. 그리고 후자는 일반적 적용배제라는 법적 효과를 박탈하고 불합치법률의 제정 시점부터 개선입법 시점까지의 시적 공간을 불합치법률로 하여금 규율하게 한다.

이상과 같이 비형벌법규에 대한 불합치결정의 법적 효과는 기본적으로 위헌결정의 법적 효과를 제약하고자 한 취지이다. 여기서의 불합치결정은 그 전제가 된

---

514) 폐지무효설에 따르면, 위헌결정의 장래효원칙과 예외적인 소급효이다.

515) Vgl. BVerfGE 20, 230(236, 연헌재법 제79조 제2항은 구체적 사건에서의 실질적 정의와 법적 안정성을 형량한 결과로 만들어진 산물이라 할 수 있다. 즉 '연헌재법 제79조 제2항 제1문, 제2문 및 제4문의 조항을 연결해 파악하면, 그것은 다음과 같은 법사상을 제시한다. 공권력의 불가쟁력이 발생된 하자있는 행위는 소급적으로 폐지되는 것이 아니고 또 과거에 그 행위에 의해 야기된 불리한 효과도 제거되는 것은 아니지만, 그러나 미래적으로는 위헌적인 국가작용의 강제적인 실행으로 제시될 수 있는 결과는 예방되어야 한다'는 것이다.) 관련 판례로는 vgl. BVerfGE 37, 217(263); 48, 327(340); 91, 83(90f.). 이에 관해서는 졸고, 『공법연구』 제31집 제2호, p.375.

516) 적법한 소송요건을 갖추어 근거법률의 위헌성을 주장하는 경우에는 모두 권리구제의 대상에 포함시켜야 함을 말한다.

위헌결정의 법적 효과가 획정된 바에 좌우됨은 당연하다. 달리 표현하면, 형벌법규에 대한 헌법불합치결정의 법적 효과를 모색함에 있어서도 동일한 논리체계가 원용될 수 있음을 의미한다.

우리 헌재법 제47조 제2항 단서는 형벌법규에 대한 위헌결정이 있으면, 그 형벌법규는 소급하여 그 효력을 상실하는 것으로 하고 있다. 위헌결정의 법적 효과로서의 소급적인 일반적 적용배제와 재심청구를 논의의 전제로 삼아야만 형벌법규에 대한 불합치결정의 법적 효과 모형에 대해서도 나름대로 구획이 가능할 것이다. 비형벌법규에 대한 불합치결정에 있어 법적 효과의 규율모형이 형벌법규에 원용됨은 당연하지만, 그 모형을 아무런 조정 없이 그대로 수용해야 함을 의미하는 것은 아니다.

나. 불합치결정에 따른 시적 공간별 구획

위헌결정에서는 시적 공간이 대체로 세 범주로 구분된다. ① 위헌법률 제정 시점(규범충돌시점)부터 결정 시점 사이에 이미 확정력이 발생된 경우, ② 그 시적 공간에 법률관계가 형성되어 소송이 제기되었고 그로 인해 종국에는 위헌결정의 계기를 제공하게 된 당해사건, 위헌결정 당시 헌법재판소에 심판이 계속 중이거나 법원에 위헌심판제청이 신청된 동종사건, 위헌결정 당시 법원에 소송이 계속 중인 병행사건, 그리고 위헌결정 당시 이미 법률관계가 형성되었지만, 결정 시점 이후에 법적 분쟁이 제기된 이른바 일반사건[517)]에 해당하는 경우,[518)] 그리

---

517) 통상적으로 일반사건이란 위헌으로 결정된 법률이 적용되어 위헌결정 이후에 법적 분쟁이 제기된 사건을 말한다. 위헌법률에 근거하여 구체적 법률관계가 형성되었으나, 법률관계의 형성 당시에는 그 법률의 위헌여부가 아직 헌법재판소에서 결정되지 아니하였으며, 법원에의 제소기간 등이 아직 도과되지 아니한 경우로서 위헌결정 이후에 법원에 소송이 제기된 사건을 말한다. 거듭 말하지만, 일반사건은 제소기간이 도과된 사건이 아니다. 단지 법률관계의 형성이 지체되었기 때문에 문제될 뿐이다. 사법심사제에 의한다면, 당연히 법원이 부수적으로 법률의 위헌여부를 판단한 다음, 마땅히 권리구제의 대상에 포함시켜야 할 사건인 것이다. 그런데 일반사건의 의미가 이와 같음에도 불구하고, 헌법재판소나 대법원이 그런 사건들에 대해 법익형량을 해야 한다는 입장을 전개하면서 그 의미를 달리 파악하려 한다(헌재 1993. 5. 13, 92헌가10 등, 『헌판집』 5-1, 226, 227-228; 대법 2005. 11. 10. 선고 2005두5628 판결). 아마도 그 요인은 소송상 적법요건에 대한 판단의 문제에 있어 인식을 근본적으로 달리하는 까닭으로 읽혀진다. 이에 관한 상세한 내용은 졸고, 『공법연구』 제37집 제1-2호, pp.76-77.
518) 위헌결정의 효력이 미치는 사건의 유형으로 대법원은 이와 같이 유형화한다. 대법 2006. 6. 15. 선고 2006두279 판결; 서울고법 2006. 10. 20. 선고 2004누19271 판결, 법률신문 제3503

고 ③ 위헌결정 이후에 위헌법률에 기해 법률관계가 형성된 경우 등이다.519)

그런데, 불합치결정은 여기서 ③의 경우를 둘로 구분할 수 있다. ③ 불합치결정 시점부터 개선입법 시점까지의 시적 공간과 ④ 개선입법 시점 이후의 시적 공간이다.

이상은 비형벌법규와 관련해서 구획한 것이지만, 형벌법규에도 그대로 적용될 수 있다. 오히려 ①의 경우에는 유죄의 확정판결에 대해 재심청구까지 허용하고 있다.

다. 위헌결정과 불합치결정의 법적 효과 기산점으로서의 규범충돌시점

비형벌법규에 대해 위헌결정이나 불합치결정이 있을 경우 법적 효과를 논의하는 기준시점으로 폐지무효설은 자연스럽게 결정 시점을 선택한다. 왜냐하면 장래효원칙이나 예외적인 소급효라는 논의기준이 바로 결정 시점이기 때문이다. 또 형벌법규에 대해서 위헌결정이 있을 경우에도 일단은 결정 시점을 기준으로 논의를 전개한다. 결정일을 기준으로 유죄의 확정판결이란 개념이 정립되기 때문이다.

물론 결정 시점은 당연무효설에서도 간과할 수 없는 중요한 시점이다. 이와 더불어 주목해야 할 시점이 바로 규범충돌시점이다. 비형벌법규의 경우 확정력발생사건은 권리구제의 대상에 포함되지 않기 때문에, 규범충돌이 아주 오래전에 발생한 경우에는 그 시점의 비중이 상대적으로 약하게 될 것이다. 하지만, 형벌법규의 경우 유죄의 확정판결에 대해 재심청구가 허용되므로 규범충돌시점은 나름

호, 2006. 11. 6. p.12. p.11. 그러나 헌법재판소는 이상과 같은 용어를 사용하진 않고 있다. 헌재 2000. 8. 31, 2000헌바6결정, 헌공 49, 744-746(구체적 규범통제의 실효성의 보장의 견지에서 법원의 제청·헌법소원의 청구 등을 통하여 헌법재판소에 법률의 위헌결정을 위한 계기를 부여한 당해 사건, 위헌결정이 있기 전에 이와 동종의 위헌여부에 관하여 헌법재판소에 위헌제청을 하였거나 법원에 위헌제청신청을 한 경우의 당해 사건, 그리고 따로 위헌제청신청을 아니하였지만 당해 법률 또는 법률의 조항이 재판의 전제가 되어 법원에 계속 중인 사건). 그런데 여기서 대법원이 사용하는 동종사건이나 병행사건이란 개념이 지칭하는 대상을 선정함에 있어 그 용어가 적확한 표현에 해당하는지는 의문의 여지가 없지 않다. 하지만, 대법원이 보편적으로 사용하고 있으며, 어떠한 형태로든 구획해서 특정할 필요성이 있으므로, 그런 점에서 이 글에서도 그대로 이용하기로 한다.
519) 여기서 헌법재판소나 대법원이 제시하는 폐지무효설에 따르면, ③의 경우는 장래효가 적용되고, ②의 경우는 예외적으로 소급효가 적용되며, ①의 경우는 존속력이나 확정력 또는 소멸시효 등의 다른 법리에 의해 소급효가 제한되는 경우로 기술될 것이다.

대로 그 의미를 지니게 된다.

법률이 헌법에 위반되게 된 유형으로는 ① 제정당시에는 합헌이었으나 후발적인 사정변경으로 인하여 위헌이 되는 경우, ② 제정당시부터 시원적으로 위헌인 경우 그리고 ③ 제정당시에는 합헌이었으나 헌법이 개정되어 위헌으로 되는 경우 등을 제시한다.[520] 이상에 대해 결정의 법적 효과를 논의함에 있어 기산점으로서의 규범충돌시점은 사정변경에 따른 경우에는 사정변경시점이,[521] 시원적 위헌인 경우에는 심판대상인 법률의 제정 시점이, 그리고 개헌으로 인한 경우에는 개헌시점이 각각 그에 해당할 것이다.

그런데, 이미 전소에서 합헌으로 결정되었으나 후소에서 다시 다툼의 대상이 되어 위헌이나 불합치로 결정되었을 경우 규범충돌시점을 언제로 파악해야 할 것인가가 문제된다.[522] 다시 말해서 후소 결정의 법적 효과에 대한 기산점을 언제로 할 것인가 하는 점이다. 이는 형벌법규의 경우 어느 시점까지 위헌결정이나 불합치결정의 소급효를 인정할 것인지를 좌우하게 된다. 예컨대 간통죄에 대해 이미 4차례나 합헌결정되었지만,[523] 나중에 위헌이나 불합치로 결정되었다고 가정할 때, 그 결정의 소급효를 인정하는 기산점을 언제로 할 것인가가 문제된다.[524] 전소의 결정에 대한 정당성을 인정함을 전제로 해야 하므로,[525] 후소의 결정에서 달리 정하지 않는 한, 전소의 결정 시점을 기산점으로 함이 타당하다.[526]

---

520) 헌재 1993. 5. 13, 92헌가10, 『헌판집』 5-1, 226, 242-244.
521) 여기서 결정 시점으로 파악할 경우에는 당해사건이 구제대상에 포함되지 않는 한계를 초래하게 된다.
522) 전소와 후소의 사이에 개헌이 이루어졌거나 심판대상인 법률조항의 개정이 있었다면, 이는 여기서 논의대상이 되지 않는다. 하지만, 후발적인 사정변경으로 이런 상황이 발생하였다면, 그런 경우는 논의대상에 포함되어야 할 것이다.
523) 헌재 1990. 9. 10, 89헌마82, 『헌판집』 2, 헌재 306; 1993. 3. 11, 90헌가70, 『헌판집』 5-1, 18; 헌재 2001. 10. 25, 2000헌바60, 『헌판집』 13-2, 480; 헌재 2008. 10. 30, 2007헌가17, 『헌판집』 20-2상, 696.
524) 실제로 특정경제범죄가중처벌등에관한법률 제5조 제4항 제1호 등은 헌재 2005. 6. 30, 2004헌바4등(『헌판집』 17-1, 907)에서는 합헌으로 결정되었으나, 헌재 2006. 4. 27, 2006헌가5(『헌판집』 18-1상, 491)에서는 위헌으로 결정되었다. 대법 2011. 4. 14. 선고 2010도5606판결. 아울러 법률신문 2009. 11. 30. 기사와 법률신문 2011. 4. 22. 기사.
525) 후소의 결정이 헌법재판에 있어서의 재심청구에 따른 것이 아니라면, 그렇게 접근해야 할 것이다. 헌법재판소 결정에 대한 재심의 허용여부에 관해서는 헌법재판소, 실무제요, p.87. 이하.
526) 그런데, 현재 헌법재판소와 대법원의 태도는 전소에서 합헌(예컨대 혼인빙자간음죄에 관한 헌재 2002. 10. 31, 99헌바40)결정이 이루어졌다 할지라도 후소에서 위헌으로 결정(헌재 2009. 11. 26, 2008헌바58, 『헌판집』 21-2하, 520)된 경우에는 심판대상인 법률의 제정 시점까지 소급해서 효력이 상실되는 것으로 보아 이미 오래 전에 이루어진 유죄의 확정판결에 대해서도 재

이는 특히 헌법재판소가 종래 형벌법규에 대해 한정합헌이나 단순 합헌으로 결정한 사례들과 밀접한 유관성을 지니게 된다고 하겠다.

라. 형벌법규 불합치결정의 유형 모델과 그 검토

형벌법규에 대해 불합치결정을 하게 되면, 그 결정은 단순 위헌결정의 법적 효과를 제약하는 형태를 띠게 될 것이다. 이때 과연 어떠한 형태로 제약할 것인지를 유형화하기로 한다. 이에 대해서는 비형벌법규에 대한 불합치결정의 법적 효과를 준거로 삼아 접근하는 방법도 있고, 형벌법규에 대한 위헌결정의 그것에 기반을 두는 방법도 있다. 즉 적용중지 불합치결정에 터잡는 경우, 계속적용 불합치결정에 터잡는 경우, 그리고 형벌법규의 위헌결정에 따른 소급효를 제약하는 경우 등이다.

제1유형은 비형벌법규의 적용중지 불합치결정에 대한 법적 효과를 형벌법규의 경우에 그대로 원용하는 방안이다. 즉 불합치 형벌법규의 적용절차를 중지하고 개선입법에 따라 처리하도록 하는 경우이다. 당해사건 등527)에 대해서는 개선입법된 결과에 따라 권리구제에 포함되는 여부를 정한다.528) 유죄의 확정판결 역시 개선입법된 내용에 따라 재심청구의 허용여부를 정하게 한다. 원래 재심은 확정력의 파괴를 의미하지만, 개선입법된 내용에 따라 처리하도록 함으로써 법적 안정성의 훼손을 최소화할 수 있다. 게다가 사후적으로 형벌의 얼룩을 지워줄 수 있는 편익을 지니게 된다.529) 하지만, 어쨌든 결과적으로 확정력의 파괴를 완화시킬 수는 있겠지만, 재심개시절차는 단순위헌결정과 별다른 차이가 없이 진행될 것이다. 다시 말해서 법원에의 업무경감을 기대하기는 어려울 것이다.

제2유형은 비형벌법규의 계속적용 불합치결정에 대한 법적 효과를 형벌법규의 경우에 그대로 원용하는 방안이다. 즉 불합치 형벌법규를 개선입법 시점까지 잠

심청구를 허용해야 한다는 입장이다.

527) 여기서는 당해사건, 동종사건, 유사사건 및 일반사건을 통칭한다. 즉 불합치법률의 제정 시점부터 불합치결정 시점까지의 시적 공간동안 법률관계가 형성되었지만, 결정 당시 아직 확정력이 발생하지 아니한 사건을 말한다.

528) 이는 형벌법규에 대해서만 독특하게 요구하는 것이 아니고, 비형벌법규에서도 동일한 접근자세를 취하는 바다.

529) 이런 점은 형법 제1조 제3항(재판확정 후 법률의 변경에 의하여 그 행위가 범죄를 구성하지 아니하는 때에는 형의 집행을 면제한다.)과도 조화를 이룬다고 본다.

정적으로 계속 적용하도록 하는 방안이다. 이에 따르면 당해사건 등은 권리구제의 대상에 포함되지 아니한다.530) 유죄의 확정판결 역시 재심청구의 대상이 되지아니한다. 이 방안은 불합치법률의 제정 시점부터 개선입법 시점까지의 시적 공간 동안 발생할 법적 혼란이나 중대한 법적 공백상태의 초래를 방지할 의도를전제로 한다. 이는 법적 안정성을 위해 구체적 사건에서의 정의를 전면적으로 포기한 것이다. 비형벌법규에 대한 경우보다 더욱 극심한 결과를 초래하게 된다.531) 그렇기 때문에 이런 점을 합리화할 만큼 중대한 법적 안정성에 있어서의편익이 존재하지 않으면 안 된다.

제3유형은 비형벌법규의 위헌결정에 따른 법적 효과와 동일한 형태를 지향하는 방안이다. 즉 형벌법규에 대해 불합치결정이 선고되면, 비형벌법규에 대해 위헌결정이 선고된 것과 동일하게, 결정 시점 이후 형성된 법률관계에 불합치법률이나 개선입법의 적용이 배제됨은 물론이고, 당해사건등에 대해서도 양자의 적용도 배제된다. 오로지 유죄의 확정판결에 대한 재심청구만을 부인하는 방안이다.532) 이에 따를 때, 형벌의 얼룩을 지닌 피해자들은 침해된 기본권의 구제대상에서 배제된다. 이에 따른 저항을 어떻게 극복할 것인가가 관건이다. 또한 법리해석상 헌재법 제47조 제3항에 정면 배치된다는 지적을 면하기 어려운 한계를지닌다.

제4유형은 제3유형과 동일하게 비형벌법규의 위헌결정에 따른 법적 효과를 지향하지만, 헌법재판소나 대법원이 일반사건에 대해 법익형량하는 바와 동일하게형벌법규의 불합치결정에도 요구하는 방안이다. 이 방안에 따르면, 불합치결정시점부터 개선입법 시점까지는 개선입법은 물론이고 불합치법률의 적용이 배제

---

530) 이 유형에서는 구체적 규범통제의 제도적 취지에 부합하기 위해서는 당해사건에 대해서만큼
은 구제대상에 포함시켜야 한다는 주장도 제시될 수 있을 것이다.

531) 게다가 본질적인 문제제기에 해당하는 것으로 헌재법 제47조 제2항 단서는 위헌결정의 경우
소급적인 효력상실임에도, 불합치결정되었음을 이유로 불합치 형벌법규를 잠정적으로 계속적용
하게 함은 물론이고 결정 시점 이후에서야 개선입법이 이루어지는데, 이를 그때까지 요구함은
지나치게 불합리하다는 점이다.

532) 이를 엄격하게 파악하면, 그중에서도 유죄의 확정판결이 선고되긴 하였지만 아직 집행이 종
료되지 아니한 사건에 대해서는 권리구제의 대상에 포함시켜줘야 할 것이다. 결국 이러한 관념
은 독일 헌재법 제79조 제2항 제1문과 제2문의 틀을 차용해서 전개한 것이다. 즉 이미 확정적
으로 종결된 경우, 유죄의 확정판결을 받아 실형으로 복역을 종료하였거나 집행유예처분이 종
료된 경우에는 그대로 둘 수밖에 없지만, 불합치결정 당시 실형으로 복역 중이거나 집행유예가
진행 중이라면 이런 경우에 대해서만큼은 재심청구의 대상에 포함시켜야 한다는 것이다.

된다. 또 당해사건, 동종사건 및 병행사건에 대해서도 마찬가지다. 하지만, 일반 사건에 대해서는 정의와 법적 안정성을 형량해서 구제대상에 포함여부를 정하게 하는 것이다. 그리고 유죄의 확정판결은 당연히 재심청구가 불가능하게 된다.

결국, 여기서 논의의 핵심은 두 가지로 본다. 물론, 형벌법규에 대해 불합치결정을 함으로써 위헌결정에 따른 법적 효과를 제약함이 전제된다. 그 하나는 법적 안정성을 이유로 재심청구를 부인해야 하는데, 국가공권력에 의해 가해진 형벌의 얼룩을 피해자들에게 전가함이 공정한 것인가 하는 점이다. 다른 하나는 법적 안정성을 이유로 극단적으로 형벌법규를 개선입법 시점까지 잠정적으로 계속 적용하게 할 경우 그로 인해 피해자들의 형벌은 그대로 유지되어야 하는데, 이를 가능하게 할 법적 안정성이란 법익의 중요성은 과연 어느 정도이어야 하는가 하는 점이다. 결국 재심청구의 허용을 통한 확정력의 파괴는 구체적 사건에서의 정의를 구현하고자 함이다. 역시 법적 안정성과 정의를 어떻게 형량해서 조화를 이루게 하여 실질적 법치주의를 구현할 것인가가 과제라고 하겠다.

5. 법적 효과별 형벌법규 불합치결정의 부수적 쟁점의 검토

형벌법규에 대해 불합치결정을 선고하게 될 경우 앞서 지적한 문제점이 드러남은 물론이고, 각 유형별로 고유한 쟁점적 사항이 노정된다. 게다가 대법원이나 이른바 구별설의 시각에서 접근하게 되면, 논의영역은 대폭 늘어나게 된다. 그러므로 여기서는 대체적으로 예상되는 적용중지 불합치결정과 계속적용 불합치결정을 중심으로 검토하기로 한다.

가. 제1유형: 적용중지 불합치결정의 경우

1) 쟁점

이 유형은 비형벌법규의 적용중지 불합치결정에 대한 법적 효과를 형벌법규의 경우에 그대로 원용하는 방안이다. 즉 불합치 형벌법규의 적용절차를 중지하고 개선입법에 따라 처리하도록 하는 경우이다. 이 방안은 당해사건이나 이미 확정력발생사건(유죄확정판결)의 재심청구 허용여부에 대해서는 법적용절차를 중지시키고 개선입법된 결과에 따라 처리하도록 하는 것이다.

그런데 대법원은 2009. 1. 15. 실체적 형벌법규에 대해 그 법적 효과가 불합치법률의 적용중지와 개선입법에 따른 처리를 내용으로 하는 헌법불합치결정이 선고되었다 할지라도, 불합치법률의 적용이 배제됨과 아울러 개선입법도 행위시의 법률이 아니어서 개선입법을 적용하면 헌법 제12조 제1항과 제13조 제1항에 위배되므로 적용해서는 안 되고, 따라서 처벌법규가 없으므로 무죄라는 판결을 선고하였다.533) 그리고, 불합치법률의 적용금지와 개선입법의 소급적용에 있어 양자를 단절관계로 파악하는 구별설534)은 이러한 대법원의 태도를 뒷받침하고 있다.

그런가 하면, 그밖에도 이 유형에 따르게 될 경우 여러 가지 쟁점적인 사항들이 등장하게 된다. 그중에서도 결정 시점과 개선입법 시점 사이에 구체적인 법률관계를 형성할 법률적 근거도 없이 형성하라고 하였다가 사후적으로 개선입법으로 규율할 수밖에 없는 한계를 초래하는 문제에 대해서도 대안을 모색해야 한다.

그러면, 이상에 관해 단계적으로 검토한다.

2) 불합치 형벌법규의 적용중지와 개선입법의 소급적용

대법원과 구별설은 입법자에게 신속한 개선입법의무를 부과한 반면, 법적용자에게는 법적용절차를 중지하고 개선입법에 따라 처리하도록 한 적용중지 불합치결정에 관해 불합치법률의 적용중지와 개선입법의 소급적용문제로 환치시켜 접근한다. 또 형벌법규에 관해서는 비형벌법규와는 다른 논리체계를 전개하기도 한다.

가) 대법원 판결의 논지

대법원이 2004도7111판결에서 주장하고자 하는 바535)는 대체로 다섯 가지로

---

533) 대법 2009. 1. 15. 선고 2004도7111판결.
534) 이에 관한 상세한 내용은 김시철, 『사법』, 2009. 6, p.203.
535) 법원이 헌법 제107조 제1항 등에 근거하여 법률의 위헌여부의 심판제청을 하는 것은 그 전제가 된 당해사건에서 위헌으로 결정된 법률조항을 적용하지 않으려는 데에 그 목적이 있다는 점

정리할 수 있다.536) ① 헌법불합치결정은 위헌결정의 일종이다. ② 헌법불합치로 결정된 법률조항은 형사사건에서 처벌법규로 적용될 수 없다. ③ 이 사건 개정 법률은 행위시점 이후에 제정된 법률이다. ④ 개정법률에 근거해서 피고인을 처벌함은 죄형법정주의와 소급처벌금지의 원칙에 위반된다. ⑤ 따라서 이 사건에 적용될 처벌법규가 존재하지 않기 때문에 피고인은 무죄이다.

나) 이른바 구별설의 주장 내용

구별설은 비형벌법규에 대해 적용중지 불합치결정이 선고되면 그 의미는 불합치법률의 적용금지와 개선입법의 소급적용이라고 한다. 여기서 불합치법률의 적용금지는 위헌결정된 법률의 적용금지와 동일한 의미라고 하고, 개선입법을 소급적용할 것인지 여부와 그 범위는 입법자가 경과규정으로 규율할 사안이라고 한다. 그래서 법적용자인 법원이나 행정청은 입법자가 사후적으로 개선입법을 하면서 규율한 경과적인 조치에 근거해서 이미 형성된 법률관계를 규율하면 문제되지 않는다고 한다.

그런데 형벌법규에 대해 불합치결정이 이루어지면, 비형벌법규의 경우와 마찬

과 헌법재판소법 제45조, 제47조의 규정취지에 비추어볼 때, …… 헌법재판소의 헌법불합치결정은 당해사건인 이 사건에 적용되는 법률조항에 대한 위헌결정에 해당하는 것이다. 한편 구법 제19조는 당사자의 행위가 구법 제6조 제1항의 규정에 위반한 것을 구성요건으로 삼고 있으므로 구법 제6조 제1항 본문 제2호는 구법 제19조와 결합하여 형벌에 관한 법률조항을 이루는 것이라고 할 수 있는 바, 형벌에 관한 법률조항에 대하여 위헌결정이 선고되는 경우 그 법률조항의 효력이 소급하여 상실되고, 당해사건뿐만 아니라 위헌으로 선언된 형벌조항에 근거한 기존의 모든 유죄확정판결에 대해서까지 전면적으로 재심이 허용된다는 헌법재판소법 제47조 제2항 단서, 제3항의 규정에 비추어볼 때, 헌법불합치결정의 전면적인 소급효가 미치는 형사사건에서 법원은 헌법에 합치되지 않는다고 선언된 구법 제6조 제1항 본문 제2호를 더 이상 피고인에 대한 처벌법규로 적용할 수 없다. 또한 구법 제6조 제1항 본문 제2호에 대하여 헌법불합치결정이 선고된 이후에 2005. 3. 24. 법률 제7396호로 개정된 학교보건법 제6조 제1항 본문 제2호의2 등은 피고인이 공소사실 기재와 같은 행위를 한 다음에 입법화된 것이 분명하므로, 이미 헌법에 합치되지 않는다고 선언된 구법을 토대로 하여 개정된 법률조항을 소급적용하여 피고인을 처벌하는 것은 헌법 제12조 제1항 및 제13조 제1항의 명문규정에 위배되어 허용될 수 없는 것이다(헌법재판소 1989. 7. 14, 89헌가5 등 결정, 헌법재판소 1996. 2. 16. 선고 96헌가2 등 결정).
그렇다면 이 사건 공소사실은 이를 처벌할 법규가 존재하지 않아 피고사건이 죄가 되지 아니하는 경우에 해당하므로 형사소송법 제325조 전단에 의하여 피고인에게 무죄를 선고하여야 할 것이다.
536) 이에 관한 상세한 내용은 졸고, 『한양법학』 제20권 제2집, pp.329-355.

가지로 위헌결정된 법률의 적용금지와 동일하게 파악됨에 따라 불합치 형벌법규
는 적용금지가 됨과 아울러, 개선입법의 소급적용조차도 절대적으로 금지된다는
것이다. 사후적으로 범죄구성요건을 규정한 개선입법을 그 시행 이전에 종료한
피고인의 행위에 대한 처벌근거로 소급적용하는 것은 형벌불소급의 원칙에 정면
으로 위배되기 때문이라는 것이다.537) 그렇기 때문에 형벌법규에 대한 불합치결
정은 부인되어야 한다는 것이다.538)

다) 대법원 판결과 구별설에 관한 검토

먼저, 대법원 판결을 검토한다.

대법원이 이 사건 판결에서는 '불합치법률의 적용배제'라는 요소와 '개정법률
의 대체 적용'이라는 요소를 단절적으로 파악하고 있음을 보여준다. 불합치법률
의 적용절차를 중지하게 한 취지는 그 법률의 적용을 배제할 목적임이 분명하다.
대법원이 이와 같이 전개한 논리에 이의를 제기할 여지는 없다. 하지만, 개정법
률이 이 사건 공소사실 이후에 제정되었기 때문에 사후입법금지의 원칙에 위반
된다는 주장은 받아들이기 어렵다.

이에 대해서는 불합치법률의 적용절차를 중지하고 개선입법에 따른 처리를 법
적 효과로 하는 불합치결정의 본질적 징표를 검토함으로써 답변하고자 한다. 다
시 말해서 불합치결정의 취지에 따라 입법자가 개선입법한 그 법률을 행위시점
이후에 제정된 법률이라고 취급하면서 소급입법에 의한 처벌금지라는 헌법적 원
칙의 위반으로 파악함이 적절한가 하는 점이다.

이 사건 판결의 결정적인 오류는 불합치법률의 적용절차를 중지하고 개선입법
에 따라 처리하라는 취지를 무시하였다는 점이다. 즉, 불합치법률의 적용배제는
개선입법으로의 대체를 기본적인 전제로 함에도 이를 간과한 것이다.

불합치결정에 따라 개선입법이 이루어졌고, 그 개선입법으로 불합치법률을 대
체해서 적용하는 것은 헌법 제13조 제1항이 의도하는 바와 서로 배치되는 것이
아니다. 그리고 당해사건 등에의 불합치법률의 적용배제는 개선입법된 결과의 적

---

537) 김시철, 『사법』, 2009. 6, pp.208-209.
538) 김시철, 『사법』, 2009. 6, p.207.

용을 전제로 한 관념이다. 불합치법률의 적용절차를 중지하고 개선입법에 따른 처리라는 법적 효과를 법적용자에 대해, 그리고 보다 근본적으로는 위헌성을 해소시켜야 할 개선입법의무를 입법자에 대해, 각각 본질적인 징표로 하는 불합치결정은 헌법 제12조 제1항이나 제13조 제1항과는 서로 충돌하지 않는다. 이들 헌법조항이 말하고자 하는 바는 종래에는 없던 새로운 형벌법규를 제정하고 그 법률을 소급 적용하여 사후적으로 처벌하고자 함을 금지한다는 취지이다.539) 여기서 개선입법은 기존의 불합치법률보다 합헌적인 질서에 부합되는 내용을 담고 있음을 전제로 하며, 위헌성이 제거되어야 함을 전제로 해서 지향된 바다.540)

다음, 구별설의 주장에 대해 검토한다.

첫째, 불합치결정은 예외적인 상황에서 허용될 뿐이고, 그 실질적인 의미가 없다고 한다. 그러나 이는 불합치결정의 법적 효과를 위헌결정과 동일한 것으로 파악해서 접근함으로써 그런 결론에 도달한 것이다.

둘째, 사후적으로 범죄구성요건을 규정한 개선입법을 소급적용하는 것은 형벌불소급의 원칙에 정면 배치된다는 것이다. 그렇지만, 개선입법을 적용함에 있어 소급적으로 구성요건을 완화하거나 소급적으로 가중된 형벌을 완화한다면, 이는 형법 제1조 제2항과도 조화를 이룬다. 여하튼 불합치결정에서 개선입법에 따른 처리는 그를 통해 헌법적 불합치상태를 해소하고 합헌상태를 회복하도록 한 것이다.

셋째, 형벌조항은 피고인의 자유권을 제한하는 침해규범이기 때문에 입법자의 입법형성의 자유가 있다는 이유만으로 불합치결정을 하는 것은 적당치 않다는 것이다. 하지만, 형벌법규라 할지라도, 오히려 사후적으로 구성요건이나 형벌가중을 각각 완화함은 문제되지 않는다.

아무튼, 불합치결정을 함에 있어 형벌불소급의 원칙은 소급적인 범죄구성요건 제정의 금지와 소급적인 형벌가중의 엄격한 금지를 추구할 뿐이다. 이런 점을 감안하지 않고, 일률적으로 불합치결정이 개선입법의 소급적용을 추구한다는 이유만으로 부적절함을 주장함은 타당성을 결여한 것이다.

---

539) 종래에는 없었던 새로운 구성요건을 형성하거나, 법적 효과를 가중해서 규율하는 경우를 상정할 수 있겠다.

540) 이 경우 개선입법된 내용이 그 자체로 불완전하게 위헌성을 제거하였다면, 이는 별도로 위헌 여부 다툼의 대상이 된다고 할 것이다.

라) 정리

생각건대, 대법원은 이 사건 판결에서 상고를 기각할 것이 아니었고, 하급법원으로 파기 환송하였어야 했다. 그에 따라 하급법원은 개선입법된 구성요건에 해당하는 여부를 심리해서 개선입법에 따를 지라도 구성요건에 해당하면 그에 따른 벌칙조항의 적용을, 구성요건에 해당하지 아니하면 무죄를 선고하였어야 한다. 구체적으로 살펴보면, 이 사건 공소사실에 기재된 극장의 유형이 영화상영관 중 비상설상영장에 해당하는 경우에는 무죄가 되겠지만, 그렇지 아니한 경우 개선입법의 혜택을 향유할 수 없다고 할 것이다. 다시 말해서 불합치결정에 따른 개선입법에서 반영되지 아니하였으므로, 공소사실에 기초해서 그대로 유죄를 인정함이 타당하다고 본다.

3) 결정 시점과 개선입법 시점 사이의 경과적 규율 필요성

적용중지 불합치결정의 경우 불합치법률의 적용을 중지하고 개선입법에 따라 처리하도록 하는 법적 효과를 지향함에 있어 결정 시점과 개선입법 시점 사이의 시적 공간을 규율하는 문제가 등장한다. 이 결정의 법적 효과에 따르면, 이 시적 공간은 불합치법률의 적용이 중지됨은 물론이고, 아직 개선입법도 마련되지 아니한 상태에 놓이게 된다. 여기서 문제는 구체적 법률관계를 형성하지 않으면 안 될 상황에 놓여 있을 때, 이를 규율하는 법규범을 어떻게 드러내야 하는가 하는 점이다.541)

---

541) 여기서 제기하는 문제는 불합치법률의 제정 시점부터 불합치결정 시점까지의 시적 공간동안 발생할 법적 혼란을 해소하기 위해 불합치법률의 적용중지와 개선입법의 처리를 요구하였을 경우, 불합치결정 시점부터 개선입법 시점까지의 시적 공간 동안에도 마찬가지로 그렇게 요구함으로써 문제될 소지는 없는가 하는 점과, 문제가 된다면, 그 문제를 어떻게 해소해야 할 것인가 하는 점이다. 이 문제에 관해 헌법재판소도 이미 인식한 것이 아닌가 한다. 헌법재판소는 2008. 7. 31. 두 건의 헌법불합치결정을 선고한 바 있다. 두 건 모두 구법에 대해서는 불합치법률의 적용절차를 중지시킴과 아울러 개선입법에 따라 처리하도록 한 반면, 현행법에 대해서는 개선입법 시점까지 잠정적인 계속적용을 명하였다. 헌재 2008. 7. 31, 2005헌바90(1. 의료법 제19조의2 제2항은 헌법에 합치되지 아니한다. 법원 기타 국가기관 및 지방자치단체는 위 법률조항의 적용을 중지하여야 한다. 2. 의료법 제20조 제2항은 헌법에 합치되지 아니한다. 위 규정은 2009. 12. 31.을 시한으로 입법자가 개정할 때까지 계속 적용된다); 헌재 2008. 7. 31, 2007헌가4(1. 영화진흥법 제21조 제3항 제5호 및 제21조 제7항 후문 중 '제3항 제5호' 부분은 헌법에

불합치결정에 있어 법적용의 중지는 이미 공소사실이 확정된 경우에는 형사소추절차의 중지를 의미한다. 그에 반해 공소사실을 형성해야 하는 경우에는 달리 파악되어야 한다. 즉 구성요건조항에 대해 불합치로 결정하고 개선입법에 따라 처리하도록 하였을 경우 최소한 불합치결정 시점부터 개선입법 시점까지의 시적 공간에 대해서는 사후적으로 개선입법된 결과에 따라 구성요건에 해당하는 여부를 판단하게 된다는 점이다. 이 시적 공간동안 일반국민은 자신의 행위가 형벌법규의 구성요건의 틀 속에 해당되는 여부에 대해 판단자료를 지니지 못한다는 점이다. 이는 사후처벌금지원칙에 위반된다는 논란을 불러일으키게 된다. 즉, 결정 시점부터 개선입법 시점까지 불합치 형벌법규의 적용을 중지하도록 요구함542)은 새로운 법률관계의 형성 자체를 방치함을 의미한다. 그렇게 해놓고선 개선입법의 결과에 근거해서 구성요건에 포함되는 사항에 대해서는 사후적으로 형사적인 제재를 가할 수도 있다는 것이다. 이는 개선입법에 따른 처리를 주장하는 논리의 가장 큰 약점이다. 그럴 경우 헌법 제12조 제1항 및 제13조 제1항에 위배된다는 지적을 피할 길이 없다.

이에 관해서는 헌법재판소가 헌법 제12조 제1항과 제13조 제1항에 관해 명료하게 제시한 의미543)를 답변으로 갈음하기로 한다.

"헌법 제12조 제1항과 제13조 제1항의 근본 뜻은 형벌법규는 허용된 행위와 금지된 행위의 경계를 명확히 설정하여 어떠한 행위가 금지되어 있고, 그에 위반한 경우 어떠한 형벌이 정해져 있는가를 미리 개인에 알려 자신의 행위를 그에 맞출 수 있도록 하자는데 있다. 이로써 위 헌법조항은 실체적 형사법 영역에서의 어떠한 소급효력도 금지하고 있고, '범죄를 구성하지 않는 행위'라고 표현함으로써 절대적 소급효금지의 대상은 '범죄구성요건'과 관련되는 것임을 밝히고 있다. …… 헌법이 위 조항에서 비록 범죄구성요건만을 언급하고 있으나, 책임 없는 형벌을 금하고 행위의 불법과 행위자의 책임은 형벌과 적정한 비례관계를 유지하여야 한다는 적법절차의 원칙과 법치주의원칙에서 파생되는 책임원칙에 따라 범죄구성

합치되지 아니한다. 법원 기타 국가기관 및 지방자치단체는 위 법률조항의 적용을 중지하여야 한다. 2. '영화 및 비디오물 진흥에 관한 법률' 제29조 제2항 제5호는 헌법에 합치되지 아니한다. 위 법률조항은 2009. 12. 31.을 시한으로 입법자가 개정할 때까지 계속 적용한다).

542) 이에 대해 부정적인 견해로는 황도수, 헌법실무연구회 제36회 발표회 발표논문, p.25.

543) 헌재 1996. 2. 16, 96헌가2, 『헌판집』 8-1, 51, 82.

요건과 형벌은 불가분의 내적인 연관관계에 있기 때문에, 결국 죄형법정주의는 이 두 가지 요소로 구성되는 '가벌성'을 그 내용으로 하고 있는 것이다. 즉 가벌성의 조건을 사후적으로 변경할 것을 요구하는 공익의 요청도 개인의 신뢰보호와 법적 안정성에 우선할 수 없다는 것을 명백히 규정함으로써, 위 헌법조항은 소급적인 범죄구성요건의 제정과 소급적인 형벌의 가중을 엄격히 금하고 있다."

헌법재판소가 제시한 취지를 살펴보면, 새로운 범죄구성요건의 소급적 제정과 형벌의 소급적 가중을 엄격히 금하는 것이 죄형법정주의의 내용임을 밝히고 있다. 다시 말해서 범죄구성요건이 소급적으로 축소되거나 형벌을 소급적으로 완화시키는 것을 죄형법정주의가 금하는 바는 아니며, 헌법재판소가 적용중지 불합치 결정을 하면서 개선입법에 따라 처리하도록 함도 이와 같은 구조의 틀을 벗어나지 않는 한, 문제되지 않는다. 따라서 '과거에 이미 행한 범죄에 대하여 적용하도록 하는 법률이라 하더라도', 소추가능성이나 가벌성을 완화하거나 형벌가중의 정도를 완화시킨다면, 그런 법률에 관해 소급적용이라는 '사유만으로 헌법 제12조 제1항 및 제13조 제1항에 규정한 죄형법정주의의 파생원칙인 형벌불소급의 원칙에 언제나 위배되는 것으로 단정할 수는 없다'고 하겠다.

하지만, 그렇다고 여기서 논의하고자 하는 바가 모두 매듭지어진 것은 아니다. 논의대상인 시적 공간에 있어 '허용된 행위와 금지된 행위의 경계'가 명확히 설정됨으로써 '어떠한 행위가 금지되어 있고, 그에 위반한 경우 어떠한 형벌이 정해져 있는가를 미리 개인에 알려 자신의 행위를 그에 맞출 수 있도록' 하여야 함에도 그럴 수 없는 상황이 초래된다는 점이다.

이에 관해, 불합치법률이 형식적으로 존속하므로 그 불합치법률이 이 시적 공간을 규율하는 것으로 보아야 한다는 시각도 있다. 이는 적절치 않다. 왜냐하면 그럴 경우 이는 형식적 존속이 아니고 실질적 존속에 해당할 것이기 때문이다.

또 형벌법규에 대한 불합치결정에서 이 시적 공간을 문제 삼는다면, 조세법률주의에 있어서도 마찬가지의 문제가 제기됨을 지적한다. 조세법률주의와 관련해서 불합치결정이 이루어지게 된다면, 그 개선입법은 대체로 불합치법률보다는 완화된 조세법상 구성요건의 규율을 예정한다. 물론 확정되는 시점은 개선입법 시점 이후이다. 구성요건의 소급적용은 불합치법률의 적용중지와 개선입법에 의한 처리를 요청하였으므로 가능하게 된다. 분명 과세처분을 받을 국민의 입장에서는 그 시적 공간 동안 불명확한 상태가 초래되긴 하지만, 형벌법규만큼 '허용된 행위와 금지된 행위의 경계'가 명확히 설정될 것을 과세요건에서는 요구하지 않는다. 즉, 명확성이나 예측가능성을 조세법규가 형벌법규만큼 강하게 요구하거나 헌법적으로 강요하지는 않는다.

이 시적 공간의 처리에 관해서는 적용중지 불합치결정의 대상이 된 법률이 지닌 규율소재나 특성 등을 감안해서 다양한 형태로 규율할 수 있도록 헌법재판소에 열어놓는 방안이 바람직할 것이다. 다시 말해서 불합치결정을 하면서 이 시적 공간에 대해 특별히 규율할 필요성이 있을 경우 이를 결정주문에 명시적으로 밝히도록 하는 것이다. 결정 시점 이전에는 개선입법에 따라 처리하는 반면, 결정 시점 이후에 형성될 법률관계에 대해서는 잠정적인 경과조치를 통해 대안을 모색하도록 하는 것이다.[544] 그래서 사안의 속성별로 잠정적인 계속적용과 유사한 경우의 경과적 규율을 허용하기도 하는 등 다양한 방식으로 대처하게 하는 것이다.

그러면, 헌법재판소가 경과조치를 발할 수 있는가의 문제를 새롭게 다루어야 한다. 이에 관해서는 독일의 사례를 비교법적인 시각에서 소개한다.

독일연방헌법재판소는 제1차 낙태판결[545]에서 '개정법률이 헌법적 가치에 내재하는 특별한 이유에 근거하지 않는 한, 12주까지 낙태에 대한 형사처벌을 배제한 형법 제218조의a는 위헌이고 따라서 무효'라고 함과 아울러 경과조치를 발하였다.[546] 이러한 경과조치는 독일연헌재법 제32조의 가처분이나 같은 법 제34조에 따른 집행명령으로 볼 수는 없다는 것이다.[547] 오히려 경과조치는 연헌재의 재판을 준수함으로써 발생하게 되는 부담적인 법적 효과를 극복하기 위한 수단으로 보아야 한다. 그런 점에서 헌법재판소가 비상입법자로 기능함은 부인할 수

---

544) 동지: 황도수, 헌법실무연구회 제36회 발표회 발표논문, p.25.
545) Vgl. BVerfGE 39, 1, 41(제1차 낙태판결에서는 형법 제218조의a에 대해 연헌재는 연헌재법 제32조에 의거해서 가처분을 발하였고, 곧이어 심판대상인 법률을 무효로 결정함과 아울러 형법 제218조의a에 대해 연헌재법 제35조에 의한 집행조치로 경과조치를 재차 발하였다. 이는 결국 낙태를 연헌재의 재판시점으로부터 입법자가 새로운 규율을 발할 때까지 연헌재의 경과조치에 의해 처벌할 수 있었음을 의미한다. 그리고 연헌재는 태아생명에 대한 기본권적 보호와 임신부의 자결권 사이를 형량함에 있어 단순 무효선언이나 구법의 전면적인 계속적용 양자 모두 헌법에 부합하지 않는 상태로 보았다. 그래서 연헌재는 개정법률에 대한 무효선언과 독자적인 경과조치의 명령을 결합시키게 된 것이다). 이에 관한 상세한 내용은 정태호 역, 『독일헌법재판론』, p.405. 이하.
546) 이러한 경과조치는 제2차 낙태판결(1993)에서도 폭넓게 나타났다. Vgl. BVerfGE 88, 203.
547) 정태호 역, 『독일헌법재판론』, p.406. 이하.

없다. 하지만 이는 '입법자의 구상을 가능한 한 최소한으로 침범하면서 관철하기 위한 노력의 일환'으로 보아야 한다. 또한 경과조치는 헌법불합치결정에서도 그 성격상 불가피한 규율로서 필요성이 인정된다고 할 것이다.548)

이러한 경과조치에 의해 헌법재판소가 입법자에게 미리 개선입법의 내용을 예고하는 결과가 초래된다는 지적도 가능할 것이다. 하지만, 이는 헌법재판소의 위헌결정이나 불합치결정이 지닌 법적 효과로 인해 발생하게 되는 부작용을 최소화하는 장치라는 점에서 그 의미를 찾아야 한다. 그리고 경과조치는 법적용자에 대해서만 효력을 미치는 것이지 입법자에게 준수의무를 부과한 취지로 보아서는 안 된다.

아무튼, 헌법불합치결정 자체는 물론이고, 여기서 논의하는 경과조치조차 명시적인 법적 근거가 없음은 분명하다. 하지만, 그를 이유로 불가능하다는 시각에서만 접근할 것이 아니고, 그 필요성 때문에 형성한다는 시각에서, 즉 법적 안정성 내지 법적 평화를 확보한다는 차원에서 접근한다면, 그 유용성은 매우 큰 것으로 보인다.

4) 개선입법 이후의 조치

가) 당해사건 등과 확정력발생사건

당해사건 등에 대해서는 개선입법된 결과에 따라 권리구제를 받을 수 있는 여부가 정해지게 된다.549) 즉, 개선입법에 따른 편익에 참여할 기회를 제공할 뿐이지, 반드시 개선입법으로 인해 구제대상에 포함되어야 할 당위성이 인정되는 것은 아니다.

여기서 핵심은 불합치법률이 적용되지 아니하고 개선입법이 대체한다는 점이다. 바로 그 개선입법이 불합치법률이 규율하던 구성요건이나 형벌의 정도를 어

---

548) 정태호 역,『독일헌법재판론』, p.368. 물론 이 문헌에서 소개된 내용은 불합치법률의 잠정적인 계속적용을 의도하는 것이긴 하다. 하지만, 그 취지는 '독자적인 결정에 입각한 경과조치'를 발할 수 있다는 점에 주목해야 할 것이다.
549) 이는 형벌법규에 대해서만 독특하게 요구하는 것이 아니고, 비형벌법규에도 동일한 접근자세를 취하는 바다.

떻게 규율하였는지에 따라 다르게 파악되어야 한다. 그래서 각각의 사건별로 개선입법이 규율한 구성요건에 해당하면 그대로 형사제재가 가해질 것이고, 해당하지 않으면 제재를 면하게 될 것이다.

다음, 확정력발생사건, 즉 유죄의 확정판결 역시 개선입법된 내용에 따라 재심청구의 허용여부를 정하게 한다. 원래 재심은 확정력의 파괴를 의미하지만, 개선입법된 내용에 따라 처리하도록 함으로써 법적 안정성의 훼손을 최소화할 수 있게 된다. 게다가 사후적으로 형벌의 얼룩을 지워줄 수 있는 편익을 지니게 된다.550) 하지만, 어쨌든 결과적으로 확정력의 파괴를 완화시킬 수는 있겠지만, 재심개시절차는 단순위헌결정과 별다른 차이가 없이 진행될 것이다. 다시 말해서 법원에의 업무경감을 기대하기는 어려울 것이다.

따라서 헌법재판소의 불합치결정취지와 개선입법 결과를 총괄적으로 고려해서 유죄의 확정판결에 대해 재심청구의 허용여부가 판단되어야 한다. 이는 당해사건 등이 권리구제의 대상에 포함되는 문제와 동일한 차원에서 접근해야 할 것이다.

나) 개선입법과 경과조치의 내용상 편차에 관해

불합치결정 시점부터 개선입법 시점 사이의 시적 공간을 잠정적으로 규율하기 위해 헌법재판소가 경과조치를 발할 수 있음은 전술한 바와 같다. 그런데, 개선입법의 내용과 경과조치의 내용이 서로 편차가 발생하는 문제가 등장하게 된다. 이 문제는 헌법재판소의 경과조치에 따라야 하는지, 아니면 개선입법에 따라야 하는지를 제기하게 된다. 이는 형법 제1조 제2항, 즉 죄형법정주의원칙의 적용문제이기도 하다.

먼저, 경과조치의 내용이 개선입법보다 엄격하게 규율된 경우이다. 이럴 경우에는 피고인에게 유리하게 적용해야 한다는 원칙에 따라 개선입법의 소급적용을 용인해야 할 것으로 본다. 하지만, 경과조치의 내용이 개선입법보다 온건한 경우이다. 이때에는 그 과도기에 법률관계를 형성한 경우에 대해서는 경과조치에 따라 처리하도록 해야 할 것이다.

---

550) 이런 점은 형법 제1조 제3항(재판확정 후 법률의 변경에 의하여 그 행위가 범죄를 구성하지 아니하는 때에는 형의 집행을 면제한다)과도 조화를 이룬다고 본다.

다) 개선입법이 이루어지지 아니한 경우

필자는 기본적으로 개선입법촉구와 관련해서 명시적인 기한설정이 바람직한 것이 아님을 지적한 바 있다. 또 개선입법이 해태되고 있는 경우 국가에 대한 입법상 불법책임을 묻는 방향으로의 접근을 제시한 바 있다.[551]

그러나 견해에 따라서는 명시적인 개선입법 시한이 도과되었음에도 개선입법이 이루어지지 않았다면, 또는 개선입법시한이 명시되지 않았을지라도 상당한 시일이 도과되었음에도 이루어지지 않았다면, 그런 경우에는 불합치법률의 효력이 상실된 것으로 보아야 한다고 한다. 이에 따를 경우, 이는 사실상 단순 위헌으로 결정한 바와 동일한 상태가 조성되는 것이다.[552] 여기서 그 의미를 파악하면, 형벌법규에 대해 위헌결정이 이루어진 것과 동등하게 된다는 것이다.

나. 제2유형: 계속적용 불합치결정의 경우

1) 쟁점

제2유형은 비형벌법규의 계속적용 불합치결정에 대한 법적 효과를 형벌법규의 경우에 그대로 원용하는 방안이다. 즉 불합치 형벌법규를 개선입법 시점까지 잠정적으로 계속 적용하도록 하는 방안이다. 이 유형은 이와 같은 법적 효과를 지향함으로써 당해사건이 권리구제의 대상에 포함되지 아니함은 물론이고, 사실상 소급효와 장래효까지도 포기하지만, 장래의 개선입법에 따라 새로운 법률관계의 형성을 도모하도록 과거와 단절시켜주는 방안이다.

이 방안은 불합치법률의 제정 시점부터 개선입법 시점까지의 시적 공간 동안 발생할 법적 혼란이나 중대한 법적 공백상태의 초래를 방지할 의도를 전제로 한다. 이는 법적 안정성을 위해 구체적 사건에서의 정의를 전면적으로 포기한 것이다. 비형벌법규에 대한 경우보다 더욱 극심한 결과를 초래하게 된다.[553] 그렇기

---

551) 이에 관해서는 졸고, 박사학위논문, p.150. pp.304-305.
552) 여기서 제기되는 의문은, 그렇다고 한다면, 적용중지 불합치로 결정된 형벌법규가 단순위헌으로 결정이 가능한 상태에 있었음을 의미하는 것이라고 할 수 있는데, 구태여 그런 경우 불합치로 결정할 이유가 없었다고 하겠다.

때문에 이런 점을 합리화할 만큼 중대한 법적 안정성에 있어서의 편익이 존재하지 않으면 안 된다.

그러면, 여기서는 법적용자들, 즉 법원과 행정청이 각 시적 공간별로 조치해야 할 쟁점적인 사항들에 대해 검토한다. 그리고 이 유형에서도 결정적으로 중요한 쟁점이 등장한다. 즉, 실제로 개선입법이 이루어진 다음, 개선입법과 계속 적용된 불합치 형벌법규가 경합되는 경우를 상정할 수 있겠다.

2) 불합치결정 시점부터 개선입법 시점까지의 조치

가) 구체적인 법률관계를 형성해야 하는 경우

계속적용 불합치결정이 이루어지면, 결정 시점부터 개선입법 시점까지의 시적 공간동안에는 불합치법률이 계속 적용된다. 이러한 결정이 이루어지는 요인은 이 시적 공간동안 법적 공백상태의 발생을 방지하고자 함이다. 여하튼 법적용자인 경찰이나 검찰은 불합치법률이 규율한 구성요건이나 형벌을 그대로 적용하지 않으면 안 된다.

그런데, 문제는 개선입법이 이루어지게 되면, 그 개선입법이 규율한 구성요건이나 형벌은 불합치법률의 그것보다 완화됨이 전제된다는 점이다. 그래서 경우에 따라서는 무죄에 해당하는 구성요건을 적용해서 처벌받게 하였다는 비판을 사후적으로 면할 수 없게 된다.

나) 당해사건 등에 대한 불합치법률의 계속적용

계속적용 불합치결정은 기본적으로 결정 시점 이전에 형성된 법률관계에 대해서는 물론이고, 결정 시점 이후 개선입법 시점 이전까지의 시적 공간 동안에도 불합치법률의 계속적용을 전제로 한다. 냉정하게 보면, 불합치결정을 하게 된 원

---

553) 게다가 본질적인 문제제기에 해당하는 것으로 헌재법 제47조 제2항 단서는 위헌결정의 경우 소급적인 효력상실임에도, 불합치결정되었음을 이유로 불합치 형벌법규를 잠정적으로 계속적용 하게 함은 물론이고 결정 시점 이후에서야 개선입법이 이루어지는데, 이를 그때까지 요구함은 지나치게 불합리하다는 점이다.

인과 여기서 논의하는 당해사건 등은 아무런 직접적인 연관성이 없다. 계속적용이라는 의미는 당해사건, 동종사건, 병행사건 및 일반사건이 모두 권리구제의 대상에서 배제됨을 말하는 것이다. 사건담당법원은 이러한 결정취지에 따라 이들 사건에 대해 재판절차를 정상적으로 진행해야 한다. 이들 사건에서 재판이 확정된다 할지라도, 이는 계속적용 불합치결정이 의도한 법적 효과라 할 것이다.[554)

다) 확정력발생사건

계속적용 불합치결정이 선고되면, 그 법적 효과는 불합치법률의 계속적용이므로, 당연히 확정력발생사건, 즉 유죄의 확정판결은 재심청구의 대상이 되지 아니한다.

3) 개선입법 이후의 조치

가) 개선입법 시점까지 아직 확정되지 아니한 경우

① 문제의 소재

계속적용 불합치결정이 이루어지면 불합치법률은 제정 시점부터 결정 시점 사이는 물론이고, 결정 시점부터 개선입법 시점 사이에 형성된 법률관계에도 그대로 계속 적용된다. 그 이유는 위헌성이 내재된 불합치법률을 적용하는 것이 단순위헌으로 결정함으로써 그 법률의 적용을 배제하거나 재심청구를 허용하는 것보다 덜 위헌적인 상황을 초래할 것으로 보기 때문이다. 게다가 법적 공백상태의 발생도 방지하게 된다. 이러한 불합치 형벌법규의 운명은 개선입법 시점 직전까

---

554) 혹시 견해에 따라서는 불합치법률이 결정 시점부터 개선입법 시점사이의 시적 공간을 규율하였고, 개선입법이 이루어지면, 개선입법 시점 이후에는 당연히 개선입법이 규율되어야 하지만, 사정에 따라서는 개선입법이 개선입법 시점 이전의 시적 공간에 대해서도 규율할 수 있다고 주장할지 모르지만, 이는 전혀 적절치 않다. 이는 후술하는 바와 같이 형법 제1조 제2항이 규율하는 죄형법정주의원칙으로 인해 초래되는 실체적 형벌법규에 대해서만 나타나는 특이한 현상일 따름이다.

지이다. 그 이후에는 개선입법이 규율하게 된다.

그런데 이와 관련해서 몇 가지 현행법 조항이 관련되어 문제를 야기한다. 즉 형법 제1조 제2항은 '범죄 후 법률의 변경에 의하여 그 행위가 범죄를 구성하지 아니하거나 형이 구법보다 경한 때에는 신법에 의한다'고 하고 있으며, 같은 조 제3항은 '재판확정 후 법률의 변경에 의하여 그 행위가 범죄를 구성하지 아니하는 때에는 형의 집행을 면제한다'고 규정하고 있다. 그리고 형사소송법 제326조 제4호는 범죄 후의 법령개폐로 형이 폐지되었을 때에는 판결로써 면소의 선고를 하여야 한다고 한다.

불합치법률이 적용된 ① 당해사건 등이나 ② 결정 시점부터 개선입법 시점 사이의 시적 공간동안 구체적인 법률관계가 형성된 사건이 개선입법 시점 당시 아직 확정되지 아니하였을 경우가 위 조항들과 관련해서 문제된다. 문제된 내용은 두 가지 형태로 정리할 수 있다.

② 불합치법률과 개선입법의 경합에 따른 개선입법의 소급적용

계속적용 불합치로 결정되면, 개선입법 시점 이전까지는 불합치법률이 당해사건 등은 물론이고 결정 시점부터 개선입법 시점 사이의 시적 공간동안 구체적인 법률관계가 형성된 사건에도 계속 적용되어야 한다. 그런데, 개선입법 시점 이전에 법률관계가 확정되지 아니하면, 불합치법률과 개선입법은 경합될 수밖에 없게 된다.

즉, 행위시법의 원칙과 불합치결정의 취지에 따라 불합치법률이 개선입법 시점 이후에도 그 시점 이전에 형성된 사건에 대해서는 계속 적용되어야 한다. 그런데, 불합치결정의 취지에 따라 개선입법이 이루어지고, 그 개선입법은 불합치법률보다 구성요건을 완화하거나 형벌을 완화하는 내용을 담고 있을 것이다. 그 개선입법은 죄형법정주의원칙을 규율한 형법 제1조 제2항에 근거해서 종래 불합치법률이 규율하던 당해사건 등에서 불합치법률과 우선적용 여부를 경합하게 된다.

이때, 법원은 헌재법 제47조 제1항에 근거한 불합치결정의 취지에 따라야 하므로 불합치법률을 적용해야 할 것이다. 하지만, 구성요건이나 형벌이 완화된 개선입법을 적용할 경우 무죄가 되거나 형이 가벼워지게 될 피고인들은 적극적으로 개선입법의 적용을 요구할 것이다. 그때 법원은 결국에는 개선입법으로 불합치법률을 대체할 것이다.

③ 개선입법 시점까지 司法節次의 진행장애 현상발생

당해사건 등이나 결정 시점부터 개선입법 시점 사이에 구체적인 법률관계가 형성된 사건에 대해 불합치법률을 적용하는 사법절차가 지체되는 현상이 발생하게 될 것이다. 앞서 언급한 바와 같이 불합치법률보다는 개선입법이 위 사건들의 피고인들에게 유리할 것이다. 그럼에 따라 이들 사건의 피고인들은 가능한 한 개선입법 시점 이후에 재판이 확정되도록 함으로써 개선입법에 따른 편익에 참여하려 할 것이다.

그렇지 않고, 개선입법 시점 이전에 확정력이 발생하게 되면, 형법 제1조 제3항의 적용을 받아 '그 행위가 범죄를 구성하지 아니하는 때에' 한해서 형의 집행이 면제될 뿐이다. 그에 비해 개선입법 시점 당시까지 확정되지 않게 되면, 형법 제1조 제2항의 적용을 받을 수 있게 될 것이다. 그 편차는 첫째, 개선입법으로 인해 그 행위가 범죄를 구성하지 아니하는 경우 전자는 형의 집행면제에 그치지만, 후자의 경우 무죄이다. 둘째는 후자의 경우 형이 가벼우면 개선입법을 적용받을 수 있게 되지만, 전자는 아무런 편익에도 참여할 수 없게 된다. 이상과 같은 편익 상 편차가 있다는 점 때문에 이들 사건의 피고인들은 법원이 아무리 헌법재판소의 불합치결정 취지를 존중하고자 신속하게 재판을 진행하려 한다 할지라도, 이를 받아들이지 아니하고 가능한 한 개선입법 시점까지 재판절차를 천연시키고자 할 것이다.

이는 실질적 법치주의에 어긋나게 사법절차의 중대한 지체 현상으로 작용하게 될 것이다.

④ 문제의 정리

원래 불합치법률의 잠정적인 계속적용을 명하는 취지는 불합치결정 시점부터 개선입법 시점까지의 시적 공간 동안 법적 공백상태의 초래를 방지하는 것이다.

헌법재판소가 계속적용 불합치결정을 선고함으로써 불합치결정 시점부터 개선입법 시점까지의 시적 공간을 법적 공백이 없도록 하는데 성공하였다 할지는 모르지만, 실제로는 갈등을 뒤로 미루어놓은 것에 지나지 않는다. 불합치법률은 분명 위헌성이 내재되어 있지만, 단순위헌으로 결정할 경우에 초래될 부작용을 해소할 목적으로 위헌선언이 자제된 법률이다. 그런 법률에 의거해서 불합치결정 시점까지의 시적 공간동안 형성된 법률관계를 그대로 방치함도 문제가 적지 않음은 물론이고, 결정 시점부터 개선입법 시점까지에 형성된 법률관계에 대해서도 불합치법률을 계속 적용하도록 하지만, 그리함으로써 개선입법 시점 이후에는 앞서 언급한 바와 같이 개선입법과 불합치법률의 경합관계가 등장하게 된다. 또 그렇게 되는 과정에서 피고인은 법률관계가 확정되는 것을 개선입법의 시행시점까지 최대한 천연시키려 할 것이다.

아무튼 정리하면, 개선입법은 분명 불합치 형벌법규보다 완화된 구성요건이나 완화된 형벌을 규율할 것이다. 이는 계속적용 불합치결정에 나타난 결정취지이다. 그렇다고 한다면, 불합치 형벌법규를 잠정적으로 계속 적용받아야 할 국민의 시각에서는 합리적 선택을 의도함은 필연이다. 이로 인해 초래되는 형사소추절차상의 부담도 고려해야 할 것이다. 실체적 형벌법규에 대해 계속적용 불합치결정을 선고하게 되면, 이로 인해 공식적인 사법절차의 진행이 왜곡됨은 물론이고, 헌법재판소는 스스로 자신의 결정을 부인하도록 하는 자기부정의 결과를 초래함과 아울러 구조적 모순을 불러일으킨다고 하겠다.

나) 개선입법 시점 당시 이미 확정된 경우

여기에는 불합치결정 당시 이미 확정력을 발생한 경우, 즉 유죄의 확정판결뿐만 아니라 결정 시점 이후 개선입법 시점 이전에 확정된 경우가 해당한다.

먼저, 전자에 관해 살펴본다. 계속적용 불합치결정은 불합치법률의 제정 시점부터 개선입법 시점까지 불합치 형벌법규의 잠정적인 계속 적용을 의도한다. 그런데 재심청구라 함은 확정력파괴를 전제로 한다. 서로 배치되는 의미를 지닌다. 유죄의 확정판결(확정력발생사건)도 여기에 정한 시적 공간에 포함된다. 그런 점에서 논의의 실익이 없다고 하겠다. 다만, 불합치법률에 근거한 확정판결에 대해 개선입법 이후 재심을 청구하였을 때, 허용하는 여부가 쟁점으로 등장할 여지도 있다. 하지만, 이를 받아들이게 되면, 소급효방지라는 계속적용 불합치결정의 취지에 본질적으로 상충된다고 하겠다.

다음, 후자에 관해 살펴본다. 개선입법 시점 이전에 법률관계가 확정되었다면, 다시 말해서 유죄판결이 확정되었다면, 개선입법 시점 이후 이를 번복시키려는 다양한 형태의 시도가 있을 것으로 본다. 분명 개선입법은 불합치결정의 취지에 따르기 위해서는 구성요건을 완화하는 형태로 나타날 것이기 때문이다.555) 그렇지만, 앞서 지적한 바와 같이 형법 제1조 제3항이 적용될 뿐이다. 즉, '재판확정 후 법률의 변경에 의하여 그 행위가 범죄를 구성하지 아니하는 때에는 형의 집행을 면제한다'는 것이다.

4) 기타 부수적 쟁점

가) 당해사건 등의 권리구제에 포함여부

계속적용 불합치결정은 법적 공백상태의 발생을 방지할 목적으로 법적용자로 하여금 개선입법 시점까지 불합치 형벌법규의 잠정적인 계속 적용을 의도한다. 이는 달리 표현하면 당해사건은 물론이고 유사사건 및 유죄의 확정판결 등이 모두 권리구제의 대상에서 배제됨을 의미한다.

그런데, 견해에 따라서는 불합치결정의 계기를 제공한 당해사건에 대해서만큼은 개시자혜택을 주어야 한다고 주장할 여지도 있다. 그래야 구체적 규범통제와 조화된다는 것이다. 하지만 그럴 경우 유사사건과의 형평성 문제를 초래하게 되고 그로 인해 순환론에 빠지게 될 수도 있다.

계속적용 불합치결정과 입법촉구결정과 차이점이 없는 것이 아닌지도 문제된다. 여기서 차이점은 입법자에게 미치는 불합치결정의 법적 효과이다. 전자는 입법자

---

555) 그런데, 이 문제는 사실 단정적으로 말하기는 조심스러운 점이 없지 않다. 즉, 구성요건에 대해 입법내용상 잘못으로 또는 형벌조항에 대해 평등원칙위반이나 과잉금지원칙위반으로 불합치결정이 이루어진다면, 그런 경우에는 여기서 분석하는 대상에 포함될 수 있을 것이다. 하지만, 명확성원칙이나 포괄위임금지원칙의 위반으로 불합치결정된 경우, 그런 경우는 입법형식의 잘못이라 할 수 있는데, 이런 때에는 개선입법의 편익에 참여할 수 없을 것이다.

에게 개선입법의무를 부과한 반면에, 후자는 개선입법을 단순히 권고 내지 촉구함
에 지나지 않는다. 기속력상 차이가 중요한 것이다. 하지만 법적용자인 법원이나
행정청에 대해서는 후자는 합헌결정임에 따라 그에 따른 법적 효과가 미치는 것이
고, 전자는 법적용자에게 개선입법 시점까지 불합치법률을 잠정적으로 계속 적용
하도록 한 것이다. 따라서 심판대상인 법률의 제정 시점부터 개선입법 시점까지
시적 공간동안 법적 효과 면에서 양자는 아무런 차이도 없다고 할 것이다.

　　나) 개선입법이 기한내 이루지지 아니한 경우

　　계속적용 불합치결정을 하면서 입법자로 하여금 신속한 개선입법을 촉구하였
음에도 개선입법이 입법시한 내에 이루어지지 않았을 경우 불합치 형벌법규의
운명이 문제된다. 이 불합치결정의 취지가 법적 공백상태의 발생방지이므로 불합
치 형벌법규가 그대로 존속해야 한다는 견해가 있을 수 있다. 또 그 입법시한이
도과되거나 시한이 명시되지 아니하였을 경우 상당한 기한이 도과되면 불합치
형벌법규의 효력이 상실된다는 견해도 가능하다.
　　여기서 전자에 따르면, 불합치 형벌법규가 잠정적으로 계속 적용될 것이다. 하
지만, 후자에 따르면, 불합치 형벌법규가 효력을 상실함으로써 위헌결정된 바와
동일하게 취급되어야 할 것이다.

　　5) 정리

　　이 유형에 있어 불합치 형벌법규의 계속적용이라는 지향점은 구체적 사건에서
의 정의와는 절대적인 부조화를 이룬다는 점이다. 여기서 본질적인 사항은 구체
적 사건에서의 정의를 지나치게 훼손하면서 법적 안정성을 추구한다는 점이다.
실제로 그럴 만큼 절대적인 가치로서의 법적 안정성이 존재하는지 의문이다.

6. 형벌법규에 있어 다른 변형결정과의 역할 배분 가능성 검토

　　한정결정은 해석기준을 정해서 심판대상의 위헌성을 논증하는 결정형식이다.

그래서 실무관행상 입법자에 대한 효과는 그리 크지 않다. 즉 종래 이루어진 입법에 대해 해석기준을 정해서 합헌부분과 위헌부분을 분별하는 것이므로, 이와 관련해서 별다른 입법자의 역할이 필요한 것은 아니다.556)

법적용자인 법원이나 행정청에게도 구성요건이 합헌해석부분에 있으면 합헌으로, 위헌해석부분에 놓여 있으면 위헌으로 파악해서 법을 해석·적용하면 된다. 그런데, 대법원을 비롯한 각급 법원은 법률해석권의 침해를 이유로 한정결정을 백안시한다. 법률의 해석·적용권은 배타적이고 전속적인 사법권의 내용에 해당되고, 법률해석권을 헌법재판소가 한정위헌결정을 통해 제약을 가하면, 이는 헌법 제101조 제1항과 제103조를 위반한 것으로 위헌이라고 한다.557)

필자가 여기서 주장하고자 하는 바는 한정결정을 종래 사법부가 권위주의적인 정권의 유지에 동원되던 과정에서 행한 각종 형사판결에 대해 재심청구를 받아들여 그 피해자들에게 재심의 기회를 제공하는 도구로 적극 활용하자는 것이다. 사법부가 아무런 계기도 없이 스스로 종래 행하였던 각종 형사판결에 대해 재심청구를 허용함은 무척이나 어려운 일일 것이다. 그러나 헌법재판소에서의 한정위헌결정이나 한정합헌결정을 계기로 삼아 과거에 대한 반성적 차원의 일환으로 재심청구를 받아들여 실질적으로 재심사하여 피해자들을 형벌의 얼룩에서 벗어나게 해줌이 바람직할 것이다.558)

분명 강조하지만, 신체의 자유가 재산권보장보다 입법자의 입법형성의 폭이나 그 여지를 훨씬 엄격하게 적용하도록 요구한다는 점이다. 다시 말해서 기본권으로서의 보장 정도가 훨씬 강화되어야 함을 의미한다. 그럼에도 지난 20년간 우리 헌법재판소의 결정실제를 총괄적으로 분석해보면, 그렇다고, 그렇게 하였다는 평가가 나오긴 대단히 어렵다. 아무튼 형벌법규에 대한 한정결정에 의거해서 법원이 재심청구를 허용한다면, 피해자들의 권리구제에는 크게 기여할 것이다.

---

556) 물론 이와 같이 해석기준을 정해서 위헌여부를 판단하는 것이 입법자의 입법형성권 침해라는 주장이 제기되긴 하지만, 한정결정이 이루어졌다고 해서 기존의 입법내용을 수정해야 할 개선 입법의무가 발생하는 것은 아니다.
557) 이런 주장의 타당여부를 더 이상 논의의 대상으로 삼고 싶지 않다. 그래서 구구하게 각주처리의 대상에서도 제외하기로 한다.
558) 이에 관해서는 김종철, 「한정결정과 재심. 소위 '함정희' 재심청구사건을 중심으로」, 인권재단 제2차 워크샵(2006. 10. 15) 발제문; 이종수, 『헌법학연구』 제14권 제4호, pp.77-106.

Ⅳ. 글 마무리에

이상에서는 형벌법규의 불합치결정을 둘러싼 법적 쟁점에 관해 검토하였다. 논의한 사항을 요약하는 것으로 결론을 갈음한다.

1. 적용중지 불합치결정에서 불합치법률의 적용절차를 중지하고 개선입법에 따라 처리하도록 함에 있어 양자의 관계를 단절적으로 파악해서는 안 된다. 개선입법이 불합치법률을 대체한다는 의미를 항상 전제로 해야 한다.

2. 형벌법규에 대한 적용중지 불합치결정에 있어 불합치 형벌법규의 적용중지가 당연하다 하겠지만, 개선입법이 소급입법에 해당하기 때문에 형벌불소급의 원칙에 위반되어 적용될 수 없다는 대법원 판결은 부적절하다. 불합치결정의 본질적 징표에 따르면, 불합치법률을 대체할 개선입법은 분명히 불합치법률이 규정한 구성요건이나 형벌의 정도보다 각각 완화되었을 것이다. 그렇다고 한다면, 이는 형벌불소급의 원칙에 위반되는 것이 아니다.

3. 형벌법규에 대해 불합치결정이 선고되면, 그를 통해 위헌결정이 지닌 법적 효과를 제약하는 방법은 다양할 것이다. 그중에 대표적인 것으로는 불합치 형벌법규의 적용을 중지하고 개선입법으로 대체하게 하는 적용중지 불합치결정과 불합치 형벌법규의 잠정적인 계속적용을 명하는 계속적용 불합치결정을 들 수 있다.

4. 여기서 전자의 결정적인 약점으로는 불합치결정 시점과 개선입법 시점 사이의 시적 공간동안 일반국민에게 허용된 행위와 금지된 행위의 경계를 명료하게 제시되지 못한다는 점이다. 이에 대해서는 헌법재판소가 불합치결정을 하면서 결정주문으로 경과적 규율을 제시함이 바람직할 것이다.

5. 후자의 결정적인 문제점은 불합치 형벌법규의 잠정적인 계속적용 상태가 종료되지 아니한 경우 개선입법이 실제 이루어진 시점 이후에도 형사법 적용의 일반원칙에 해당하는 형법 제1조 제2항이나 제3항 및 형사소송법 제326조 제4호를 주장할 수 있게 된다는 점이다. 오히려 이와 같은 사태를 발생시킬 의도로 재판절차를 천연시키는 등의 행태가 보편적으로 이루어지는 부작용이 예상된다 하겠다.

6. 아무튼 형벌법규에 대해 불합치결정을 하는 것은 법적 안정성을 확보하기 위해 정의에 양보를 구하는 것이다. 그중에서도 재심청구를 통한 확정력의 파괴를 최소화하고자 하는 것이다. 그렇지만, 형벌의 얼룩은 국가기관의 형사입법으로 인해 초래된 것인데, 그로 인한 부담을 피해자인 국민에게 전가함이 타당한지에 대해서는 보다 근본적인 성찰을 요구한다고 하겠다.

제2절 야간옥외집회금지에 대한 불합치결정의 실체와 법적 효과

Ⅰ. 글머리에

우리 헌법재판소는 지난 2009. 9. 24. 집회및시위에관한법률(이하 '집시법') 제10조 등 위헌제청사건에서 해가 뜨기 전이나 해가 진 후에는 옥외집회를 금지하고, 일정한 경우 관할경찰관서장이 허용할 수 있도록 한 집시법 제10조 중 '옥외집회'부분과 이에 위반한 경우 처벌하도록 한 집시법 제23조 제1호 중 '제10조 본문의 옥외집회'부분은 헌법에 합치되지 아니하고, 위 조항들은 2010. 6. 30.을 시한으로 입법자가 개정할 때까지 계속 적용된다는 결정[559]을 선고하였다.

이 사건 결정에서 재판관 9인 중 5인은 위헌의견을, 2인은 헌법불합치의견을 그리고 나머지 2인은 합헌의견을 각각 제시하였다. 위헌의견 5인 중 2인은 위헌보충의견을 내었고, 그 2인 중 1인은 계속적용의 불합치의견에 대해 별도로 적용중지의견을 제시하였다.

그런데, 분명 이 사건 결정의 법정의견은 계속적용의 헌법불합치의견이다. 즉 결정주문을 이끌어내고 그 주문의 논거를 제공하는 핵심적인 결정 이유로 기능하는 것이 계속적용 불합치의견이다.

이 사건 결정이 선고된 다음, 이 사건 결정의 법적 효과를 둘러싸고 다양한 형태로 논의가 전개되고 있다. 특히 그중에서도 법원에서 가장 심각하게 논란이 벌어지는 것으로 보인다. 한 발짝 더 나아가면 행정청인 검찰이나 경찰 역시 이러한 논란에서 자유로울 수 없다고 여겨진다.

그러면, 여기서는 몇 단계로 나누어 접근한다. 먼저, 이 사건 헌법불합치결정에 관해 간략하게 소개하고, 쟁점을 정리함과 아울러, 이 글에서 전제되어야 할

---

[559] 헌재 2009. 9. 24, 2008헌가25.

사항을 제시한다. 이어, 이 사건 불합치결정을 둘러싼 각종 쟁점에 대해 검토하기로 한다.560) 하지만, 적용중지 불합치결정과 계속적용 불합치결정에 관해서 이미 살펴보았고, 형벌법규에 대한 불합치결정의 필요성과 법적 근거 및 불합치결정의 모형에 따른 법적 효과 등에 관해서도 역시 이미 앞 節에서 논의하였으므로 여기서는 생략한다.

Ⅱ. 야간옥외집회금지 결정상 불합치관련 부분 요지

1. 심판의 개요와 결정주문

가. 심판의 개요

이 사건 심판제청 신청인은 2008. 5. 9. 19:35경부터 21:47경까지 야간에 옥외에서 미국산 쇠고기 수입반대 촛불집회를 주최하였다는 등의 이유로 집회및시위에관한법률위반 등 혐의로 기소되었고, 1심 계속 중 제청신청인에게 적용된 '집회 및 시위에 관한 법률' 제10조, 제23조 제1호가 헌법상 금지되는 집회의 사전허가제를 규정한 것으로서 헌법에 위반된다고 주장하며 위헌법률심판 제청신청을 하였다.

이에 당해사건 담당법원은 위 법률조항들이 당해사건 재판의 전제가 되고, 위헌이라고 인정할 만한 상당한 이유가 있다며 2008. 10. 13. 이 사건 위헌법률심판제청을 하였다.

이 사건 심판의 대상은 '집회 및 시위에 관한 법률'(2007. 5. 11. 법률 제8424호로 전부 개정된 것) 제10조 중 '옥외집회' 부분 및 제23조 제1호 중 '제10조

---

560) 이 글은 대법원이 지난 2009. 1. 15. 선고한 2004도7111판결을 평석한 「판례평석: 위헌결정과 헌법불합치결정의 법적 효과에 있어 편차」(『한양법학』 제20권 제2집, 2009. 5, pp.329-355.)와 지난 2009. 9. 11. 헌법실무연구회 제97회 월례발표회 발표논문으로 작성된 「헌법불합치결정을 둘러싼 법적 쟁점의 검토 실체적 형벌법규를 중심으로」를 기초로 하였으며, 이 사건 결정과 연결시켜 앞의 논문들을 수정·보완하였음을 밝혀둔다.

본문의 옥외집회' 부분(이하에서 '집시법 제10조' 또는 '집시법 제23조 제1호'라
고 하는 경우 위와 같은 부분에 한정된다. 또한 위 두 조항을 합하여 이르는 경
우 '이 사건 법률조항들'이라 한다)[561]이 헌법에 위반되는지 여부이다.

헌법재판소는 2009. 9. 24. 재판관 5(위헌):2(헌법불합치):2(합헌)의 의견으로, 집
시법 제10조 중 '옥외집회' 부분 및 제23조 제1호 중 '제10조 본문의 옥외집회'부
분의 헌법불합치와 아울러 위 조항들의 계속적용을 명하는 결정을 선고하였다.

나. 이 사건 결정주문

집회 및 시위에 관한 법률(2007. 5. 11. 법률 제8424호로 전부개정된 것) 제10조 중
'옥외집회' 부분 및 제23조 제1호 중 '제10조 본문의 옥외집회' 부분은 헌법에 합치
되지 아니한다. 위 조항들은 2010. 6. 30.을 시한으로 입법자가 개정할 때까지 계속
적용된다.

2. 이 사건 결정상 불합치관련 부분 요지

가. 법정의견으로로서의 계속적용 불합치의견

이 사건 결정의 법정의견은 헌법불합치 결정의 필요성에 관해, "이 사건 법률조항
들이 가지는 위헌성은 야간옥외집회를 제한하는 것 자체에 있는 것이 아니라, ……
광범위하고 가변적인 시간대에 일률적으로 옥외집회를 금지하는데 있다. 즉, 위와
같은 시간대 동안 옥외집회를 금지하는 것에는 위헌적인 부분과 합헌적인 부분이
공존하고 있는 것이다.

---

561) 집회 및 시위에 관한 법률(2007. 5. 11. 법률 제8424호로 전부 개정된 것) 제10조(옥외집회와
   시위의 금지 시간) 누구든지 해가 뜨기 전이나 해가 진 후에는 옥외집회 또는 시위를 하여서는
   아니 된다. 다만, 집회의 성격상 부득이하여 주최자가 질서유지인을 두고 미리 신고한 경우에는
   관할경찰관서장은 질서 유지를 위한 조건을 붙여 해가 뜨기 전이나 해가 진 후에도 옥외집회를
   허용할 수 있다.
   제23조(벌칙) 제10조 본문 또는 제11조를 위반한 자, 제12조에 따른 금지를 위반한 자는 다음
   각 호의 구분에 따라 처벌한다.
   1. 주최자는 1년 이하의 징역 또는 100만 원 이하의 벌금

그런데 '해가 뜨기 전이나 해가 진 후' 중 어떠한 시간대에 옥외집회를 금지하는 것이 …… 입법목적을 달성하면서도 집회예정자의 집회의 자유를 필요최소한 범위에서 제한하는 것인지에 관하여는 이를 입법자의 판단에 맡기는 것이 바람직하다고 할 것이다. …….

따라서 이 사건 법률조항들에 대하여 헌법불합치의 결정을 선고하되, 위 법률조항에는 위헌적인 부분과 합헌적인 부분이 공존하고 있으므로 입법자가 2010. 6. 30. 이전에 개선입법을 할 때까지 계속 적용되어 그 효력을 유지하도록 하고, 만일 위 일자까지 개선입법이 이루어지지 않는 경우 위 법률조항들은 2010. 7. 1.부터 그 효력을 상실하도록 한다."

나. 방론으로서의 적용중지의견

1)~6) 생략

7) 헌법불합치 법률의 적용중지

"헌법불합치결정이 내려진 법률은 헌법에 위반되는 부분을 포함하고 있는 것이므로 그러한 법률을 계속 적용하는 것은 헌법의 최고규범력에 위반되는 법률의 효력을 제거하려는 위헌법률심판제도의 본지에 맞지 아니한다. 헌법불합치결정의 적용중지 효과는 헌법재판소가 특별히 선언하지 않아도 헌법이 위헌법률심판제도를 마련한 취지와 헌법재판소법 제47조 제2항에서 당연히 우러나온다고 봄이 상당하다. 따라서 헌법불합치 법률은 개선입법에 의하여 합헌부분과 위헌부분이 명확하게 구분될 때까지 적용이 중지되어야 한다.

헌법불합치결정의 적용중지 효과는 개선입법에 의하여 헌법불합치 법률의 위헌부분이 특정될 때까지만 한시적·잠정적으로 인정된다. 개선입법에 의하여 헌법불합치 법률의 위헌부분이 구분되면 헌법불합치결정의 효력이 확정되므로 헌법불합치 법률에 대한 적용중지의 효과는 소멸되고 헌법불합치결정에 따른 확정적 효과가 적용된다. 즉, 헌법불합치 법률 중 위헌부분은 헌법재판소법 제47조 제2항에 의하여 효력을 상실하게 되고, 개선입법에 의하여 합헌부분으로 구분된 부분은 법률의

효력을 상실하지 아니하므로 개선입법이 시행되기 전의 사항에 대하여 계속 적용
된다. ……."

8) 이 사건 법률조항들의 적용중지

"이 사건 법률조항들은 형벌에 관한 법률조항이다. 형벌에 관한 법률조항이 위헌결
정을 받으면 소급하여 효력을 상실한다(헌법재판소법 제47조 제2항 단서). 따라서
이 사건 법률조항들 중 위헌부분이 국회의 개선입법에 의하여 구분되면 그 위헌부
분은 소급하여 효력을 상실하게 된다. 그리고 이 사건 법률조항들의 위헌성은 국회
의 개선입법이 이루어지기 전에도 이 사건 헌법불합치결정에 의하여 불특정인 채
로 확정되어 있는 것이다. 따라서 위헌부분이 포함된 이 사건 법률조항들을 헌법불
합치결정 선고 후 개선입법 이전에 계속 적용하게 허용하는 것은 위헌법률의 규범
력을 제거하려는 위헌법률심판제도의 본지에 어긋나고 헌법재판소법 제47조 제2
항에 위반된다고 할 것이다.
이 사건 법률조항들에 대하여 헌법불합치결정을 하면서 계속 적용하도록 하는 것
은, 헌법재판소가 이 사건 법률조항들에 위헌부분이 포함되어 있음을 선언하였고
그 위헌부분이 국회의 개선입법에 의하여 구분되면 소급적으로 효력을 상실하게
됨에도 불구하고, 그 위헌부분이 포함된 이 사건 법률조항들에 의하여 처벌받은 뒤
나중에 위헌부분에 의하여 처벌받았음이 밝혀지면 재심을 청구하여 구제받으라고
하는 것이다. 이는 위헌법률에 기한 형사처벌을 허용하는 것이고 구체적 규범통제
의 필요에 따라 위헌법률의 규범력을 제거하도록 하는 위헌법률심판제도의 사명을
저버리는 것이어서 우리 헌법상 허용될 수 없는 것이다.
그리고 헌법불합치결정은 일부위헌결정의 일종이고 위헌법률에 대해서는 규범력
을 부정하려는 것이 위헌법률심판제도의 본지이므로, 헌법재판소가 어느 법률조항
이 헌법에 합치되지 아니한다고 결정하는 경우에는 그 법률조항에 위헌부분이 포
함되어 있기 때문에 헌법불합치결정이 있는 날로부터 적용되어서는 아니된다는 내
용이 포함되어 있다고 보아야 한다. …….
이 사건 법률조항들은 개선입법이 이루어질 때까지 적용 중지되어야 하고 계속 적
용하게 해서는 아니 된다."

Ⅲ. 정리와 쟁점

1. 정리

이 글은 헌법소송법적 사항에 초점을 맞춘다. 이 사건 결정내용에 대해서도 그 시각에서 정리한다.

첫째, 이 사건 결정에서 위헌의견이 5인, 계속적용 불합치의견이 2인, 합헌의견이 2인이었으나, 이 사건 결정의 법정의견은 계속적용 불합치의견이 되었다.

둘째, 이 사건 결정에서 불합치로 결정된 원인은 심판대상인 법률조항에 합헌인 부분과 위헌인 부분이 공존하고, 이를 입법자가 제거해야 한다는 것이다.

셋째, 이 사건 심판대상인 집시법 제10조 중 '옥외집회' 부분 및 제23조 제1호 중 '제10조 본문의 옥외집회' 부분은 2010. 6. 30.을 시한으로 입법자가 개정할 때까지 계속 적용된다는 점이다.

넷째, 또한 이 사건 불합치법률은 입법자가 2010. 6. 30. 이전에 개선입법을 할 때까지 계속 적용하되, 만일 위 일자까지 개선입법이 이루어지지 않는 경우 2010. 7. 1.부터 그 효력을 상실하도록 한다는 점이다.

다섯째, 계속적용 불합치결정의 법적 효과는 법적용자인 법원과 검찰로 하여금 불합치법률을 결정 시점 이전에 형성된 법률관계에 대해서는 물론이고 결정 시점부터 개선입법 시점까지 형성된 법률관계에 대해서도 그대로 적용할 것을 요구한 것이다.

여섯째, 이 사건 결정에서 적용중지 불합치의견이 개진되긴 하였지만, 방론에 지나지 않는다. 하지만, 법정의견인 계속적용 불합치의견의 실체를 명확하게 파악하는데, 큰 도움이 된다.

일곱째, 아울러 종전에 헌법재판소가 이 결정과 견해를 달리해, 구 '집회 및 시위에 관한 법률'(1989. 3. 29. 법률 제4095호로 전문개정된 것) 제10조는 헌법에 위반되지 않는다고 판시한 1994. 4. 28. 91헌바14 결정은 이 결정과 저촉되는 범위 내에서 이를 변경하였다는 점이다.

2. 쟁점

둘로 구분해서 쟁점을 제시한다. 그 하나는 불합치결정 자체와 관련한 쟁점이다. 다시 말해서 이 글에서 집중적으로 조명될 사항에 대한 것이다. 다른 하나는 이 사건 결정상 그 밖의 소송법적 사항에 관한 것이다.

먼저, 전자와 관련해서는 비형벌법규에 대해서조차 헌법불합치결정의 가능 여부를 근본적으로 문제 삼을 수 있다고 본다. 하지만, 이는 논의를 너무 확대하는 것이다. 그래서 여기서는 몇 가지로 한정한다.

첫째, 헌법불합치결정의 유형으로는 적용중지 불합치와 계속적용 불합치로 구분할 수 있는 바, 그 법적 효과가 어떠한가 하는 점이다.

둘째, 실체적 형벌법규에 대해 불합치결정을 할 수 있으며, 어떠한 경우에 가능한가 하는 점이다.

셋째, 또 그 법적 효과는 어떻게 파악할 수 있는가 하는 점이다.

넷째, 이 사건 결정에서 법정의견인 계속적용 불합치결정의 법적 효과는 무엇이며, 그런 효과를 지향함에 문제는 없는가 하는 점이다. 좀 더 구체적으로 살펴보면, 이 사건 결정이 불합치법률의 잠정적인 계속적용을 명하고 있는 바, 언제까지 야간집회가 계속 금지되는 것인가 하는 점이다. 또 이를 위반하였을 경우 경찰과 검찰은 그에 대해 법적인 제재를 할 수 있는가 하는 점이다. 그리고 법원의 경우에도 개선입법 시점까지 불합치법률을 적용해야 하는가 하는 점도 문제된다.

다섯째, 이 사건 결정의 방론으로 적용중지 불합치의견이 제시되었는 바, 이 의견에 따를 경우 야기될 문제점은 없는가도 분석되어야 한다.

여섯째, 이 사건 결정을 둘러싸고 다양한 견해가 표출되고 있는 바, 그에 대해 쟁점별로 검토되어야 한다.

일곱째, 이 사건 결정에 구조적인 문제가 있다면, 그 문제는 어떻게 해소해야 함이 바람직한 것인지를 제시한다.

여덟째, 보다 근본적인 것으로 이 사건 법률뿐만 아니라 다른 실체적 형벌법규에 대해서도 헌법불합치로 결정함이 바람직한 것인지에 대해서도 살펴본다.

다음, 후자에 관해서는 첫째로는 평의방식에 있어 주문별 합의방식과 쟁점별

합의방식이 문제[562]된다. 둘째, 결정상 의견이 다양하게 나뉜 경우 결정주문을 이끌어내고 뒷받침하는 의견으로서의 법정의견과 그 법정의견이 헌재법 제47조 제1항에 따른 기속력을 갖는 문제이다. 셋째, 헌법재판소는 종전에 행한 결정상 의견을 변경할 경우 기존에 행한 결정 자체까지도 변경되는 것으로 파악하는 바, 이것이 적절한 것인가 하는 점이다. 넷째, 불합치결정에서는 입법자에게 개선입법시한을 설정하고 있는 바, 이를 도과하는 경우 불합치법률의 효력이 상실되도록 하는 것이 적절한가 하는 점이다.

Ⅳ. 이 사건 결정상 불합치관련 사항 논의의 전제요소들

이 글에서 논의하는 사항은, 야간옥외집회금지의무를 위반한 자에 대한 형사처벌을 규정한 형벌조항이 개선입법 시점까지 잠정적인 계속적용을 법적 효과로 하는 헌법불합치로 결정되었다는 점을 둘러싸고 제기되는 각종 쟁점들을 검토하는 것이다. 이에 관해 근본적인 문제부터 논의를 전개함은 여러 가지로 한계가 나타난다. 이 사건 결정의 불합치관련 사항을 논의함에 있어 몇 가지 사항을 전제로 하고자 한다.

---

562) 이 사건 결정에서 조대현 재판관의 적용중지 의견(따라서 헌법재판소가 어느 법률조항에 대하여 헌법불합치결정을 하면서 그 법률조항을 계속 적용하도록 결정하려면 그 점에 대하여 특별한 평의와 합의 절차를 거쳐야 한다고 할 것이다. 그런데 이 사건의 경우에는 단순위헌 의견이 5인이고 헌법불합치 의견이 2인이다. 5인의 단순위헌 의견은 이 사건 법률조항들 전부가 소급적으로 실효되어야 한다는 의견이라고 할 수 있다. 단순위헌 의견이 위헌결정의 정족수에 미달되어 헌법불합치 의견과 합쳐서 헌법불합치의 결론에 이르렀다고 하여, 단순위헌 의견이 위헌이지만 계속 적용하여도 좋다는 의견으로 바뀌는 것이 아니다. 헌법불합치의견을 표시한 재판관 2인이 헌법에 합치되지 아니하는 이 사건 법률조항들의 계속 적용을 결정할 수는 없다고 보아야 한다). 그 외에도 이 사건을 쟁점별로 합의하였을 경우 이 사건 결정주문은, 헌법불합치가 아니고 단순합헌이 적절하였을 것이다. 즉 이 사건 결정에 있어 위헌여부 판단기준은 세 가지이었는데, 그 어느 것도 재판관 6인 이상의 찬성을 얻지 못하였다. 구체적으로 살펴보면, 사전제한금지원칙에 위반되는 여부는 위헌 5인, 합헌 4인(헌법불합치의견 2인, 합헌의견 2인)이었고, 과잉금지원칙 위반여부는 헌법불합치 2인, 합헌 2인이었으며, 본질적 내용침해금지원칙의 위반여부는 위헌 2인(위헌보충의견)이었다. 현상이 이럼에도 불구하고, 결정주문은, 헌법불합치이었으며, 법정의견은 헌법불합치의견이 제시한 사전제한금지원칙의 위반여부는 합헌이, 과잉금지원칙위반여부는 불합치라고 할 것이다.

첫째, 이 사건에서 심판대상은 실체적 형벌법규에 관한 것이다. 그로 인해 위헌결정이나 불합치결정이 이루어지게 되면, 형벌법규에 관한 결정은 비형벌법규의 경우와 여러 가지 측면에서 차이가 난다는 점이다.

둘째, 불합치결정은 위헌결정과 여러 가지 측면에서 그 법적 효과를 달리한다는 점이다.563)

셋째, 불합치결정은 형벌법규에 있어 논리적으로는 다양하게 그 유형을 모색할 수 있다. 특히 여기서 그 기본은 소급효의 제한과 재심청구의 제한이지만, 그 이상의 다른 형태로의 제한도 가능할 것이다.564)

넷째, 불합치결정의 유형 중 가장 대표적인 것으로는 적용중지의 경우와 계속적용의 경우를 들 수 있다. 그런데, 그중 적용중지 불합치결정에 관해 대법원 등에서는 이를 '불합치법률의 적용금지와 개선입법의 소급적용'의 문제로 접근하여 또 다른 논란을 초래하고 있다.565)

다섯째, 이 사건 결정의 심판대상인 법률조항에 대해 헌법재판소는 합헌부분과 위헌부분의 구분이 불분명한 경우로 파악한다. 이 경우는 제도 자체는 합헌이지만, 그 내용에 있어 위헌의 정도가 불명확하다는 점이 통상적이지만, 이 사건 심판대상은 제도 자체가 위헌이고, 그 내용 중 일부에 합헌부분도 내재하고 있지만, 이를 구획하기에는 명확하지 않다는 점에서 문제 삼고 있다.566)

여섯째, 형벌법규에 대한 위헌결정이나 불합치결정과 관련해서 핵심쟁점으로 등장하는 것은 소급효와 재심청구의 허용여부이다. 관련해서 논의되어야 할 사항이 반복심판에 따른 전소 결정과의 관계에서 규범충돌문제의 획정567)과 심판대상의 획정568)이다.

---

563) 이에 관한 상세한 내용은 졸고,『한양법학』제20권 제2집, pp.337-341.

564) 이에 관해 상세한 내용은 졸고, 헌법실무연구회 제97회 월례발표회 발표논문, pp.31-33. 전술한 제1절 Ⅲ. 4. 라.

565) 졸고,『한양법학』제20권 제2집, pp.343-346. 졸고, 헌법실무연구회 제97회 월례발표회 발표논문, pp.13-17. 전술한 제1절 Ⅲ. 5. 가.

566) 이는 법정의견에서도 그리고 적용중지의견에서도 그대로 드러나고 있다. 상세한 내용은, 졸고,『헌법논총』제20집, pp.262-263.

567) 이에 관해 상세한 내용은 졸고, 헌법실무연구회 제97회 월례발표회 발표논문, pp.30-31. 전술한 제1절 Ⅲ. 4. 다.

568) 이 사건에서 심판대상인 법률조항은 2007. 5. 11. 법률 제8424호로 전부개정된 집시법 제10조 중 '옥외집회' 부분 및 제23조 제1호 중 '제10조 본문의 옥외집회' 부분이다. 달리 말하면, 그 이전의 법률조항에 근거해서 형벌이 부과된 사항은 이 사건 결정에 의해 직접적인 영향을 받지는 아니함을 의미한다.

이 글에서는 이상의 사항에 대해서는 논의를 생략한다. 다만 필요한 부분에 한해서만 개별적으로 다루기로 한다.

Ⅴ. 이 사건 결정에 나타난 불합치의견별 검토

1. 이 사건 법정의견인 계속적용의견과 관련한 검토

이 사건 결정에서 법정의견으로 채택된 계속적용 불합치를 둘러싸고 많은 논란이 제기되고 있는 상황이다. 여기서는 계속적용에 관한 핵심적인 내용을 소개하고, 이어 이 사건 결정을 어떻게 파악할 것인지에 대해 다양한 시각을 살펴본다. 다음, 이 사건 법정의견에 대해 비판적으로 검토하고, 현상에 따른 해결방안을 제시한다.

가. 계속적용의견의 내용

'이 사건 법률조항들에 대하여 헌법불합치의 결정을 선고하되, 위 법률조항에는 위헌적인 부분과 합헌적인 부분이 공존하고 있으므로 입법자가 2010. 6. 30. 이전에 개선입법을 할 때까지 계속 적용되어 그 효력을 유지하도록 하고, 만일 위 일자까지 개선입법이 이루어지지 않는 경우 위 법률조항들은 2010. 7. 1.부터 그 효력을 상실하도록 한다'는 것이다.

이는 법적용자인 법원과 경찰 및 검찰로 하여금 개선입법 시점까지 불합치법률을 계속해서 적용하도록 한 것이다. 즉, 경찰과 검찰에게는 결정 시점 이후 잠정적으로 구체적인 법률관계를 형성함에 있어 불합치법률을 적용하도록 한 것이다. 그리고 법원에게는 개선입법 시점 이전까지 법률관계가 형성되어 법적 분쟁이 제기된 경우 마찬가지로 불합치법률을 적용해서 재판하도록 한 것이다.

나. 이 사건 계속적용 불합치의견을 둘러싼 각종 주장

분명 이 사건 결정은 계속적용 불합치결정이고, 그 법적 효과는 불합치결정 시점부터 개선입법 시점 사이의 시적 공간 동안 불합치법률의 계속적용이다. 이를 바탕으로 전개되는 다양한 견해를 살펴본다.

첫째, 이 사건 법정의견이 제시한 바에 바탕을 두어 불합치결정 시점부터 개선입법 시점 사이에서 구체적 법률관계를 형성함에 있어 불합치법률, 즉 집시법을 그대로 계속 적용하겠다는 입장이다. 이는 경찰과 검찰이 취하는 태도이다.

둘째, 불합치결정 시점부터 개선입법 시점 사이에 결정 시점 이전에 형성된 법률관계를 처리함에 있어, 다시 말해서 집시법 제10조를 적용해야 하는 사건들에 관해 이 사건 결정취지에 따라 불합치법률을 그대로 적용해서 유죄로 판결한다는 자세이다. 이는 현재 대구지법,569) 서울북부지법,570) 울산지법571) 및 서울지법 제8형사부572) 등이 취하는 태도이다.

셋째, 이 사건 계속적용 불합치결정을 단순 위헌결정으로 보아 이 사건 법률위반에 관해 무죄로 파악하는 입장이다. 이는 서울중앙지법573)과 민주화를위한변호사들의모임574)이 취하는 태도이다.

넷째, 이 사건 계속적용 불합치의견에 따를 경우 구조적인 문제점이 있으므로 불합치법률의 적용을 중지시키고 개선입법에 따라 관련 사건을 처리해야 한다는 입장이다. 이는 이 사건 결정의 적용중지의견이 취하는 태도이다.

이들 주장 중 앞의 두 가지는 결정취지를 준수하는 차원에서의 접근이고, 세 번째 태도에 대해서는 별도로 항을 바꾸어 검토하기로 한다.

---

569) 대구지법 2009. 10. 9. 선고 2008노3018판결.
570) 서울북부지법 2009. 10. 14. 선고 2009고단2188판결.
571) 울산지법 2009. 9. 29. 선고 2009고합100판결.
572) 서울중앙지법 2009. 10. 9. 선고 2009노2516판결.
573) 서울중앙지법 2009. 10. 28. 선고 2009고정1140판결.
574) 민주화를위한변호사들의모임의 논평, 「야간집회 무죄판결을 환영하며 검찰도 법원의 결정을 존중하기를 기대한다」 (야간집회 헌법불합치결정의 본질은 위헌결정이므로 위헌인 형벌법규에 의해 피고인을 유죄판결해서는 안되고, 즉시 무죄판결을 선고해야 한다. …… 검찰이 이 번 판결을 존중하여 야간집회 금지규정 위반으로 기소된 피고인들에 대한 기소를 스스로 취소하고, 앞으로 집시법이 합헌적으로 개정되기 전까지는 더 이상 야간집회 금지규정 위반을 이유로 기소하지 말 것을 다시금 요구한다).

다. 이 사건 계속적용 불합치의견에 대한 비판

이 사건 결정에서 제시된 적용중지의견은 두 가지 차원에서 이 견해에 대해 비판을 가한다.575)

그 하나는 위헌법률의 규범력을 제거하려는 위헌법률심판제도의 본지에 어긋나고, 헌재법 제47조 제2항에 위반된다는 것이다. 위헌법률심판을 통해 소송당사자가 다투고자 하는 바는 자신이 다투는 소송사건에서 그 법률의 적용배제를 기본적인 전제로 하고 있는데, 계속적용을 명함으로써 그런 본질적인 사항이 관철될 수 없다는 지적이다.

다른 하나는 형벌법규에 대한 불합치결정에 있어 계속적용을 법적 효과로 할 경우 초래되는 구조적인 모순을 지적한다. 즉, '이 사건 법률조항들에 대하여 헌법불합치결정을 하면서 계속 적용하도록 하는 것은, 헌법재판소가 이 사건 법률조항들에 위헌 부분이 포함되어 있음을 선언하였고 그 위헌부분이 국회의 개선입법에 의하여 구분되면 소급적으로 효력을 상실하게 됨에도 불구하고, 그 위헌부분이 포함된 이 사건 법률조항들에 의하여 처벌받은 뒤 나중에 위헌부분에 의하여 처벌받았음이 밝혀지면 재심을 청구하여 구제받으라고 하는 것이다. 이는 위헌법률에 기한 형사처벌을 허용하는 것이…… 어서 우리 헌법상 허용될 수 없는 것'이라고 한다.

그 외에도 여러 가지 차원에서 비판이 될 수 있지만, 전술하였으므로 생략한다.576)

라. 이 사건 결정 관련 각종 주장에 대한 비판적 검토

서울중앙지법은 야간옥외집회의 불합치결정을 단순위헌에 해당함을 논증하고자 하였다. 이에 대해 구체적인 비판577)은 생략하고, 단지 비판 대상의 소재에 대해서만 열거한다.

---

575) 상세한 내용은 이 사건 결정(헌재 2009. 9. 24, 2008헌가25결정)에서 조대현 재판관의 적용 중지의견.
576) 이에 관한 상세한 내용은 전술한 제4장 제1절 Ⅲ.5.나.
577) 이에 관한 상세한 내용은 졸고, 『한양법학』 제20권 제2집, pp.335-346.

첫째, 이 사건 심판대상인 옥회집회조항을 행정법규로서의 기능과 형벌법규로서의 기능으로 구분한다는 점이다. 그래서 행정법규로서의 기능적 측면은 입법자의 개선입법으로 그 법적 의미를 지닐 수 있게 되지만, 형벌법규로서의 기능적 측면은, 국회의 개선입법을 소급적용하면 그것은 헌법 제12조 제1항 및 제13조 제1항의 형벌불소급의 원칙에 위배되므로, 발휘할 수 없게 된다는 것이다.

둘째, 형벌법규로서의 옥외집회 조항의 경우, 2010. 7. 1. 위헌으로 확정되어 소급하여 그 조항의 효력이 상실되고, 위 조항에 근거한 모든 유죄의 확정판결에 대하여 전면적으로 재심이 허용된다는 것이다.

셋째, 옥외집회 조항을 처벌근거로 한 과거 및 현재 유죄의 확정판결을 받은 모든 피고인이 재심청구를 하게 되면 결국 피고인에게 처벌법규가 위헌·무효로 확정되어 존재하지 않는다는 이유로 피고인에게 무죄를 선고할 수밖에 없어, 위 조항을 계속 적용하여 현재 피고인에게 유죄를 선고할 때에는 위 조항을 적용하지 않는 경우에 비하여 오히려 심각한 법적 혼란이 야기된다는 것이다.

넷째, 헌법재판소가 이 사건 결정을 함에 있어서 위 헌법불합치결정의 정족수에 관한 합의는 있었지만, 위 잠정적용결정에 관한 합의는 없었던 것으로 보이는 점을 위헌무효확인의 논거로 제시한다.578)

다섯째, 이 사건 결정의 주문 형식 등 제반 사정에 비추어 보면, 위 잠정적용결정으로 인하여 위 헌법불합치결정의 본질이 위헌결정에서 합헌결정으로 변질된다고 볼 수 없으며, 형벌법규로서의 옥외집회 조항의 적용과 관련하여 위와 같이 2010. 7. 1. 이후에는 법원에 계속 중인 사건에 관하여는 공판절차 또는 유죄가 확정된 사건에 관하여는 재심절차를 각 거쳐 위 조항이 위헌·무효의 법률이라는 사유로 피고인에게 무죄를 선고하는 한이 있더라도 2010. 7. 1. 이전에는 위 잠정적용결정에 따라 위 조항을 계속 적용하여 피고인에게 유죄를 선고할 것을 요구하는 것이 헌법재판소의 의사결정내용이라고 받아들이기는 상당히 곤란하다는 것이다.

여섯째, 계속적용의 입장을 취한다 할지라도, 이 사건 결정으로 인하여 위 각 '옥외집회'는 '합헌집회'와 '위헌집회'가 공존하게 되었는데, 법관으로서는 헌법

---

578) 이와 관련해서 결정주문을 도출하는 근거를 제시하는 결정 이유 중 법정의견에 관해서와 결정주문의 합의방식에 관해서는 졸고, 『헌법학연구』 제15권 제1호, p.217. p.227. 이하.

재판소에서 위헌임이 확인된 위헌집회 부분을 적용하여 피고인에 대하여 유죄의 재판을 할 수 없는 점 등의 사정에 비추어 볼 때, 이 사건 결정으로 인하여 형벌법규로서의 옥외집회의 구성요건이 불명확하게 되어 어떠한 시간대에 개최된 옥외집회가 피고인을 처벌할 수 있는 합헌집회인지 여부를 확정할 수 없는 이상, 피고인이 참가한 위 각 집회가 피고인에 대한 처벌근거규정인 형벌법규로서의 '옥외집회' 중 '합헌집회'에 해당한다고 단정할 수 없다 할 것이다.

마. 해결방안

이 사건 결정과 같이 실체적 형벌법규에 대한 계속적용 불합치결정은 구조적으로 많은 문제점을 지니고 있다.[579]

개선입법 시점까지 사법절차를 천연시키고 개선입법 시점 이후에는 불합치법률과 개선입법이 경합되어 개선입법이 적용될 수밖에 없는 그런 한계를 내포하고 있다. 그럼으로써 헌법재판소는 스스로 자신의 권위를 부정하는 결과를 초래하였다. 이 사건 결정의 법정의견이 이런 문제점을 인식하였는지는 명확하지 않다. 다만, 방론으로 제시된 적용중지의견은 계속적용의견이 지닌 한계를 인식하였고, 이를 적절하게 지적하고 있음을 본다.

아무튼, 그렇다고 해서 계속적용 불합치결정을 단순위헌으로 파악해서 ① 결정 시점 이전에 형성된 법률관계는, 즉 당해사건 등은 모두 권리구제의 대상에 포함되고, 또 ② 유죄의 확정판결에 대해서도 재심을 청구할 수 있으며, ③ 불합치결정 시점부터 개선입법 시점까지 경찰과 검찰은 불합치법률을 적용해서는 안 된다는 주장을 그대로 받아들이긴 어렵다. 물론 이 결정유형이 구조적으로 많은 문제점을 지니고 있음을 인정한다. 그렇다고 해서 이런 결정을 전면 부인해서는 안 된다. 그로 인해 이번의 결정 하나를 부인함에 그치는 것이 아니기 때문이다. 그리고 이 결정유형도 그 자체로 헌법재판소가 결정형성의 자유를 행사한 산물이기 때문이다.

생각건대, 몇 가지로 입장을 정리한다.

첫째, 경찰이나 검찰과 관련해서이다. 이 사건은 불합치결정 시점부터 개선입

---

579) 이에 관한 상세한 내용은 전술한 제4장 제1절 Ⅲ.5.나.

법 시점 사이의 시적 공간에 형성될 구체적 법률관계를 규율할 목적으로 계속적용 불합치로 결정된 것이기 때문에 이를 존중함이 타당하다. 즉, 불합치법률이 잠정적으로 계속 적용되어야 한다. 일종의 과도적인 경과조치로 이해할 수 있겠다.580) 하지만, 문제는 집시법 제10조에 합헌부분과 위헌부분의 구분이 명확하지 않다는 점이다. 그런 점에서 좀 더 유연한 법적용이 필요하지 않을까 한다.

다음, 법원과 관련해서이다. 이미 확정력을 발생한 사건은 개선입법이 이루어진다 할지라도 재심을 청구할 수 없다. 그 외의 모든 사건들, 즉 당해사건 등과 결정 시점부터 개선입법 시점 사이에 형성된 사건들에 대해서는 개선입법 시점 이후에 재판을 확정하려는 태도가 합리적일 것이다.

2. 이 사건 방론인 적용중지의견에 대한 검토

형벌법규에 대한 적용중지 불합치결정의 법적 효과에 대해서는 이미 살펴본 바와 같다.581) 핵심적인 쟁점은 두 가지 이었다. 그 하나는 이 결정을 단순위헌으로 보는 것의 부적절함에 관한 것이었고, 다른 하나는 결정 시점부터 개선입법 시점까지의 법적 공백상태 발생에 대한 대응에 관해서였다.

이 사건 결정의 적용중지의견은 심판대상인 법률조항에 합헌부분과 위헌부분이 공존하는데, 이를 구분하는 것은 입법자의 몫이고, 입법자가 개선입법을 통해 이를 구분함으로써, 위헌부분은 효력상실이, 합헌부분은 그대로 효력을 유지하게 되는 것이라고 한다. 그러면서 적용중지효과는 개선입법에 의해 불합치법률의 위헌부분이 특정될 때까지만 인정되는 것이라고 한다.

그런데 이 의견은 계속적용의견이 지닌 문제점을 지적하는데 초점을 맞추었지 그 자체로 고유하게 대안으로서의 역할을 수행할 수는 없는 한계를 지닌다 하겠다. 즉, 이 의견에 따를 경우 이 사건 심판대상과 같이 형벌법규에 관한 것일 때

---

580) 실질적 법치주의의 구현이라는 측면에서 볼 때에도 위헌성이 내재해 있긴 하지만, 법적 공백상태의 초래를 방지하기 위하여 계속적용을 명한 것이라는 측면에서 본다면, 사실상 그 역할을 다한 것으로 보아야 할 것이고, 그를 대체하는 개선입법상 구성요건의 적용문제가 필연적으로 등장할 수밖에 없게 된다고 하겠다. 나중의 시각에서 본다면, 구성요건에 해당여부를 불명확하게 해놓고선 사후적으로 구제하는 것이 적절한가의 문제를 제기하게 될 것이다.
581) 이에 관한 상세한 내용은 전술한 제4장 제1절 Ⅲ.5.가.

불합치결정 시점부터 개선입법 시점까지의 시적 공간을 어떻게 규율해야 하는가에 대해서는 아무런 답도 제시하지 못한다는 점이다. 이 의견은 계속적용 불합치의 문제점을 적절하게 지적하고 또 적용중지 불합치가 지닌 의미를 명료하게 해명하고 있음에도 불구하고, 정작 핵심사항은 간과하고 있다. 사실 이는 적용중지 불합치결정이 지닌 가장 취약한 부분이기도 하다.

생각건대, 전술한 바와 같이 헌법재판소가 형벌법규에 대해 적용중지 불합치로 결정할 경우에는 반드시 결정 시점부터 개선입법 시점까지의 시적 공간에 관해 헌법재판소가 잠정적이나마 경과조치를 규율할 수 있도록 해야 한다.

3. 이 사건 결정에 있어 대안모색

형벌법규에 대해 위헌결정이 아닌 불합치로 결정함이 불가능한지의 문제는 이미 다루었다.[582] 여기서는 불합치결정 중 계속적용이 바람직한지, 아니면 적용중지로 함이 바람직한 것인지에 대해서 논의하기로 한다.

계속적용 불합치나 적용중지 불합치의 경우 각각 그 구조적인 한계는 이미 드러났다. 결국은 선택의 문제라고 본다.

불합치결정을 하는 사유는 단순위헌으로 결정할 경우 그로 인한 법적 혼란 내지 법적 공백상태의 초래 방지이다. 이를 기반으로 해서 결정 시점부터 개선입법 시점까지의 시적 공간을 규율함에 있어 얼마만큼의 합리성을 확보하는가 하는 점이다.

먼저, 불합치법률을 계속 적용하는 경우를 본다. 이렇게 할 경우 법적 공백상태의 초래를 방지하고, 합헌부분과 위헌부분의 구분이 불명확한 점에 관해 입법자의 몫으로 돌려줌으로써 입법자의 입법형성권을 존중하며, 경과조치의 내용이 명확하게 드러난다는 장점을 지닌다. 하지만, 이 경우에 따르면, 비록 위헌으로 확인되지는 않았지만, 위헌성이 내재된 상태가 개선입법 시점까지 지속적으로 유지된다는 점이다. 게다가 위헌부분이 적용된 바는 개선입법 시점 이후 사후적으

---

582) 형벌법규에 대한 위헌결정이 소급효를 원칙으로 하는 바, 소급효가 가져올 확정력의 파괴라는 부담을 헌법불합치결정이 완화시켜주는 편익을 지님은 분명하다. 이에 관해 상세한 내용은 전술한 제4장 제1절 Ⅲ.3.가.

로 번복된다는 점이다. 이에 따라 계속적용 불합치결정이 법적 권위를 인정받을
수 있는지가 문제로 제기되게 된다.

다음, 불합치법률의 적용을 중지하고 경과조치를 하는 경우이다. 이렇게 할 경
우 잠정적으로나마 합헌상태를 회복시켜준다는 점이다. 하지만 불합치결정 시점
부터 개선입법 시점까지 경과조치를 헌법재판소가 발함은 사실상 입법자의 역할
을 대신하는 것이고, 그로 인해 입법자의 입법형성권을 침해한다는 논란에서 벗
어나기 어렵다고 할 것이다.

만약 헌법재판소가 경과조치를 한다면, 필요최소한의 범위 내에서 수행해야 하
고, 기존 틀을 유지하는 가운데, 위헌성을 해소하는 정도에 그쳐야 할 것으로 본
다. 아울러 개선입법과 경과조치의 관계에 관해서는 긴급명령(긴급재정경제명령)
을 기존 법체계와 조화시키기 위해 국회의 승인을 받게 하는데, 바로 그런 논의
체계를 원용하면 문제되지 않을 것으로 본다.

Ⅵ. 글 마무리에

지난 2009. 9. 24. 헌법재판소가 야간옥회집회금지에 대해 헌법불합치결정을
선고한 것을 계기로, 이 글에서는 이 사건 결정을 둘러싸고 제기된 불합치결정에
관한 논란을 검토하였다.

형벌법규에 대한 불합치결정의 필요성이나 법적 근거문제는 비형벌법규에 대
한 그것에서 크게 벗어나지 않는다고 본다. 다만, 형벌법규의 경우 소급효를 제
한하고 또 그에 따른 재심청구를 제한함에 좀 더 관심이 기울여야 할 따름이다.

형벌법규에 대한 불합치결정에 있어 각 결정유형별 고유한 쟁점이 내포되어
있음을 주목해야 한다. 즉, 적용중지의 경우 결정 시점부터 개선입법 시점까지
구체적인 법률관계를 규율할 법규범이 존재하지 않는다는 점에서 헌법재판소가
경과조치를 규율하지 않으면 안 된다. 계속적용의 경우 불합치법률이 계속 적용
되는 것임에 따라 개선입법 시점 이후에는 불합치법률과 개선입법이 서로 경합

되고, 형법 제1조 제2항에 따라 불합치법률이 아닌 개선입법이 적용될 수밖에 없게 된다. 그런데, 이는 헌법재판소가 스스로 자기부정을 초래하는 구조적인 모순을 내포한 것이다.

야간옥외집회금지에 대해 헌법재판소는 계속적용 불합치로 결정하였다. 이는 앞서 지적한 문제점을 그대로 노출시켰다. 그로 인해 다양한 형태로 논란이 제기되었다. 하지만, 행정청인 검찰과 경찰은 완화된 형태이긴 하지만 헌법재판소의 결정취지를 준수해서 그대로 적용함이 타당하고, 법원은 궁극적으로는 개선입법 시점까지 절차를 중지하였다가 개선입법에 따라 처리함이 합리적이라고 하겠다.

대법원은 2009. 1. 15. 적용중지 불합치를 단순위헌으로, 서울중앙지법은 최근 이 사건 불합치를 마찬가지로 단순위헌으로 각각 파악해서 관련사건을 무죄로 처리하였지만,583) 이는 적절치 않다. 헌법재판소의 결정취지에는 나름대로 고유한 정향성을 지니고 있다. 이를 간과하고, 당장의 소소한 편익에 집착해서 헌법재판소 결정의 실효성을 방기하려 하는 것은, 거시적인 측면에서 볼 때, 실질적 법치주의의 구현에 저어되는 행위라 할 것이다. 헌법재판소는 폭넓은 결정형성의 자유를 지니고, 그에 의거해서 그러한 결정주문을 제시한 것이다. 대법원을 비롯한 국가기관이 헌법 제107조 제1항, 제113조 제1항에 근거한 헌법재판소 결정의 기속력을 준수하지 않고 자의적으로 접근하려 하는 태도는 헌법파괴행위에 다름 아니라 하겠다.

---

583) 대법원도 마찬가지로 이를 반복하였다. 대법 2011. 6. 23. 선고 2008도7562판결. 이에 관한 상세한 내용과 평석은 후술하는 제6장.

헌법불합치결정이 대법원에 미치는 법적 효과

Ⅰ. 글머리에

1. 문제의 제기

대법원은 최근 2011. 6. 23.에 선고한 2008도7562판결에서 형벌법규에 대한 헌법불합치결정을 단순한 위헌결정과 동일한 것으로 보고, 헌법불합치결정이 선고되었다 할지라도 단순위헌결정으로 인해 심판대상인 법률이 소급적으로 효력이 상실되는 것과 마찬가지로 불합치결정된 법률도 소급적으로 그 효력이 상실된다고 판시하였다.

그런데 헌법재판소는 2009. 9. 24. 야간옥외집회금지를 위반한 자에 대한 형사처벌을 규율한 집시법 관련규정에 관해 헌법불합치로 결정하면서, 결정주문에서는 2010. 6. 30.을 시한으로 입법자가 개선입법을 할 때까지 불합치법률의 계속적용을 명함과 아울러, 결정 이유에서는 그 입법시한이 도과되었을 경우 그 다음 날부터 불합치법률의 효력이 상실됨을 설시하였다. 그런데 입법자인 국회는 그 입법시한까지 개선입법의무를 이행하지 않았고, 그에 따라 그 다음 날 효력이 상실되는 것으로 파악되었다.

이로 인해 이를 둘러싸고 하급법원은 설왕설래하였고, 급기야 대법원은 전원합의체에서 위와 같은 판결을 하였던 것이다.

이러한 대법원의 태도는 헌법재판소가 종래 채택하였던 헌법불합치결정을 비롯한 변형결정을 부인함은 물론이고, 헌법 제107조 제1항에 규정된 위헌법률심판제 자체를 정면 부인함과 아울러 헌재법 제47조 제1항에 규정된 위헌결정의 기속력까지도 부인하는 것이다. 물론 이 사건 판결의 별개의견은 계속적용 불합치결정의 필요성은 인정하고 있지만, 헌법재판소 결정의 기속력을 부인함은 마찬가지이었다. 어쨌건 다수의견이 원심사건에 대해 무죄를 선고해야 한다는 취지인데 반해, 별개의견은 면소판결을 선고해야 한다는 주장을 펼쳤다. 그리고 이 사건 판결에서 별개의견, 별개의견에 대한 보충의견 및 다수의견에 대한 보충의견은 각각 헌법불합치결정과 이 사건 헌법불합치결정을 둘러싼 다양한 견해를 전개하고 있다.

그러면, 이 글에서는 이 사건 대법원 판결을 집중적으로 분석하고 비판적으로 접근하기로 한다. 그러기 위해서는 먼저, 이 사건 판결 중 관련되는 부분을 소개하고, 거기에 나타난 주장을 정리함과 아울러 쟁점을 제시한다. 이어 이 사건 판결에 나타난 의견 상호간에 대해 쟁점별로 비교·검토하기로 한다.

필자는 이미 이 사건 관련 헌법불합치결정에 관해 상세하게 검토한 바 있다.584) 필자는 근본적으로 헌법재판소나 대법원이 헌법불합치결정을 둘러싸고 전개한 각종 의견과 그 입장을 달리 한다. 그러다 보니 이 사건 대법원 판결을 평석하기에 용이치 않은 점이 없지 않다. 하지만, 필자가 지닌 나름대로의 일관된 시각에서 논의를 전개하기로 한다.

2. 이 사건 관련 헌법불합치결정에 관한 필자의 견해

이 사건과 관련된 헌법재판소 결정은 헌법불합치결정을 둘러싼 쟁점을 모두 포괄하고 있다.

먼저, 이 사건 관련 결정에서 헌법재판소는 합헌인 부분과 위헌인 부분이 혼재함을 이유로 헌법불합치의 결정주문을 선택하였다. 이는 결정주문과 핵심쟁점과의 부조화를 그대로 반영한 사례에 해당한다.

다음, 이 사건의 심판대상인 법률조항은 야간옥외집회금지를 위반한 자에 대한 형사처벌을 규정한 형벌법규로서의 집시법 제23조 제1항 제1호와 제10조 본문이었다. 이 사건은 실체적 형벌법규에 대한 헌법불합치결정의 가능여부를 정면으로 다룬 것이었다.

여기서 한걸음 더 나아가 이 사건 관련 결정의 법정의견은 불합치법률의 잠정적인 계속적용이었다. 그로 인해 개선입법 시점 이후에는 불합치법률과 개선입법 사이에서의 법조경합을 초래하게 되는 상황이 전개되기에 이르렀다.

게다가 이 사건에서는 불합치결정을 하면서 결정주문에 개선입법의 시한을 명시함과 아울러 그때까지 불합치법률을 잠정적으로 계속 적용하고, 결정 이유에서

---

584) 제5장, 특히 제2절.

는 그 시한 내에 개선입법이 이루어지지 않으면 그 다음 날 불합치법률의 효력이 상실됨을 밝혔다.

그런데, 앞서 언급한 바와 같이 입법자인 국회는 개선입법을 하지 않음으로써 불합치법률의 효력상실을 방치하기에 이르렀다.

그러나 필자는 헌법재판소가 야간옥외집회금지에 관해 헌법불합치로 결정할 수는 있다고 본다. 다만, 그 법적 효과는 법적용자에게 불합치법률의 잠정적인 계속적용이 아니라 불합치법률의 적용중지와 개선입법에 따른 처리를 지향하는 적용중지 불합치결정이 적절하였다고 본다. 이러한 형태의 법적 효과를 지향하였을 경우 불합치결정 시점부터 개선입법 시점까지 야간옥외집회에 대해 적용해야 할 실정법적 근거가 없다는 문제가 발생하므로 이를 해소하기 위해 헌법재판소는 이 시적 공간을 규율하는 경과적인 조치를 하였어야 함이 적절하였다. 또한 불합치법률의 개선입법시한 도과 시 효력상실은 입법자인 국회에게 개선입법시한의 준수를 강제하기 위한 취지라고 하지만, 그 실질적인 의미는 법적용자에게 불필요한 혼란만을 초래하였을 따름이다. 헌법재판소가 의도한 사실상의 효과는 전혀 얻어내지 못하였다.

이런 상황과 연관지어본다면, 이 사건 대법원 판결이 헌법 제107조 제1항에 근거한 헌법불합치결정을 정면 부인하는 행태를 범할 여건을 헌법재판소 스스로가 자초하였다고 보기도 한다.

Ⅱ. 집시법위반에 관한 대법원판결(2011. 6. 23. 선고 2008 도7562판결)

1. 이 사건의 개요

원심은 피고인에 대한 이 사건 공소사실 중 위 피고인이 야간옥외집회를 주최하였다는 취지의 각 공소사실을 집회 및 시위에 관한 법률(2007. 5. 11. 법률 제8424호로 전부 개정된 것, 이하 '집시법'이라 한다) 제23조 제1호, 제10조 본문을 적용하여 유죄로 인정한 1심판결을 그대로 유지하였다. 그런데 원심판결 선고 후 헌법재판소는, 주문에서 '집시법 제10조 중 '옥외집회' 부분 및 제23조 제1호 중 '제10조 본문의 옥외집회' 부분은 헌법에 합치되지 아니한다. 위 조항들은 2010. 6. 30.을 시한으로 입법자가 개정할 때까지 계속 적용된다', 이유 중 결론에서 '만일 위 일자까지 개선입법이 이루어지지 않는 경우 위 법률조항들은 2010. 7. 1.부터 그 효력을 상실하도록 한다'는 내용의 헌법불합치결정을 선고하였고(헌법재판소 2009. 9. 24. 선고 2008헌가25결정, 이하 '이 사건 헌법불합치결정'이라 한다), 국회는 2010. 6. 30. 까지 집시법의 위 조항들을 개정하지 아니하였다.

2. 다수의견

헌법재판소의 헌법불합치결정은 헌법과 헌법재판소법이 규정하고 있지 않은 변형된 형태이지만 법률조항에 대한 위헌결정에 해당하고 [대법원 2009. 1. 15. 선고 2004도7111 판결, 헌법재판소 2004. 5. 27. 선고 2003헌가1, 2004헌가4(병합) 결정 등], 집시법 제23조 제1호는 집회주최자가 집시법 제10조 본문을 위반할 것을 구성요건으로 삼고 있어 집시법 제10조 본문은 집시법 제23조 제1호와 결합하여 형벌에 관한 법률조항을 이루게 되므로, 집시법의 위 조항들(이하 '이 사건 법률조항'이라 한다)에 대하여 선고된 이 사건 헌법불합치결정은 형벌에 관한 법률조항에 대한 위헌결정이라 할 것이다. 그리고 헌법재판소법 제47조 제2항 단서는 형벌에 관한 법률조항에 대하여 위헌결정이 선고된 경우 그 조항이 소급하여 효력을 상실한다고 규정하고 있으므로, 형벌에 관한 법률조항이 소급하여 효력을 상실한 경우에 당해 조항을 적용하여 공소가 제기된 피고사건은 범죄로 되지 아니한 때에 해당한다 할 것이고, 법원은 그 피고사건에 대하여 형사소송법 제325조 전단에 따라 무죄를 선고하여야 한다(대법원 1992. 5. 8. 선고 91도2825 판결, 대법원 2010. 12. 16. 선고 2010도5986 전원합의체 판결 등).

또한 헌법 제111조 제1항과 헌법재판소법 제45조 본문에 의하면 헌법재판소는 법률 또는 법률조항의 위헌여부만을 심판결정할 수 있으므로, 형벌에 관한 법률조항이 위헌으로 결정된 이상 그 조항은 헌법재판소법 제47조 제2항 단서에 정해진 대로 효력이 상실된다 할 것이다. 그러므로 헌법재판소가 이 사건 헌법불합치결정의 주문에서 이 사건 법률조항이 개정될 때까지 계속 적용되고, 이유 중 결론에서 개 정시한까지 개선입법이 이루어지지 않는 경우 그 다음날부터 이 사건 법률조항이 효력을 상실하도록 하였더라도, 이 사건 헌법불합치결정을 위헌결정으로 보는 이 상 이와 달리 해석할 여지가 없다.

따라서 이 사건 헌법불합치결정에 의하여 헌법에 합치되지 아니한다고 선언되고 그 결정에서 정한 개정시한까지 법률개정이 이루어지지 않은 이 사건 법률조항은 소급하여 그 효력을 상실한다 할 것이므로 이 사건 법률조항을 적용하여 공소가 제 기된 야간옥외집회 주최의 피고사건에 대하여 형사소송법 제325조 전단에 따라 무 죄가 선고되어야 할 것이다.

3. 법률조항의 효력상실시기에 관한 별개의견(대법관 안대희, 신영철, 이인복)

가. 다수의견은 이 사건 헌법불합치결정에도 헌법재판소법 제47조 제2항 단서가 적용되어야 함을 전제로 이 사건 법률조항이 소급적으로 효력을 상실하였다고 보 고 있으나, 이 사건 법률조항의 효력상실시기에 관하여 아래와 같이 다수의견과 견 해를 달리하므로 그 취지를 밝혀둔다.

나. 헌법재판소법 제45조 본문은 '헌법재판소는 제청된 법률 또는 법률조항의 위헌 여부만을 결정한다'고 규정하고 있다. 그러나 이 규정을 문언대로 엄격하게 고집하 여 헌법재판소는 심판대상 법률의 위헌과 합헌 가운데 어느 하나만을 선택할 수 있 을 뿐이고 여기에 어떠한 예외도 허용되지 않는다고 해석한다면 헌법재판소가 현 대의 복잡 다양한 사회현상과 헌법상황에 맞는 유연하고 신축성 있는 판단을 할 수 없게 되어, 경우에 따라서는 국민의 기본권을 보호하고 헌법질서를 관철하고자 한 결정이 오히려 중대한 법적 공백과 혼란을 초래하여 법적 안정성을 해치거나 국회 의 건전한 입법형성의 자유를 제약하여 더욱 헌법질서에서 멀어지게 만드는 결과 를 낳을 수 있고, 이는 다시 헌법재판소로 하여금 법률의 위헌여부에 관한 판단을 적극적으로 하기 어렵게 하여 국민의 기본권 수호에 관한 책무를 다하지 못하게 하

는 결과에 이를 수도 있게 된다. 이러한 취지에서 헌법재판소가 일찍부터 헌법불합치결정을 포함하여 이른바 변형결정을 선고하여 왔음은 주지의 사실이다.

그러나 위와 같은 헌법재판의 특수성을 고려한다고 하더라도 이러한 변형결정은 그에 관한 실정법적 근거가 없을 뿐만 아니라 헌법이 법원에 부여한 법령의 해석권한을 침해하는 결과에 이를 수도 있기 때문에, 법원으로서는 헌법재판소가 한 변형결정에 전적으로 기속된다고 보기는 어렵고 이는 헌법불합치결정의 경우에도 마찬가지라고 보아야 할 것이다. 왜냐하면 헌법불합치결정이 본질적으로 위헌결정에 해당한다고 하더라도 헌법재판소가 위헌결정의 효력에 관한 헌법재판소법 제47조의 적용을 회피하기 위하여 변형결정의 한 형태로서 헌법불합치결정을 하였다면, 이를 헌법재판소법 제47조가 예정한 본래의 의미에서의 위헌결정이라고 볼 수 없고, 특히 헌법불합치결정에 포함된 경과조치나 효력상실시기에 관한 부분은 위헌선언의 본질적 구성요소라고 보기 어려워 그 부분 기속력에 관한 실정법적 근거가 없음은 그 밖의 변형결정과 다를 바 없기 때문이다.

결국 구체적 분쟁에 적용할 법률이나 법률조항에 대하여 헌법불합치결정이 있을 때 그 효력과 의미를 어떻게 이해할 것인지는 법률의 해석·적용을 통하여 구체적 분쟁을 해결할 책임이 있는 법원의 권한에 속한다고 할 수밖에 없는데, 다만 이 경우 법원으로서도 헌법불합치결정의 주문과 이유에 나타난 헌법재판소의 의도와 견해를 가능한 한 존중함으로써 그에 담긴 위헌선언의 취지를 충분히 살리는 한편, 헌법재판소가 헌법불합치결정을 하면서 염려한 법적 공백이나 법적 안정성에 대한 침해가 발생하지 않거나 최소화될 수 있도록 조화로운 해석을 모색할 필요가 있다고 할 것이다. 이는 우리 헌법질서가 국민의 기본권 보장과 법질서 수호의 책무를 법원과 헌법재판소에 분장시키면서 법원과 헌법재판소 모두에게 상호 존중의 정신에 입각하여 협력할 것을 요청하고 이를 통해 양 기관이 각자에게 주어진 헌법적 책무를 다할 것을 기대한다고 볼 수 있기 때문이고, 이러한 헌법적 요청에서 헌법재판소 역시 법원의 법령 해석 등에 관한 권한을 침해하지 않도록 변형결정에 신중을 기하여야 할 당위 또한 도출된다고 볼 수 있다.

다. 위와 같은 헌법불합치결정의 예외적 필요성은 형벌법규라고 하여 다르지 않다. 물론 위헌적인 형벌법규로 국민을 처벌하여서는 아니됨은 너무나 당연하고, 이러한 취지에서 헌법재판소법 제47조 제2항 단서는 위헌으로 결정된 형벌에 관한 법

률 또는 법률의 조항은 소급하여 그 효력을 상실하도록 하고 있으며, 제3항에서는 위헌으로 결정된 법률 또는 법률의 조항에 근거한 유죄의 확정판결에 대하여는 재심을 청구할 수 있다고 규정하고 있다.

그러나 형벌법규는 사회의 도의관념이나 가치체계에 기초를 두고 있어서 그 처벌의 정당성이나 범위는 국가의 정치·사회·경제·문화 각 영역의 동태적 변화 또는 발전에 불가피하게 영향을 받을 수밖에 없고, 국회가 이러한 변화에 적절히 대응하지 못하여 종래에는 합헌으로 평가되었던 형벌법규가 변화된 헌법적 현실에 부합하지 않게 된 경우에도 헌법재판소에 의한 위헌선언의 가능성과 필요가 생기게 된다. 그런데 위와 같은 경우 헌법재판소의 위헌결정으로 해당 형벌법규가 예외 없이 그 법률의 제정시로 소급하여 효력을 잃고, 그에 따라 위 형벌법규에 근거하여 유죄의 확정판결을 받았던 모든 사람들에게 재심을 허용하여 무죄판결을 받게 한다면, 이는 과거에 존재하였던 역사적 현실을 완전히 부인하는 것일 뿐만 아니라 위헌성을 제거한 개선입법이 마련될 때까지 발생하는 법적 공백으로 인한 혼란을 피할 수도 없게 된다. 뿐만 아니라 헌법재판소로서도 어떠한 형벌법규가 위헌인지 여부를 심사함에 있어서 과거 그 형벌법규가 제정될 때부터 현재에 이르기까지 전 기간에 걸쳐 시대를 초월하여 위헌성을 갖는다고 인정될 때에만 위헌선언을 할 수 있다고 한다면, 헌법재판소가 과거의 역사적 현실에 기속되어 현재의 기본권 보호에 관한 헌법적 책무를 제대로 이행하지 못하는 결과를 낳을 수도 있다.

따라서 헌법재판소가 위와 같은 고려에서 어떠한 형벌법규에 위헌성이 있다고 인정하면서도 그 가운데 합헌적 부분 또한 혼재되어 있어 국회의 입법에 의한 구분의 필요성이 있거나 단순위헌결정이 가져올 법적 안정성에 대한 침해가능성이 중대하다고 보아, 헌법재판소법 제47조 제2항 단서에 따른 소급효의 적용을 배제하는 것이 불가피하다고 판단하여 단순위헌결정이 아닌 헌법불합치결정을 하면서 아울러 일정한 개선입법이 마련되어 시행되기 까지 해당법규의 잠정적용을 명한 경우, 법원으로서도 이러한 헌법적 가치와 이익형량에 관한 헌법재판소의 판단을 존중할 필요가 있고, 다수의견과 같이 예외적 소급효 제한의 헌법적 당부를 따지지 않은 채 단지 헌법불합치결정이 위헌결정의 일종이고 헌법불합치결정의 대상이 형벌법규이므로 당연히 헌법재판소법 제47조 제2항 단서의 적용에 따라 소급효가 인정될 뿐 여기에 어떠한 예외도 허용될 수 없다고 기계적으로 해석할 것은 아니다.

라. 한편 대법원이 그 동안 헌법재판소법 제47조 제2항 본문의 해석과 관련하여 취해온 태도도 살펴볼 필요가 있다. 헌법재판소법 제47조 제2항 본문은 형벌에 관한 것이 아닌 법률 또는 법률의 조항에 관하여 위헌결정이 있는 경우 위 법률이나 법률조항은 위헌결정이 있는 날부터 효력을 상실한다고 규정하고 있음에도, 대법원은 일찍부터 위헌심판에서의 구체적 규범통제의 실효성 보장이라는 측면을 고려하여 위헌결정을 하게 된 당해 사건, 위헌결정이 있기 전에 이와 동종의 위헌여부에 관하여 헌법재판소에 위헌제청을 하였거나 법원에 위헌제청신청을 한 사건, 그리고 따로 위헌제청신청은 아니하였지만 당해 법률 또는 법률의 조항이 재판의 전제가 되어 법원에 계속중인 사건뿐만 아니라 위헌결정 이후에 위와 같은 이유로 제소된 일반사건에도 위헌결정의 효력이 미친다고 해석하여 왔고, 다시 이 경우에도 법적 안정성의 유지나 당사자의 신뢰보호를 위하여 불가피한 경우에는 위헌결정의 소급효가 제한될 수 있다고 하거나 심지어는 당해 사건을 포함한 개별사건의 구제를 전혀 인정하지 않기도 하는 등, 위헌결정의 소급효 유무가 헌법재판소법 제47조 제2항의 문언이나 다른 어떤 형식적 기준을 통해 획일적으로 결정될 수 없음을 수긍하여 왔다(대법원 1993. 1. 15. 선고 91누5747판결, 대법원 1995. 11. 24. 선고 93후107판결, 대법원 2005. 11. 10. 선고 2005두5628판결 등).

위와 같은 대법원의 태도는 헌법재판소법 제47조 제2항 본문의 적용이 문제되는 비형벌법규에 관한 것이어서 형벌법규로서 같은 항 단서의 적용이 문제되는 이 사건의 경우와 동일한 평면에서 비교하거나 그에 직접 적용될 것은 아니나, 적어도 위헌결정의 소급효 인정 여부와 그 범위에 관하여 획일적·절대적 기준이 있을 수 없다는 점에서는 본질적인 공통점을 찾을 수 있을 것이다.

마. 이 사건 헌법불합치결정은 그 주문에서 이 사건 법률조항이 헌법에 합치되지 아니함을 선언하면서도 2010. 6. 30.을 시한으로 국회가 개정할 때까지 계속 적용된다고 하였는데, 그 결정 이유를 보면 이 사건 법률조항은 위헌적인 부분과 함께 합헌적인 부분을 포함하고 있기 때문에 그 효력을 즉시 상실시키기 보다는 개정시한을 설정하여 그때까지 잠정적으로 효력을 유지하게 하면서 국회로 하여금 제반 사정을 참작하여 옥외집회가 금지되는 시간대를 합리적으로 설정하게 함으로써 국회의 판단재량을 존중하는 가운데 이 사건 법률조항의 위헌성을 제거할 수 있다고 보아 위와 같은 주문의 결정에 이르게 된 것임을 알 수 있다. 아울러 이 사건 헌법불

합치결정은 그 위헌선언의 취지가 몰각되지 않도록 위 잠정적용의 시한까지 개선입법이 이루어지지 않는 경우 이 사건 법률조항은 2010. 7. 1.부터 그 효력을 상실한다고 이유를 통하여 밝히고 있으므로, 이를 종합하여 보면 이 사건 헌법불합치결정은 개선입법이 이루어지지 않은 경우 처음부터 단순위헌결정이 있었던 것과 동일한 상태로 돌아가는 것이 아니라 개선입법의 시한이 만료된 다음 날인 2010. 7. 1.부터 이 사건 법률조항의 효력이 상실되도록 한 취지임을 알 수 있다.

이러한 헌법재판소의 판단은 야간옥외집회를 전면적으로 금지하는 것이 현 시대적 상황이나 우리나라의 정치·사회적 발전단계, 성숙도에 비추어 더 이상 합헌적인 것으로 평가받을 수 없기는 하나, 과거 헌법재판소 1994. 4. 28. 선고 91헌바14결정에서 야간옥외집회금지 규정을 합헌으로 선언한 바 있고 법원에서도 과거 수십 년 동안 그 합헌성을 전제로 다수의 재판을 해 온 현실을 염두에 두고 단순위헌결정이 가져올 법적 안정성의 교란과 국민의 법질서에 대한 신뢰훼손, 사법절차의 부담까지도 감안하여 이루어진 것이라고 할 것이다. 그리고 단순위헌결정을 하지 않더라도 장차 국회의 합리적 기준 설정을 통해 사회적 정당성이 인정되는 야간옥외집회에 대하여는 그 처벌이 배제될 것이고, 국회가 개선입법을 하지 않는 경우에도 법률의 효력상실과 이에 따른 면소판결을 통하여 형사처벌의 가능성이 전면적으로 소멸하므로(이 경우는 실질적으로 구법의 처벌규정이 부당하다는 반성적 고려에서 해당 법률을 폐지한 것과 달리 볼 이유가 없다), 어느 경우에나 헌법에 보장된 집회의 자유를 실현하고자 하는 위헌선언의 취지는 관철됨을 전제로 하고 있다고 볼 수 있다.

바. 그렇다면 헌법재판소가 위와 같은 취지에서 이 사건 헌법불합치결정을 통하여 이 사건 법률조항이 헌법에 위반된다고 판단하면서도 헌법재판소법 제47조 제2항 단서에 따른 소급효의 적용을 배제하고 개선입법의 시한만료일 다음 날인 2010. 7. 1.부터 그 효력이 상실되도록 한 이상, 피고인에 대한 야간옥외집회 주최의 공소사실은 그 형벌의 근거가 되는 이 사건 법률조항이 2010. 7. 1.부터 효력이 상실됨으로써 '범죄 후 법령 개폐로 형이 폐지되었을 때'에 해당한다고 볼 수 있으므로 형사소송법 제326조 제4호에 의하여 실체적 재판을 하기에 앞서 면소판결을 하여야 할 것이다.

그러므로 위 피고인에 대한 원심판결이 파기되어야 한다는 결론에서는 다수의견과

의견을 같이 하지만, 위에서 본 바와 같이 그 파기의 이유는 달리하므로 별개의견을 개진하는 것이다.

4. 별개의견에 대한 보충의견(대법관 안대희)

가. 다수의견은 이 사건 헌법불합치결정을 형벌에 관한 법률조항에 대한 위헌결정이라고 해석하여, 헌법재판소법제47조 제2항 단서에 따라 이 사건 법률조항이 소급하여 효력을 상실하였으므로 이 사건 법률조항을 적용한 공소사실에 대하여 무죄판결을 선고하여야 한다고 본다. 그러나 이러한 다수의견의 해석론은 이 사건 헌법불합치결정의 객관적 취지에 반하는 것은 물론 헌법과 헌법재판소법 규정을 넘어선 해석으로 볼 여지가 있고, 무엇보다 민주사회의 기본적 가치인 법적 안정성과 평화를 정당한 사유 없이 훼손할 우려가 있어 별개의견에 보충하여 그 취지를 밝힌다.

나. 이 사건 헌법불합치결정에서 헌법재판소는 이 사건 법률조항에 대하여 헌법에 위반된다는 의견이 5인이고, 헌법에 합치되지 아니한다는 의견이 2인으로, 단순위헌의견이 6인에 미달하였음에도 헌법불합치의견까지 합산하면 헌법재판소법 제23조 제2항 제1호에 규정된 법률의 위헌결정을 함에 필요한 심판정족수에 이르게 된다는 이유로, 이 사건 법률조항에 대하여 헌법에 합치되지 아니하지만, 국회가 2010. 6. 30.이전에 개선입법을 할 때까지 계속 적용하되, 만일 위 일자까지 개선입법이 이루어지지 않는 경우 이 사건 법률조항은 2010. 7. 1.부터 그 효력을 상실한다고 선언하였다. 한편 위 2인의 헌법불합치의견은 그 취지가 이 사건 법률조항에 위헌적인 부분 외에 합헌적인 부분도 공존하고 있으므로 개선입법을 통해 이를 구분하고 그때까지는 그 전체가 효력을 유지하여 계속 적용되도록 하려는 것임이 명백하다.

그런데 헌법 제113조 제1항과 헌법재판소법 제23조 제2항 제1호에 의하면 법률의 위헌결정을 위해서는 재판관 6인 이상의 찬성이 있어야 한다. 헌법불합치와 위헌은 명백히 구별되는 것으로, 위헌결정의 중대성에 비추어 위헌결정을 위해서는 내용적으로나 형식적으로나 위헌임을 명시적으로 찬성한 6인 이상의 재판관의 찬성이 있어야 할 터인데, 이 사건 헌법불합치결정의 경우 그러한 단순위헌의견이 5인에 불과하여 헌법재판소법 제47조 제2항에 규정한 즉각적이고 소급적인 법률의 효력상실에 필요한 요건을 사실상 구비하지 못한 것으로 볼 여지가 많다.

다. 과거 헌법재판소가 학교보건법 제6조 제1항 본문 제2호 중 '극장' 부분에 대한 위헌제청사건에서 형벌법규에 대하여 헌법불합치결정을 하였고[헌법재판소 2004. 5. 27. 선고 2003헌가1, 2004헌가4(병합)결정], 대법원은 이를 단순위헌결정과 같이 해석한 사실이 있기는 하다(대법원 2009. 1. 15. 선고 2004도7111판결). 그런데 위 헌법불합치결정에서는 위 학교보건법 규정 중 초·중등교육법 제2조에 규정한 각 학교에 관한 부분이 기본권을 침해하여 헌법에 위반된다는 점에 대해 재판관 전원의 의견이 일치하였고, 나아가 단순위헌결정에 따르는 불합리성을 제거하기 위한 차원에서 헌법불합치결정의 형식을 취하면서도 위헌적인 법률에 의하여 형사처벌절차가 진행되는 것을 막기 위하여 즉시 그 조항의 적용을 중지하도록 하였다. 이러한 점에서 위 헌법불합치결정은 심판대상 조항에 합헌적인 측면도 공존함을 인정하고 이를 감안하여 일정한 시기까지 그 계속 적용을 명한 이 사건 헌법불합치결정과는 성격이 다르므로, 위 해석 선례는 그 당부와 관계없이 이 사건에 적용될 수 없음을 먼저 밝혀둔다.

라. 다음으로, 대법원이 이 사건 법률조항의 계속 적용을 명한 헌법재판소의 명시적 의견에 반하여, 이 사건 헌법불합치결정의 법적 성격이 형벌에 관한 법률조항에 대한 위헌결정에 해당한다는 이유로 그 조항이 소급적으로 효력을 상실한다고 해석하는 것은, 헌법재판소법 제47조 제1항에서 규정한 헌법재판소 결정의 기속력을 사실상 부정하는 것으로, 헌법재판소와 대법원 사이의 의견 차이를 해소할 법적 제도를 갖추지 아니한 우리 법체계 아래에서는 두 기관 사이의 법률해석을 둘러싼 충돌은 물론 법률 수범자들에게도 혼란을 초래할 우려가 크다는 점을 지적하고자 한다. 비록 법률조항의 해석·적용권한을 가진 법원이 헌법불합치결정에 전적으로 기속되지 아니하고 독자적인 해석을 할 수 없는 것은 아니고, 나아가 헌법재판소가 헌법과 법률이 규정하고 있지 아니한 헌법불합치결정을 한 것 자체가 부적절하여 이러한 해석상 혼란의 주된 원인이라고 하더라도 대법원이 그 효력 자체를 부정하지 않고 헌법재판소 의견의 일부로 받아들이는 이상 그 표시된 내용에 충실하게 해석함으로써 그 결정의 취지를 존중해야만 헌법재판소에 위헌법률심사권을 부여하고 그 결정에 기속력을 부여한 헌법 및 헌법재판소법에 충실한 해석이 될 것이고

예상되는 법적 혼란도 막을 수 있을 것이다.

마. 위와 같이 이 사건 헌법불합치결정의 해석에 있어 다수의견과 별개의견의 근본적 차이는 그 결정의 소급적 적용 여부인바, 다수의견에 의하면 이 사건 헌법불합치결정의 결과, 이 사건 법률조항에 기하여 선고된 종전 유죄의 확정판결 전부가 재심의 대상이 될 것이다. 그러나 이러한 해석은 법적 평화를 현저히 침해하고 그 법률에 기초한 과거 모든 재판이 소급적으로 잘못된 행위로 간주된다는 점에서 법치국가의 기본적 원리를 훼손하게 될 우려가 있다. 더구나 다수의견의 논리에 따르면, 심지어 이 사건 헌법재판소가 그 효력이 유지됨을 인정하여 재판에 적용하도록 한 법률에 기한 개선입법 시점 이전의 판결에 대해서까지 이론상 그 개선입법의 유무나 내용과 상관없이 동일하게 위헌, 무효의 판결로 취급할 수밖에 없을 것이지만, 앞서 본 바와 같이 이 사건 헌법재판소의 결정이 실질적으로 단순위헌결정의 요건을 구비하지 못하였다고 하는 점에 비추어보더라도 그 불합리성은 명백하다. 오히려 이 사건 헌법불합치결정의 취지를 그 주문과 이유에서 명시한 대로 객관적으로 해석하면, 형벌법규에 대한 위헌결정의 소급효를 인정한 헌법재판소법의 규정을 맹목적으로 쫓을 경우에 발생할 문제점과 과거 헌법재판소 1994. 4. 28. 선고 91헌바14결정에서 야간옥외집회금지 규정을 합헌으로 선언한 사정 등을 감안하여 위 헌법재판소법 규정의 의미를 합목적적인 견지에서 일부 제한하는 합헌적인 해석을 한 것으로 봄이 상당할 것이다. 이러한 헌법재판소의 해석은, 법적 안정성과 평화 역시 기본권과 마찬가지로 법치국가가 지향하는 기본적 원리의 하나로서, 기왕의 법률이나 그에 관한 해석이 법률적 불법으로 보이는 극히 예외적인 경우가 아닌 한 법적 안정성의 침해가 명백한 헌법불합치결정의 소급효를 함부로 인정해서는 곤란하다는 점에서 보더라도 수긍할 수 있는 것이다.

바. 다수의견과 같이 헌법재판소의 명시적 의사에 반하여 이 사건 헌법불합치결정에 소급적 효력을 인정하는 것은, 시대의 변화와 법률이 지니는 다양한 성격 등 헌법적 현실을 고려하지 않은 채 오랜 세월의 역사적 법적용을 거슬러 올라가 독자적인 견지에서 이 사건 법률조항의 모든 적용이 무효임을 해석, 선언한다는 의미인 바, 이것은 법률의 적용을 통한 법질서 유지를 하나의 임무로 하는 법원이 논리적·역사적 당위성과 구체적 타당성도 부족한 상태에서 법적 안정성을 훼손하는 자기모순적인 결과를 초래하게 될 것이다. 이러한 점에서도 다수의견은 수긍하기 어려운 것이다.

5. 다수의견에 대한 보충의견(대법관 차한성, 이상훈)

가. 별개의견이 지적하는 바와 같이 헌법재판의 특수성을 고려한다고 하더라도 헌법불합치결정을 포함한 이른바 변형결정은 실정법적 근거가 없을 뿐만 아니라 헌법이 법원에 부여한 법령의 해석·적용권한을 침해하는 결과에 이를 수도 있기 때문에, 법원으로서는 헌법재판소가 한 변형결정에 전적으로 기속된다고 보기 어렵다. 한편 형벌법규에 대한 위헌결정의 소급효를 예외적으로 제한할 필요성이 있는 경우가 있을 수 있다. 그러나 헌법재판소법 제47조 제2항 단서와 제3항은 형벌법규에 대한 위헌결정의 소급효와 그에 따른 재심청구권을 명시적으로 규정하고 있고, 죄형법정주의를 천명하고 있는 우리 헌법과 형사법제 아래에서 형벌이 가지는 특수성에 비추어 볼 때, 헌법재판소 결정 또는 그 결정에 대한 해석으로 위와 같은 소급효 및 피고인의 재심에 관한 권리를 제한하는 것은 허용되기 어렵고, 그에 따른 불합리는 결국 입법에 의하여 해결하는 수밖에 없다(대법원 2011. 4. 14. 선고 2010도5605판결 등).

법원이든 헌법재판소이든 그 헌법적 책무는 헌법과 법률이 정하는 바에 따라 수행할 수 있을 따름이다. 헌법재판소법 제47조 제2항 단서의 명시적 규정에도 불구하고 별개의견과 같이 해석하는 것은 위 규정이 위헌이라는 헌법재판소의 결정이 뒷받침되기 전에는 가능한 입론이 아니다. 현실적 필요성이 살아 있는 법률규정을 능가할 수는 없고, 법률규정으로 인한 불합리나 혼란을 해소할 필요가 있다면 이는 국회의 몫이지 법원이나 헌법재판소의 몫이 아니다.

또한 국가의 기본권 보장 의무와 형벌이 가지는 중대한 기본권 제약성을 고려할 때, 실질적 의미의 죄형법정주의를 구현하기 위해서는 범죄와 형벌을 규정하는 법률의 내용이 헌법적 가치체계와 일치하여야 하는데, 헌법불합치결정을 통하여 이미 위헌으로 결정된 형벌법규를 선고시점부터 개선입법시까지 계속 적용하라고 명하는 것은 위헌인 법률을 잠정적용하여서라도 기존질서를 유지하라는 것에 다름 아니어서 헌법적으로 정당화되기 어렵다. 그리고 이 사건 헌법불합치결정과 같이 형벌에 관한 법률조항의 위헌을 선언하면서도 그 조항에 위헌적인 부분과 합헌적인 부분이 공존한다는 이유로 그 효력을 즉시 상실시키지 않고 일정 시점까지 계속 적용을 명하는 경우, 일반국민으로서는 자신의 행위가 위헌적인 부분에 해당하는지 아니면 합헌적인 부분에 해당하여 처벌될 수 있는 행위인지를 명확히 알 수 없게 되어, 합헌의 가능성이 있는 행위를 포함하여 매우 포괄적으로 행동에 제약을 받게 되므로, 죄형법정주의가 요청하는 명확성 원칙에 반하게 된다. 특히 형벌에 관한 법률조항에 대한 헌법불합치결정 후 그 조항이 적용되어 처벌받은 행위가 그 이후의 개선입법에 의하면 위헌무효인 부분의 적용을 받는 것으로 밝혀지는 경우 그 당사자는 회복하기 어려운 피해를 입을 수밖에 없게 된다.

따라서 법원이 헌법재판소의 판단과 결정을 존중하여야 한다는 별개의견에 반대하는 것은 아니지만, 형벌법규에 대한 위헌결정의 소급효를 제한하기 위한 방안으로 형벌법규에 대한 이 사건 헌법불합치결정과 같은 내용을 그대로 수용하여, 그 결정 중 법적근거가 있는 위헌선언 부분 외에 법적 근거가 없는 부분에 대해서까지 효력을 인정하기는 곤란하다.

나. 대법원은 비형벌법규에 대한 위헌결정의 효력을 규정한 헌법재판소법 제47조 제2항 본문에도 불구하고 해석상 일정한 경우에는 예외적으로 비형벌법규에 대한 위헌결정의 소급효를 인정하고 있음은 별개의견이 지적하는 바와 같다. 그러나 이러한 사정만으로 형벌법규에 대한 위헌결정의 효력을 규정한 헌법재판소법 제47조 제2항 단서에도 불구하고 해석상 예외적으로 형벌법규에 대한 위헌결정의 소급효를 제한할 수 있다고 볼 수는 없다. 왜냐하면 비형벌법규에 대한 위헌결정의 소급효를 인정하는 것은 형벌법규에 대한 위헌결정의 소급효를 부정하는 것과는 차원을 달리 하는 문제이기 때문이다. 전자의 경우에는 위헌심판에서의 구체적 규범통제의 실효성을 보장하기 위하여, 위헌결정을 하게 된 당해 사건, 위헌결정이 있기 전에 이와 동종의 위헌 여부에 관하여 헌법재판소에 위헌심판제청을 하였거나 법원에 위헌심판제청신청을 한 사건, 따로 위헌심판제청신청은 아니하였지만 당해 법률 또는 법률의 조항이 재판의 전제가 되어 법원에 계속 중인 사건 및 위헌결정 이후에 위와 같은 이유로 제소된 일반사건에 대하여 위헌결정의 소급효를 인정하지 않을 경우 권리구제의 측면에서 불공평하고 불합리한 결과를 가져올 수 있다는 점에서 소급효 인정이 정당화될 수 있다. 그러나 후자의 경우는 형벌법규에 대한 위헌결정의 소급효를 부정하면서까지 위헌으로 선언된 법률에 의한 형사처벌을 유지하겠다는 것으로, 이는 위헌법률을 가지고 국민의 기본권을 제한하겠다는 것이고, 그 조항에 근거하여 유죄가 확정된 피고인의 재심청구권을 제한하여 당사자의

권리구제와 형평에 반하는 결과를 가져오는 것이어서 쉽사리 정당화될 수 없다.

다. 별개의견은, 이 사건 헌법불합치결정은 개선입법이 이루어지지 않은 경우 처음부터 단순위헌결정이 있었던 것과 동일한 상태로 돌아가는 것이 아니라 개선입법의 시한이 만료된 다음 날인 2010. 7. 1.부터 이 사건 법률조항의 효력이 상실되도록 한 취지라고 한다. 그러나 헌법재판소 결정의 취지를 존중하더라도 과연 이 사건 헌법불합치결정의 취지를 그와 같이 단정할 수 있는지는 의문이다. 오히려 이 사건 헌법불합치결정은 이 사건 법률조항의 효력을 부득이 일정 기간 동안 존속시키지만 국회로 하여금 이 사건 법률조항의 위헌적 요소를 제거하도록 하여 개선입법이 이루어지면 피고인에게 유리한 개선입법을 적용하고, 개정시한까지 개선입법이 이루어지지 않으면 합헌적인 부분을 포함하여 이 사건 법률조항 전부가 소급하여 효력을 상실한다는 취지로 해석할 수도 있을 것이다. 이 사건 헌법불합치결정의 취지를 이와 같이 해석하게 되면 개정시한까지 개선입법이 이루어지지 않은 이 사건 법률조항은 소급하여 효력을 상실하므로, 이 사건 법률조항을 적용하여 공소가 제기된 피고사건에 대하여 무죄를 선고하여야 할 것이다.

그리고 별개의견은, 헌법재판소가 야간옥외집회금지 규정을 과거에 합헌으로 선언한 바 있었고 그 합헌성을 전제로 다수의 재판이 행해진 것을 염두에 두고 단순위헌결정이 가져올 법적 안정성의 교란과 국민의 법질서에 대한 신뢰훼손, 사법절차의 부담까지도 감안하여 이 사건 헌법불합치결정을 한 것이라고 한다. 그러나 이 사건 헌법불합치결정의 이유에는 이 사건 법률조항에 위헌적인 부분과 합헌적인 부분이 공존하고 있기 때문에 국회로 하여금 제반사정을 참작하여 옥외집회가 금지되는 시간대를 합리적으로 설정하도록 하기 위하여 헌법불합치결정을 한다는 내용만 있을 뿐 그 이유 어디에서도 별개의견이 주장하는 사정들을 감안하여 헌법불합치결정을 한다는 내용은 찾아볼 수 없다.

또한 개선입법이 이루어지지 않은 경우에 개정시한 다음 날부터 장래를 향하여 이 사건 법률조항의 효력이 상실된다고 보는 것은, 이 사건 헌법불합치결정에서 이 사건 법률조항이 위헌임을 선언하였음에도 불구하고 개선입법이 이루어지지 않았다는 사정만으로 개정시한까지는 이 사건 법률조항이 합헌·유효하다고 본다는 것에 다름 아니고, 이는 이 사건 헌법불합치결정을 한시적 합헌결정으로 보는 것이라고 오해를 불러일으킬 수도 있다.

라. 형사소송법 제326조는 면소의 선고를 하여야 할 사유로 '확정판결이 있는 때, 사면이 있는 때, 공소의 시효가 완성되었을 때, 범죄 후의 법령개폐로 형이 폐지되었을 때'의 4가지 경우만을 규정하고 있을 뿐, 법률조항이 위헌으로 선언된 경우는 규정하고 있지 아니하다. 그리고 위헌결정으로 인하여 형벌에 관한 법률조항의 효력이 상실된 경우 이를 범죄 후의 법령의 개폐로 형이 폐지되었을 때에 해당한다고 보지 않는 것이 대법원의 확립된 판례이고, 면소사유에 해당하는 법령의 폐지로 인한 형의 폐지는 합헌법령이 존속하다가 폐지된 경우를 의미하지, 위헌법령이 존속하다가 폐지된 경우를 의미하는 것은 아니다. 헌법재판소의 결정을 법령의 개폐와 동일시하여 면소판결을 하여야 한다는 주장은 형사소송법 제326조에 근거하지 않은 해석으로 수긍할 수 없다. 또한 헌법재판소의 결정에서 말하는 효력상실이란 대상법률에 대하여 위헌결정이 내려진 것과 마찬가지의 효과가 생기는 것을 뜻하는 것으로 볼 수 있다.

이 점에서도 이 사건 법률조항을 적용하여 공소가 제기된 피고사건에 대해서는 면소가 아닌 무죄를 선고하여야 하는 것이다.

마. 헌법재판소가 평의결과에 따라 법정의견인 주문을 결정하면 그 의견은 헌법재판소 전체의 의견으로 확정되는 것이고, 비록 그 주문이 소수의견에 기초한 것이라 할지라도 더 이상 이를 문제 삼을 수는 없는 것이다. 그런데 헌법불합치결정의 본질을 위헌결정이라고 보는 데에 이론이 없으므로, 이 사건 헌법불합치결정은 법정의견이 도출되는 과정이 어떠하였든지 그 법정의견에 따른 헌법불합치결정을 위헌결정으로 보아 위헌결정과 동일한 내용의 효력을 부여함에 어떠한 잘못이 없다. 헌법과 법률의 근거가 없는 헌법불합치결정이 기속력을 가지려면 헌법불합치결정이 위헌결정의 일종이라는 전제가 성립하여야 하므로, 만약 이 사건 헌법불합치결정의 법정의견이 소수의견인 헌법불합치의견에 기초한 것이고 위헌의견이 5인에 불과하여 위헌결정과 동일한 내용의 효력을 부여할 수 없다고 한다면, 이 사건 헌법불합치결정 중 위헌선언 부분조차 기속력을 갖지 못할 것이다.

또한 위헌결정의 방법에는 정해진 형식이 따로 없으므로 결정주문의 표현을 단순위헌이라고 했든지 헌법불합치라고 했든지 간에 그 내용이 위헌이라는 취지로 해석되면 그 결정은 위헌결정으로서 헌법재판소법 제47조에 의한 효력이 발생하는 것이고, 헌법불합치결정에 위헌선언 이외의 주문이 있다고 하여 그 결정을 위헌결정과 달리 볼 것도 아니다.

형벌법규에 대한 이 사건 헌법불합치결정에 기속력을 인정하면서도 위헌결정으로서의 효력이 아닌 다른 효력을 인정하자고 하는 것은 헌법과 헌법재판소법에 명백히 반하는 해석이라 할 것이다.

Ⅲ. 이 사건 대법원 판결 관련 헌법불합치결정의 내용

생략585)

Ⅳ. 정리와 쟁점

1. 정리

먼저, 이 사건 판결의 법정의견으로서의 다수의견이 주장하는 바를 정리한다.

첫째, 헌법불합치결정은 위헌결정이다.

둘째, 집시법 조항들에 관한 헌법불합치결정은 형벌법규에 대한 위헌결정이다.

셋째, 형벌조항이 소급적으로 효력을 상실하면, 당해 조항 적용사건은 범죄에 해당하지 않는다. 따라서 법원은 무죄를 선고해야 한다.

넷째, 헌법재판소는 법률의 위헌여부만을 심판·결정할 수 있다. 형벌조항이 위헌결정된 이상 그 조항은 헌재법 제47조 제2항 단서에 정해진 대로 효력을 상실한다.

다섯째, 헌법재판소가 헌법불합치결정의 주문에서 계속 적용하도록 하고, 결정이유에서 개선입법시한의 도과 시 효력상실하도록 하였다 할지라도, 이 사건 불

---

585) 이 사건 대법원 판결과 관련된 불합치결정의 내용은 제5장 제2절 Ⅱ.

합치결정이 위헌결정인 이상 그(위헌결정의 법리)에 따라야 한다.

여섯째, 따라서 이 사건 법률조항은 소급하여 그 효력을 상실한다 할 것이다. 그리고 이 사건 법률조항을 적용하여 공소가 제기된 사건에 대해서는 무죄가 선고되어야 한다.

다음, 별개의견을 정리한다.

첫째, 헌법불합치결정을 포함한 변형결정은 실정법적 근거가 없긴 하지만, 그 필요성이 인정된다.

둘째, 헌법불합치결정에 따른 헌재법 제47조 제1항의 기속력이 대법원에게 인정되진 않지만, 대법원은 이를 존중해야 한다.

셋째, 비형벌법규의 장래효원칙에 대한 예외를 폭넓게 허용하는 것과 마찬가지로 형벌법규에 대한 소급효제한이 필요하다.

넷째, 이 사건 관련 헌법불합치결정에 따르면, 개선입법이 이루어지지 않는 경우 개선입법의 시한이 만료된 다음 날인 2010. 7. 1.부터 이 사건 법률조항의 효력이 상실되도록 한 취지이다.

다섯째, 이 사건 공소사실은 이 사건 법률조항이 2010. 7. 1.부터 효력이 상실됨으로써 '범죄 후 법령 개폐로 형이 폐지되었을 때'에 해당한다고 볼 수 있으므로 형사소송법 제326조 제4호에 의하여 면소판결을 하여야 한다.

이어서 보충의견을 정리한다. 별개의견에 대한 보충의견이나 다수의견에 대한 보충의견은 각각 그야말로 주된 의견에 보충하는 취지이므로 간략하게 소개한다.

첫째, 별개의견에 대한 보충의견의 핵심은 한 가지다. 즉, 이 사건 관련 헌법재판소 결정이 위헌의견 5인과 불합치의견 2인으로 구성되어 있음에 따라 이 결정은 헌재법 제47조 제2항에 규정된 소급적 효력상실의 요건을 사실상 구비하지 못하였다는 것이다.

둘째, 다수의견에 대한 보충의견은 별개의견과 그 보충의견이 개진한 바에 대해 비판적으로 대응한다.

2. 쟁점

이 사건 판결에 있어 외면적으로 나타난 핵심쟁점은 불합치결정된 형벌조항의 효력상실시기에 관한 것이었다. 이에 기초해서 다수의견은 소급적 효력상실로 보아 이 사건을 무죄판결해야 한다는 것이었고, 별개의견은 입법시한 도과일에 장래적으로 효력상실한 것으로 보아 형소법 제322조 제4호의 '범죄 후 법령 개폐로 형이 폐지되었을 때'에 해당해서 면소판결을 해야 한다는 것이다. 그러나 이와 같은 결론에 도달하기까지에는 많은 쟁점이 내포되어 있다. 그러면 쟁점을 제시한다.

첫째, 헌재법 제45조의 해석과 아울러 변형결정(불합치결정)의 허용 여부 및 불합치결정의 필요성이다.

둘째, 헌법불합치결정의 성격과 이 사건 관련 불합치결정의 속성이다.

셋째, 헌법불합치결정을 포함한 변형결정에 기속력이 인정되는 여부, 즉 헌재법 제47조 제1항의 적용여부이다.

넷째, 헌재법 제47조 제2항 단서에 규정된 형벌법규의 소급효를 제한할 수 있는 여부와 소급효를 제한하지 않을 경우 나타날 부작용이다.

다섯째, 계속적용 불합치결정의 문제점과 개선입법시한 도과의 의미이다.

여섯째, 위헌의견 5인, 불합치의견 2인인 이 사건 관련 불합치결정 주문의 기속력 인정여부이다.

일곱째, 이 사건의 처리방향이다. 무죄판결로 보는지 아니면 면소판결로 보는지가 쟁점이다.

V. 검토

그러면, 이 사건 판결에 나타난 의견을 서로 비교하면서, 각 논점에 대해 검토한다.

1. 헌법불합치결정의 허용여부 및 필요성

먼저, 헌재법 제45조의 해석에 관해 검토한다. 다수의견은 헌법재판소는 법률조항의 위헌여부'만'을 심판하고 결정할 수 있다고 한다. 이는 헌법재판소가 위헌이면 위헌, 합헌이면 합헌만을 판단할 수 있을 따름이지, 제3의 공간은 허용되지 않음을 주장하는 것이다. 그러나 이 조항은 본문만을 분리시켜 해석되어서는 안 된다. 단서와 연결해 해석해야만 '만'의 의미를 제대로 파악하는 것이다. 즉, 원칙적으로 '제청된' 법률의 위헌여부만을 심판하지만, 당해 법률조항의 위헌결정으로 인해 다른 법률조항이나 당해 법률 전체가 시행될 수 없을 경우에는 심판대상이나 결정대상을 확장할 수 있음을 밝힌 심판범위 획정조항으로 봄이 적절한 것이다.[586] 그에 비해 별개의견은 '이 규정을 문언대로 엄격하게 고집하여 헌법재판소는 심판대상 법률의 위헌과 합헌 가운데 어느 하나만을 선택할 수 있을 뿐이고 여기에 어떠한 예외도 허용되지 않는다고 해석'해선 안 됨을 지적한다. 적절한 지적이다.

다음, 헌법불합치결정의 허용 여부이다. 다수의견은 헌법불합치결정 역시 위헌결정의 일종이고 위헌결정과 동일하게 파악해야 함을 주장한다. 이를 통해 헌법불합치결정의 독자적인 성격을 부인하려 한다. 그 논거로는 실정법적 근거가 없음과 아울러 앞서 지적한 바와 같이 헌법재판소는 위헌여부'만'을 결정해야 한다는 점을 제시한다. 이는 한정합헌결정은 물론이고 한정위헌결정을 부인하는 것과 동일한 태도이다. 이에 비추어보면, 대법원은 이 사건 판결에서 헌법재판소의 변형결정 일체를 부인하려 함을 명확하게 전원합의체를 통해 밝힌 것으로 보인다. 이에 대해 별개의견은 '헌법재판소가 일찍부터 헌법불합치결정을 포함하여 이른바 변형결정을 선고하여 왔음'을 인정한다. 생각건대, 헌법재판소가 해석을 통한 흠결보충적인 법형성기능을 수행한 것으로 이해해야 한다.[587]

이어서 헌법불합치결정의 필요성이다. 이에 대해 다수의견은 헌법재판소가 헌법불합치결정을 하였을지라도, 이는 위헌결정에 지나지 않는다고 한다. 이는 불합치결정의 필요성을 부인하는 것이다. 그에 비해 별개의견은 법률의 위헌여부만을 결정할 수 있도록 '한다면 헌법재판소가 현대의 복잡 다양한 사회현상과 헌법상황에 맞는 유연하고 신축성 있는 판단을 할 수 없게 되어, 경우에 따라서는 국

---

586) 그런 점에서 제45조의 표제를 '위헌결정'이라 한 것은 적절치 않고, '위헌결정의 범위'로 봄이 옳다고 본다. 이에 관해서는 졸고, 『헌법재판연구』 제10권, p.91. pp.105-106.
587) 이에 관해서는 졸고, 『헌법논총』 제9집, pp.876-877.

민의 기본권을 보호하고 헌법질서를 관철하고자 한 결정이 오히려 중대한 법적 공백과 혼란을 초래하여 법적 안정성을 해치거나 국회의 건전한 입법형성의 자유를 제약하여 더욱 헌법질서에서 멀어지게 만드는 결과를 낳을 수 있고, 이는 다시 헌법재판소로 하여금 법률의 위헌여부에 관한 판단을 적극적으로 하기 어렵게 하여 국민의 기본권 수호에 관한 책무를 다하지 못하게 하는 결과에 이를 수도 있게 된다'고 한다. 이런 취지로 그 필요성을 인정한다. 아무튼 헌법불합치결정을 포함한 변형결정의 필요성은 구체적인 상황에 대응해서 폭넓게 인정된다 할 것이다.

2. 헌법불합치결정의 성격

종래 대법원은 헌법불합치결정에 관해서는, 특히 비형벌법규의 경우에 대해서는 용인하는 태도를 취하였다.588) 하지만, 이 사건 판결에서 법정의견인 다수의견은 이 사건 관련 헌법불합치결정을 전면 부인하고 위헌결정과 동일한 것으로 파악한다. 이는 2009. 1. 15. 학교보건법 관련 판결589)에서도 적용중지 불합치결정에 대해 위헌결정과 동일하게 취급한 것과 그 궤를 같이 하고 있다.

즉, 다수의견은 '헌법재판소가 이 사건 헌법불합치결정의 주문에서 이 사건 법률조항이 개정될 때까지 계속 적용되고, 이유 중 결론에서 개정시한까지 개선입법이 이루어지지 않는 경우 그 다음 날부터 이 사건 법률조항이 효력을 상실하도록 하였더라도, 이 사건 헌법불합치결정을 위헌결정으로 보는 이상 이와 달리 해석할 여지가 없다'는 것이다. 즉, 헌법불합치결정은 위헌결정과 동일하다는 것이다.

그에 비해, 별개의견은 '헌법재판소가 …… 단순위헌결정이 아닌 헌법불합치결정을 하면서 아울러 일정한 개선입법이 마련되어 시행되기 까지 해당법규의 잠정적용을 명한 경우, 법원으로서도 이러한 헌법적 가치와 이익형량에 관한 헌법재판소의 판단을 존중할 필요가 있다'고 한다. 그리고 '이 사건 헌법불합치결정은 …… 그 결정 이유를 보면 이 사건 법률조항은 위헌적인 부분과 함께 합헌

---

588) 예컨대, 대법 2006. 7. 6. 선고 2005다16041판결; 대법 2008. 1. 17. 선고 2007두21563판결; 대법 2010. 7. 22. 선고 2009다57910판결; 대법 2010. 9. 30. 선고 2006다46131판결 등.
589) 대법 2009. 1. 15. 선고 2004도7111판결.

적인 부분을 포함하고 있기 때문에 그 효력을 즉시 상실시키기 보다는 개정시한을 설정하여 그때까지 잠정적으로 효력을 유지하게 하면서 …… 국회의 판단재량을 존중하는 가운데 이 사건 법률조항의 위헌성을 제거할 수 있도록 한 것'이라고 한다.

결국 별개의견은 헌법불합치결정을 그 자체로서, 특히 형벌법규에 대한 경우에도 변형결정으로 인정하는데 반해, 다수의견은 불합치결정을 단순위헌결정으로 취급하려 한다 하겠다.

3. 헌법불합치결정에 기속력이 인정되는 여부

헌법불합치결정을 포함한 변형결정에 기속력이 인정되는 여부, 즉 헌재법 제47조 제1항의 적용여부를 살펴본다.

이에 관해 다수의견은 아무런 언급도 없지만, 이 사건 관련 헌법불합치결정을 단순 위헌결정으로 파악해서 접근한다. 이는 헌재법 제47조 제1항에 규정된 위헌결정의 기속력 자체를 전면 부인하는 태도이다.[590]

그에 비해 개별의견은 변형결정만이 아니라 불합치결정도 기속력이 없고,[591] 단지 법원으로서는 헌법재판소의 결정취지를 존중할 뿐이라고 한다.[592] 그러나

---

590) 다수의견이 설시한 바에 따라, 이 사건 관련 헌법불합치결정이 헌재법 제47조 제2항 단서에 규정된 바에 따라 형벌법규에 대한 위헌결정과 동일하게 소급적으로 효력상실이 되는 것으로 본다면, 마찬가지로 헌재법 제47조 제1항에 규정된 위헌결정의 기속력도 당연하게 발생한다고 보아야 한다. 그에 따라 대법원은 이 사건 관련 결정의 취지를 마땅히 준수하지 않으면 안 된다. 결국 이는 다수의견 스스로 순환론에 빠지는 논리모순에 해당한다 하겠다. 이를 회피하기 위해 기속력이 없다고 강변하는 것이다.

591) 기속력이 없는 이유로는 '헌법불합치결정이 본질적으로 위헌결정에 해당한다고 하더라도 헌법재판소가 위헌결정의 효력에 관한 헌법재판소법 제47조의 적용을 회피하기 위하여 변형결정의 한 형태로서 헌법불합치결정을 하였다면, 이를 헌법재판소법 제47조가 예정한 본래의 의미에서의 위헌결정이라고 볼 수 없고, 특히 헌법불합치결정에 포함된 경과조치나 효력상실시기에 관한 부분은 위헌선언의 본질적 구성요소라고 보기 어려워 그 부분 기속력에 관한 실정법적 근거가 없음은 그 밖의 변형결정과 다를 바 없기 때문'이라고 한다.

592) 결국 헌법불합치결정이 있을 때 그 효력과 의미를 어떻게 이해할 것인지는 '법률의 해석·적용을 통하여 구체적 분쟁을 해결할 책임이 있는 법원의 권한에 속한다고 할 수밖에 없는데, 다만 이 경우 법원으로서도 헌법불합치결정의 주문과 이유에 나타난 헌법재판소의 의도와 견해를 가능한 한 존중함으로써 그에 담긴 위헌선언의 취지를 충분히 살리는 한편, 헌법재판소가 헌법불합치결정을 하면서 염려한 법적 공백이나 법적 안정성에 대한 침해가 발생하지 않거나 최소화될 수 있도록 조화로운 해석을 모색할 필요가 있다'고 한다. 이로써 결국에는 법원이 헌법불합치결정을 따르고자 하면 따를 수도 있고, 그렇지 않을 수도 있음을 확인한 셈이다.

별개보충의견은 '대법원이 이 사건 법률조항의 계속 적용을 명한 헌법재판소의 명시적 의견에 반하여, 이 사건 헌법불합치결정의 법적 성격이 형벌에 관한 법률조항에 대한 위헌결정에 해당한다는 이유로 그 조항이 소급적으로 효력을 상실한다고 해석하는 것은, 헌법재판소법 제47조 제1항에서 규정한 헌법재판소 결정의 기속력을 사실상 부정하는 것으로, 헌법재판소와 대법원 사이의 의견 차이를 해소할 법적 제도를 갖추지 아니한 우리 법체계 아래에서는 두 기관 사이의 법률해석을 둘러싼 충돌은 물론 법률 수범자들에게도 혼란을 초래할 우려가 크다는 점'을 지적한다. 그러면서도 '법률조항의 해석·적용권한을 가진 법원이 헌법불합치결정에 전적으로 기속되지 아니하고 독자적인 해석을 할 수 없는 것은 아니'라고 한다.593)

이런 점은 다수보충의견도 마찬가지다. 즉, '헌법불합치결정을 포함한 이른바 변형결정은 실정법적 근거가 없을 뿐만 아니라 헌법이 법원에 부여한 법령의 해석·적용권한을 침해하는 결과에 이를 수도 있기 때문에, 법원으로서는 헌법재판소가 한 변형결정에 전적으로 기속된다고 보기 어렵다'고 한다.

결국 대법원을 구성하는 대법관들은 실정법적 근거가 없다는 점과 법원에 전속된 법령의 해석·적용권한을 침해한다는 점을 논거로 제시하면서 공통적으로 헌재법 제47조 제1항의 기속력을 전면 부인하고 있다. 다만, 일부만이 헌법재판소의 결정취지는 존중해야 할 대상에 지나지 않음을 내세운다.594) 이런 태도는 법원으로 하여금 헌법재판소의 심판에 따라 재판하도록 한 헌법 제107조 제1항과 제111조 제1항 제1호에 정면 배치되는 것이라 하겠다. 다시 말해서 헌재법 제47조가 법관으로 하여금 헌법과 법률에 의하여 심판하도록 한 헌법 제103조만이 아니라 헌법 제107조 제1항과 제111조 제1항 제1호에 근거한 것임을 간과한 것이다.

---

593) 하지만, '헌법재판소가 헌법과 법률이 규정하고 있지 아니한 헌법불합치결정을 한 것 자체가 부적절하여 이러한 해석상 혼란의 주된 원인이라고 하더라도 대법원이 그 효력 자체를 부정하지 않고 헌법재판소 의견의 일부로 받아들이는 이상 그 표시된 내용에 충실하게 해석함으로써 그 결정의 취지를 존중해야만 헌법재판소에 위헌법률심사권을 부여하고 그 결정에 기속력을 부여한 헌법 및 헌법재판소법에 충실한 해석이 될 것이고 예상되는 법적 혼란도 막을 수 있을 것'이라고 한다.

594) 이는 궁극적으로 헌재법 제47조 제1항에 규정된 기속력을 준수해야 하는 법적 의무로 파악하는지, 그저 존중해야 할 정도의 윤리적 의무에 해당하는지를 분별하는 요소라 할 것이다. 후자로 보아야만 대법원이 헌법과 법률을 준수하지 않는다는 비난에서 벗어날 수 있게 되기 때문이다.

4. 형벌법규에 있어 예외적 소급효 제한의 헌법적 당부

헌재법 제47조 제2항 단서는 위헌결정이 있을 경우 형벌법규의 소급적인 효력 상실을, 같은 조 제3항은 유죄의 확정판결에 대한 재심청구를 각각 규정하고 있다. 이와 관련해서 헌법재판소가 형벌법규에 대해 헌법불합치로 결정하면서 그 소급효를 제한할 수 있으며, 제한하지 않을 경우 어떠한 부작용이 나타나는지를 살펴봐야 한다.

먼저, 이에 관해 살펴본다.[595]

다수의견은 형벌법규에 대한 헌법불합치결정 역시 위헌결정에 다름 아니고, 따라서 불합치로 결정되었다 할지라도, 헌재법 제47조 제2항 단서와 같은 조 제3항의 효력이 그대로 발생되어야 함을 제시한다. 아울러 소급효를 제한할 필요성에 대해서는 아무런 지적이 없다.

그에 반해 별개의견은 소급효를 제한할 수 있으며, 아울러 그 필요성에 대해서도 적극적으로 인정한다.[596] 즉, '형벌법규는 사회의 도의관념이나 가치체계에 기초를 두고 있어서 그 처벌의 정당성이나 범위는 국가의 정치·사회·경제·문화 각 영역의 동태적 변화 또는 발전에 불가피하게 영향을 받을 수밖에 없고, 국회가 이러한 변화에 적절히 대응하지 못하여 종래에는 합헌으로 평가되었던 형벌법규가 변화된 헌법적 현실에 부합하지 않게 된 경우에도 헌법재판소에 의한 위헌선언의 가능성과 필요가 생기게 된다. 그런데 …… 헌법재판소의 위헌결정으로 해당 형벌법규가 예외 없이 그 법률의 제정시로 소급하여 효력을 잃고, 그에 따라 위 형벌법규에 근거하여 유죄의 확정판결을 받았던 모든 사람들에게 재심을 허용하여 무죄판결을 받게 한다면, 이는 과거에 존재하였던 역사적 현실을

---

595) 이 사건 판결 관련 헌법불합치결정이 선고된 법률조항은 이미 종래에 합헌으로 결정된 바 있었다. 헌재 1994. 4. 28, 91헌바14. 실체적 형벌법규에 대한 위헌결정 여부에 대한 정책적 판단에 있어 소급효를 제한하는 방법은 대체로 세 가지를 들 수 있다. 그 하나는 사정변경의 법리를 반영하는 것이고, 그 둘은 종래에 선고된 합헌결정 시점까지만 소급효를 허용하는 것이고, 그 셋은 헌법불합치로 결정하는 것이다.

596) 별개의견이 이 사건에서 전개한 형벌법규의 위헌결정에 따른 소급효발생을 제한할 필요성에 관해 바탕을 둔 규범충돌의 시점은 사정변경을 전제로 한다. 통상적으로 법률에 위헌성이 발생하는 시점은 법률의 제정 시점, 법률이 제정된 이후 헌법이 개정된 경우 개정시점, 그리고 사정변경시점 등이 제시된다. 헌재 1993. 5. 13, 92헌가10, 『헌판집』 5-1, 226, 242-244.

완전히 부인하는 것일 뿐만 아니라 위헌성을 제거한 개선입법이 마련될 때까지 발생하는 법적 공백으로 인한 혼란을 피할 수도 없게 된다. 뿐만 아니라 헌법재 판소로서도 어떠한 형벌법규가 위헌인지 여부를 심사함에 있어서 과거 그 형벌 법규가 제정될 때부터 현재에 이르기까지 전 기간에 걸쳐 시대를 초월하여 위헌 성을 갖는다고 인정될 때에만 위헌선언을 할 수 있다고 한다면, 헌법재판소가 과 거의 역사적 현실에 기속되어 현재의 기본권 보호에 관한 헌법적 책무를 제대로 이행하지 못하는 결과를 낳을 수도 있다'고 한다.597) 이는 별개보충의견도 마찬 가지다.598)

하지만, 다수보충의견은 소급효를 제한할 필요성이 있을 수는 있지만, 헌재법 제47조 제2항 단서와 제3항이 '형벌법규에 대한 위헌결정의 소급효와 그에 따른 재심청구권을 명시적으로 규정하고 있고, 죄형법정주의를 천명하고 있는 우리 헌 법과 형사법제 아래에서 형벌이 가지는 특수성에 비추어 볼 때, 헌법재판소 결정 또는 그 결정에 대한 해석으로 위와 같은 소급효 및 피고인의 재심에 관한 권리 를 제한하는 것은 허용되기 어렵고, 그에 따른 불합리는 결국 입법에 의하여 해 결하는 수밖에 없다(대법원 2011. 4. 14. 선고 2010도5605판결 등)'고 한다. 또 한 '법원이든 헌법재판소이든 그 헌법적 책무는 헌법과 법률이 정하는 바에 따라

597) 그 외에도 '헌법재판소가 야간옥외집회금지 규정을 과거에 합헌으로 선언한 바 있었고 그 합 헌성을 전제로 다수의 재판이 행해진 것을 염두에 두고 단순위헌결정이 가져올 법적 안정성의 교란과 국민의 법질서에 대한 신뢰훼손, 사법절차의 부담까지도 감안하여 이 사건 헌법불합치 결정을 한 것'으로 선해한다.
598) 즉, '다수의견에 의하면 이 사건 헌법불합치결정의 결과, 이 사건 법률조항에 기하여 선고된 종전 유죄의 확정판결 전부가 재심의 대상이 될 것이다. 그러나 이러한 해석은 법적 평화를 현 저히 침해하고 그 법률에 기초한 과거 모든 재판이 소급적으로 잘못된 행위로 간주된다는 점에 서 법치국가의 기본적 원리를 훼손하게 될 우려가 있다. 더구나 다수의견의 논리에 따르면, 심 지어 이 사건 헌법재판소가 그 효력이 유지됨을 인정하여 재판에 적용하도록 한 법률에 기한 개선입법 시점 이전의 판결에 대해서까지 이론상 그 개선입법의 유무나 내용과 상관없이 동일 하게 위헌, 무효의 판결로 취급할 수밖에 없을 것'이라고 한다. 아울러 '오히려 이 사건 헌법불 합치결정의 취지를 그 주문과 이유에서 명시한 대로 객관적으로 해석하면, 형벌법규에 대한 위 헌결정의 소급효를 인정한 헌법재판소법의 규정을 맹목적으로 쫓을 경우에 발생할 문제점과 과 거 헌법재판소 1994. 4. 28. 선고 91헌바14결정에서 야간옥외집회금지 규정을 합헌으로 선언 한 사정 등을 감안하여 위 헌법재판소법 규정의 의미를 합목적적인 견지에서 일부 제한하는 합 헌적인 해석을 한 것으로 봄이 상당할 것이다. 이러한 헌법재판소의 해석은, 법적 안정성과 평 화 역시 기본권과 마찬가지로 법치국가가 지향하는 기본적 원리의 하나로서, 기왕의 법률이나 그에 관한 해석이 법률적 불법으로 보이는 극히 예외적인 경우가 아닌 한 법적 안정성의 침해 가 명백한 헌법불합치결정의 소급효를 함부로 인정해서는 곤란하다는 점에서 보더라도 수긍할 수 있는 것'이라고 한다.

수행할 수 있을 따름이다. …… 현실적 필요성이 살아 있는 법률규정을 능가할 수는 없고, 법률규정으로 인한 불합리나 혼란을 해소할 필요가 있다면 이는 국회의 몫이지 법원이나 헌법재판소의 몫이 아니다'라고 한다. 이런 태도는 법원이나 헌법재판소에서 매우 자주 이루어지고 있는 해석을 통한 법형성을 의도적으로 부인하는 것이다.

다음, 비형벌법규에 대한 장래효원칙을 끝까지 고집하지 않고 예외적인 소급효를 해석을 통해 허용하는 바와 연관 짓는 문제에 대해 검토한다.

이에 대해 다수의견은 아무런 언급이 없다.

하지만, 별개의견은 예외적인 소급효의 적용범위를 당해사건, 병행사건, 동종사건, 일반사건 등으로 확장하기도 하지만, '법적 안정성의 유지나 당사자의 신뢰보호를 위하여 불가피한 경우에는 위헌결정의 소급효가 제한될 수 있다[599]고 하거나 심지어는 당해 사건을 포함한 개별사건의 구제를 전혀 인정하지 않기도 하는 등, 위헌결정의 소급효 유무가 헌법재판소법 제47조 제2항의 문언이나 다른 어떤 형식적 기준을 통해 획일적으로 결정될 수 없음을 수긍하여 왔다(대법원 1993. 1. 15. 선고 91누5747판결, 대법원 1995. 11. 24. 선고 93후107판결, 대법원 2005. 11. 10. 선고 2005두5628판결 등)'고 하면서, 마찬가지로 형벌법규에 대해서도 소급효를 제한할 수 있어야 함을 제시한다.

그에 비해 다수보충의견은 비형벌법규에 대해 예외적 소급효를 인정한다 해서 형벌법규에 대해 소급효제한이 용인될 수 있는 것은 아니라고 한다. 그 이유로는 '비형벌법규에 대한 위헌결정의 소급효를 인정하는 것은 형벌법규에 대한 위헌결정의 소급효를 부정하는 것과는 차원을 달리 하는 문제'임을 제시한다. 즉, '형벌법규에 대한 위헌결정의 소급효를 부정하면서까지 위헌으로 선언된 법률에 의한 형사처벌을 유지하겠다는 것으로, 이는 위헌법률을 가지고 국민의 기본권을 제한하겠다는 것이고, 그 조항에 근거하여 유죄가 확정된 피고인의 재심청구권을 제한하여 당사자의 권리구제와 형평에 반하는 결과를 가져오는 것이어서 쉽사리 정당화될 수 없다'고 한다.

그러나, 분명히 지적되어야 할 점이 있다. 비형벌법규의 경우 장래효원칙을 규

---

599) 이런 논리가 용인된 까닭은 처분이 위헌법률에 근거하였다는 사정을 무효사유로 보는 경우가 있기 때문이다.

정함에 따라 예외적인 소급효를 허용하지 않으면 구체적 사건에서의 정의를 전혀 구현할 수 없고, 구체적 규범통제의 실효성을 확보하는 것도 불가능하게 된다. 그런 점에 의거해서 법적 안정성과 정의를 형량한 산물이 바로 예외적 소급효의 적용범위 확대라는 문제이다. 그런데 형벌법규의 경우에는 구체적 사건에서의 정의를 강력하게 구현하고자 한다. 그러다 보니 정반대로 법적 안정성의 측면에서 소급효를 제한하고 재심청구를 제한하려는 시도를 하게 된 것이다. 이런 점은 권위주의체제에 동원된 실체적 형벌법규에 대해 실질적 법치주의의 틀로 끌어들이려면 겪지 않을 수 없는 정책적인 측면이라 하겠다.600)

아울러 다수의견이 주장하는 바와 같이 형벌법규에 대해 헌법불합치로 결정한 것을 단순위헌으로 취급해서 유죄의 확정판결에 대해서도 재심청구를 허용하게 되면 거의 대부분의 경우 침해된 신체의 자유를 회복시켜주는 측면에서 정의로움의 극치를 이끌어낼 것이다. 하지만, 형사보상으로도 본질적으로 회복할 수 없는 형벌(예컨대, 사형제도)의 경우라든가 대량적인 형태로 형사적인 제재가 가해진 범죄의 경우에 대해서도 용이하게 위헌결정을 할 수 있을 것인지 깊이 고민해야 할 것이다. 어쨌건 여기서는 이 사건 판결의 다수의견이나 다수보충의견이 지닌 인기 영합적 요소를 경계하지 않으면 안 될 것이다.

5. 계속적용 불합치결정의 문제점과 개선입법시한 도과의 의미

가. 문제의 소재

필자는 이 사건 관련 헌법불합치결정의 문제점은 물론이고 주문에서 개선입법시한을 명시하고 이유에서는 그 시한이 도과하였을 경우 그 다음 날 불합치법률이 효력을 상실한다고 하는 것의 문제점을 이미 각각 지적한 바 있다.601) 이를 둘러싸고 법적용자인 법원이나 검찰 및 경찰 역시 이 사건 관련 헌법불합치결정이 선고되었을 당시부터 논의가 분분하였다. 게다가 입법자인 국회는 개선입법시한인 2010. 6. 30.을 도과 시켰음은 물론이고, 2011. 8. 31. 현재까지도 불합치

---

600) 이에 관한 상세한 내용은 제5장 제1절 Ⅲ. 3.
601) 전자에 관해서는 제5장 제2절 Ⅴ. 그리고 후자에 관해서는 제4장 제2절.

결정에 따른 개선입법을 하지 아니한 상태이다.

이 사건 관련(야간옥외집회금지) 헌법불합치결정 당시 이 사건은 대법원에 소송이 계속중인 사건이었다. 이와 같은 상황에서 이 사건이 어떻게 처리되어야 하는지를 대법원 전원합의체는 나름대로 고민하였고[602] 그 처리방안을 제시한 것이라 하겠다.

나. 계속적용 불합치결정의 문제점인식과 그에 따른 대처

먼저, 다수의견을 살펴본다. 이에 관해 이 사건 관련 헌법불합치결정의 취지를 그대로 반영할 경우 도저히 해결방안이 없음을 이유로 아예 근원적으로 형벌법규에 대한 헌법불합치결정 자체를 부인하는 모습을 보여준 것이 아닌가 한다. 이런 태도는 2009. 1. 15.에 선고된 적용중지 불합치결정을 전면 부인한 대법원 판결에 힘입은 바 큰 것이 아닌가 한다.[603]

하지만, 별개의견은 '이 사건 헌법불합치결정은 …… 그 효력을 즉시 상실시키기보다는 개정시한을 설정하여 그때까지 잠정적으로 효력을 유지하게 하면서 국회로 하여금 제반 사정을 참작하여 옥외집회가 금지되는 시간대를 합리적으로 설정하게 함으로써 국회의 판단재량을 존중하는 가운데 이 사건 법률조항의 위헌성을 제거할 수 있다고 보아' 그리 결정한 것으로 본다. 이런 입장에 기초해서 문제가 있긴 하지만, 선해해서 접근해야 함을 강조한다.

다. 개선입법시한 도과 시 효력상실에 대한 문제점인식과 그에 따른 대처

다음, 개선입법시한을 도과한 경우 불합치법률이 그 다음 날부터 효력을 상실

---

602) 만약 이 사건 관련 헌법재판소의 결정취지에 따라 사건을 처리하였을 경우 크게 문제되지 않을 것으로 보았다면, 대법원이 구태여 이 사건 관련 헌법불합치결정을 전면 부인하는 행태를 취하지는 않았을 것으로 여겨지기도 한다.

603) 즉, 개선입법이 된다 할지라도, 불합치법률이 적용되던 사실관계에는 사실상 소급적용이 되는 것이라는 시각에서 적용중지 불합치결정을 부인한 것이었는데, 계속적용 불합치결정을 그대로 받아들이는 경우에는 개선입법이 적용되는 것보다 더 열악한 것으로서 위헌성이 내재되었지만 위헌으로는 선고되지 않고 불합치라고 판단된 법률을 잠정적으로 계속 적용하도록 하는 것을 용납하기 어렵다는 취지라고 보인다. 대법 2009. 1. 15. 선고 2004도7111판결.

하는 것에 관해서이다.

다수의견은 앞서 지적한 계속적용 불합치결정을 부인함은 물론이고, 효력상실 문제 역시 위헌결정으로 보는 이상 달리 볼 수 없음을 주장한다.

이에 대해 별개의견은 '이 사건 헌법불합치결정은 그 위헌선언의 취지가 몰각되지 않도록 위 잠정적용의 시한까지 개선입법이 이루어지지 않는 경우 이 사건 법률조항은 2010. 7. 1.부터 그 효력을 상실한다고 이유를 통하여 밝히고' 있으므로, 그를 존중해야 한다는 입장이다.

하지만, 다수보충의견은 별개의견에 대해 비판을 가한다. 즉, '헌법재판소 결정의 취지를 존중하더라도 과연 이 사건 헌법불합치결정의 취지를 그와 같이 단정할 수 있는지'는 의문이라고 하면서, '오히려 이 사건 헌법불합치결정은 이 사건 법률조항의 효력을 부득이 일정 기간 동안 존속시키지만 국회로 하여금 이 사건 법률조항의 위헌적 요소를 제거하도록 하여 개선입법이 이루어지면 피고인에게 유리한 개선입법을 적용하고, 개정시한까지 개선입법이 이루어지지 않으면 합헌적인 부분을 포함하여 이 사건 법률조항 전부가 소급하여 효력을 상실한다는 취지로 해석할 수도 있을 것'이라고 한다.604)

아무튼 필자의 입장은 헌법불합치결정을 하면서 입법시한을 명시적으로 설정하고 그 시한이 도과하였을 경우 그 다음 날 불합치법률이 그 효력을 상실하는 것으로 봄은 전혀 부적절하다고 본다. 그 이유는 입법자인 국회에 아무런 입법강제효과를 지니지도 못하면서 법적용자인 법원이나 행정청에게 혼란만 불러일으키기 때문이다.

6. 위헌의견 5인, 불합치의견 2인인 경우의 의미

이 사건 관련 헌법불합치결정에 있어 재판관들의 의견분포를 살펴보면, 재판관 5인이 위헌의견이었고, 2인이 불합치의견이었다. 그로 인해 재판관 2인의 불합치

---

604) 그 외에도 '개선입법이 이루어지지 않은 경우에 개정시한 다음 날부터 장래를 향하여 이 사건 법률조항의 효력이 상실된다고 보는 것은, 이 사건 헌법불합치결정에서 이 사건 법률조항이 위헌임을 선언하였음에도 불구하고 개선입법이 이루어지지 않았다는 사정만으로 개정시한까지는 이 사건 법률조항이 합헌·유효하다고 본다는 것에 다름 아니고, 이는 이 사건 헌법불합치결정을 한시적 합헌결정으로 보는 것이라고 오해를 불러일으킬 수도 있다'고 지적한다.

의견이 법정의견으로 되었다. 이와 관련해서 재판관 2인에 지나지 않는 불합치의
견에 헌재법 제47조 제1항의 기속력이 인정되는지가 다투어졌다.[605]

개별보충의견은 '헌법불합치와 위헌은 명백히 구별되는 것으로, 위헌결정의 중
대성에 비추어 위헌결정을 위해서는 내용적으로나 형식적으로나 위헌임을 명시
적으로 찬성한 6인 이상의 재판관의 찬성이 있어야 할 터인데, 이 사건 헌법불합
치결정의 경우 그러한 단순위헌의견이 5인에 불과하여 헌법재판소법 제47조 제2
항에 규정한 즉각적이고 소급적인 법률의 효력상실에 필요한 요건을 사실상 구
비하지 못한 것으로 볼 여지가 많다'고 하면서 '이 사건 헌법재판소의 결정이 실
질적으로 단순위헌결정의 요건을 구비하지 못하였다고 하는 점에 비추어보더라
도 그 불합리성은 명백하다'고 한다.

이에 대해 다수보충의견은 '헌법재판소가 평의결과에 따라 법정의견인 주문을
결정하면 그 의견은 헌법재판소 전체의 의견으로 확정되는 것이고, 비록 그 주문
이 소수의견에 기초한 것이라 할지라도 더 이상 이를 문제 삼을 수는 없는 것'
이라고 한다.

이 쟁점에 있어서는 다수보충의견이 타당하다.

7. 이 사건의 처리방향

이 사건 판결의 다수의견은 이 사건을 무죄로 판결해야 한다는 입장이고, 별개
의견은 면소판결을 해야 한다는 입장이다. 이와 같은 차이가 나타나는 까닭은 불
합치법률의 효력상실 시점과 그 법적 효과가 소급되는 여부를 둘러싸고 견해를
달리하기 때문이다.

이 사건 판결의 다수의견은 기본적으로 형벌법규에 대해 헌법불합치결정을 인
정하지 않고, 또 이 결정이 선고되면 단순 위헌결정과 마찬가지로 소급적으로 불
합치법률의 효력이 상실되는 것으로 본다. 따라서 불합치결정 당시 대법원에 소
송이 계속중인 이 사건에 적용될 법률은 소급적으로 그 효력을 상실한 것이기
때문에 당연히 무죄판결을 해야 한다는 것이다. 또한 소급적인 효력상실이 이루

---

605) 졸고, 『헌법학연구』 제15권 제1호, pp.215-222.

어진 것이므로 불합치법률에 근거한 유죄의 확정판결은 모두 재심청구의 대상이 되어야 할 것이다.

이에 비해 별개의견은 '이 사건 헌법불합치결정은 개선입법이 이루어지지 않은 경우 처음부터 단순위헌결정이 있었던 것과 동일한 상태로 돌아가는 것이 아니라 개선입법의 시한이 만료된 다음 날인 2010. 7. 1.부터 이 사건 법률조항의 효력이 상실되도록 한 취지임'을 알 수 있고, 따라서 범죄 후 법령개폐로 형이 폐지되었을 때에 해당하여 형사소송법 제326조 제4호에 근거해서 면소판결을 해야 한다는 것이다.606)

하지만, 다수보충의견은 형사소송법 제326조는 면소의 선고를 하여야 할 사유로 법률조항이 위헌으로 선언된 경우는 규정하고 있지 않음을 지적한다. 게다가 '위헌결정으로 인하여 형벌에 관한 법률조항의 효력이 상실된 경우 이를 범죄 후의 법령의 개폐로 형이 폐지되었을 때에 해당한다고 보지 않는 것이 대법원의 확립된 판례이고, 면소사유에 해당하는 법령의 폐지로 인한 형의 폐지는 합헌법령이 존속하다가 폐지된 경우를 의미하지, 위헌법령이 존속하다가 폐지된 경우를 의미하는 것은 아니다. 헌법재판소의 결정을 법령의 개폐와 동일시하여 면소판결을 하여야 한다는 주장은 형사소송법 제326조에 근거하지 않은 해석으로 수긍할 수 없다. 또한 헌법재판소의 결정에서 말하는 효력상실이란 대상법률에 대하여 위헌결정이 내려진 것과 마찬가지의 효과가 생기는 것을 뜻하는 것으로 볼 수 있다."고 한다. 이 의견은 결국 개선입법시한이 도과해서 불합치법률이 효력을 상실한다 할 때, 효력상실의 법적 효과는 형벌법규의 경우 소급효가 인정된다는 것'이다. 그래서 '이 사건 법률조항을 적용하여 공소가 제기된 피고사건에 대해서는 면소가 아닌 무죄를 선고하여야' 한다는 것이다.

필자는 앞서도 강조한 바와 같이 계속적용 불합치결정도 부적절하고 개선입법시한의 도과 시 불합치법률의 효력상실도 부적절하다고 본다. 그런 점에 비추어

---

606) 또한 '단순위헌결정을 하지 않더라도 장차 국회의 합리적 기준 설정을 통해 사회적 정당성이 인정되는 야간옥외집회에 대하여는 그 처벌이 배제될 것이고, 국회가 개선입법을 하지 않는 경우에도 법률의 효력상실과 이에 따른 면소판결을 통하여 형사처벌의 가능성이 전면적으로 소멸하므로(이 경우는 실질적으로 구법의 처벌규정이 부당하다는 반성적 고려에서 해당 법률을 폐지한 것과 달리 볼 이유가 없다), 어느 경우에나 헌법에 보장된 집회의 자유를 실현하고자 하는 위헌선언의 취지는 관철됨을 전제로 하고 있다'고 한다.

보면, 어떠한 태도가 바람직한 것인지 지적하는 것도 마찬가지다. 다만, 분명한 것은 헌법재판소의 결정취지를 준수하는 방향으로 판결이 선고되었어야 한다는 점이다. 이것이야말로 헌법과 법률을 준수하는 대법관들의 당연한 자세라고 하겠다.

8. 이 사건 판결의 평가

이 사건 대법원 판결의 다수의견이 설시한 바를 살펴보면, 그 기저에는 사법기관 담당자들의 기심(機心)이 가득한 모습이 놓여 있음을 본다. 즉, 얼마 전까지에도 있었던 개헌논의 과정에서 헌법재판소를 폐지하고 대법원으로 일원화하고자 하는 태도와 이 사건 판결에서 보여준 바에서도 명확하듯이 헌법재판소의 형해화를 의도하는 듯하다.

이를 위해서는 객관적이고 공정한 헌법과 법률의 해석이라는 법치주의 본연의 임무를 망각하며 실체를 왜곡하는 모습을 일삼고 있다. 이런 태도는 대법원이 스스로 설 자리를 좁히고 궁극에는 국민들로부터 지탄의 대상이 되고 말 것이다.

물론, 이 사건 대법원 판결의 다수의견이 그렇게 논리를 전개하는 것이 지닌 불합리성을 스스로 인식하지 못한 것은 아니라고 보인다. 다분히 의도적이라는 점이 사태의 심각성을 말해줄 뿐이다.

그리고 대법원 판결의 개별적 효력과 그것도 주문에만 그 효력이 인정된다는 점에 비추어 보면, 나름대로 어떠한 식으로든 대법원의 의견이 전개된 바를 용인할 여지는 있다. 하지만, 법관의 법형성 내지 판례의 법원성이라는 시각에서 보면, 규범적인 효력에 있어 다른 국가기관(헌법재판소나 국회)에게 준수하도록 강제할 수 있는 힘은 없지만, 행정청이나 하급법원 내지 잠재적 소송당사자에게 사실상의 힘으로서 작용할 수는 있다는 점이다. 그런 점에서 우려를 금치 못하는 것이다.

Ⅵ. 글 마무리에

이상에서는 헌법재판소가 야간옥외집회금지를 규정한 집시법 관련 규정을 헌법불합치로 결정한 것에 대해서 대법원은 2011. 6. 23. 형벌법규에 대한 헌법불합치결정도 위헌결정이며 위헌결정인 이상 그 형벌법규는 소급적으로 효력이 상실된 것으로 보면서 불합치결정 당시 대법원에 계속 중이던 이 사건을 무죄로 판결한 것에 관해 평석하였다.

이 사건 판결에서는 다수의견 이외에도, 헌법불합치결정의 취지를 존중해야 한다고 하면서 이 사건에 대해서는 면소판결을 해야 한다는 별개의견이 제시되었다. 또 이를 보충하는 별개의견에 대한 보충의견과 다수의견의 논지를 보충하는 보충의견도 제시되었다.

이상에서 제시된 의견을 쟁점별로 서로 비교하면서 논의를 전개하였다. 그러면 논의된 사항을 간략하게 정리한다.

첫째, 이 사건 판결의 다수의견은 헌재법 제45조를 왜곡해서 헌법재판소는 법률의 위헌여부'만'을 심판·결정할 수 있다고 하면서 헌법불합치결정을 포함한 변형결정을 전면 부인한다는 점이다. 또 불합치결정도 위헌결정이기 때문에 형벌법규에 대해 불합치결정이 선고되면, 그 형벌법규는 소급적으로 효력을 상실한다는 것이다. 이 주장의 문제점을 비판적으로 접근하였다.

둘째, 이 사건 판결에서 제시된 의견은 어느 누구나 할 것 없이 헌재법 제47조 제1항에 규정된 기속력을 전면 부인한다는 점이다. 다만, 의견에 따라 존중해야 하는지, 전면 무시하는지 만이 달리 나타날 따름이다.

셋째, 이 사건 관련 헌법불합치결정이 형벌법규에 대해 계속적용을 명하고 또 입법시한이 도과할 경우 효력상실을 명한 것에 대해서는 다수의견과 그 보충의견은 그 존재 자체를 전면 부인하는 데 반해, 별개의견과 그 보충의견은 헌법재판소의 이 사건 관련 결정취지를 존중하려는 자세를 보인다. 분명 이 사건 관련 결정은 구조적으로 많은 문제점이 내포되어 있다고 하겠다.

넷째, 이 사건 판결과 2009. 1. 15. 선고된 판결로 인해 헌법재판소가 시도하는 형벌법규에 대한 헌법불합치결정은 이를 준수하지 않는 대법원에 대한 통제

장치가 미비된 관계로 무의미해지고 말았다. 하지만, 법적 안정성의 측면에서 볼 때, 이는 대법원이 스스로 족쇄를 채우는 결과로 귀착될 것이다.

아무튼, 헌법재판소가 조심스럽지 못한 결정태도로 인해 스스로 권위를 실추시켰음은 물론이고, 과거 권위주의체제에 자리하던 형벌법규에 대해 반성적 차원에서의 법제정비의 기회가 봉쇄되고 말았다.

얼마 전 어느 일간신문에는 사법부의 수장이 일선법원을 방문해서 '법원에 대한 국민의 시선이 싸늘해지는 것을 보며 왜 이런 모습을 보여줘야만(봐야만?) 하는지 가슴이 아프다'고 한 발언이 보도되었다. 이 사건 대법원 판결의 다수의견이 보여준 태도가 그에 대한 답을 한 것이 아닌가 한다.

제7장

결론

이상에서는 헌법재판소의 현안임은 물론이고 대법원도 깊이 개입된 현안으로
되어 있는 헌법합치결정을 둘러싼 논란에 대해 살펴보았다. 현안에 대한 쟁점은
크게 세 가지지만, 정확하게 표현하면 네 가지다. 그 하나는 헌법불합치의 결정주
문과 결정상 핵심쟁점의 부조화 문제이었다. 그 둘은 이러한 부조화문제가 한정
적 위헌심판청구나 한정적인 판단을 회피함으로써 야기되는 것이라는 점에 관해
서다. 그 셋은 입법시한이 도과된 불합치법률의 효력상실 문제다. 그 넷은 형벌법
규를 헌법불합치로 결정할 수 있으며, 그리 결정할 경우 법적 효과 문제이었다.

그러면, 이제까지 논의하였던 사항을 요약하는 한편, 대안을 제시한다.

Ⅰ. 논의사항의 요약

1. 헌법불합치결정의 주문과 결정상 핵심쟁점과의 부조화

헌법불합치결정의 사례를 분석해보면, 분명 결정 이유에서는 핵심쟁점에 대해
위헌으로 논증을 하였음에도 정작 결정주문을 표기함에 있어서는 제도 자체는
합헌이고, 이를 위헌으로 할 경우 법적 혼란이나 법적 공백상태의 초래 등을 이
유로 헌법불합치로 결정하곤 한다. 그러면서 불합치법률의 잠정적인 계속적용이
라는 법적 효과를 명하곤 한다. 주문을 보면, 불합치법률을 계속 적용해야 한다.
그러나 결정취지를 살펴보면, 결정상 핵심쟁점은 위헌성을 지닌 것으로 지적한
다. 이는 헌법재판소 결정주문과 심판과정상 핵심쟁점과의 구조적인 부조화라 할
것이다.

첫째, 구조적인 부조화문제를 재판부별로 살펴보았다. 제1기 재판부는 헌법재
판소가 출범한지 얼마 되지 아니하였고 또 4건에 지나지 않아 어떠한 의미를 부
여하긴 어렵다. 제2기 재판부는 채택한 주문이 비교적 적절하였던 것으로 평가되
었다(13건). 제3기 재판부는 그 임기 동안 헌법불합치결정을 총 25건 선고하였는
데, 계속적용 불합치결정이 18건이었고, 적용중지 불합치는 7건에 지나지 않았

다. 이는 전자를 무척 선호함을 보여준 것이다. 이는 원칙과 예외라는 관계의 시각에서 볼 때 논리가 전도된 것이다. 이런 점은 제4기 재판부도 마찬가지이었다.

둘째, 헌법불합치결정 사례를 결정원인별로 유형화함과 아울러 채택된 결정주문의 적절성에 대해 검토하고, 대안을 제시하였다. 부진정 입법부작위에 관한 경우, 평등원칙위반의 경우 그리고 위헌과 합헌의 구획이 불명확한 경우에서 주로 부적절함이 나타났다. 이들 사례에서는 심판대상을 조항 자체로 하질 아니하고, 부진정 입법부작위부분이나 계쟁집단 또는 위헌적인 부분으로 한정하였더라면, 불합치결정을 하더라도 계속적용을 명할 필요성은 대폭 줄어들었을 것이었다. 게다가 이와 같이 심판대상을 조정해서 한정적 불합치나 포함불합치로 결정하였더라면, 결정주문과 법적 쟁점 사이에 조화를 구현해낼 수 있었고, 법적 명확성도 확보하였을 것이다. 또 법적용자에 대한 법적 효과를 규율하지 않아도 되었을 것이다. 그리고 입법형식의 잘못으로 인한 경우에서는 계속적용 불합치결정이 나름대로 적합성을 지닌다.

셋째, 계속적용 불합치결정의 논리형식을 분석하였다. 그 패턴은 세 가지 요소로 구성된다. 그 하나는 단순위헌으로 결정하면 법적 공백이나 혼란을 초래할 우려가 있으므로 불합치법률의 잠정적인 계속적용을 명할 수밖에 없다는 것이다. 즉, 합헌인 제도 자체는 존속시켜야 한다는 것이다. 그 둘은 이렇게 잠정적용을 명하는 것이 다른 방안보다 덜 위헌적인 상황을 초래한다는 것이다. 위헌성은 부진정 입법부작위의 경우 그 부분에 있거나 평등원칙위반의 경우 상호간의 규범관계에 있거나 또는 합헌과 위헌부분의 구획이 불명확한 경우 그 내용의 어느 부분에 있는 것이다. 이런 요소들에서 위헌성을 도출해야 하는데, 당연히 합헌으로 보아야 할 제도 자체를 문제 삼는 논리체계에서는 그 한계가 고스란히 드러나게 된다. 그 셋은 그래서 입법자가 개선입법을 할 때까지 불합치법률을 존속시켜야 한다는 것이다. 그러다보니 정작 결정상 주요쟁점에 대한 인식이나 평가가 간과되거나 이해함에 있어 혼돈을 초래하게 된다.

넷째, 헌법재판소 결정상 주요쟁점과 결정주문 사이에서의 부조화 발생 원인을 살펴보았다. 그 하나는 무엇보다도 단순위헌결정이나 한정결정을 회피함으로 인해 초래된 것이라는 점이다. 그 둘은 심판대상을 획정함에 있어 구체화하고 세분화하는 데 실패하였다는 점이다. 그 셋은 평등원칙위반을 이유로 위헌성이 확인되었음에도, 비교대상집단 내지 원래 의도된 내용의 합헌성을 존중하거나 유지시켜 주고자 그러한 위헌성확인을 주문의 표시내용에서는 배제한다는 점이다. 그넷은 한정적인 형태와 불합치형태의 결합을 지속적으로 간과한다는 점이다. 그다섯은 위헌이란 개념이 지닌 포괄성이다. 법률이 헌법에 위반됨의 모형은 다종다양할 수밖에 없다. 그런 상황임에 따라 위헌이란 한 단어에 지나지 않지만 위헌에 따른 법적 효과를 모두 용이하게 획정할 수는 없다는 점이다.

청구인용에 해당하는 결정형식은 단순위헌뿐만 아니라 다른 다양한 형태로 용인되어야 한다. 이는 그뿐 아니라 심판대상을 확장하거나 축소하는 것으로도 가능해야 한다. 그리고 어차피 심판대상과 결정주문의 관계라는 시각에서 보면, 구체적인 상황에 가장 적합한 형태로 표시함이 바람직할 것이다.

2. 헌법불합치결정과 한정위헌청구의 관계

헌법불합치결정의 사례를 분석한 결과, 심판대상을 한정적인 형태로 설정하거나 심판대상에 대해 한정적으로 판단함으로써 기존의 결정사례보다 훨씬더 구체적 타당성이 제고되는 경우가 나타난다는 점이다. 이는 한정적인 청구나 한정적인 판단이 현재까지 축적된 헌법재판소의 불합치결정사례와 밀접한 연관성을 지니고 있음을 의미한다.

헌법재판소는 심판대상을 한정적인 형태로 축소하거나 심판대상에 대해 한정적으로 판단하는 것을 적극 활용해야 한다. 다시 말해서 심판대상을 구체적 사안에 맞춰 조정하고, 이를 결정주문에 반영할 필요성이 매우 크다는 것이다.

3. 입법시한 도과한 불합치법률의 효력상실 여부

먼저, 헌법불합치결정의 기한설정 실태를 분석한 결과 그 형태는 대체로 네 가지로 유형화된다. ① 결정주문이 기한설정이나 법적 효과를 전혀 언급함이 없이 오로지 불합치함만을 적시하고, 나머지는 결정 이유에 맡겨놓는 경우이다. ② 결정주문이 불합치와 아울러 불합치법률의 효력지속을 명하는 경우이다. ③ 결정주문이 불합치와 아울러 불합치법률의 계속적용을 명하는 경우이다. ④ 결정주문이 불합치와 아울러 불합치법률의 적용중지를 명하는 경우이다. 이를 바탕으로 분류할 때, 결정주문에서 다양한 형태로 개선입법시한을 제시하는가 하면, 주문이나 이유에서 개선입법시한이 도과하였을 경우 불합치법률의 효력상실을 명시하곤 한다.

하지만, 헌법재판소가 헌법불합치로 결정하면서 어떠한 경우에 입법시한을 구체적으로 설정할 수 있으며 또 입법시한을 도과하였을 경우에 불합치법률의 효력을 상실시킬 것인지에 대해 어떠한 보편적인 원칙이나 기준을 찾아내지는 못하였다. 그래서 어떠한 일반적인 의미를 도출하기는 어렵다. 구체적인 입법시한을 주문에서 제시하는 여부의 판단기준 문제도 마찬가지다.

그러나 헌법재판소는 적용중지나 계속적용 불합치결정 양자 모두에서 주문으로 구체적인 개선입법시한을 정하긴 하지만, 불합치법률의 효력상실에 관해서는 조금은 다른 태도를 보여준다. 적용중지 불합치결정에서 효력상실을 정하는 경우 반드시 결정주문으로 제시하였는데 반해, 계속적용 불합치결정에서는 결정 이유에서만 언급하였다는 점이다.

다음, 개선입법시한이 도과된다고 해서, 그 다음 날 불합치법률의 효력이 상실되는 것은 아니다.

헌법불합치결정은 입법자에 의한 신속한 개선입법을 전제로 한다. 그래서 헌법재판소는 법적인 명확성을 제공하기 위해 기한을 설정하곤 한다. 이와 관련해서 헌법재판소는 그 시한이 도과하였을 경우 그 시점에 불합치법률의 효력이 상실됨을 결정주문에서 또는 결정 이유에서 명시하곤 한다. 이에 따라 그 도과 시점에 위헌결정이 이루어진 것이 되며, 그로 인해 법률의 변경이 발생한 것으로 이해되곤 한다.

그렇지만, 개선입법을 촉구하는 주문을 설시해야만, 입법자의 개선입법의무가 발생하는 것은 아니다. 다시 말해서 입법자의 개선입법의무는 불합치하다는 주문 자체에서 도출되는 것이지, 시한을 규율하거나 입법을 촉구하는 등의 주문이 적시되어야만 하는 것은 아니다.

기한설정이나 효력상실을 의도한 원래의 취지는 입법자로 하여금 개선입법의무의 이행을 제때에 성실히 수행하도록 함이다. 그런데, 그 불이행에 대한 비난을 입법자에게 가하고자 하였지만, 실제는 오히려 법적용자인 법원에게 부담을 전가하는 결과가 초래되고 말았다.

헌법재판소가 구태여 불합치로 결정한 까닭은 단순위헌으로 결정할 경우 초래될 법적 혼란이나 법적 공백상태의 발생을 방지하고자 함이다. 그런가 하면, 입법시한이 도과되면, 불합치로 결정된 법률은 그 효력을 상실하는 것으로 파악한다. 이는 결국 단순위헌으로 결정된 바와 동일한 결과를 예정한다. 다시 말해서 헌법재판소가 불합치결정을 하면서 제시한 위헌결정의 회피사유가, 입법시한도과를 이유로 불합치법률의 효력이 상실되게 한다 할지라도, 그렇게 우려했던 상황이 효력상실 시점 이후에 발생하지 않아야만 타당하다. 이는 불합치결정이 아닌 위헌결정이 적절하였음을 의미한다.

입법자가 개선입법을 하지 않았다고 해서 헌법재판소가 입법자의 역할을 대신하거나 헌법불합치가 위헌으로 바뀌는 것은 적절치 않다. 입법자가 자발적으로 신속하게 개선입법을 하도록 하는 방안이 모색되어야 한다. 국가배상청구소송의 형태로 입법상 불법책임을 물음으로써 입법자인 국회를 간접적으로나마 신속한 입법의무의 이행을 촉구하는 방향으로 나아가야 할 것이다.

4. 형벌법규와 헌법불합치결정

먼저, 형벌법규의 불합치결정을 둘러싼 법적 쟁점을 검토한다.

첫째, 적용중지 불합치결정에서 불합치법률의 적용절차를 중지하고 개선입법에 따라 처리하도록 함에 있어 양자의 관계를 단절적으로 파악해서는 안 된다. 불합치법률을 개선입법이 대체한다는 의미를 항상 전제로 해야 한다.

둘째, 형벌법규에 대한 적용중지 불합치결정에 있어 불합치 형벌법규의 적용중지가 당연하다 하겠지만, 개선입법이 소급입법에 해당하기 때문에 형벌불소급의 원칙에 위반되어 적용될 수 없다는 태도는 부적절하다. 불합치결정의 본질적 징표에 따르면, 불합치법률을 대체할 개선입법은 분명히 불합치법률이 규정한 구성요건이나 형벌의 정도보다 각각 완화되었을 것이다. 그렇다고 한다면, 이는 형벌불소급의 원칙에 위반되는 것이 아니다.

셋째, 형벌법규에 대해 불합치결정이 선고되면, 그를 통해 위헌결정이 지닌 법적 효과를 제약하는 방법은 다양할 것이다. 그중에 대표적인 것으로는 불합치 형벌법규의 적용을 중지하고 개선입법으로 대체하게 하는 적용중지 불합치결정과 불합치 형벌법규의 잠정적인 계속적용을 명하는 계속적용 불합치결정을 들 수 있다.

넷째, 전자의 결정적인 약점으로는 불합치결정 시점과 개선입법 시점 사이의 시적 공간동안 일반국민에게 허용된 행위와 금지된 행위의 경계를 명료하게 제시하지 못한다는 점이다. 이에 대해서는 헌법재판소가 불합치결정을 하면서 결정주문으로 경과적 규율을 제시함이 바람직할 것이다.

다섯째, 후자의 결정적인 문제점은 불합치 형벌법규의 잠정적인 계속적용 상태가 종료되지 아니한 경우 개선입법이 실제 이루어진 시점 이후에도 형사법 적용의 일반원칙에 해당하는 형법 제1조 제2항이나 제3항 및 형사소송법 제326조 제4호를 주장할 수 있게 된다는 점이다. 오히려 이와 같은 사태를 발생시킬 의도로 재판절차를 천연시키는 등의 행태가 보편적으로 이루어지는 부작용이 예상된다.

여섯째, 형벌법규에 대해 불합치결정을 하는 것은 법적 안정성을 확보하기 위해 정의에 양보를 구하는 것이다. 그중에서도 재심청구를 통한 확정력의 파괴를 최소화하고자 하는 것이다.

다음, 야간옥회집회금지에 대해 헌법불합치결정을 둘러싸고 제기된 논란을 검토한다.

첫째, 형벌법규에 대한 불합치결정의 필요성이나 법적 근거문제는 비형벌법규에 대한 그것에서 크게 벗어나지 않는다. 다만, 형벌법규의 경우 소급효를 제한하고 또 그에 따른 재심청구를 제한함에 좀 더 관심이 기울여야 할 따름이다.

둘째, 형벌법규에 대한 불합치결정에 있어 각 결정유형별 고유한 쟁점이 내포되어 있음을 주목해야 한다. 이는 앞서 요약한 바와 같다.

셋째, 이 사건 계속적용 불합치결정에 의거해서 행정청인 검찰과 경찰은 완화된 형태이긴 하지만 헌법재판소의 결정취지를 준수해서 그대로 적용함이 타당하고, 법원은 궁극적으로는 개선입법 시점까지 절차를 중지하였다가 개선입법에 따라 처리함이 합리적이라 하겠다.

5. 헌법불합치결정이 대법원에 미치는 법적 효과

여기서는 대법원이 2011. 6. 23. 형벌법규에 대한 헌법불합치결정도 위헌결정이며 위헌결정인 이상 그 형벌법규는 소급적으로 효력이 상실된 것으로 보면서 불합치결정 당시 대법원에 계속 중이던 사건을 무죄로 판결한 것에 관해 평석하였다. 이 사건 판결에서 제시된 의견을 쟁점별로 서로 비교하면서 논의를 전개하였다.

첫째, 이 사건 판결의 다수의견은 헌재법 제45조를 왜곡해서 헌법재판소는 법률의 위헌여부'만'을 심판·결정할 수 있다고 하면서 헌법불합치결정을 포함한 변형결정을 전면 부인한다는 점이다. 또 불합치결정도 위헌결정이기 때문에 형벌법규에 대해 불합치결정이 선고되면, 그 형벌법규는 소급적으로 효력을 상실한다는 것이다. 이 주장의 문제점을 비판적으로 접근하였다.

둘째, 이 사건 판결에서 제시된 의견은 어느 누구나 할 것 없이 헌재법 제47조 제1항에 규정된 기속력을 전면 부인한다는 점이다. 다만, 의견에 따라 존중해야 하는지, 전면 무시하는지 만이 달리 나타날 따름이다.

셋째, 이 사건 관련 헌법불합치결정이 형벌법규에 대해 계속적용을 명하고 또 입법시한이 도과할 경우 효력상실을 명한 것에 대해서는 다수의견과 그 보충의견은 그 존재 자체를 전면 부인하는 데 반해, 별개의견과 그 보충의견은 헌법재판소의 이 사건 관련 결정취지를 존중하려는 자세를 보인다.

넷째, 이 사건 판결과 2009. 1. 15. 선고된 판결로 인해 헌법재판소가 시도하는 형벌법규에 대한 헌법불합치결정은 이를 준수하지 않는 대법원에 대한 통제장치가 미비한 관계로 무의미해지고 말았다. 하지만, 법적 안정성의 측면에서 볼 때, 이는 대법원이 스스로 족쇄를 채우는 결과로 귀착될 것이다.

다섯째, 헌법재판소가 조심스럽지 못한 결정태도로 인해 스스로 권위를 실추시켰음은 물론이고, 우리가 과거 권위주의체제에 자리하던 형벌법규에 대해 반성적 차원에서의 법제정비의 기회가 봉쇄되고 말았음도 유념해야 한다.

Ⅱ. 제언

먼저, 입법론이다.

헌법불합치결정을 포함한 변형결정의 실정법적 근거를 명시한 헌법재판소법개정안이 현재 국회에서 표류되고 있지만, 조속히 본회의에서 통과되어야 한다. 가장 시급한 일이다. 대법원이 헌법재판소 결정취지를 준수하지 않는 요인은 헌법이 법원에게 법령해석권을 부여하였다는 점과 변형결정과 그 기속력에 관한 실정법적 근거가 없다는 점에서 찾고 있기 때문이다.

대법원을 비롯한 각급 법원이 헌법재판소의 결정취지를 준수하지 않는 요인은 재판소원을 비롯한 결정의 실효성을 담보할 수 있는 제도적 장치가 결여되었기 때문이다. 그런 점에 비추어 보면, 헌법재판소가 종국결정을 선고하면서 결정 이유에 집행근거를 마련하는 것이다. 이는 또 형벌법규에 대해 헌법불합치결정을 하면서 불합치법률의 적용중지와 개선입법에 따른 법적 효과를 지향하는 과정에서 불합치결정 시점과 개선입법 시점 사이의 법률관계를 형성할 수 있도록 경과적인 조치를 규율하도록 하는 것이다.

다음, 헌법재판소가 취할 자세이다.

첫째, 헌법재판소는 자신에게 부여된 결정주문 선택의 재량권을 폭넓게 활용해야 한다. 이를 통해 사안에 가장 적합한, 결정상 핵심쟁점에 대한 처리방안, 즉 위헌여부를 뚜렷하게 제시하려 노력해야 할 것이다.

둘째, 단순위헌결정 등이 지닌 대량적 효과를 우회하거나 위헌결정으로 인해 초래될 수 있는 위험부담을 회피하는 방법 중의 하나가 심판대상의 획정이다. 그 획정을 함에 있어 아주 구체적이고 세부적인 형태로 범위를 축소하는 것이다. 그러면서 경우에 따라서는 이른바 포함위헌이나 포함불합치도 적극 활용하도록 한다.

셋째, 부진정 입법부작위에 관해서는 그 부분을 심판대상에 적극적으로 구획하고 그에 대한 위헌판단의 결과를 주문에 명료하게 제시하는 것이다. 그러면서 부작위부분에 대해 위헌확인을 하는 차원에서 불합치로 결정한다. 이렇게 함으로써 일반국민들에게 불필요한 혼란을 해소하는 효과를 지니게 될 것이다. 이런 점은 평등원칙위반의 경우나 합헌부분과 위헌부분의 구분이 불명확한 경우에도 마찬가지다.

넷째, 한정결정과 불합치결정을 결합시켜 이른바 한정적 불합치결정을 적극 활용하는 것이다. 이런 주문형식은 독일의 경우 아주 보편적으로 활용되고 있으며, 전혀 문제되지 않는다.

다섯째, 입법시한의 도과에 따른 불합치법률의 효력상실이란 논리는 폐기되어야 함이 마땅하다. 실제로 그러한 상황을 야기하였다 할지라도, 입법자에게 신속한 개선입법의무를 촉구하는 한정적인 의미만을 지닐 따름이지, 법적용자에 대한 효과까지 발생하는 것으로 봄은 적절치 않다.

여섯째, 대안으로서 입법자인 국회나 당해법률의 주무 집행부서에 입법개선안을 신속하게 마련해서 결정취지에 맞춰 추진하게 하는 방안은 입법 상 불법책임, 즉 개선입법의무를 신속하게 이행하지 아니한 입법자에 대해 국가배상을 청구할 수 있도록 하는 것이다.

일곱째, 형벌법규에 대해 헌법불합치로 결정한다 할지라도, 계속적용 불합치로 결정하는 것이 아니라, 헌법재판소는 적용중지 불합치로 결정함과 아울러 불합치결정 시점부터 개선입법 시점까지 경과적인 조치를 발하는 방안을 적극 모색하여야 할 것이다. 이때 헌법재판소는 필요최소한의 범위 내에서 수행해야 하고, 기존 틀을 유지하는 가운데, 위헌성을 해소하는 정도에 그쳐야 할 것이다.

참고문헌

Ⅰ. 단행본

남복현, 『법률의 위헌결정의 효력에 관한 연구』, 박사학위논문, 한양대학교 대학원, 1994. 6.

정종섭, 『헌법소송법』, 제6판, 박영사, 2010.

클라우스 슐라이히 저 /정태호 역, 『독일헌법재판론』. 독일연방헌법재판소의 지위·절차·재판, 미리, 2001.

허영, 『헌법소송법』, 제3판, 박영사, 2008.

헌법재판소, 『헌법재판실무제요』, 제1개정증보판, 2008.

Ⅱ. 논문

공진성, 「헌법불합치결정시 합의방식의 개선방안」, 『헌법학연구』 제15권 제3호, 한국헌법학회, 2009. 9, pp.113-143.

김국현, 헌법실무연구회 제104회 발표회(「헌법불합치결정에 따른 입법자의 법률개선의무위반의 법적 효과」) 지정토론문, 2010. 7. 2.

김선화, 헌법실무연구회 제104회 발표회(「헌법불합치결정에 따른 입법자의 법률개선의무위반의 법적 효과」) 지정토론문, 2010. 7. 2.

김시철, 「형벌조항에 대한 헌법불합치결정」, 『사법』, 2009. 6, pp.180-216.

김주환, 「헌법불합치결정의 적용영역과 그 효과」, 『헌법학연구』 제11권 제2호, 한국헌법학회, 2005. 6, pp.503-532.

김하열, 「법률해석과 헌법재판: 법원의 규범통제와 헌법재판소의 법률해석」, 『저스티스』 통권 제108호, 2008. 12, 한국법학원, pp.5-53.

김현철, 「한정위헌결정과 한정합헌결정·헌법불합치결정과의 관계」, 『법학논총』

제29집 제1호, 전남대학교 법학연구소, 2009. 12, pp.291-314.

남복현, 「독일 연헌재법 제79조 제2항과 한국 헌재법 제47조 제2항의 비교법적 연구. 특히 위헌결정된 법률에 근거한 행정처분의 처리방안과 관련하여」, 『공법연구』 제25집 제4호, 한국공법학회, 1997. 7, pp.435-462.

______, 「법률에 관한 변형결정의 유형과 효력」, 『헌법논총』 제9집, 헌법재판소, 1998, pp.813-1063.

______, 「야간옥외집회근지에 대한 헌법불합치결정의 실체와 그에 따른 법원·검찰의 조치」, 『연세 공공거버넌스와 법』 제1권 제1호, 연세대학교 법학연구원, 2010. 2, pp.1-51.

______, 『2008년 헌법판례의 회고와 분석』, 『공법논총』 제5호, 2009. 8, 호남공법학회, pp.45-118.

______, 「판례평석: 개정된 국적법상 국적취득제한 경과규정의 헌법불합치결정에 관한 헌법소송법적 검토」, 대상판례: 헌재 2000. 8. 31. 97헌가12결정, 『공법연구』 제30집 제3호, 2002. 2, 한국공법학회, pp.133-154.

______, 「판례평석: 구소득세법 제60조의 헌법불합치결정과 그와 관련한 후속처리방안」, 『한양법학』 제8집, 한양법학회, 1997. 9, pp.139-157.

______, 「판례평석: 위헌결정과 헌법불합치결정의 법적 효과에 있어 편차」, 대상판례: 대법 2009. 1. 15, 선고 2004도7111판결, 『한양법학』 제20권 제2집, 한양법학회, 2009. 5, pp.329-355.

______, 「판례평석: 위헌법률에 기한 행정처분의 집행력배제」, 관련판례: 대법 2002. 8. 23. 선고 2002두4372판결, 『공법연구』 제31집 제2호, 한국공법학회, 2002, pp.365-382.

______, 「판례평석: 한정적 헌법불합치결정의 필요성 검토」, 헌재 2008. 9. 25. 2007헌가9결정을 중심으로, 『공법학연구』 제10권 제1호, 한국비교공법학회, 2009. 2, pp.53-81.

______, 「판례평석: 헌법재판소 결정주문의 합의방식과 중요한 결정 이유의 기속력」, 헌재 2008. 10. 30, 2006헌마1098결정을 중심으로, 『헌법학연구』 제15권 제1호, 한국헌법학회, 2009. 3, pp.209-247.

______, 「헌법불합치결정에 있어 기한설정의 실태분석」, 『법과 정책연구』 제10집 제2호, 한국법정책학회, 2010. 8, pp.733-761.

______, 「헌법불합치결정에서 제시된 입법시한의 도과와 그에 따른 불합치법률의

효력상실」,『공법학연구』 제11권 제3호, 한국비교공법학회, 2010. 8, pp.31-61.

남복현,「헌법불합치결정을 둘러싼 법적 쟁점의 검토. 실체적 형법법규를 중심으로」,『헌법실무연구』 제10권, 헌법실무연구회편, 2009, pp.463-510.

_____,「헌법불합치결정의 법적 효과. 토초세법에 관한 헌법재판소의 결정을 중심으로」, 전북산업대 논문집 제17집, 전북산업대학교, 1995, pp.195-228.

_____,「헌법불합치결정의 사례분석에서 나타난 한정적 청구와 한정적 판단의 필요성 검토」, 제101회 월례발표회 발표논문, 헌법실무연구회, 2010. 2. 19.

_____,「헌법불합치결정의 사례별 결정주문과 핵심쟁점의 부조화 분석」,『헌법논총』 제20집, 헌법재판소, 2009. 12, pp.243-285.

_____,「헌법불합치결정의 원인별 유형화에 따른 결정주문의 사례검토」, 헌법재판소 제1기와 제2기 재판부를 중심으로, 호원대학교 논문집 제32집, 호원대학교, 2010. 2, pp.75-95.

_____,「헌법불합치결정의 원인별 유형화에 따른 결정주문의 사례검토」, 헌법재판소 제3기 재판부를 중심으로,『한양법학』 제21권 제1집, 한양법학회, 2010. 2, pp.315-347.

_____,「헌법재판소 결정의 기속력」,『한양법학』 제4·5집(통합호), 한양법학회, 1994.

_____,「헌법재판소 결정의 효력에 관한 쟁점 및 해결방안」,『헌법재판연구』 제7권.「헌법재판소결정의 효력에 관한 연구」, 헌법재판소, 1995. 12, pp.151-399.

_____,「헌법재판소 결정주문의 합의방식과 중요한 결정 이유의 기속력」, 헌재 2008. 10. 30. 2006헌마1098결정을 중심으로,『헌법학연구』 제15권 제1호, 한국헌법학회, 2009. 3, pp.209-247.

_____,「헌법재판소 제4기 재판부의 헌법불합치결정 주문 사례의 검토」,『공법학연구』 제11권 제1호, 한국비교공법학회, 2010. 2, pp.27-53.

_____,「헌재법 제47조 제2항의 해석과 적용에 관한 비판적 고찰」,『법학논총』 제12집, 한양대학교 법학연구소, 1995, p.379.

박순성,「한정위헌청구의 적법성」, 헌법실무연구회 제78회 월례발표회, 2007. 9. 27, 헌법실무연구회.

방승주,「헌법불합치결정의 문제점과 개선방안」,『헌법학연구』 제13집 제3호, 한국헌법학회, 2007. 9, pp.49-106.

방승주, 헌법실무연구회 제104회 발표회(「헌법불합치결정에 따른 입법자의 법률 개선의무위반의 법적 효과」) 지정토론문, 2010. 7. 2.

손인혁, 「한정위헌청구의 적법성문제」, 『연세 공공거버넌스와 법』 제1권 제1호 (창간호), 연세대학교 법학연구원, 2010. 2, pp.229-259.

신봉기, 「헌법불합치결정의 이유에 기초한 개선입법의무」, 『헌법논총』 제7집, 헌 법재판소, 1996, pp.349-384.

양건·김문현·남복현, 「헌법재판소법의 개정방향에 관한 연구용역보고서」, 『헌 법재판연구』 제10권, 헌법재판소, 1999.

이명웅, 「헌법불합치결정의 사유 및 효력」, 『헌법논총』 제20집, 헌법재판소, 2009. 12, pp.369-405.

_____, 「헌법재판소법 제68조 제2항의 헌법소원제도」, 실무상 쟁점을 중심으로, 『헌법논총』 제12집, 2001. 12, 헌법재판소, pp.309-340.

_____, 「헌법재판에서 사실인식의 문제」, 『헌법논총』 제10집, 1999. 12, 헌법재 판소, pp.253-282.

이상훈, 「위헌결정과 헌법불합치결정의 효력 및 그 재판실무상 적용」, 『사법논집 』 제38집, 법원도서관, 2004, pp.7-108.

이인호·오수정, 「헌법불합치결정에 따른 입법개선의무의 이행현황 분석과 비판 」, 『중앙법학』 제12집 제1호, 중앙법학회, 2010. 3, pp.45-84.

이종수, 「재심제도와 사법권. 과거청산의 관제를 중심으로」, 『헌법학연구』 제14 권 제4호, 한국헌법학회, 2008. 12, pp.77-106.

이준상, 「한정위헌청구의 허부 및 허용범위에 관하여」, 『헌법논총』 제17집, 2007, 헌법재판소, pp.273-339.

이헌환, 「위헌결정의 방식에 관한 연구」, 김철수교수화갑기념논문집, 『헌법재판 의 이론과 실제』 박영사, 1993, pp.259-300.

최완주, 「헌법불합치결정」, 『재판자료』 제92집.『헌법재판제도의 이해』, 법원도 서관, 2001, pp.365-406.

한수웅, 「헌법불합치결정의 소급효력」, 『판례월보』 통권 제325호, 판례월보사, 1997. 10, pp.8-19.

_____, 「헌법불합치결정의 헌법적 근거와 효력」, 독일에서의 판례와 이론을 중 심으로, 『헌법논총』 제6집, 헌법재판소, 1995. 12, pp.481-536.

한수웅, 「헌법재판소법 제68조 제2항에 의한 헌법소원심판에서 한정위헌결정의 문제점」, 한정위헌청구의 문제를 계기로 하여, 홍익법학 제8권 제2호, 2007, 홍익대학교 법학연구소, 2007, pp.137-171.

허완중, 「헌법불합치결정에 따른 입법자의 법률개선의무위반의 법적 효과」, 헌법실무연구회 제104회 발표회 발표논문, 2010. 7. 2.

황도수, 「한정위헌결정과 한정합헌결정에 관한 연구」, 『헌법논총』 제10집, 헌법재판소, 1999, pp.209-252.

______, 「한정위헌청구의 적법성」, 헌법실무연구회 제78회 월례발표회, 2007. 9. 27.

______, 「헌법불합치결정에 관한 새로운 체계의 시도」, 『법조』 제51권 제8호, 통권 제551호, 법조협회, 2002. 8, pp.74-110.

황우여, 「위헌결정의 효력」, 김철수교수화갑기념논문집. 『헌법재판의 이론과 실제』, 1993, 박영사, pp.301-334.

Ipsen, Jörn, 〈Rechtsfolgen der Verfassungswidrigkeit von Norm und Einzelakt〉, 1.Aufl., 1980, Baden-Baden.

Bauerreiss, Wolfgang, Antinomie zwischen Art 139/140 und 140a B-VG? Zur Frage der "Konkretisierungstheorie" des Verfassungsgerichtshofes, ÖJZ 1976, S.505-513.

판례색인

사항색인

남복현

한양대학교 법정대학 법학과 졸업
한양대학교 대학원 졸업(법학석사·박사)
독일 쾰른대학교 객원교수 역임(1996)
헌법재판소 방문연구교수 역임(2009)
군산대학교, 전북대학교, 충남대학교, 중앙대학교, 한양대학교, 한양사이버대학교 강사 역임
전북지방공무원교육원, 경찰교육원 강사 역임
호원대학교 기획조정처장 역임(2004)
전북지방노동위원회 공익조정위원 역임(2007)
호원대학교 법경찰학부장 역임(2008)

현) 호원대학교 법경찰학부 교수(1990 구 전북산업대 법학과 전임강사 부임 이래)
    전라북도 교원소청심사위원장
    한국법정책학회 회장
    한국공법학회 부회장
    한국헌법학회 부회장
    한국비교공법학회 부회장
    한양법학회 부회장
    한국법학교수회, 헌법실무연구회, 한국토지공법학회, 법과사회이론학회, 한국국가법학회
    한국부동산법학회, 한국입법학회 회원

『헌법재판소 결정의 효력에 관한 연구』(헌법재판연구 제7권, 3인 공저, 1996)
『헌법재판소법 개정방향에 관한 연구용역보고서』(헌법재판연구 제10권, 3인 공저, 1999)
『생활법률』(4인 공저, 2000)
『헌법판례평석』(2000)
『국제조약과 헌법재판』(헌법재판연구 제18권, 4인 공저, 2007)
『주요 국가별 헌법재판제도의 비교분석과 시사점』(헌법재판연구 제21권, 7인 공저, 2010)

헌법불합치결정의 현안

초판인쇄 | 2011년 12월 30일
초판발행 | 2011년 12월 30일

지 은 이 | 남복현
펴 낸 이 | 채종준
펴 낸 곳 | 한국학술정보㈜
주   소 | 경기도 파주시 문발동 파주출판문화정보산업단지 513-5
전   화 | 031) 908-3181(대표)
팩   스 | 031) 908-3189
홈페이지 | http://ebook.kstudy.com
E-mail | 출판사업부 publish@kstudy.com
등   록 | 제일산-115호(2000. 6. 19)

ISBN   978-89-268-3035-2 94360 (Paper Book)
          978-89-268-3036-9 98360 (e-Book)
          978-89-268-2991-2 94360 (Paper Book Set)
          978-89-268-2992-9 98360 (e-Book Set)